玦出周原

西周手工业生产形态管窥

孙周勇 著

Stone *Jue* Earrings and
the Western Zhou Craft Production System

上海古籍出版社

本书出版得到
中宣部"四个一批人才工程"项目资助

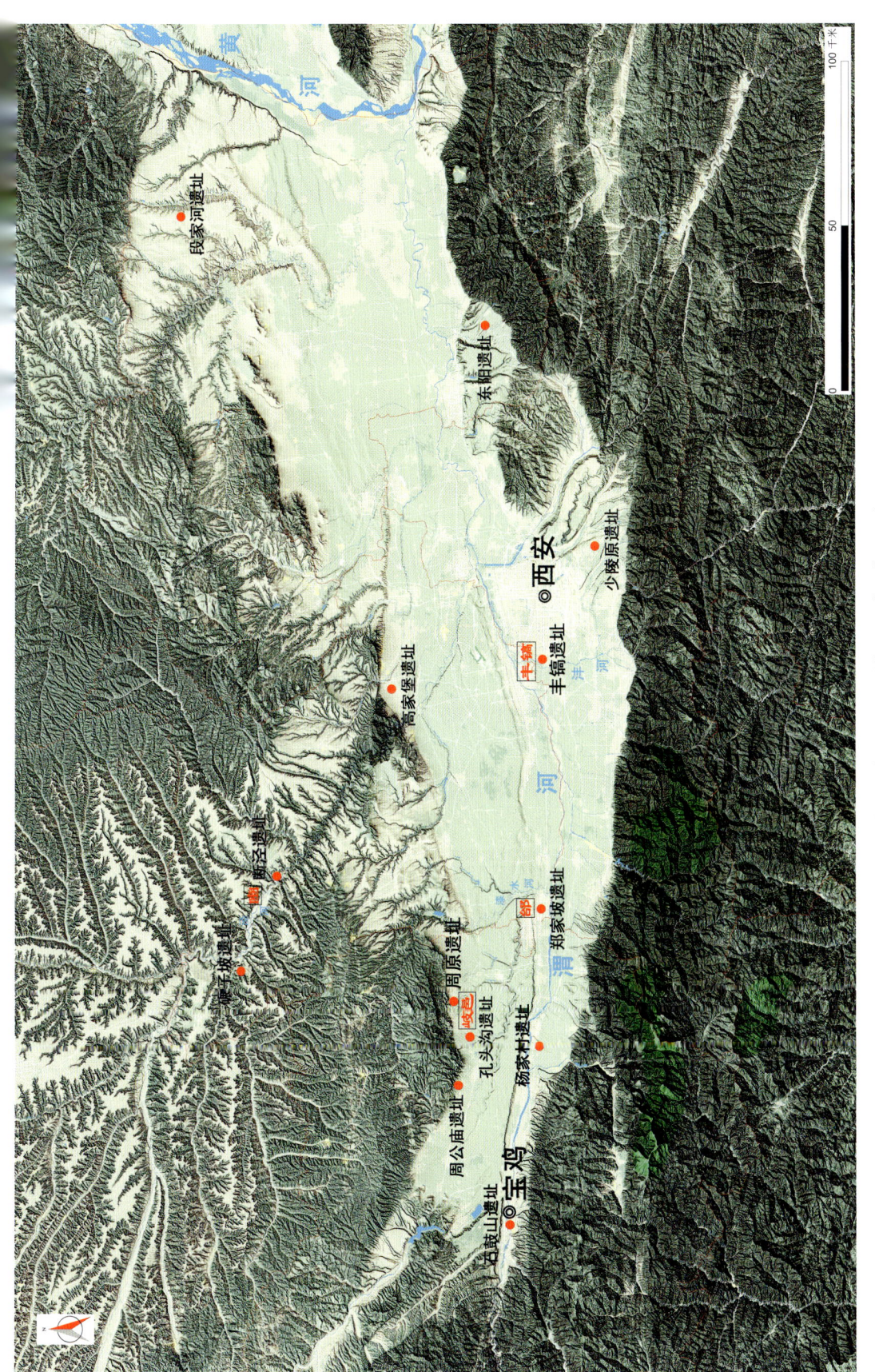

图版一　关中地区先周及西周时期重要遗址位置示意图

图版二　齐家制玦作坊遗址地貌

图版三　齐家制玦作坊遗址发掘现场（西—东）

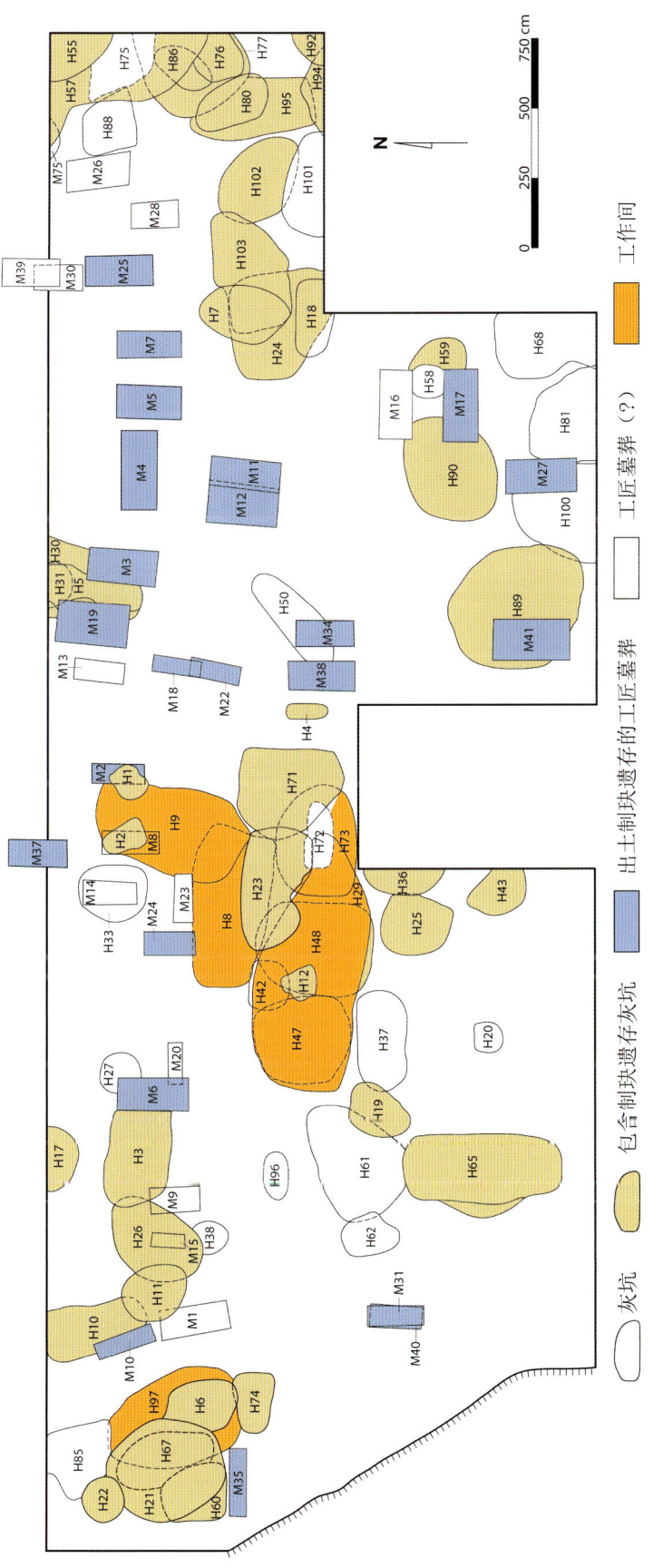

图版四 齐家制玦作坊生产遗迹及墓葬分布图

灰坑　　包含制玦遗存灰坑　　出土制玦遗存的工匠墓葬　　工作间　　工匠墓葬（？）

方解石废料 　　　　带有加工痕迹的残次品 　　　　敲击石（残）

图版五　H67出土制玦废料及生产工具

陶鬲 　　　　　　　　　　　　陶豆

图版六　H21出土西周晚期陶器

毛坯 　　　　　　　　　　　　圆饼

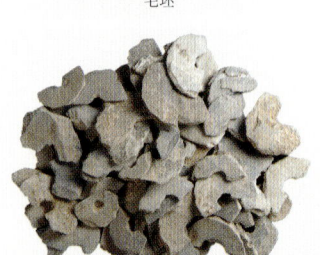

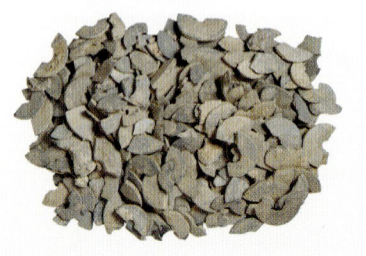

圆环 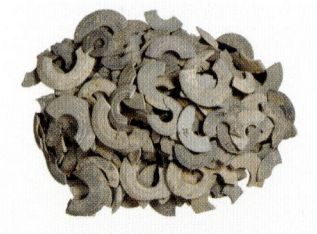　　　　　　　　　　　　环玦

图版七　H21出土石玦残次品

| 敲击石 | 石钻帽 | 砺石 | 石锯 | 石分割器 |

| 石钻 | 石钻坯 | 石钻 | 多棱形石钻 | 石锉 |

图版八　H21出土制玦工具

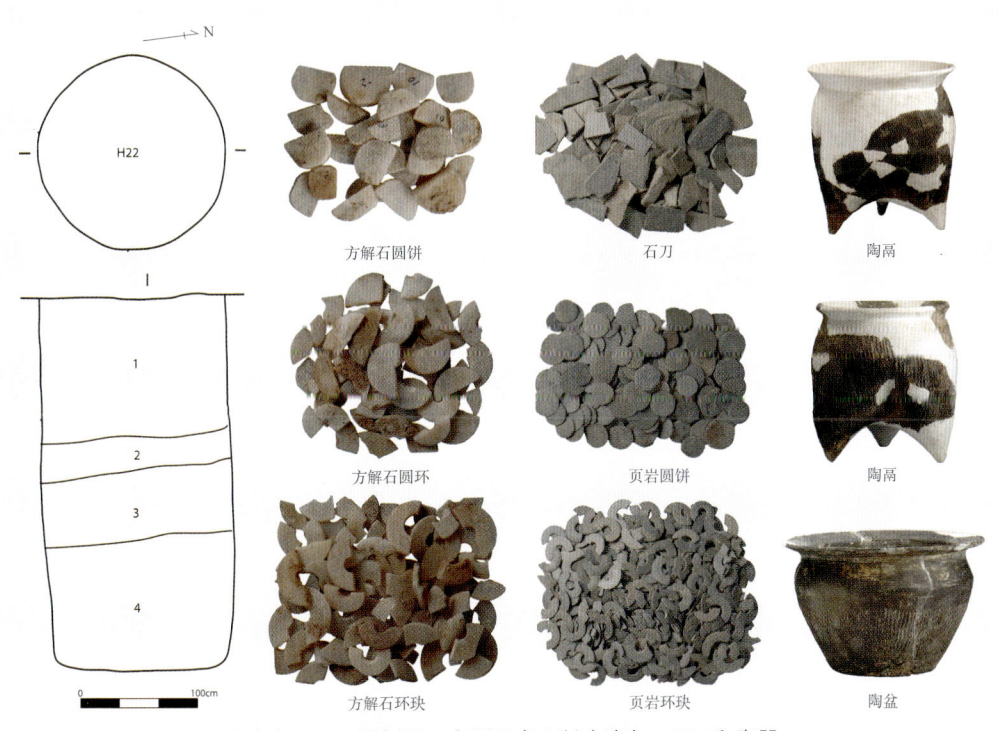

方解石圆饼	石刀	陶鬲
方解石圆环	页岩圆饼	陶鬲
方解石环玦	页岩环玦	陶盆

图版九　H22平剖面示意图及出土制玦遗存、石刀和陶器

敲击石　　　　　　　砺石　　　　　　　　石锯　　　　　　　　石锉

石钻　　　　　石钻坯　　　　　多棱性石砧　　　石分割器

图版一〇　H22等出土制玦工具

图版一一　H6及H22出土石玦残次品

敲击石（H30：40） 敲击石（H21：135-1） 敲击石（H22：164-8）

石砧（H11：19-2） 石砧（H22：164-1） 石砧（H22：164-4）

图版一二 齐家制玦作坊出土敲击石及石砧

扁平砺石（H21：75-1） 带槽砺石（H21：75-2）

扁平砺石（H94：13） 带槽砺石（H74：48-3） 带槽砺石（H77：22-1）

图版一三 齐家制玦作坊出土扁平砺石和带槽砺石

H21：59　　　H60：33　　　H60：38-1　　　H60：38-2

图版一四 齐家制玦作坊出土圆柱体钻头

| H21：24 | H21：53 | H21：31 | H21：54 |
| H21：48 | H21：55 | H21：52 | H21：56 |

图版一五　齐家制玦作坊出土圆锥体钻头（葫芦形）

| H21：57 | H22：63 | H22：61 | H22：57 |

图版一六　齐家制玦作坊出土圆锥体钻头（枣核形）

| H21：28 | H21：29 | H21：34 | H22：90-1 | M38：01 |

图版一七　齐家制玦作坊出土多棱体石钻

H21：25　　　　　H22：48-2　　　　H22：86

图版一八　齐家制玦作坊出土石钻毛坯

H21：74-10　　　H22：148-1　　　H22：148-2　　　H22：148-3

图版一九　齐家制玦作坊出土石分割器

H21：73-11　　　　H22：149-2　　　　H30：37-7

图版二〇　齐家制玦作坊出土石锯

H21：71-1　　　H22：142-1　　　H30：38-2　　　H60：44

图版二一　齐家制玦作坊出土石锉（韭叶形）

H22页岩环玦残次品　　　　H6：18泥灰岩环玦残次品　　　H22：122-1泥灰岩环玦残次品
（敲击小孔）　　　　　　　　（扩充孔径）　　　　　　　　（扩充孔径）

图版二二　带有穿孔痕迹的石玦残次品

H6：15泥灰岩石玦 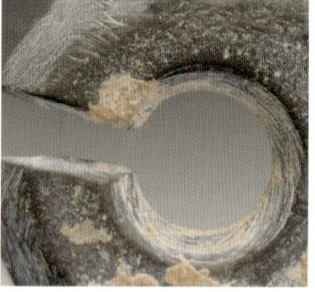　　　H6：15泥灰岩石玦内壁旋转摩擦痕迹 　　H22：121-1石玦内壁螺旋摩擦痕

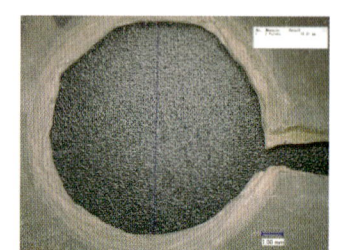

H22：121-11石玦内壁旋转摩擦痕 　　H22：121-14石玦内壁旋转摩擦痕 　　H22：121-27石玦内壁旋转摩擦痕

图版二三　带有钻孔痕迹的石玦残次品

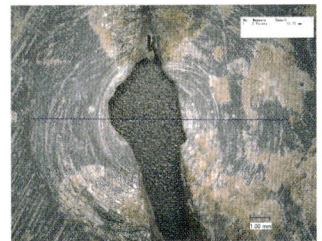

| H6：21-2 页岩环玦残次品 | H6：21-2 中部钻孔 | H6：21-2 钻孔螺旋状摩擦痕迹 |

| H6：21-3 页岩环玦残次品 | H6：21-3 中部钻孔 | H6：21-3 钻孔螺旋状摩擦痕迹 |

图版二四　齐家石玦上手持石钻的钻孔痕迹

| 1 | 2 | 3 |

图版二五　齐家制玦作坊H6：21-1上的多棱形石钻钻孔痕迹（2、3均为30X）

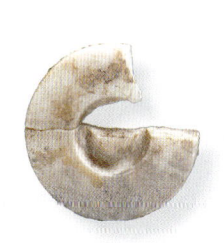

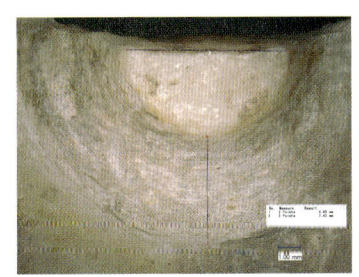

| H29：36 | 钻芯7.4 mm，钻芯与孔壁间距4.8 mm | 局部特写（20人） |

图版二六　齐家制玦作坊H29发现的钻芯尚未分离的大理岩管钻石玦

图版二七　齐家制玦作坊出土的带有直接施钻痕迹的石玦残次品

小南山文化　　　　　　　　　　兴隆洼文化

红山文化　　　　　　　　　　　河姆渡文化

崧泽文化　　　　　　　　　　　后石家河文化

马家浜文化　　　　　　　　　　卑南文化

凌家滩文化

图版二八　考古发现的新石器时期玉石玦

序 一

近日孙周勇博士发来即将出版的新作《玦出周原——西周手工业生产形态管窥》，并嘱我作序。阅读之中，时时回忆起近 20 年前周勇在澳大利亚拉筹伯大学考古系攻读博士时的往事。书中大部分章节所叙述的田野发掘和研究工作都基于他的博士论文，而这样巨大的工作量是他在短短的三年之中完成的。当年考古系的老师们都对他的高效工作有着很深的印象。这部新作是他在博士论文基础上的发展和完善，加入了不少近年来新的考古资料和理论分析。这部著作涉及西周考古和历史研究中很多方面的问题，我个人认为，它尤其在考古学研究中对中国早期城市化进程的理论与实践有非常重要的贡献，主要体现在三个方面：

第一，城市起源的理论：手工业生产在中国早期城市发展中的地位。

周原的历史包括了一个从先周时期前国家政治体系发展到西周时期大型都城的过程。因此，对周原遗址的研究首先涉及的理论问题就是中国早期城市的发展和性质。关于城市起源的理论，考古学研究主要受 70 年前柴尔德所提出"城市革命"这一概念[①]的影响。在他所列举的衡量城市出现的十个标志中，最先强调的是人口集中的大型聚落和专业化生产和分工的出现，其中包括手工业生产和农业生产之间的关系。柴尔德认为，城市与乡村有人口结构的区别，虽然大部分居住在城市的人口仍然是农民，耕种附近的田地，但是城市人口中的重要组成部分还包括专业手工业生产者、商人、管理人员和神职人员等。因此，城市不同于之前的聚落在于从事生产活动人口的分化。值得注意的是，柴尔德在提出城市革命这一概念时，并未包括中国的考古学资料。自从 20 世纪

---

① Childe, V. Gordon, "The Urban Revolution", *Town Planning Review* 21 (1), 1950, pp. 3–17.

70年代以来，不少学者在讨论中国早期城市起源问题时，主要关注中国早期城市的礼仪性和政治性功能。例如，维特利认为商朝最早的城市是礼仪活动场所和行政中心，主要由王室人员、神职人员和一些精选的工匠居住[①]。张光直认为中国初期的城市，不是经济起飞的产物，而是政治领域中的工具，是统治阶级用以获取和维护政治权力的工具[②]。罗泰曾将早期中国城市的发展过程分为三个阶段：初始期，新石器时代的原始城市聚落；形成期，青铜时代早期的王室贵族世系的聚集地；进展期，青铜时代晚期的城市。在这个发展序列中，西周处于第二阶段，其城市（包括周原）的基本特征为分散的贵族宗庙或宫殿建筑群，周围分布着杂乱无章的半地下式房屋建筑[③]。这些观点虽然揭示了中国城市起源的某些特点，但现在看来并不全面；却是在一定程度上反映了中国考古工作长期以来侧重于发掘大型宫殿和墓葬遗存的倾向和由此造成的原始资料偏差。其结果是导致我们缺乏对早期城市中所存在多样化的生产活动和生计方式的了解，因而限制了对中国古代城市化进程，尤其是对早期都城功能的全面分析。可喜的是，近年来这种情况正在发生改变。随着考古发掘和研究工作更加注重聚落形态、手工业生产以及器物功能等方面的分析，我们已经对中国早期城市化进程有了新的认识。

周勇的这部著作正是这个新研究方向的一个优秀实例。他打开了一扇窗口，使我们可以窥视到三千年前西周城市中政治经济生活的一个侧面：在周原，与大型宫室和宗庙建筑共存的，还有依附于贵族的手工业生产作坊和工匠们生活和生产留下的遗迹。书中对周原齐家遗址石玦生产的技术和规模，以及工匠们社会身份等级等方面的分析，提供了研究早期城市中手工业生产的详细的考古学第一手资料。它向我们展示，周原作为西周早期的都城，不仅是政治中心，也是经济中心。

第二，研究古代手工业生产的理论与方法。

---

① Wheatley, Paul, *The Pivot of the Four Quarters: A Preliminary Enquiry into the Origins and Character of the Ancient Chinese City*, Aldine Publishing Company, 1971.

② 张光直：《关于中国初期"城市"这个概念》，《文物》1985年第2期。

③ Falkenhausen, Lothar von, "Stages in the Development of 'Cities' in Pre-imperial China", In *The Ancient City: New Perspectives on Urbanism in the Old and New World*, edited by Joyce Marcus and Jeremy A. Sabloff, A School for Advanced Research, Santa Fe, 2008, pp. 209-228.

齐家石玦作坊遗址反映的生产组织和生产过程是本书的核心内容。西方考古学对手工业生产专业化的理论和方法已经有多年的研究，颇有建树。周勇在分析齐家石玦生产过程时也借鉴了这些理论模式和分析方法，但他并没有拘泥于原定义，而是根据周原的发掘资料对原理论模式进行了检验和深入探讨；同时，利用丰富的文献资料，对理论框架补充了生动的例证。书中对于周原齐家作坊这类制造一般民用品的手工业生产组织的性质问题的讨论就是一个成功的例证。根据以往的一些理论框架，早期国家中的手工业生产组织有多种方式，其中代表等级身份的奢侈品生产一般都由王室贵族掌控，而一般民用产品的制作则由独立的手工业生产者承担。周勇在书中检验了这一假设。他结合考古遗存背景，对出土物进行量化分析，广征博引文献材料，并结合周原出土的其他建筑基址和作坊遗存之间的关系，从而得出一个重要结论："手工业生产已经成为了周原贵族经济的重要组成部分之一。我们可以推测周原手工业生产系统是处于贵族家庭掌控之下的、依附性的，既生产奢侈品又生产日用品。在某种意义上，这种手工业生产活动也是西周王朝实现政治统治的经济基础。"这一结论对研究西周都城的性质十分重要。

第三，周原都邑发展历史的考古学检视。

长期以来考古学家将周原定性为周王祖庙所在以及王朝贵族的聚集地。但近年来陆续发现和发掘了多处手工业生产遗迹，因此已经有不少学者注意到西周手工业生产中的商业性质，以及手工业生产者的身份和来源，齐家石玦作坊的研究是其中之一。这些研究揭示，西周时期突然出现在周原的大量工匠为商遗民，是他们将旧王朝创造财富的先进技术介绍给新王朝的统治者，同时也保障了这些技术的持续发展。这对我们了解城市发展初期的人口结构尤为重要，也对中国早期朝代更替时生产技术和与之相关的物质文化的延续问题有了新的认识。从周勇的著作中，我们看到周原的发展历史正反映了这样一个朝代更替时在都城所发生的人口、技术及文化特征的转变过程。这些信息无法从零星的文献记载中得到，而考古学研究的长处，正是揭示那些有具体时空关系的物质遗存，为探索人口迁徙、技术传承、社会组织以及物质文化变化过程提供证据。这些对周原城市化进程的认识应该可以用来检验青铜时代早期其他大型都城遗址发生和发展的过程，有助于我们深入了解中国古代城市化的特点，并以此进行跨文化对比研究。

最后，我想强调，考古学是一门综合性学科，既需要人文科学和社会科学知识帮助选择命题和研究方向，也需要在发掘的基础上运用实验考古和自然科学分析方法进行协助和检验，而丰富的古代文献也是不可或缺的参考资料。周勇的这部著作正是这样一个多学科相结合研究的典范。

刘莉（美国斯坦福大学）

2022 年 1 月 22 日

序　二

这本书是中国考古学正在进行的研究范式转变的一部分。如今，经过几代发掘者的辛勤耕耘，中华文明核心区的文化分区和以陶器为基础的年代序列已经牢牢确立，考古学家们可以自由地拓展到古代社会和经济生活特定方面的考察。一个恰当的例子是，近年来对中国青铜时代考古学的研究中，可以观察到对都邑手工业作坊探讨的兴趣日益浓厚。孙周勇研究员对周原遗址齐家石器作坊的研究是这种新型研究的一个开创性例子，其目的不仅在于重建古代生产技术，还在于借助科学的统计方法探索生产活动的定量维度。事实上，这是首个基于西周时期手工业作坊遗址材料并有意识地探讨上述问题的重要研究。

通过对齐家制玦生产废弃遗存的详细分析，周勇博士观察到了西周时期近三个世纪的石玦生产活动的重大变化过程：从西周早期到晚期，齐家石器作坊的石玦产量大幅增加，并伴随着形制和原料的日益标准化和生产工序的简化。这些趋势似乎与西周时期的整体经济发展相一致，如青铜、制骨、陶器生产等行业也普遍存在。然而，他对这一问题的呈现是基于准确的量化分析的，这一点是对同时期其他任何遗址的分析所无法比拟的。同样，从国际角度来看，周勇博士的发现也是对经济考古学乃至整个考古学极其有价值的贡献。我希望他的研究能成为未来许多类似研究项目的典范，无论是在中国还是在其他地方。

诚然，关于齐家作坊研究的一些问题仍然存在。首先，845平方米的发掘面积只是原本规模较大的生产作坊的一部分；尽管发掘区域集中在与生产活动相关的文化堆积最为密集的那部分场地，但从理论上来说，报告的资料可能并不完全具有代表性。然而，很有可能，未来对作坊剩余部分的考古发掘并不会显著地改变整体认识。其次，令人尴尬的是，我们对这里生产的数以万计的石玦的功能一无所知。就它们的形制而言，它们非常类似于自新石器时代以来就被用作耳环的玉石玦。但是，用当地容易获取的石料（如泥灰岩、页岩和石灰石）制成的石玦，如果有人试图将它们戴在耳朵上，几乎肯定会破碎。它们一定还有其他用途——但用作什么呢？令人费解的是，在同时代的考古资料中几乎没有发现这种石玦的标本——无论是在墓葬中还是在居址中（唯一的几处例外来自齐家作坊范围内的一些生产者墓葬）。我怀疑这些小而廉价的大批量生产的物品可能注定了短暂的使用寿命。我甚至曾经推测过，由于齐家村就在云塘大型制骨作坊附近，它们可能是附着在某类骨器上的用品。但这仍然是一个疯狂的猜测，因为尚未发现此类复合品。

基于2002年进行的田野工作，孙周勇研究员对齐家作坊材料的研究是其2007年在澳大利亚拉筹伯大学获得博士学位的论文的核心部分。该论文于次年以英文出版[①]，其部分研究成果也被收录于2010年正式出版的齐家制玦作坊考古发掘报告[②]。自此，报告材料被广泛引用。例如，它们是马赛开展的一项重要研究的研究对象[③]，我在撰写《剑桥中国经济史》中关于中国前帝国时代晚期经济研究这一章的时候，也对它们进行了深入研究[④]。现在我们欢迎周勇博士这本书中文版的出版，它已经大幅更新，以反映过去二十年来在周原取得的令人瞩目的新发现，并增加了大量以前未发表的图像资料，拓展了有关西周手工业生产形态的综合研究。考古学者非常感谢孙周勇在作为陕西省考古研究院院长期间，能够在繁忙公务中抽出时间完成了这个新的中文增强版。

尤其是，本书的读者一定会佩服周勇博士为得出他的发现所付出的巨大努力。他耐心地对齐家作坊灰坑中的上百万块石质废弃遗存进行辨认、分类、称重和测量；正是这种密切和耐心的接触，使他最终能够从中提取出关于经济发展的真正新的、前所未有的准确信息。周勇博士的研究与非专业人士经常误认

---

① Sun Zhouyong, *Craft Production in the Western Zhou Dynasty: A Case Study of a Jue-earrings Workshop at the Predynastic Capital Site*, Zhouyuan, China, Archaeopress, 2008.
② 陕西省考古研究院、北京大学考古文博学院、中国社会科学院考古研究所：《周原：2002年度齐家制玦作坊和礼村遗址考古发掘报告》，科学出版社，2010年。
③ 马赛：《齐家制玦作坊生产组织方式初探》，《三代考古》（6），科学出版社，2015年，第377—388页。
④ Lothar von Falkenhausen, "The Economy of Late Pre-Imperial China: Archaeological Perspectives", *The Cambridge Economic History of China*, Cambridge University Press, 2022.

为是考古学目标的对精美文物的追求相去甚远。相反，它提醒我们，就像在任何科学中一样，考古学最辉煌的成就，是精心构思并执行良好的研究设计，及其研究结果——这项任务既涉及人类的才智，又涉及大量艰苦且往往乏味的数据处理。作为这项工作的成功成果，《玦出周原——西周手工业生产形态管窥》一书正体现了考古学在产生关于古代历史和社会的真正新知识方面的非凡潜力。随着研究方向的转变，将来可以期待更多这种性质的进一步发现。

罗泰 Lothar von Falkenhausen（美国加州大学洛杉矶分校/中国西北大学）

伊克塞尔

2022 年 1 月 16 日

目　录

序一 ………… 刘　莉　I
序二 ………… 罗　泰　I

绪　论 ………… 1

第一章　凤鸣岐山：考古学视野下的岐邑周原 ………… 5
　第一节　追迹周原 ………… 7
　　一、周原与周都 ………… 7
　　二、追迹周原 ………… 9
　第二节　考古周原 ………… 13
　　一、考古周原 ………… 13
　　二、商代时期 ………… 19
　　三、西周时期 ………… 21
　　四、周原变迁 ………… 29
　第二节　作坊遗址 ………… 30
　　一、制骨作坊 ………… 30
　　二、制陶作坊 ………… 33
　　三、铸铜作坊 ………… 35
　　四、制玉石业及其他 ………… 38

第二章　从玦出发：生产设施与生产遗存 ………… 41
　第一节　制玦作坊 ………… 43
　第二节　生产设施 ………… 47

一、工作间…………48
　　二、功能性设施…………51
　　三、关于生产设施的讨论…………54
 第三节　生产遗存…………56
　　一、生产废料…………58
　　二、石玦残次品…………59
　　三、生产工具…………67
　　四、副产品…………72
 第四节　生产空间…………74
　　一、商末周初：普通居址与墓地…………75
　　二、西周早期：生产活动的萌芽…………79
　　三、西周中期：生产规模的扩张…………80
　　四、西周晚期：生产活动的鼎盛…………81
　　五、作坊变迁：从萌芽到废弃…………83

第三章　从石到玦：生产技术研究…………85
 第一节　生产原料…………87
　　一、生产石料的来源…………88
　　二、生产工具原料的来源…………90
　　三、生产原料与生产地点…………90
 第二节　生产技术…………91
　　一、敲琢制坯…………93
　　二、打磨毛坯…………95
　　三、琢钻成孔…………97
　　四、锯割玦口…………106
 第三节　模拟实验：石玦破损率与耗时估算…………107

第四章　匠心致远：标准化与专业化…………111
 第一节　理论模式…………113
　　一、产品的标准化…………113
　　二、生产的专业化…………116

三、产品标准化与生产专业化…………119
　　四、分析参数的建立…………120
 第二节　石玦生产的标准化程度…………122
　　一、西周早期…………123
　　二、西周中期…………125
　　三、西周晚期…………126
 第三节　石玦生产的专业化程度…………128
　　一、生产原料…………128
　　二、形制变化…………130
　　三、生产技术…………132
 第四节　影响石玦生产形态评估的因素…………133

第五章　贵族工坊：生产组织与生产规模…………137
 第一节　生产背景：个体式还是依附式…………140
　　一、评估手段…………140
　　二、工匠居址与贵族宫室…………141
　　三、生产背景…………144
 第二节　生产强度：兼职还是全职…………146
　　一、评估手段…………146
　　二、生产强度…………148
 第三节　生产规模：家户生产还是作坊…………150
　　一、评估手段…………150
　　二、生产规模…………151
　　三、产量评估…………153
 第四节　集中程度：分散还是集中…………156
　　一、评估手段…………156
　　二、制玦遗址的唯一性…………157
 第五节　生产技术与劳动分工…………157
　　一、评估手段…………158
　　二、技术组织…………159

第六章　见玦识人：生产者 …………163

第一节　生产类别与生产者身份 …………165
一、独立式手工业 …………166
二、依附式手工业 …………168

第二节　姬姓庶民与商系工匠 …………172
一、两群人与两类墓 …………172
二、工匠墓葬的辨识 …………175

第三节　工匠等级与身份 …………182
一、工匠墓葬的等级 …………182
二、管理者（高等级工匠）及其族属 …………188
三、普通工匠及其族属 …………197

第四节　石玦生产与工匠来源 …………199

第五节　西周工匠奴隶身份说质疑 …………204
一、西周劳动力身份问题的争论 …………205
二、商周工匠身份再探讨 …………207
三、西周主要劳动力构成奴隶说质疑 …………209

第七章　玦佩从容：消费者 …………211

第一节　文献中的玦及其功能 …………213

第二节　考古情境中的玦及其功能 …………217

第三节　玦的佩戴方式 …………225

第四节　商周玦的使用：人群、身份及性别 …………231

第五节　齐家风格石玦的发现与使用 …………242
一、周原墓葬中的齐家石玦 …………243
二、周原居址中的齐家石玦 …………249

第六节　齐家风格石玦的消费与流通 …………251

第八章　反思与展望 …………255

第一节　聚落布局与作坊性质 …………257

第二节　周原遗址与商品化生产 …………259

第三节　反思与展望 …………262

后记 …………267

插图目录

图 1.1　周原遗址地形地貌示意图 ………… 10
图 1.2　商代至东周时期周人都城遗址海拔高度的变化示意图 ………… 11
图 1.3　周原遗址王家嘴先周大型夯土建筑基址 F1 ………… 18
图 1.4　被认为代表不同族群的典型陶鬲 ………… 20
图 1.5　周原遗址先周与西周时期遗存分布范围示意图 ………… 22
图 1.6　凤雏甲组基址复原图及云塘西周建筑基址复原图 ………… 24
图 1.7　凤雏三号建筑基址的铺石 ………… 25
图 1.8　齐家制玦作坊西周初期半地穴房址 H49 ………… 27
图 1.9　庄白一号窖藏发掘现场 ………… 28
图 1.10　云塘制骨作坊的骨笄、骨锥基本生产流程示意图 ………… 32
图 1.11　李家铸铜作坊 H66 出土陶范 ………… 37
图 2.1　齐家村出土日己觥（1963 年）和它盉（1958 年）………… 44
图 2.2　齐家 M19 出土的西周中期典型陶器（1978 年）………… 45
图 2.3　齐家出土甲骨文字及数字卦（1979 年）………… 46
图 2.4　齐家制玦作坊工作间 H8 与 H29、H9 平面关系示意图 ………… 49
图 2.5　齐家制玦作坊功能性设施 H6、H21、H22、H60 和 H67 平面分布及地层关系图 ………… 51
图 2.6　齐家制玦作坊灰坑、工作间制玦废料重量及石块残次品数量统计柱状图 ………… 57
图 2.7　石玦生产遗存重量及数量饼状图 ………… 57
图 2.8　石玦毛坯 ………… 60
图 2.9　石玦毛坯的直径、厚度分布区间箱点图 ………… 61
图 2.10　石玦圆饼 ………… 62

图 2.11　圆饼直径、厚度分布区间箱点图 ………63
图 2.12　石玦圆环 ………63
图 2.13　圆环直径、厚度分布区间箱点图 ………64
图 2.14　石玦环玦 ………65
图 2.15　环玦的直径、厚度、玦口及孔径分布区间箱点图 ………67
图 2.16　齐家制玦作坊出土石刀坯及石刀 ………72
图 2.17　齐家制玦作坊出土其他小型石器、陶塑及陶范 ………74
图 2.18　齐家制玦作坊商末周初生活遗迹与墓葬分布图 ………76
图 2.19　齐家制玦作坊遗址果蔬坑 H83 出土的植物遗存 ………78
图 2.20　齐家制玦作坊西周早期石玦生产遗存与工匠墓葬分布图 ………79
图 2.21　齐家制玦作坊西周中期石玦生产遗存、工匠墓葬及工作间分布图 ………80
图 2.22　齐家制玦作坊西周晚期石玦生产遗存、工匠墓葬及工作间分布图 ………82
图 3.1　扶风县鲁马东科一带采石场 ………89
图 3.2　石玦生产过程图解 ………92
图 3.3　齐家制玦作坊出土的石玦生产工具（之一）………94
图 3.4　齐家制玦作坊出土的石玦生产工具（之二）………96
图 3.5　新石器时代遗址出土的石钻 ………98
图 3.6　环珠江口一带出土辘轳轴承器 ………100
图 3.7　齐家制玦作坊出土的多棱形钻具及痕迹 ………102
图 3.8　现代弓钻、泵钻与埃及弓钻 ………102
图 3.9　榆林地区民间使用的泵钻 ………103
图 3.10　石钻钻尖与钻身直径比较示意图 ………104
图 3.11　齐家制玦作坊出土的带有直接施钻痕迹的石玦残次品 ………106
图 4.1　石玦测量部位及名称示意图 ………121
图 4.2　西周早中晚期石玦残次品和生产废料中石料种类占比图 ………130
图 5.1　公臣簋及铭文拓片 ………145
图 5.2　根据石玦生产遗存复原的齐家作坊生产组群空间分布示意图 ………160
图 6.1　齐家制玦作坊商末周初墓葬及西周时期工匠墓葬分布图 ………173

图 6.2	齐家制玦作坊生产遗存与工匠墓葬空间分布示意图	176
图 6.3	齐家制玦作坊手工业者墓葬指示性随葬品及口琀物	179
图 6.4	齐家制玦作坊 M4 平面及制玦遗存出土位置图	183
图 6.5	齐家制玦作坊 M3 平面及制玦遗存出土位置图	185
图 6.6	齐家制玦作坊 M24 平面及制玦遗存出土位置图	187
图 6.7	1976 年云塘制骨作坊管理者墓葬 M10 出土铭文铜器	191
图 6.8	2003 年李家铸铜作坊管理者墓葬 M9 出土铭文铜器	192
图 6.9	齐家制玦作坊 M4 出土青铜器及铭文	196
图 7.1	出土于墓主头耳部两侧的玉玦	218
图 7.2	辽宁半拉子山遗址 M12 平面及兽面玦出土位置图	220
图 7.3	发现于墓主胸腹部位的玉玦	221
图 7.4	民族学资料中的金属玦佩戴方式	227
图 7.5	新石器时代出土的雕塑及玉石人像	231
图 7.6	东亚地区史前玉石玦分布时空示意图	233
图 7.7	夏商时期北方及岭南地区出土的玉石玦	234
图 7.8	殷墟妇好墓出土的玉玦	234
图 7.9	浙江衢州西山西周墓出土的有角玦	237
图 7.10	陕西黄龙春秋戎人墓耳玦出土情况	238
图 7.11	周代不同等级墓葬中玦的使用比例	240
图 7.12	先秦时期岭南地区出土的玉石玦	241
图 7.13	周原遗址西周墓葬出土的齐家风格石玦	243
图 7.14	周原遗址西周墓葬出土的玉玦	246
图 7.15	齐家制玦作坊 M34 平面图及玉玦出土位置	247
图 7.16	周原遗址西周墓葬出土的煤精玦和蚌玦	247
图 7.17	北京琉璃河西周墓葬 M341 出土的"齐家风格"石玦	248
图 7.18	周原遗址李家铸铜作坊出土的齐家风格石玦	250
图 7.19	裘卫盉及铭文	253

插表目录

表 2.1　齐家制玦作坊遗址房址及工作间统计表 ………… 48
表 2.2　制玦废料与石玦残次品重量统计表 ………… 58
表 2.3　石玦残次品岩相及数量统计表 ………… 58
表 2.4　石玦生产工具种类、数量与比例统计表 ………… 68
表 2.5　石钻形制与比例统计表 ………… 69
表 2.6　石刀岩性与数量统计表 ………… 73
表 2.7　齐家制玦作坊商末周初遗迹统计表 ………… 75
表 2.8　齐家制玦作坊西周早期遗迹统计表 ………… 79
表 2.9　齐家制玦作坊西周中期遗迹统计表 ………… 81
表 2.10　齐家制玦作坊西周晚期遗迹统计表 ………… 82
表 3.1　石玦生产过程分解 ………… 92
表 3.2　石玦模拟实验各阶段耗时统计 ………… 109
表 4.1　手工业生产组织的分类 ………… 118
表 4.2　齐家制玦作坊生产遗迹和生产者墓葬数量登记表 ………… 124
表 4.3　西周中期 H11 和 H71 出土页岩石玦残次品的形态变化比较 ………… 126
表 4.4　西周晚期 H21 和 H22 出土页岩石玦残次品的形态变化比较 ………… 127
表 4.5　西周早期至晚期石玦残次品标准化程度统计表 ………… 131
表 5.1　考斯汀考察生产组织的四个参数 ………… 139
表 5.2　齐家制玦作坊生产遗迹出土的工具类型登记表 ………… 149
表 5.3　齐家制玦作坊西周时期生产遗迹及制玦遗存统计表 ………… 152
表 5.4　西周晚期晚段 H21 和 H22 成品石玦数量估算 ………… 155
表 6.1　齐家制玦作坊工匠墓葬统计表 ………… 177
表 6.2　齐家制玦作坊工匠墓葬等级 ………… 182

图版目录

图版一　关中地区先周及西周时期重要遗址位置示意图
图版二　齐家制玦作坊遗址地貌
图版三　齐家制玦作坊遗址发掘现场（西—东）
图版四　齐家制玦作坊生产遗迹及墓葬分布图
图版五　H67 出土制玦废料及生产工具
图版六　H21 出土西周晚期陶器
图版七　H21 出土石玦残次品
图版八　H21 出土制玦工具
图版九　H22 平剖面示意图及出土制玦遗存、石刀和陶器
图版一〇　H22 等出土制玦工具
图版一一　H6 及 H22 出土石玦残次品
图版一二　齐家制玦作坊出土敲击石及石砧
图版一三　齐家制玦作坊出土扁平砺石和带槽砺石
图版一四　齐家制玦作坊出土圆柱体钻头
图版一五　齐家制玦作坊出土圆锥体钻头（葫芦形）
图版一六　齐家制玦作坊出土圆锥体钻头（枣核形）
图版一七　齐家制玦作坊出土多棱体石钻
图版一八　齐家制玦作坊出土石钻毛坯
图版一九　齐家制玦作坊出土石分割器
图版二〇　齐家制玦作坊出土石锯
图版二一　齐家制玦作坊出土石锉（韭叶形）
图版二二　带有穿孔痕迹的石玦残次品
图版二三　带有钻孔痕迹的石玦残次品

图版二四　齐家石玦上手持石钻的钻孔痕迹
图版二五　齐家制玦作坊 H6∶21-1 上的多棱形石钻钻孔痕迹
图版二六　齐家制玦作坊 H29 发现的钻芯尚未分离的大理岩管钻石玦
图版二七　齐家制玦作坊出土的带有直接施钻痕迹的石玦残次品
图版二八　考古发现的新石器时期玉石玦

绪 论

手工业生产是人类逐渐摆脱自然约束,进行创造性劳动带来的必然结果。这个过程带来的知识积累、技术改进,既是生产力发展的结果,又反过来极大地促进了生产力的发展。更为重要的是,它还不断激发着人类创造各种新的手工业行业和产品。

手工业生产促进了生产工具的改进和科学技术的进步,是丰富人类物质生活和发展生产力的重要手段。出土于古代遗址的手工业遗存不仅是当时物质文明的具象体现,也与政治文明和精神文明密切相关,是探讨古代生产活动、工艺技术、审美取向、社会生活等问题的重要基础资料。

关于古代手工业生产的研究已经成为考古学研究的一个重要方面。该研究方向涉及生产技术、物质文化、日常行为、生态学、经济组织和产品交换等各个方面,也可以从不同的理论角度加以探讨,如马克思主义、文化生态学观、政治经济学、社会机制、性别理论等。西方学者大多将其与社会政治结构的研究结合起来,研究重点大致包括三类[1]:第一类,探讨手工业专业化在创造和维持等级社会中的作用,通常将专业化视为社会复杂化的原因,或视之为社会政治组织复杂形态的一个指示,并将其与复杂社会的兴起联系起来;第二类,考察手工业生产中生产组织所具有的社会政治含义,涉及的问题包括权力、对资源和劳动力的控制等;第三类是对手工业生产所反映的社会结构的研究。

上述研究多是基于对手工业产品的使用进行考察,进而探讨其所反映的社会意义。他们将生产过程理解为"物质材料转化为社会因素"的过程,将产品视为物质化了的意识形态,认为产品构建了社会关系和社会身份,标志了不同

---

[1] Costin C. L., "Craft Production Systems", *Archaeology at the Millennium: A Sourcebook*, Kluwer Academic/Plenum Publishers, 2001, pp. 273 – 328.

社会个体之间的差异；同时特别强调，对产品功能和社会意义的理解不能完全脱离对生产者的理解。总体来看，西方考古学界关于古代手工业研究的理论方法、研究范式多是建立在民族考古学的考察和归纳验证基础之上，并在探讨美索不达米亚、古代玛雅、埃及等地区考古学资料中已经得到初步的验证，形成了一个较为成熟的理论和方法论体系。

近年来，一些西方学者和有着西方学术背景的中国学者开始关注中国史前时期的陶器生产[1]，还有一些学者对商周时期青铜器或骨器的生产进行了专题讨论[2]，取得了突破性认识。这些研究将我国最新的田野考古发现与西方的手工业考古学理论及范式进行了深度融合，综合运用了冶金学、矿物学、动物考古学、化学分析、模拟实验、出土文献等多学科手段。通过统计分析、量化实物资料，并对此前被忽视的生产场所的相关遗迹进行辨识确认和综合分析，一定程度上复原了当时的手工业生产形态，为理解早期中国城市化过程中的经济机制与社会人群关系提供了全新的视角。

但是，从考古学角度来探讨我国青铜时代的手工业生产体系的综合研究仍不多见，有关三代手工业生产形态的认知仍是有限的、零星的。凡是涉及三代手工业发展形态的研究多言简意赅，最常见的是简单陈述和罗列一些考古发现来表明手工业所达到的水平，鲜有论及生产组织、生产效率、生产者身份、产品消费、流通与分配等问题。这一方面是囿于文献资料的缺乏；另一方面也与缺乏相关理论研究，尚未建立起从实物资料角度探讨古代手工业生产体系的理论范式密切相关。这种依赖于零星历史文献资料梳理的以史论史，或者通过考古资料的以物论物的现状，与中国考古学资料日益丰富，特别是手工业生产遗址（作坊）等发现不断涌现的情况似乎并不匹配。

白云翔对我国手工业研究的现状及存在的问题进行了较为全面客观的分析

---

[1] Railey J., *Neolithic to Early Bronze Age Sociopolitical Evolution in the Yuanqu Basin*, *North-Central China* (PhD thesis), Washington University, 1999. Underhill A., *Craft Production and Social Change in Northern China*, Kluwer Academic/Plenum Publishers, 2002；戴向明：《陶器生产、聚落形态与社会变迁——新石器至早期青铜时代的垣曲盆地》，文物出版社，2010年。

[2] Bagley R., "Debris from the Houma Foundry", *Orientations*, 1996, pp. 50–58; Franklin U., "The Beginnings of Metallurgy in China: A Comparative Approach", *The Great Bronze Age of China*, University of Washington Press, 1983, pp. 94–99. Yung-Ti L., *The Anyang Bronze Foundries: Archaeological Remains, Casting Technology, and Production Organization* (PhD thesis), Anthropology, Harvard University, 2003. Hao Z., *Mass Bone-working Industry in the Western Zhou Period (1046–771 BC)* (PhD thesis), Stanford University, 2017.

和评价①。他指出，我国丰富的历史典籍是开展古代社会历史研究的文献依据，虽然其中对古代手工业多有涉及，甚至也有《考工记》《天工开物》等与手工业相关的专门著作，但更偏重对政治制度、经济制度、社会事件、历史人物和思想文化等的记述，略于对社会生产，尤其是生产技术的记述。客观地讲，古代手工业的文献史学研究，在手工业经济特别是在其整体研究和抽象化研究上具有优势，但在探讨生产技术和生产过程中，特别是个案研究和具象化研究上则是其"短板"。我国考古界早在《考古学科"十一五"规划调研报告》中就认识到，虽然当时在古代手工业品的原料产地、生产技术等的分析、标本鉴定等方面已有很大的进展，但在生产组织的复原，产品的分配与流通，手工业者以及社会生产与社会组织和政治的互动等方面还必须加强②。

考古学研究的对象是遗迹和遗物等实物资料。关于手工业生产的遗迹、遗物，往往存在着明确的时空定位，通过系统的综合研究，就可能揭示其生产技术和生产过程，进而探讨生产组织、生产规模乃至当时的社会经济发展状况。毫无疑问，就古代手工业的研究方法而言，相较于根据历史文献进行的文献史学研究，考古学无疑是最为直接有效的手段，具有不可替代的优势。

本书以2002年发掘的周原遗址齐家制玦作坊为对象③。作为这项考古工作的现场负责人，笔者参与了发掘全过程并主持了后期资料的整理和报告编撰。这次发掘以聚落考古理念为指导，以获取制玦作坊形成过程、聚落形态、工匠生产和生活行为等相关信息为研究目的，对遗存的堆积形态和空间位置、土壤样品、植物利用、环境等信息进行了系统采集和分析，重点关注了与石玦生产相关的遗迹单位及出土遗物，并在资料整理过程中进行了量化统计分析。

齐家制玦作坊出土了35 000余件石玦残次品及1 000余件生产石玦的工具，并确认了与生产活动相关的建筑设施、手工业者墓葬等重要遗迹。它的时代从西周早期延续至西周晚期，历经了石玦生产活动从萌芽、发展到最后衰落的全过程，是探讨西周时期手工业生产形态的最佳案例。

通过对齐家制玦作坊出土的生产遗物及生产遗迹的综合分析，本书试图从

---

① 白云翔：《手工业考古论要》，《东方考古》（第9集），科学出版社，2012年。
② 陈星灿、赵辉、许宏等：《考古学科"十一五"规划调研报告》，《中国文物报》2006年3月17日第5版。
③ 陕西省考古研究院等：《周原：2002年度齐家制玦作坊和礼村遗址考古发掘报告》，科学出版社，2010年。

以下六个方面来构建西周时期周原遗址手工业生产的性质、组织方式及社会形态的立体轮廓：

1）生产技术研究；
2）产品标准化及专业化研究；
3）生产组织与生产规模的辨识及评估；
4）手工业者的身份与地位；
5）产品的消费与流通；
6）周原的性质与中国早期城市的功能。

周原作为周人在商代晚期的都城遗址，经济文化全面落后，周人灭商以后随着大量商贵族和技术人员的迁入才实现了全面的革新和社会经济的快速发展。鉴于这个现象的特殊性，对齐家制玦作坊的研究无疑会推动西周时期其他大型聚落内手工业形态的研究，进而对三代时期手工业生产性质、生产者身份与地位、生产技术和生产组织，乃至聚落布局及早期城市的功能等重大问题的研究起到积极的推动作用。

第一章

凤鸣岐山：考古学
视野下的岐邑周原

《诗经》云："周原膴膴，堇荼如饴。"周原是周人的肇基之所，王畿的核心区域，一直是西周考古的"圣地"。在过去七十余年里，周原遗址先后开展过百余次考古发掘与调查工作。大量的建筑基址、墓葬、青铜器窖藏及手工业作坊被先后揭露出来，丰富的地下遗存忠实地记录了岐邑周原的自然环境、政治、经济、文化和社会变迁的过程。

第一节 追 迹 周 原

大约在公元前 11 世纪，古公亶父率领周族艰难跋涉，定居岐下，奠定了周人崛起的基石。周原作为周人的故都之一，见证了周人从一个蕞尔小邦到战胜商人，并最终坐拥天下的过程。

一、周原与周都

在讨论岐邑周原的地理位置之前，我们首先来看一下周人的其他都城遗址（图版一）。尽管目前关于周人首都的位置及数量还存在不同的见解[①]，但是学界基本认可文献记载中周人最早的都城——邰，可能位于关中平原腹地的陕西武功一带，在那里大规模的先周时期遗址已经被发掘出来，学界也展开了初步的讨论[②]。

[①] 胡谦盈：《浅谈先周文化分布与传说中的周都》，《胡谦盈周文化考古研究选集》，四川大学出版社，2000 年；张天恩：《周人早期历史的传说与郑家坡先周遗址》，《周文化论集》，三秦出版社，1993 年；邹衡：《试论先周文化》，《夏商周考古学论文集》，文物出版社，1980 年；钱穆：《周初地理考》，《燕京学报》1931 年第 10 卷；黄怀信：《先周族及其文化的渊源与流转》，《周文化论集》，三秦出版社，1993 年；Shaughnessy E. L., "Western Zhou History", *The Cambridge History of Ancient China: From the Origins of Civilization to 221 B. C.* Cambridge University Press, 1999, pp. 292 - 351.

[②] 宝鸡市考古工作队：《陕西武功郑家坡先周遗址发掘简报》，《文物》1984 年第 7 期；宝鸡市考古工作队：《关中漆水下游先周文化遗址调查简报》，《考古与文物》1989 年第 6 期。

公刘在位期间，周人由"邰"向北迁移至泾河上游的"豳"。豳的大致位置在今陕西长武、旬邑、彬县一带①。遗憾的是，与邰地一样，豳地也未发现文字，但发现的文化遗存的年代在商代晚期的殷墟二期至四期之间，与公刘所处时代相当②。

此后，古公亶父又带领周人南迁到岐山脚下，就是今天的扶风岐山一带。考古学家一般依据《诗经·大雅·緜》称之为"周原"。古公亶父生活的时代大致与商王武乙（前1147—前1113）同时。在文王迁丰之前，周原一直是周人的首都，经历了亶父、季历、文王三王。

周人迁都岐邑标志着周人历史新时期的到来。正是在肥沃的周原大地上，周人俾立室家，作庙翼翼，划疆开渠，重农兴桑，建立了新的政治中心"岐邑"。在这里，周公、召公等一大批影响深远的政治家次第登台，奠定了中国社会治理理念和思想体系的基础。

大约公元前1060年，随着势力的东扩，文王在丰河西岸建立了东征的基地——丰京，武王又在丰河东岸建立镐京。公元前1046年，即镐京建成12年之后，武王克商，西周王朝建立。至公元前771年，犬戎入侵，幽王身死，周原丰镐被弃，平王东迁洛邑，西周灭亡。

三千年前的繁华都邑周原，受自然变化和人类活动的影响，在漫长的岁月里被逐渐掩埋于黄土之下。后世文献中关于周原的位置有多种说法，直到20世纪中叶的考古学调查开始之前仍聚讼不休③。

关于其位置的记载，可举以下数例：

> （右扶风）美阳，《禹贡》岐山在西北。中水乡，周大王所邑。有高泉宫，秦宣太后起也。　　　　　　　　　　——《汉书·地理志》④
>
> 徐广注（漆、沮）水在杜阳岐山。杜阳县在扶风。……（岐）山在扶风美阳西北，其南有周原。　　　　　　　　——《史记·周本纪》⑤

---

① 中国社会科学院考古研究所泾渭考古队：《陕西彬县断泾遗址发掘报告》，《考古学报》1999年第1期。

② 胡谦盈：《试谈先周文化及相关问题》，《中国考古学研究——夏鼐先生考古五十年纪念论文集（二）》，科学出版社，1986年；中国社会科学院考古研究所：《南邠州·碾子坡》，世界图书出版公司，2007年。

③ 马赛：《周原位置研究的学术史考察》，《南方文物》2017年第1期。

④ （汉）班固：《汉书》，中华书局，1962年，第1546页。

⑤ （汉）司马迁：《史记》，中华书局，1982年，第114页。

（汧水）迳岐山西，又曲迳周城南，城在岐山之阳而近西，所谓居岐之阳也，非直因山致名，亦指水取称矣。又历周原下，北则中水乡成周聚，故曰有周也。水北，即岐山矣。————《水经注·渭水》①

故周城一名美阳城，在雍州武功县西北二十五里，即太王城也。汉武功县在渭水南，今盩厔县西界也。————《括地志》②

太王都岐周，岐周在凤翔府西五十里，凤翔府东至唐都三百一十里，是岐周之地在唐都西三百六十里也。……岐水之北，有岐山焉，太王所邑也。邑在岐水之北，岐山之南，古语山南为阳，水北为阳，故诗曰：'居岐之阳，在渭之将。'而后世又名其地以为岐阳，盖山水皆可名阳也。岐水之南，有周原焉，诗谓'周原膴膴，堇荼如饴'者是也。太王初基，必以岐山之下地差狭少，不能容众，故跨渭而南，兼据周原以广其聚也。后稷初封于邰，至此始改号周，故孟子曰：'文王生于岐周'也。文王之生既在岐周，则自太王以及王季，皆居岐周不尝它徙也。————《雍录》③

虽然记载周原位置的文献数量不少，但因历代郡县名称及范围变化颇多，周原的位置还远远不能达到确指的程度④，其最终确认还要依赖于考古学家孜孜不倦的探索。

二、追迹周原

1943 年，为了寻找文献记载中的周都，石璋如对陕西关中一带做了一次影响深远的考古调查。他将调查区域设定在关中西部，调查了岐山以南的许多地方⑤。由于缺少有关陶器编年的知识，他仅凭直觉推断带绳纹的灰色陶器口沿和腹部残片是周文化的遗物，周人建国之前的都城——岐邑可能就位于岐山南麓的岐阳堡一带。

虽然后来的工作表明他关于周文化陶器的辨识是错误的，但是他从都城出

---

① （北魏）郦道元：《水经校证》，中华书局，2007 年，第 442 页。
② （汉）司马迁：《史记》，中华书局，1982 年，第 111、2779 页。
③ （宋）程大昌：《雍录》，中华书局，2002 年，第 10、11 页。
④ 罗西章：《美阳岐阳城域考》，《文博》1984 年第 3 期；王古奎：《唐岐阳县治地望浅议》，《考古与文物》1988 年第 2 期；庞怀靖：《重谈美阳、岐阳地望问题》，《考古与文物》1991 年第 5 期。
⑤ 石璋如：《传说中周都的实地考察》，《"中研院史语所"集刊》第 20 本下册，1948 年；石璋如：《关中考古调查报告》，《"中研院史语所"集刊》第 27 本，1956 年。

发的研究思路和有关岐邑位置的推断具有指导意义和开创性。受这一认识的启发，随后几十年的关中西部地区考古发掘和调查工作都是围绕这一区域开展的，最终确定了岐扶交界的箭括岭山前台原就是古公亶父所迁之"岐邑周原"。

周原位于关中平原的西部，有广义和狭义之分。广义的周原指今关中平原西部，即千河以东、漆水河以西、渭河以北、岐山以南的狭长区域，包括现在的扶风、岐山、武功、凤翔四区县的大部分，以及宝鸡、眉县、乾县等县区的小部分，东西绵延70余公里，南北宽20余公里，沿渭河成西北—东南走向[①]。

狭义的周原则是指考古学意义上的周原遗址，指今扶风、岐山两县交界处的北部，大致包括扶风县的法门和岐山县的京当两镇所辖的大部分自然村落及岐山县青化镇的一部分，东西宽约6公里，南北长约5公里，总面积逾30平方公里。本书所指的周原即狭义的周原遗址。

从区域地貌特征看，周原遗址位于渭河断陷盆地西端的黄土台塬之上，北依岐山，南临渭河谷地（图1.1）。地势南低北高，可分为南部台原沟壑和北

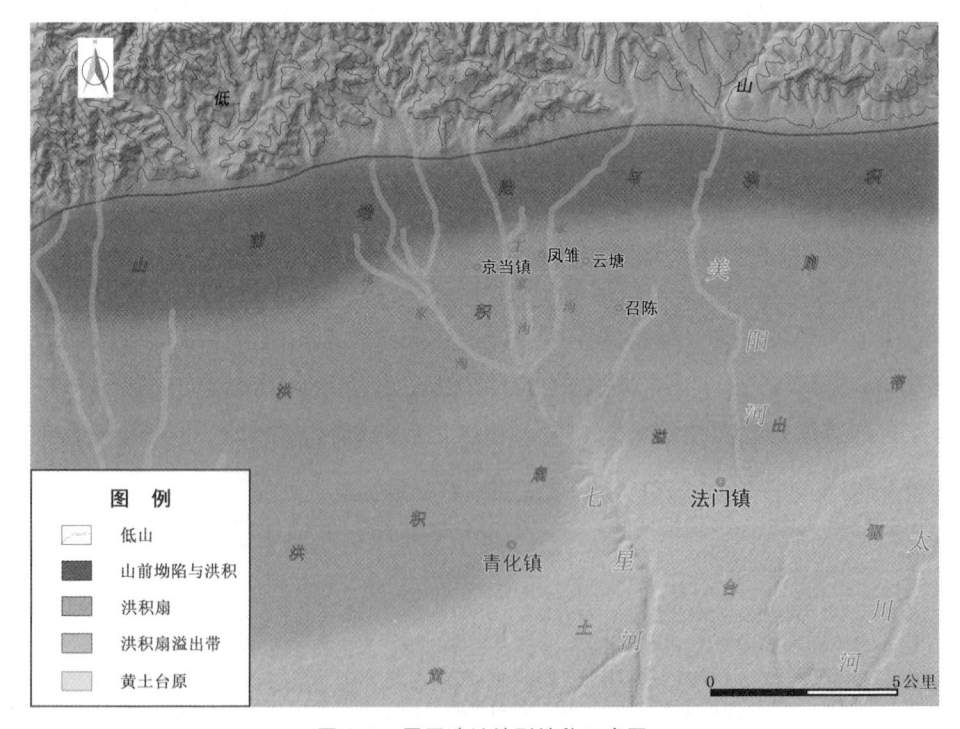

图1.1 周原遗址地形地貌示意图

---

① 史念海：《周原的变迁》，《河山集·二集》，生活·读书·新知三联书店，1981年。

部低山丘陵，具有黄土台原和沟壑地貌的综合特征。漳河的支流七星河及美阳河发源于岐山山脉南麓，流经周原遗址，汇入渭河。千山余脉——岐山山脉横亘于周原遗址北部，是其北面的天然屏障。岐山南麓是一片冲积扇地区，周原遗址恰处于岐山南麓七星河和美阳河两个山前洪积扇之间顶部洼陷区域的渍水地带，背山靠河，土壤肥沃，水系发达，适宜农业耕作[①]。当周人到这里生活并需要扩展聚落空间时，丰富的地表水资源优势便成为重要的基础保障。这也与周原的地下水位过深带来的凿井取水的困难有关[②]。

周人的数次大规模迁徙及其都城遗址的变化是周文化一个重要特征（图1.2）。《史记》《诗经》等文献记载及后代许多学者多将这种迁徙归咎于防御、经济或者政治原因。但是，最近的一项研究更为强调气候变化才是周人数次迁都的直接原因之一[③]。关于黄土高原南部风成黄土和土壤的环境变迁学研究表明，周人不断地迁移除了游牧民族向南推移的驱使之外，寻求更有利于发展的

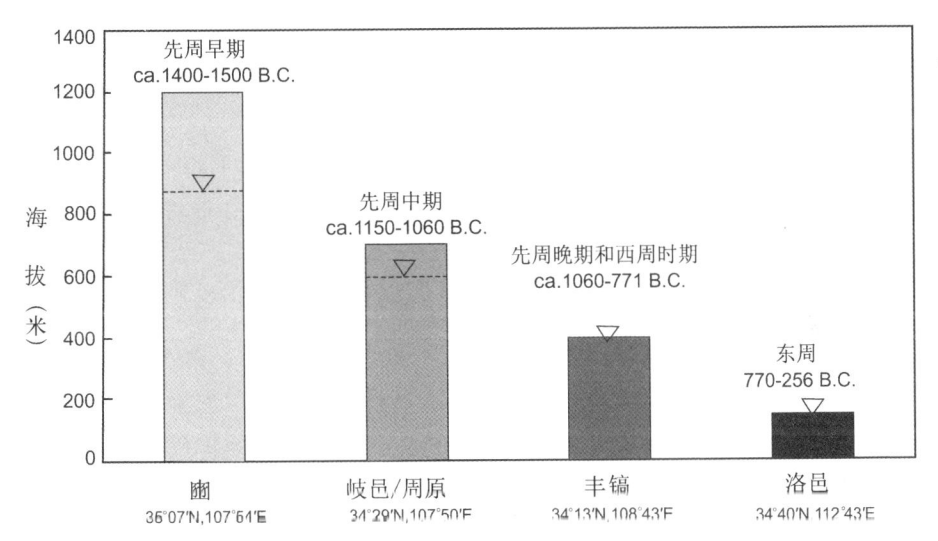

图 1.2 商代至东周时期周人都城遗址海拔高度的变化示意图

（据黄春长等 2003 年：第 370 页图七）。

[①] 张洲等：《试谈周原岐邑古城选建与迁移的原因》，《周秦文化研究》，陕西人民出版社，1998 年。

[②] 在云塘建筑基址 F10 附近发现的水井 J1 深度达到 30 余米，见陕西省考古研究所：《陕西扶风云塘、齐镇建筑基址 2002 年度发掘简报》，《考古与文物》2007 年第 2 期。

[③] Chungchang H., Shichao Zh. etc., "Climatic Aridity and the Relocations of the Zhou Culture in the Southern Loess Plateau of China", *Climatic Change 61*, 2003, pp. 361-378；王晖、黄春长：《商末黄河中游气候环境的变化和社会变迁》，《史学月刊》2002 年第 1 期。

自然环境和水土资源条件是其主要原因。周人将都邑从海拔1 100—1 200米的豳地高原沟壑区迁移到海拔650—750米的黄土台塬旱原周原一带建立岐邑是生态环境迫使的结果，而周原的衰退也可能与一系列环境变化和其他社会政治压力有关①。

现在看到的周原遗址虽开阔平缓，但是沟壑纵横。山前冲积扇上发育的冲沟宽度约50—70米，切割深度为20—30米，沟壁横断面陡直。其南冲积平原上发育的冲沟，宽度则多超过100米，切割深度一般为40—50米，冲沟断面呈复合型，上部宽缓，下部深切②。环境考古和历史地理等研究成果揭示，在周人活动于周原地区时，这里的地貌景观与现在有着显著的差异。

研究表明，商周时期的周原是一处较为开阔平缓的平原，地表径流丰富，土地肥沃丰腴。在其后的漫长历史时期中，周原地貌演变主要为沟谷的形成和发育。从地质构造、地理生态的角度来看，西周时期流经周原遗址的漆河及其支流下切并不严重，许多冲沟可能形成于东汉以后③。东汉以前周原河谷浅宽，发育缓慢，土壤侵蚀较弱；东汉以后沟谷发育、土壤侵蚀加快，造成这种现象的主要原因是植被破坏和林木砍伐④。

近年来，周原遗址开展了大规模的考古勘探，发现了西周时期的"水网系统"⑤，使我们对当时"周原膴膴，堇荼如饴"的优越地理环境有了更具体和深入的认识。

周原遗址所见的水利系统兴建于西周早期，通过开渠引水、建塘蓄水、挖沟供水等一系列人工行为构建了包括自然水系与人工水系、蓄水池与引水渠、干渠与支渠等不同层次的水系遗存，构成了具有日常饮用、农业灌溉、蓄水调节和景观用水等多种功能的水资源网络⑥。这一水利系统使得周人基本摆脱了对溪流河沟等自然水源的依赖，保障了大型宫室、作坊区和其他居址迅速向东

---

① 黄春长、赵世超、王晖：《西周兴衰与自然环境变迁》，《光明日报》2001年2月17日。
② 宋豫秦等：《周原现代地貌考察和历史景观复原》，《中国历史地理论丛》第17卷第1辑，2002年。
③ 史念海：《周原的变迁》，《河山集·二集》，生活·读书·新知三联书店，1981年。
④ 桑广书等：《历史时期周原地貌演变与土壤侵蚀》，《山地学报》2002年第6期。
⑤ 周原考古队：《陕西宝鸡市周原遗址2014—2015年的勘探与发掘》，《考古》2016年第7期；宝鸡市周原博物馆、宝鸡市考古研究所：《周原遗址池渠遗存的钻探与发掘》，《周原》（第1辑），三秦出版社，2013年。
⑥ 王占奎：《周原遗址扶风云塘陂塘与水渠三题》，《周原》（第1辑），三秦出版社，2013年；周原考古队：《陕西宝鸡市周原遗址2014—2015年的勘探与发掘》，《考古》2016年第7期。

部区域纵深发展，为周原聚落大范围东扩和水资源供给提供了良好保障，最终导致了周原聚落格局的重大变化，促使周原岐邑的规模在西周中期远超丰镐、成周两都[1]。

第二节 考古周原

在过去七十余年里，岐山扶风一代的考古工作取得了丰硕成果，为周原位置的确认和研究周人的政治、经济、文化、意识形态、文学、丧葬礼仪、宫室制度等提供了丰富的资料。

一、考古周原

新中国建立后，考古工作者对周原遗址大规模的考古调查与试掘才渐次开展起来[2]。20世纪70年代中期以前的考古工作可看作周原科学考古的奠基阶段，其缺点是缺乏统一组织机构和整体学术规划，以配合农业生产活动的抢救性发掘工作为主，但贡献是对周原遗址的一些基础性认识逐渐积累起来，最终达到了从考古学角度对周原遗址规模和范围的确认[3]。

1976年，以"陕西周原文物保护与考古发掘领导小组"的成立为标志，周原遗址的考古工作进入了新的阶段。由陕西省文物管理委员会、陕西省博物馆和北京大学历史学系考古专业、西北大学历史学系考古专业等多家机构共同组成周原考古队，对周原遗址进行了有计划的大规模科学发掘，取得了前所未有的辉煌成就。重要的考古收获包括岐山凤雏和扶风召陈西周建筑基址[4]、岐

---

[1] 张焜琪：《周原西周水资源利用的初步认识》，《中国国家博物馆馆刊》2019年第1期。
[2] 关琳：《陕西岐山县京当乡王家嘴子的原始社会遗址》，《文物参考资料》1954年第10期；陕西省博物馆等：《陕西岐山礼村附近周遗址的调查和试掘》，《文物资料丛刊》（2），文物出版社，1978年；陕西省文物管理委员会：《陕西岐山、扶风周墓清理记》，《考古》1960年第8期；陕西省文管会：《陕西扶风、岐山周代遗址和墓葬调查发掘报告》，《考古》1963年第12期；中国社会科学院考古研究所扶风考古队：《一九六二年陕西扶风齐家村发掘简报》，《考古》1980年第1期；陕西省考古研究所：《岐山贺家村周墓发掘简报》，《考古与文物》1980年创刊号；陕西省博物馆等：《陕西岐山贺家村西周墓葬》，《考古》1976年第1期；吴镇烽、雒忠如：《陕西扶风强家村出土的西周铜器》，《文物》1975年第8期；吴镇烽等：《陕西省岐山县董家村西周铜器窖穴发掘简报》，《文物》1976年第5期；罗西章等：《陕西扶风县召李村一号周墓清理简报》，《文物》1976年第6期。
[3] 陈全方：《早周都城岐邑初探》，《文物》1979年第10期。
[4] 陕西周原考古队：《陕西岐山凤雏村西周建筑基址发掘简报》，《文物》1979年第10期；陕西周原考古队：《扶风召陈西周建筑群基址发掘简报》，《文物》1981年第3期。

山凤雏西周甲骨文①、扶风云塘村西周制骨作坊遗址和墓葬②、扶风齐家M19③、岐山贺家村西周墓葬④、扶风庄白村一号西周青铜器窖藏⑤等。其中，1976年发掘的庄白一号窖藏出土青铜器103件，有铭文铜器74件，少者1字，多者284字，是新中国建立以来出土铜器数量最多的一个窖藏。

1976年开始的周原考古工作在学术史上具有重大意义，其工作成果对西周历史和考古研究都产生了深远而又广泛的影响：1）使西周时期宗庙宫室建筑及其制度有了实物凭证；2）对当时手工业（骨器制作）生产的过程和规模有一概略的了解，借此亦可窥知西周时期手工业分工状况之一斑；3）对了解周原遗址的整体布局具有重要意义；4）对周原遗址的编年研究具有重要价值；5）对了解西周早期至晚期土地功能的转化和西周土地制度有着直接的帮助；6）为先周文化的讨论提供了新的资料；7）西周甲骨文的大量发现，为研究先周和西周初期的政治、军事、经济、文化及商周关系等问题提供了极为珍贵的历史资料。遗憾的是，由于各种复杂的原因，陕西周原考古队的考古工作只持续了短短的两年时间。此后近二十年，周原遗址考古工作陷入停顿状态，仅有因农业建设或生产生活带来的偶然发现和少量带有试探性质的发掘与调查工作⑥。

1999年，由陕西省考古研究所、北京大学考古文博学院、中国社会科学

---

① 陕西周原考古队：《陕西岐山凤雏村发现周初甲骨文》，《文物》1979年第10期；陕西周原考古队、周原岐山文管所：《岐山凤雏村两次发现周初甲骨文》，《考古与文物》1982年第3期。
② 陕西周原考古队：《扶风云塘西周骨器制造作坊遗址试掘简报》，《文物》1980年第4期；陕西周原考古队：《扶风云塘西周墓》，《文物》1980年第4期。
③ 陕西周原考古队：《陕西扶风齐家十九号西周墓》，《文物》1979年第11期。
④ 陕西周原考古队：《陕西岐山贺家村西周墓发掘简报》，《文物资料丛刊》（8），文物出版社，1983年。
⑤ 陕西周原考古队：《陕西扶风庄白一号西周青铜器窖藏发掘简报》，《文物》1978年第3期；宝鸡市周原博物馆：《周原——庄白西周青铜器窖藏考古发掘报告》，科学出版社，2016年。
⑥ 周原扶风文管所：《扶风齐家村七、八号西周铜器窖藏清理简报》，《考古与文物》1985年第1期；巨万仓：《陕西岐山王家嘴、衙里西周墓发掘简报》，《文博》1985年第5期；罗西章：《扶风齐家村西周墓清理简报》，《文博》1990年第3期；罗西章：《扶风齐家村西周石器作坊调查记》，《文博》1992年第5期；陕西周原考古队：《陕西扶风齐家十九号西周墓》，《文物》1979年第11期；周原扶风文管所：《陕西扶风强家一号西周墓》，《文博》1987年第4期；陕西周原考古队：《扶风刘家姜戎墓葬发掘简报》，《文物》1984年第7期；罗红侠：《扶风黄堆老堡子三座西周残墓清理简报》，《考古与文物》1994年第3期；罗红侠：《扶风黄堆老堡子西周残墓清理简报》，《文博》1994年第5期；陕西周原考古队：《扶风黄堆西周墓地钻探清理简报》，《文物》1986年第8期；周原博物馆：《1995年扶风黄堆老堡子西周墓清理简报》，《文物》2005年第4期；周原博物馆：《1996年扶风黄堆老堡子西周墓清理简报》，《文物》2005年第4期。

院考古研究所联合组建了新的周原考古队，对周原遗址再次进行了有计划的全面调查和大规模考古发掘。周原考古队组建伊始即将工作重点放到对周原遗址商周时期考古学文化的编年谱系与聚落形态研究等重大学术问题上来，先后发掘了扶风齐家①、云塘齐镇②和岐山王家嘴、贺家③、礼村、扶风齐家北④、李家⑤、姚家⑥、岐山凤雏⑦、贺家⑧等地点⑨，获得了一批十分丰富的遗物以及诸多明确的地层关系，基本建立了周原地区商周时期详细的考古学文化编年和谱系，为探讨周原遗址的聚落布局等重大学术课题提供了重要基础资料。另外，周原考古队还对遗址所在的七星河流域、美阳河及周边区域作了区域聚落调查和初步研究，对周原遗址的总体布局和古代人地关系作了多方面的探讨⑩。

值得一提的是，在上述重点发掘的基础上，周原考古队还对遗址范围内的

---

① 周原考古队：《1999 年度周原遗址ⅠA1 区及ⅣA1 区发掘简报》，《古代文明》（第 2 卷），文物出版社，2003 年，第 491—538 页。

② 周原考古队：《陕西扶风县云塘齐镇西周建筑基址 1999—2000 年度发掘简报》，《考古》2002 年第 9 期。2002 年周原考古队对云塘齐镇建筑基址进行了再次发掘，成果见周原考古队：《2002 年周原遗址云塘齐镇建筑基址发掘简报》，《考古与文物》2007 年第 3 期。

③ 周原考古队：《2001 年度周原遗址（王家嘴、贺家地点）发掘简报》，《古代文明》（第 2 卷），文物出版社，2003 年。

④ 周原考古队：《2002 年周原遗址（齐家村）发掘简报》，《考古与文物》2003 年第 4 期；陕西省考古研究院等：《周原——2002 年度齐家制玦作坊和礼村遗址考古发掘报告》，科学出版社，2010 年。

⑤ 周原考古队：《陕西周原遗址发现西周墓葬与铸铜遗址》，《考古》2004 年第 1 期；周原考古队：《2003 年秋周原遗址（ⅣB2 区与ⅣB3 区）的发掘》，《古代文明》（第 3 卷），文物出版社，2004 年；周原考古队：《陕西扶风县周原遗址庄李西周墓发掘简报》，《考古》2008 年第 12 期；周原考古队：《周原庄李西周铸铜遗址 2003 与 2004 年春季发掘报告》，《考古学报》2011 年第 2 期。

⑥ 陕西省考古研究院：《2012 年陕西省考古研究院考古发掘新收获》，《考古与文物》2013 年第 2 期；陕西省考古研究院等：《周原遗址东部边缘——2012 年田野考古报告》，上海古籍出版社，2018 年。

⑦ 周原考古队：《周原遗址凤雏三号基址 2014 年发掘简报》，《中国国家博物馆馆刊》2015 年第 7 期；周原考古队：《陕西宝鸡市周原遗址六号至十号基址发掘简报》，《考古》2020 年第 8 期。

⑧ 周原考古队：《陕西宝鸡市周原遗址 2014—2015 年的勘探与发掘》，《考古》2016 年第 7 期。

⑨ 此外，在庄白、召陈、云塘等地点也有零星的发掘。参见宝鸡市周原博物馆：《周原遗址庄白取土场 2003 年度发掘报告》，《周原》（第 1 辑），三秦出版社，2013 年；宝鸡市周原博物馆等：《周原遗址池渠遗存的钻探与发掘》，《周原》（第 1 辑），三秦出版社，2013 年；宝鸡市周原博物馆：《周原遗址召陈村北西周残墓的清理》，《周原》（第 1 辑），三秦出版社，2013 年。还有一些偶然发现的铜器，参见齐浩、张天宇：《周原遗址新见京当型铜器墓浅识》，《中国国家博物馆馆刊》2015 年第 11 期；温峰峰、张天宇：《岐山县周原博物馆近年新入藏青铜器选介》，《中国国家博物馆馆刊》2015 年第 11 期；岐山县周原博物馆：《陕西周原遗址贺家村车马器窖藏清理简报》，《中国国家博物馆馆刊》2015 年第 11 期。

⑩ 周原考古队：《陕西周原七星河流域 2002 年考古调查报告》，《考古学报》2005 年第 4 期；周原考古队：《2005 年陕西扶风美阳河流域考古调查》，《考古学报》2010 年第 2 期。

若干地点重新做了地面调查①；同时又根据最新研究成果，开展了"大周原"区域的系统考古调查，确认了周公庙、孔头沟、水沟、劝读、蒋家庙等10余处高级贵族采邑遗址，尤以周公庙的发现与收获最受人瞩目。2003年底在周公庙遗址发现了周人甲骨文，随后确认了目前所知西周时期最高等级的贵族墓葬及环绕墓葬的夯土墙等一系列重大发现②。这是将周原遗址纳入"大周原"视野下综合考察的一个重要收获。

由于周原遗址所获大型建筑基址、青铜器窖藏等重要文化遗存多处于西周中晚期，加之周公庙遗址的考古发现，导致了学界对于周原遗址性质及岐邑位置的再思考③。依据周公庙遗址发现的四条墓道大墓及其他高等级西周大墓、铸铜作坊、宫殿建筑基址及大量使用空心砖等现象，有学者推测其可能为真正的"岐邑"所在④。

早期都邑的确认往往依赖于城墙、大型建筑或高等级墓葬等具有标志意义的遗存。虽经过七十余年的考古工作，但关于先周时期的岐邑周原，考古学家们仍然所知甚少。20世纪末，考古学家与地质学家合作对周原遗址进行了遥感探测，在今岐山贺家村周围辨识了一处地下夯土墙基影像⑤。遥感物探及考古试掘表明，以凤雏村南甲组建筑基址为中心，南、北各有一道东西向的城墙，南墙长700余米，北墙长700余米。南墙外侧有一条宽约2—13、长600余米的与南墙并行的壕沟。南北两墙之间相距约500米。从地层堆积情况看，南墙试掘处在墙基下发现有属于西周中期的灰坑，而北墙部分只能肯定其上被战国时期的堆积所叠压。因此，关于城墙的确切年代尚不能肯定。由于城墙闭合范围不大，即使能肯定是西周或先周时期的城墙遗迹，可能也非岐邑的外围城墙，也许视作宫墙更为合理。另有学者认为这处城墙可能就是周原岐邑的核心区域⑥。但是事实上考古解剖工作只证实了东西向延伸的夯土墙遗迹，其时

---

① 周原考古队：《2001年度周原遗址调查报告》，《古代文明》（第2卷），文物出版社，2003年。
② 周原考古队：《2003年陕西岐山周公庙遗址调查报告》，《古代文明》（第5卷），文物出版社，2006年。
③ 徐天进：《周原考古与周人早期都邑的寻找》，《古代文明研究通讯》2005年第24期；徐天进：《周公庙遗址的考古所获及所思》，《文物》2006年第8期。
④ 徐天进：《西周王朝的发祥之地——周原——考古综述》，《考古学研究》（第5卷），科学出版社，2002年；徐天进：《周公庙遗址考古调查的缘起及其学术意义》，《中国文物报》2004年7月2日。
⑤ 谢辰生等：《遥感、物探新技术在周原考古中的应用试验研究情况》，《周秦文化研究》，陕西人民出版社，1998年。
⑥ 庞怀靖：《岐邑（周城）之发现及凤雏建筑基址年代之探讨》，《文博》2001年第1期。

代还不能确认为先周时期。

被公认为古公亶父迁岐之地的岐邑周原，由于未发现先周文化的高等级建筑，致使无法最终确认周原遗址在商周时期的聚落性质。2020年以来，以厘清聚落结构和判断聚落性质为首要学术目标，周原考古工作取得突破性进展[①]。

王家嘴先周建筑基址F1东西宽38米，南北长约58米，总面积逾2200平方米，规模宏大，形制清晰，整体结构为前堂后室的两进四合院建筑，由正堂、东西厢房、前后庭院、附属建筑等组成（图1.3）。根据叠压打破关系判断，建筑年代上限为京当型商文化晚期，下限不晚于先周文化晚期。王家嘴先周文化大型建筑的发现，为寻找周灭商前古公亶父至文王时期的国家统治中心提供了资料。同时，也再次证明了齐家沟以东的王家嘴一带是先周时期周原的核心区域，或是周人迁岐之后宗庙或宫室之所在。

在王家嘴大型先周建筑基址F1发现之前，周原遗址还未发现商代时期周人的大型建筑基址或高等级墓葬，早年揭露的大部分宫室类建筑基址均属于西周时期。事实上，早年考古调查和发掘收获已经初步揭示了在周原遗址王家沟沿岸的贺家至王家嘴一带，较为密集地分布着太王迁岐时代的遗存及先周晚期重要的墓葬，二者构成了居址与墓葬并举的逻辑关系。有学者据此推测这里应为太王岐邑的位置所在[②]。王家嘴先周建筑基址的揭露，为证实悬而未决的周原遗址即为商代晚期周都岐邑这一关键问题提供了可靠证据。

最新公布的周原考古成果同样足以改变有关西周时期周原遗址聚落结构与性质的已有认识[③]。这次的考古发现表明，西周时期的周原遗址很可能存在先后修建的大小两套城圈。小城位于遗址西北部，城址北、东、南三面有人工城壕，西面以王家沟为壕，整体呈规整长方形，东西约1480米，南北约1065米，面积约175万平方米。根据地层关系及出土遗物推断，小城修建于商周之际至西周初期。

西周晚期大城北起强家—云塘（即内城北墙延长线），东至下雾子—召陈，南达庄白—刘家北，西抵王家沟。东西约2700米，南北约1800米，形状规整，面积约520万平方米。除西南城墙因取土破坏无存外，其他部分大都保存有断续的夯土基槽，范围包括了周原遗址核心区域。当然，这一发现还需要详

---

① 种建荣、杨磊、曹大志等：《周原遗址》，《陕西省考古研究院2021年报》（内部资料）。
② 张天恩：《周原早期聚落变迁及周人岐邑的认识》，《文博》2018年第2期。
③ 《周原发现西周城址和先周大型建筑》，北京大学考古文博学院公众号，2022年2月7日。

图 1.3 周原遗址王家嘴先周大型夯土建筑基址 F1
（图片由周原考古队提供，特此致谢）

细的考古勘探和发掘工作来进一步确认。如果周原西周城址得以最终证实,将会极大地推动岐邑周原的城址结构、遗址性质及社会形态的研究进程。

根据考古地层学及陶器类型学的研究结果,周原遗址的考古遗存被分为两个时期:先周时期和西周时期。参照断代工程测年成果,先周时期的遗存可以被区分为四个阶段,从二里冈上层至殷墟四期[1];西周时期遗存可以划分为三期六段[2]。本书之讨论建立在上述年代框架之下。

数十年的考古调查及发掘资料,不仅丰富了周原地区西周文化的内涵,而且为建立整个周原地区商周时期比较详细的考古学编年体系提供了重要依据,对分析周原遗址的整体聚落布局和结构特征有重要指示作用。

二、商代时期

围绕周原遗址的考古发现,关于先周文化的分期、分布范围、族群以及辨识等问题,考古学家投入了大量的精力并提出了多种不同的观点[3]。作为商时期的周人都城,周原遗址从一开始就紧密地与这一旷日持久的学术争论关联起来。

根据主流意见,关中地区克商之前的考古学文化被分为以下三种:刘家文化[4]、郑家坡文化[5]和碾子坡文化[6]。究竟哪一种考古学遗存代表了先周文化一直分歧巨大[7],并且随着考古学新资料的不断涌现,学术观点日益分化[8]。

---

[1] 先周文化分期与测年专题组、夏商周断代工程专家组:《武王伐纣年代与先周文化分期专题初步报告》,稿本,1999年;雷兴山:《先周文化探索》,文物出版社,2010年。

[2] 黄曲:《周原遗址西周陶器谱系与编年研究》,北京大学考古文博学院硕士学位论文,2003年。

[3] 尹盛平:《先周文化的几个问题》,《周秦文化研究》,陕西人民出版社,1998年;尹盛平、任周芳:《先周文化的初步研究》,《文物》1984年第7期;王巍、徐良高:《先周文化的考古学探索》,《考古学报》2000年第3期;刘军社:《郑家坡文化和刘家文化的分期及其性质》,《考古学报》1993年第1期;邹衡:《试论先周文化》,《夏商周考古论文集》,文物出版社,1980年;马赛:《考古学文化与族群关系的思考》,《文博》2008年第5期;李峰:《先周文化的内涵及其渊源探讨》,《考古学报》1991年第3期。

[4] 陕西周原考古队:《扶风刘家姜戎墓葬发掘简报》,《文物》1984年第7期。

[5] 刘军社:《郑家坡文化和刘家文化的分期及其性质》,《考古学报》1993年第1期。

[6] 胡谦盈:《浅谈先周文化分布与传说中的周都》,《胡谦盈周文化考古研究选集》,四川大学出版社,2000年。

[7] 先周文化指"武王克商之前周人创造的文化",而本文所谓"先周时期的文化"为一个笼统概念,指克商之前关中地区的所有文化遗存,包括了周人、商人、姜戎及其他同时期社会族群创造的文化。

[8] 宗礼、刘栋:《先周文化研究六十年》,《周秦文化研究》,陕西人民出版社,1998年;雷兴山:《先周文化探索历程》,《考古学研究》(第5卷),科学出版社,2002年。

一个定义完备的考古学文化成为过去数十年里中国考古学编年史倾向下的绝大部分考古学实践的基本目标①。人类学中的"文化"一词，在考古学的语境中，指存在于一定的时间和空间的一组具有特征的实物遗存。目前在我国的考古学实践中，考古学文化基本上以陶器组合来定义，并以第一次发现该类文化遗存的小地名（村庄）为名称，对于文化的考古解释通常针对物质遗存的辨识与历史文献中所见的族群。

建立这样的社会族群与考古学文化之间的对应关系已经成为考古学界一个经久不衰的论题。笔者不打算从理论层面上进行探讨，因为这一课题较为复杂并且超出了本书的研究范畴。然而，像多数考古学家一样，我们基本可以认可的是，物质文化与某种社会群体或族群之间可能重合，因此在多数情况下，还是可能通过分析物质文化的分布来辨识政治群体的②。

多数学者以陶鬲的形制差异作为区分先周时期不同考古学文化的主要证据。联裆鬲与袋足鬲分别被作为先周时期考古学文化与其代表的相应族群的指示性器物（图1.4）。一般认为，两种不同形制的陶鬲代表了两个不同族群创

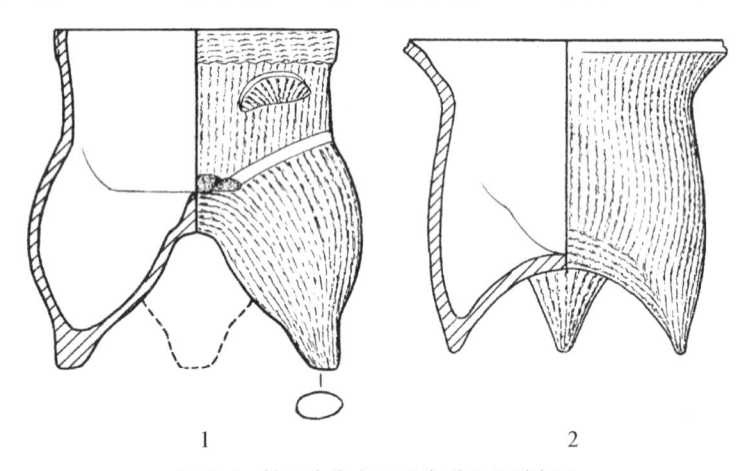

图1.4 被认为代表不同族群的典型陶鬲
1. 袋足鬲（礼村H8），姜戎的典型遗物 2. 联裆鬲（礼村H14），周人的典型遗物

---

① David C., *The Yueshi Culture, the Dongyi, and the Archaeology of Ethnicity in Early Bronze Age China*, (PhD thesis), Harvard University, 2001. Falkenhausen, L. von, "On the Historiographical Orientation of Chinese Archaeology", *Antiquity* 67, 1993, pp. 839–849. Li L., *The Chinese Neolithic: Trajectories to Early State*. Cambridge University Press, 2005. Tao W, 1997. "The Chinese Archaeological School: Su Bingqi and Contemporary Chinese Archaeology", *Antiquity* 71, pp. 31–39.
② 李峰:《西周的灭亡：中国早期国家的地理和政治危机》，上海古籍出版社，2007年。

造的物质文化，他们具有不同的起源，但是后来却互相融合：联裆鬲或许代表了先周文化的姬周族，而袋足鬲（刘家文化）属于姜戎的物质孑遗①。联裆鬲与袋足鬲共出于同一居址暗示着周文化与姜戎文化的交流与融合。这一假设已成为许多考古学家阐述周原遗址先周时期社会与族群的重要基础观点。

从考古学文化因素角度来看，周原一带在西周建立之前的族群构成是相当复杂的，包括了至少三类文化遗存，即商文化京当型（商人创造的物质遗存）、刘家文化（来自甘青地区和泾河上游地区的文化遗存，被认为与姜戎有关）和郑家坡文化（来自周原以东的漆水河流域，被认为是周人创造的文化遗存）。

数十年的考古发掘确认了十余处先周时期的遗址，大部分发现于周原核心区的西部，集中于刘家沟和双庵沟之间的台地上，南北长约2 500、东西宽约1 500米②，向北可至凤雏村，向南达台地嘴子，向东至贺家、礼村，向西可至双庵。过去一般认为，周原遗址先周时期周人的活动范围之东界不过刘家沟，但近年来齐家北制玦作坊揭露的先周晚期遗迹并不支持这一观点。至西周时期，周原人群的活动范围向东迁移，集中分布在刘家沟以东区域。周原遗址内先周和西周时期的遗迹分布示意图清晰地表明了周人逐渐东扩的过程（图1.5）。

要之，商时期的周原为许多不同的社会族群，包括商、姜戎及周人等占据。形成于二里冈上层时期的郑家坡文化最早，最初与商文化京当型、刘家文化及其他文化共存。当商文化京当型消失之后，郑家坡文化开始迅速扩展并占据了泾河、渭河流域，最终形成了西周文化。这个长时期的文化融合趋势是强大而影响深远的。

三、西周时期

据文献记载，古公亶父迁岐之后共历经二代，至文王时期都城东迁至丰。至此，周原失去了作为都城的核心地位。那么，西周时期的周原地位如何，又发生了什么？谁是这片圣地的主人？周原的经济和政治形态与建都之前有何差异？考古工作为回答这一问题提供了重要信息。

考古学与文献证据都表明，即使在周人东迁丰镐之后，周原并未就此没落，而是一直在西周历史上占据着重要地位。20世纪70年代以来，大量西周

---

① 邹衡：《试论先周文化》，《夏商周考古学论文集》，文物出版社，1980年。
② 徐良高：《新世纪周原考古发现与研究》，《中国文物报》2004年12月2日第7版；周原考古队：《2001年周原遗址调查简报》，《古代文明》（第2卷），文物出版社，2003年。

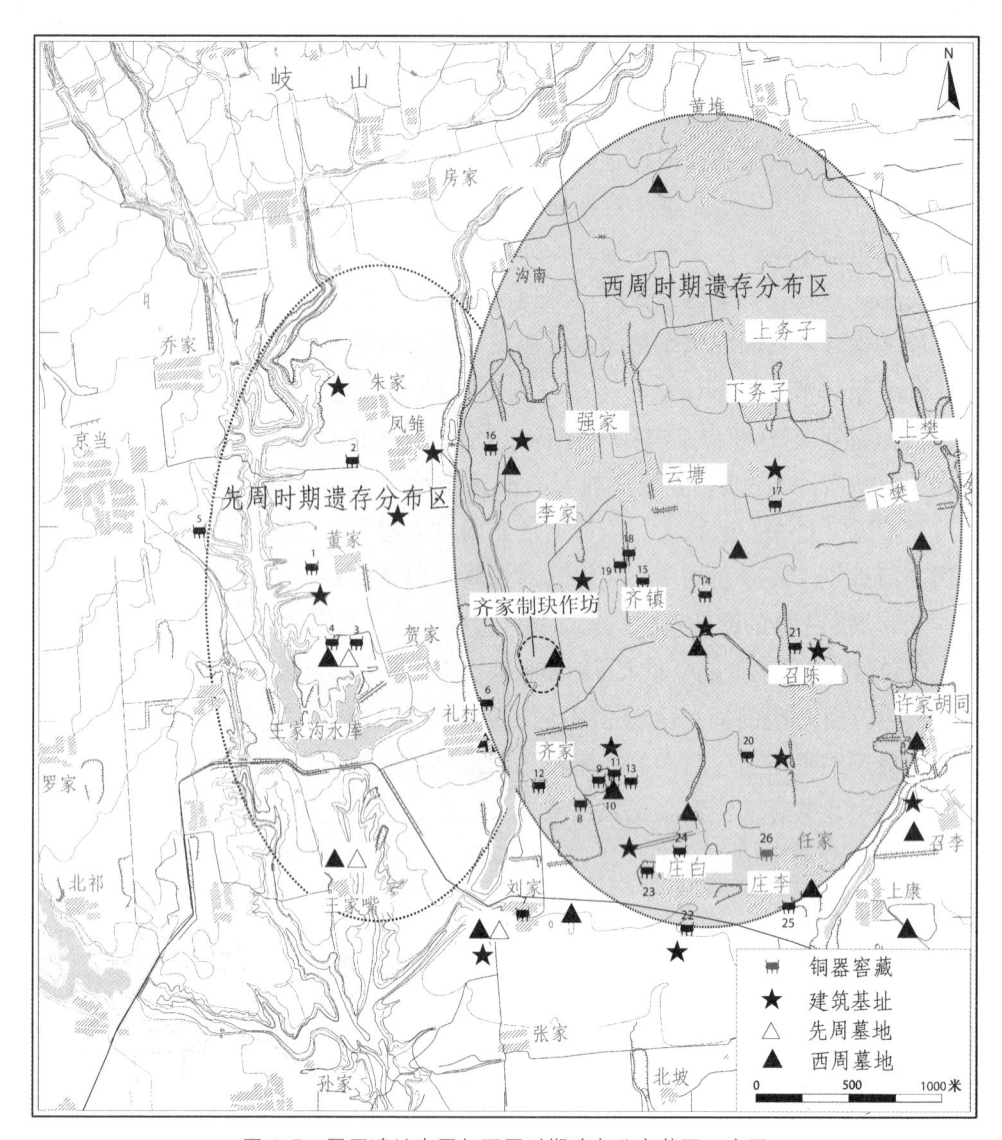

图 1.5　周原遗址先周与西周时期遗存分布范围示意图

时期的大型建筑基址被发掘，暗示着周原遗址是一个贵族和王室宗庙的重要聚集地，并且可能仍然是周人进行祭祀活动的重要场所[①]。

铜器铭文作为一种可靠的历史文献，不仅记载了周原地区政治经济活动的

---

① 陈全方：《早周都城岐邑初探》，《文物》1979年第10期。

重要历史事件，同时也提供了辨别周原地区众多家族的重要信息①。依据古代"同姓不婚"、文献中有明确记载的姓氏和周人不用日名等标准，周原地区的贵族家庭得以区分。

张懋镕将贵族家庭置于当时特定的政治、历史及地理环境中，对贵族家族的形成、发展的政治基础和相互关系做了细致考察，在周原一带区分出了十四支贵族家庭，包括南宫氏、华氏、函氏、中氏、散氏等。非姬姓贵族青铜器占总数的92%左右；而姬姓有铭铜器仅19件，不足总数的8%②。上述统计数字说明，周原居住的贵族以非姬姓贵族为多。这些家族都效忠于周王并定期从王室获取赏赐，多数家族已久居周原数辈，之所以能够居住于周原一带，多是由于其家族祖先或他们自己有突出的贡献和业绩③。显然，周原在西周时期成为一个贵族家庭聚居的地方。

以大型夯土台基和形制多样的陶瓦为特征，周原遗址已经辨识出了超过15处大型建筑遗迹，其中大规模发掘了三处基址，分别位于召陈④、云塘—齐镇⑤和岐山凤雏⑥三个地点⑦，其中凤雏甲组建筑是由庭、堂、室、塾、厢房及回廊组成的高台建筑，云塘—齐镇建筑群以F1组为主体建筑，为平面呈"品"字形的封闭式庭院结构（图1.6）。

近年来发掘的凤雏甲组建筑基址南侧的三号建筑基址平面呈"回"字形，四面为夯土台基，中间为长方形庭院，面积约2 180平方米，是迄今发现面积最大的西周建筑（图1.7）⑧。基址庭院中部偏西处有一处特殊的立石和铺石遗

---

① 刘士莪：《周原青铜器中所见的世官世族》，《周秦文化研究》，陕西人民出版社，1998年；朱凤瀚：《从周原出土青铜器看西周贵族家族》，《南开大学学报》1988年第4期；曹玮：《周原的非姬姓家族与虢氏家族》，《周原遗址与西周铜器研究》，科学出版社，2004年，第39—49页；张懋镕：《周原出土西周有铭青铜器散论》，《古文字与青铜器论集》，科学出版社，2002年，第112—137页。
② 张懋镕：《周原出土西周有铭青铜器散论》，《古文字与青铜器论集》，科学出版社，2002年，第112—137页。
③ 李零：《重读史墙盘》，《吉金铸国史》，文物出版社，2002年。
④ 陕西周原考古队：《扶风召陈西周建筑群基址发掘简报》，《文物》1981年第3期。
⑤ 周原考古队：《陕西扶风云塘齐镇西周建筑基址1999—2000年度发掘简报》，《考古》2002年第9期；周原考古队：《陕西扶风云塘齐镇西周建筑基址2002年度发掘简报》，《考古与文物》2007年第3期。
⑥ 陕西周原考古队：《陕西凤雏村西周建筑基址发掘简报》，《文物》1979年第10期；周原考古队：《周原遗址凤雏三号基址2014年发掘简报》，《中国国家博物馆馆刊》2015年第7期。
⑦ 瓦，或许为西土集团的一个发明，在周代常常是贵族、权力和财富的象征。大量不同形制的瓦，说明建筑使用者具有很高的身份地位。
⑧ 周原考古队：《陕西宝鸡市周原遗址2014—2015年的勘探与发掘》，《考古》2016年第7期。

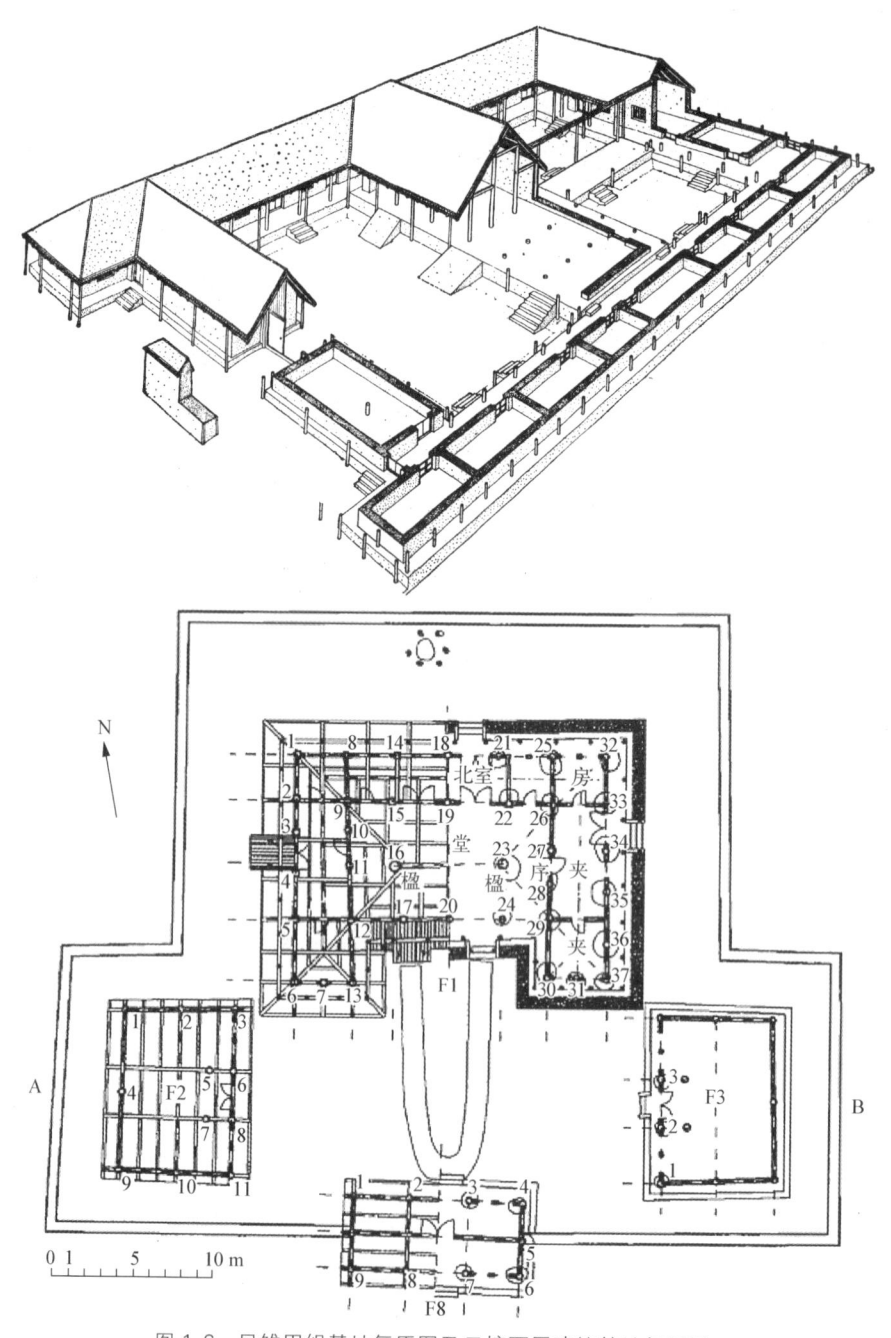

图 1.6 凤雏甲组基址复原图及云塘西周建筑基址复原图

（据杨鸿勋《西周岐邑建筑遗址初步考察》图 3 及玛丽安娜《陕西扶风云塘西周建筑群复原研究》图 2）①

---

① 杨鸿勋：《西周岐邑建筑遗址初步考察》，《文物》1981 年第 3 期；玛丽安娜：《陕西扶风云塘西周建筑群复原研究》，《建筑历史与理论（第十辑）》，科学出版社，2009 年。

第一章 凤鸣岐山：考古学视野下的岐邑周原　　25

图 1.7 凤雏三号建筑基址的铺石

迹，外围废弃堆积中出土了金箔、绿松石、原始瓷器残片等贵重物品。这处基址始建于西周早期，中期前后曾大面积失火，至西周晚期彻底废弃。从基址的形制和有关设施出发，并结合文献记载，发掘者认为此建筑是西周时期居住在周原地区殷遗民所建的亳社[1]。还有学者推测凤雏建筑群的设计者为商人，而其使用者的身份为周王或其在周原的代理人[2]。

自从这些建筑基址发现以来，关于其功能和使用者的探讨就没有停止过。尹盛平[3]、王恩田[4]、徐良高[5]等学者强调其礼制及礼仪功能，认为就其结构而言为宗庙建筑，个别建筑基址可能还为周王所有。朱凤瀚[6]、丁乙[7]、张懋镕[8]等学者则更强调这些建筑基址的政治功能，认为这些建筑基址是在某种政治原因下周王"舍寓"给贵族的居住遗迹，是区别于普通人、显示高等级身份的象征。因此，周原被认为是基于家族为纽带的贵族家庭居住区[9]。

相对于大量揭露和确认的大型建筑基址而言，周原普通居住者的房址发现极少[10]。这种现象一方面可能反映了考古发掘工作中偏重大型建筑基址这一现实情况；另一方面，也极为可能是周原遗址核心区域这种普通居住遗迹本身就比较稀少。目前周原的考古发掘表明，西周时期的小型房址有两种，一种为半地穴式的结构（图1.8），另外一种为地面建筑。这两类房址的结构都相当简单，并且规模较小。

以家族为基础的家族墓地是西周时期丧葬制度的核心模式。周原十余处的西周墓地是依据家族差异而经过精心规划的，墓地之间距离不远。每个墓地都有独立的空间分布范围，并与周边的建筑基址、作坊等位置相近。在每个墓地内，

---

[1] 孙庆伟：《凤雏三号建筑基址与周代的亳社》，《中国国家博物馆馆刊》2016年第3期。
[2] 宋江宁：《对周原遗址凤雏建筑群的新认识》，《中国国家博物馆馆刊》2016年第3期。
[3] 尹盛平：《周原西周宫室制度初探》，《文物》1981年第9期。
[4] 王恩田：《岐山凤雏村西周建筑群基址的有关问题》，《文物》1981年第1期。
[5] 徐良高、王巍：《陕西扶风云塘西周建筑基址的初步认识》，《考古》2002年第9期。
[6] 朱凤瀚：《从周原出土青铜器看西周贵族家族》，《南开大学学报》1988年第4期；曹玮：《周原的非姬姓家族与虢氏家族》，《周原遗址与西周铜器研究》，科学出版社，2004年，第39—49页。
[7] 丁乙：《周原的建筑遗存和铜器窖藏》，《考古》1982年第4期。
[8] 张懋镕：《周原出土西周有铭青铜器散论》，《古文字与青铜器论集》，科学出版社，2002年，第112—137页。
[9] 辛怡华、刘宏岐：《周原——西周时期异姓贵族的聚居地》，《文博》2002年第5期。
[10] 参见周原考古队：《1999年度周原遗址IAI区和IVAI区发掘简报》，《古代文明》（第2卷），文物出版社，2003年；徐锡台：《周原考古记》，《香港中文大学中国文化研究所学报》1981年第12期；徐锡台：《周原考古工作的主要收获》，《考古与文物》1988年第5、6期合刊。

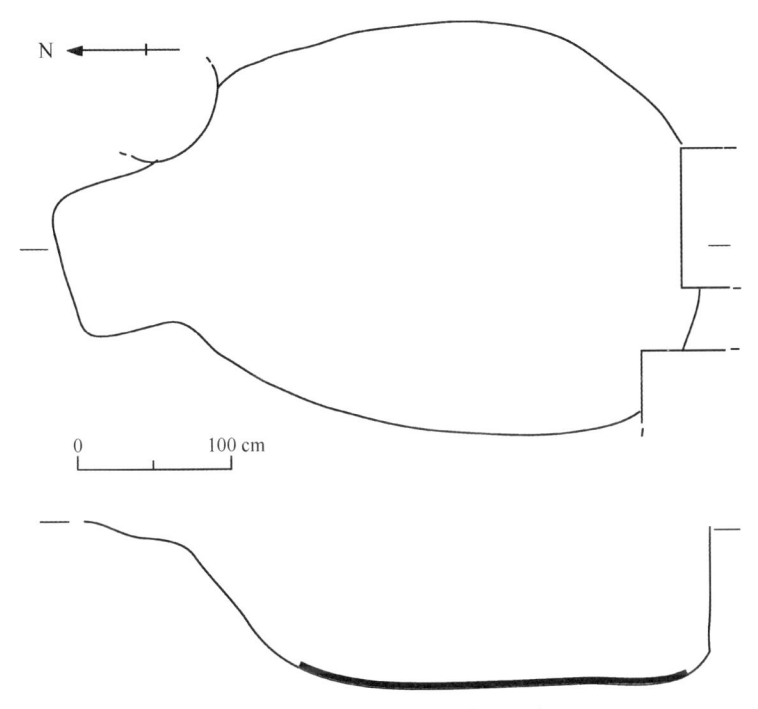

图 1.8　齐家制玦作坊西周初期半地穴房址 H49

墓葬排列显示出一定的规律性，似乎经过统一规划，如墓葬成排分布。死者的头向多为南北向或东西向，暗示着墓主人的种族身份差异或下葬时间的不同。

周原以其出土了精美绝伦的青铜器而享誉中外。20 世纪 50 年代以来，至少有 26 处青铜器窖藏面世，包括董家[①]、庄白[②]、齐家[③]、礼村[④]、云塘[⑤]、齐镇[⑥]、贺

[①] 庞怀靖等：《陕西岐山县董家村西周铜器窖穴发掘简报》，《文物》1976 年第 6 期。
[②] 陕西周原考古队：《陕西扶风庄白一号西周铜器窖藏发掘简报》，《文物》1978 年第 3 期；陕西周原考古队：《陕西扶风县云塘、庄白二号西周铜器窖藏》，《文物》1978 年第 11 期；周原扶风文管所：《周原西周遗址扶风地区出土几批青铜器》，《考古与文物》1982 年第 2 期。
[③] 周原扶风文管所：《扶风齐家村七、八号西周铜器窖藏清理简报》，《考古与文物》1985 年第 1 期；陕西省博物馆、陕西省文物管理委员会：《扶风齐家村铜器群》，文物出版社，1963 年。
[④] 祁建业：《岐山县博物馆近几年来征集的商周青铜器》，《考古与文物》1984 年第 5 期；庞文龙：《岐山县博物馆藏商周青铜器录遗》，《考古与文物》1994 年第 3 期。
[⑤] 周原考古队：《周原出土伯公父簋》，《文物》1982 年第 6 期；陕西周原考古队：《陕西扶风县云塘、庄白二号西周铜器窖藏》，《文物》1978 年第 11 期。
[⑥] 周文：《新出土的几件西周铜器》，《文物》1972 年第 7 期；陕西周原考古队：《陕西扶风县云塘、庄白二号西周铜器窖藏》，《文物》1978 年第 11 期。

家①、召陈②、凤雏③等（图1.9）。这些铜器埋藏的都不太深，大部分在1—1.3米之间，重叠摆放。储藏青铜器的土坑多数比较粗糙，没有经过精细加工，绝大部分青铜器可被断代于西周中期或晚期④。有学者据上述特点推测，这些青铜器窖藏可能是周王朝在犬戎入侵的压力下东迁洛邑的历史事件中匆忙埋下

图1.9 庄白一号窖藏发掘现场

---

① 庞文龙：《岐山县博物馆藏商周青铜器录遗》，《考古与文物》1994年第3期。
② 史言：《扶风庄白大队出土的一批西周青铜器》，《文物》1972年第6期；罗西章：《陕西周原新出土的青铜器》，《考古》1999年第4期。
③ 陕西周原考古队：《陕西岐山凤雏村西周青铜器窖藏简报》，《文物》1979年第11期。
④ 张懋镕：《周原出土西周有铭青铜器散论》，《古文字与青铜器论集》，科学出版社，2002年，第112—137页。

的①。由于难以随身携带，它们被埋藏于住宅附近②。虽然这些青铜器极可能为居住在附近大型建筑基址的贵族所有③，然而，还没有坚实的证据能够确认基址与铜器之间的直接对应关系。但是，同一窖藏内出土的青铜器上的铭文清晰表明了它们同属一个贵族家庭，暗示着周原以家族为基础的社会结构。

四、周原变迁

在聚落考古思路的指导下，全面勘探和重点发掘获得的聚落布局、主要功能区的规模与性质、水系与道路、环境变迁等重要信息，极大丰富了有关周原遗址的认识，展现了一幅周人先祖艰难跋涉，定居岐下，从一个与戎狄杂处的"蕞尔小邦"发展为势力强大的西方霸主的历史画卷。

周原先周时期考古学文化的确认与辨识，展现了商王朝统治下不同政治族群之间的冲突、融合与兴衰历程；湮埋于黄土之下的大量西周时期建筑遗存、青铜器窖藏、墓地以及手工业作坊遗址的重见天日，揭示了王朝时代周原遗址的宏大规模，开放包容的移民文化及发达繁荣的产业体系。这些考古发现，包括铜器铭文和甲骨文，不仅证实了关于先周时期都城遗址——岐邑周原的文献记载，同时也为理解先周、西周时期周原的社会政治提供了极具价值的信息。

考古发现使得我们可以从考古学角度探讨商代和西周时期周原的社会政治状况。这一地区先周和西周时期的政治形态，与周人的兴起、壮大和西周王朝的建立等重大历史事件紧密相关。

先周时期的周原，其社会发展和人群构成是一个动态的、连续的过程。整个商代（商代早期为商文化的地方类型——京当型，晚期为各种土著族群遗存），周原区域内多种考古学文化的融合、消长暗示着周原成为一个多种族（包括商人、周人、姜戎等）共存繁衍生息之地。在西周早期偏早阶段时，周原遗址的聚落布局发生过一次重大的格局变化：大量商遗民涌入周原遗址，聚落面积骤然增大，聚落重心由先周时期的齐家沟（或曰刘家沟）以西，转移至齐家沟以东，后来者曾部分占据了原住民的区域。

---

① 陕西省博物馆、陕西省文物管理委员会：《扶风齐家村铜器群》，文物出版社，1963年。
② 丁乙：《周原的建筑遗存和铜器窖藏》，《考古》1982年第4期；朱凤瀚：《从周原出土青铜器看西周贵族家族》，《南开大学学报》1988年第4期；杨宽：《西周史》，上海人民出版社，1999年。
③ 徐天进：《周公庙遗址考古调查的缘起及其学术意义》，《中国文物报》2004年7月2日；曹玮：《周原的非姬姓家族与虢氏家族》，《周原遗址与西周铜器研究》，科学出版社，2004年，第39—49页。

西周时期周原的聚落规模得到了长足发展，其范围由先周时期主要集中在刘家沟和王家沟之间的区域，至西周早期扩展到刘家沟东岸的齐家、云塘、庄白、李家一带，西周中期继续大规模向东、向北扩展，到达了姚家、樊村、黄堆一带。聚落面积从西周早期的19平方公里扩展到了西周中、晚期的28平方公里，功能区的数量猛增，并逐渐连接成片[①]。西周时期，周原丧失了政治中心的地位之后，逐渐成为一个姬姓贵族和非姬姓贵族及其附属人员聚居的地方。

第三节 作坊遗址

周原遗址是目前发现西周手工业作坊种类最丰富、数量最多的遗址。依据发现的半成品、残次品、生产工具和其他相关生产设施遗迹，可确认作坊遗址共56处，其中成规模的28处，包括了铸铜、制骨、制陶，及玉石器、角器、蚌器制作等各类，大部分作坊遗址的使用年代都是从西周早期持续到西周晚期，时间长达200余年。这类作坊遗址多数发现了生产某类手工业产品的独立空间，而且在废弃后的生产场所、原生堆积或次生堆积中有大量的坯料、废料和加工工具。更为重要的是，这些作坊内出土的成品、坯料和废料之间，可以观察到制作工序上的关联性，清晰地显示了生产加工的整个流程。周原遗址是从社会经济角度考察西周手工业生产系统的理想地点，不仅可以开展具体的个案研究，而且能够提供检验手工业生产组织理论模式的关键材料和社会背景。

一、制骨作坊

周原遗址经过科学发掘的制骨作坊仅云塘作坊一处[②]。此外，在姚西[③]、任家村北及齐家村东[④]等地点也发现了制作骨角器的遗存，因这几处地点均未经大规模考古发掘，其作坊规模、产品种类、制作工艺等情况还不甚清楚。但可以确定的是，这些制骨作坊有比较固定的生产空间，成品、坯料和废料的数量构成一定规模，且均有加工工具。这些遗存之间具有生产工序上的关联性，

---

① 雷兴山、种建荣：《周原遗址商周时期聚落新识》，《大宗维翰：周原青铜器特展》，文物出版社，2014年。

② 陕西周原考古队：《扶风云塘西周骨器制造作坊遗址试掘简报》，《文物》1980年第4期。

③ 张俭、种建荣、陈钢：《论周原姚西居址鹿角镞的制作工艺》，《中国国家博物馆刊》2017年第1期。

④ 罗西章：《扶风县文物志》，陕西人民教育出版社，1993年。

成品与废料均达到了一定的数量及规模，呈现出了一定程度的专门化特征。

云塘制骨作坊是目前已知西周手工业体系中规模最大、涉及生产工艺最复杂的一个，面积逾60 000平方米。作坊专注于生产骨笄，偶尔辅以其他骨器制品的生产，骨料有牛、马、羊、猪、鹿和骆驼等，其中以牛（80%）和马（5%）为主。生产活动有着较为细致的分工，生产工序包括选材、锯割、削锉、磨光、雕嵌等步骤，每个工序可能由固定的生产者操作（图1.10）。云塘作坊在原料选择方面高度专一化，集中使用牛骨；在生产流程的设计上采用标准化的生产方式运作，从原料到产品的各加工步骤都严格遵循统一的尺寸标准，其生产具有高度的专业化和标准化水平。工匠很可能是全职生产者。从性质来说，制骨作坊可能属于王室手工业的范畴[①]。

令人印象深刻的是，在一个编号为H21的圆形坑内（直径约9.5、深4.2米），除大量半成品及生产工具和陶器等日常器物之外，仅西半部就出土废骨料达八千多斤，至少来自1 306头牛和21匹马。事实上，在20世纪90年代，云塘村的村民非法盗掘了更多的兽骨废料，并销售给了当地收售骨料的中间商，作为制造肥料的原材料。据粗略估算，不少于数千千克的骨料就这样被当地村民随意挖取，而参与人数不下30人。曾经有一个盗掘者自己估算卖出的骨头不下3 000千克。由此可见云塘制骨作坊规模之庞大。

姚西地点发现了西周早中期与制作角镞相关的遗存，原料均为梅花鹿鹿角，遗物主要有鹿角原料、角镞半成品、残次品、废料和成品，还发现了可能与制作角镞有关的石刀等生产工具。鉴于生产规模较小等原因，发掘者认为其生产活动的性质可能为自给自足式的家庭生产模式，而非专门提供给整个聚落或流向聚落外部的角镞生产作坊[②]。受发掘面积较小，所获资料不甚丰富的影响，尚不能完全排除其作为贵族依附式作坊的可能。另据调查发现，在齐家村东可能有专门制作卜骨的作坊遗址；在仟家村北200米外有一处制骨作坊遗址，出土有锯割痕迹的骨料、骨笄的半成品、成品等。

周原制骨作坊多专注于生产上述某一类骨器，呈现出单一性及专门化倾向。大部分制骨作坊的终端产品为骨笄、骨镞或骨锥，骨针、骨铲等往往是作

[①] Hao Z., *Mass Bone-working Industry in the Western Zhou Period*（1046 − 771 BC），(PhD thesis)，Stanford University，2017.

[②] 陕西省考古研究院、北京大学考古文博学院、宝鸡市周原博物馆：《周原遗址东部边缘——2012年田野考古报告》，上海古籍出版社，2018年。

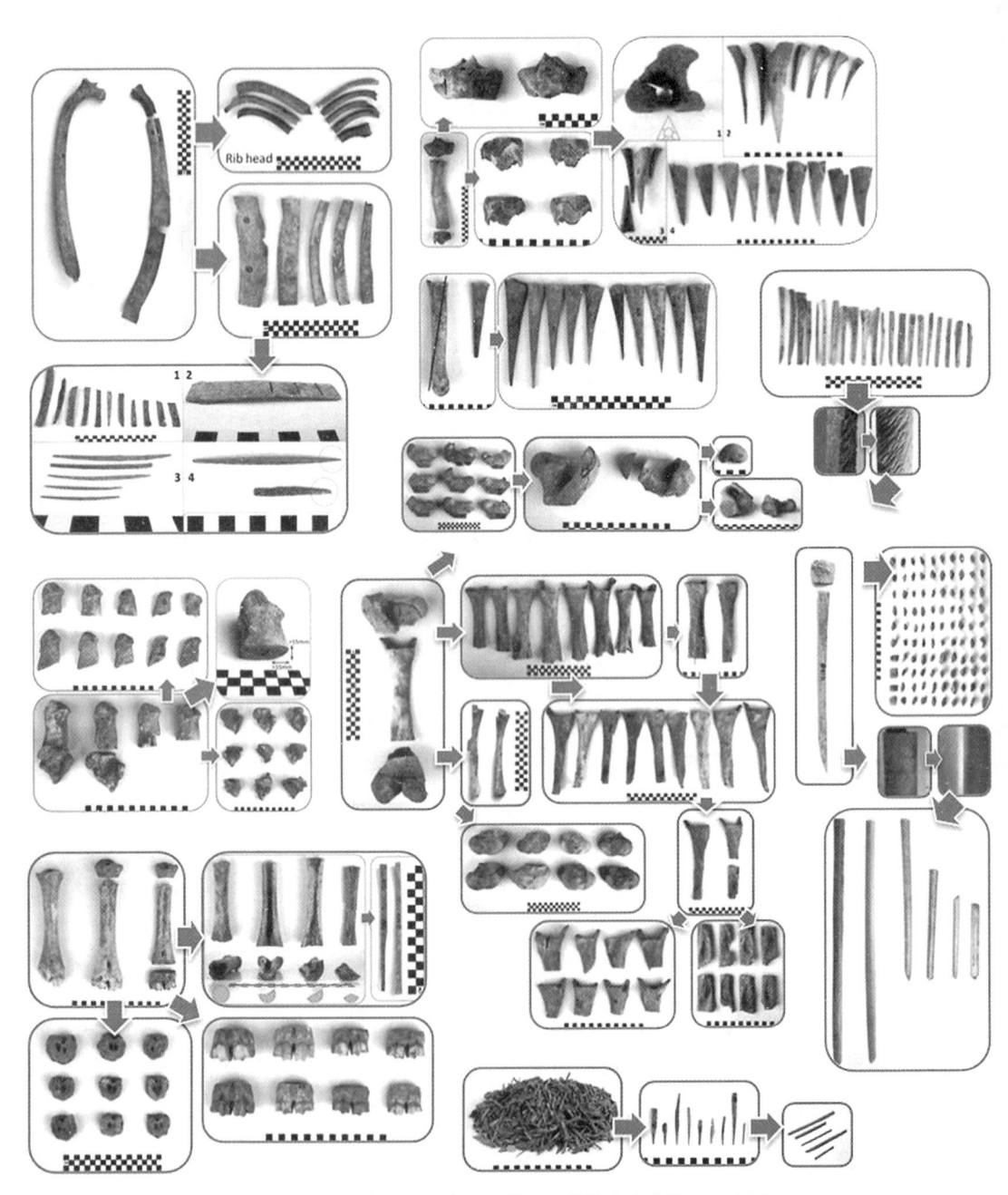

图 1.10 云塘制骨作坊的骨笄、骨锥基本生产流程示意图

（图片采自 Hao Z. 2017，Figure 6.2）

坊的副产品，目前还未发现集中生产这类"副产品"的专门化作坊遗址。这一现象与西周都邑丰镐遗址所见基本相同。在丰镐遗址发现的新旺村[①]、冯村北[②]、白家庄[③]、张家坡[④]、马王村东和曹家寨东北[⑤]等6处制骨遗址中，新旺村、冯村北、张家坡作坊以生产骨笄或骨镞为主，白家庄作坊以制造骨锥为主。这些制骨作坊的生产性质被认为属于依附性制骨作坊，由贵族负责骨器的生产和管理，其周边的居址及墓葬被认为是与制骨业有关的生活场所或工匠墓地[⑥]。

综上所述，在周原制骨业的生活及生产遗存中，作为日常生活用品的骨笄最为常见，其数量庞大，形制多样，制作精美。先秦时期，笄的用途除固定发髻外，也用来固定冠帽，男女皆可用之，质地包括玉、石、骨、竹、木、金、玉等。固定冠帽的笄称为"衡笄"。《周礼·天官·追师》曰："追师掌王后之首服，为副编次追衡笄。"周代设"追师"一职，专门管理笄的生产和使用。周原遗址考古发掘的制骨作坊中骨笄产量异常巨大，可能不仅仅为了满足贵族或王室家族自身的消费需求，当也具备了商品的性质，其中一部分可能已成为贵族或王室对外赏赐的物品。

二、制陶作坊

陶器是与人们生活关系密切的必需品。其生产设施的分布没有聚落等级的差异，广见于诸多不同层级的聚落之中，包括日用陶器生产及建筑材料（砖瓦）作坊两类。周原、丰镐等大型都邑的制陶遗存多数规模较大、专业化程度较高，属于贵族或王室控制之下的大规模生产。一般聚落中如长安西仁村[⑦]、赵家台[⑧]、

[①] 中国社会科学院考古研究所丰镐工作队：《陕西长安县丰西新旺村西周制骨作坊遗址》，《考古》1992年第11期。

[②] 中国社会科学院考古研究所丰镐队：《西安市长安区冯村北西周时期制骨作坊》，《考古》2014年第11期。

[③] 中国科学院考古研究所丰镐考古队：《1961—62年陕西长安丰东试掘简报》，《考古》1963年第8期。

[④] 中国科学院考古研究所：《丰西发掘报告》，文物出版社，1962年。

[⑤] 中国科学院考古研究所丰西发掘队：《陕西长安户县调查与试掘简报》，《考古》1962年第6期。

[⑥] 付仲杨：《丰镐遗址的制骨遗存与制骨手工业》，《考古》2015年第9期。

[⑦] 曹玮：《陶拍上的数字卦研究》，《文物》2002年第11期。

[⑧] 陕西省考古研究所宝鸡工作站、宝鸡市考古工作队：《陕西岐山赵家台遗址试掘简报》，《考古与文物》1994年第2期；孙周勇：《赵家台遗址》，《陕西文物古迹大观》（三），三秦出版社，2006年；种建荣、张敏、雷兴山：《岐山孔头沟遗址商周时期聚落性质初探》，《文博》2007年5期。

兴平东侯家①、武功浒西庄和赵家来②、千阳望鲁台③等遗址发现的西周陶窑，多属于家庭作坊式，以自给自足或满足聚落周边区域内商品贸易或二次分配为目的。作为制陶业中较为特殊的砖瓦等建筑材料的生产遗迹，则仅见于大型都邑中。

周原遗址共发现制陶作坊（地点）13处，规模较大的有齐家④、任家⑤、樊村、王家嘴和流龙嘴⑥等几处。此外，还在齐镇和上樊一带发现了专门制作陶瓦的作坊遗址。

其中，任家制陶作坊发现南北向直线形一字排开的5座陶窑，陶窑之间距离约为1米。窑室保存较好，尚可见到圆形的窑顶，窑壁有青灰色烧结面，在个别陶窑窑室内尚保留着罐、簋、鬲等完整陶器泥坯，陶窑外部发现了已经烧制好的成品。这处作坊当因意外事故导致陶窑毁弃而得以保留。流龙嘴2号陶窑被认为是烧制罐、盆等器物的专门设施，在其北部发现一处存放泥坯的储藏库区。

根据周原陶窑的布局和陶器的年代特征推测，至少到西周中期，周原遗址内陶器的生产已经走向了集中化、规模化的模式，并且可能暗示着陶工之间的分工更为清晰。虽然我们无从确认周原遗址内各制陶区的规模及其与周边建筑基址之间的关系，但是从这些考古发现本身来说，足以说明周原遗址内存在着专门的制陶区，更为可能的是，这些不同的制陶作坊可能服务于不同的贵族家庭。

砖瓦的使用被认为代表了世俗权力，是推动古代建筑发展的关键性材料。目前，关中地区考古发掘所见西周时期砖瓦均出土于周原、丰镐⑦和孔头沟（赵家台地点）等大型都邑性遗址的宫室堆积之中，体现了其作为高等级大型

---

① 陕西考古所渭水队：《陕西凤翔、兴平两县考古调查简报》，《考古》1960年第3期。
② 中国社会科学院考古研究所：《武功发掘报告——浒西庄与赵家来遗址》，文物出版社，1988年。
③ 王世和、钱耀鹏：《渭北三原、长武等地考古调查》，《考古与文物》1996年第1期。
④ 罗西章：《扶风县文物志》，陕西人民教育出版社，1993年。
⑤ 2005年笔者与李志凯、李亚龙等重新勘查。
⑥ 巨万仓：《岐山流龙嘴村发现西周窑窖遗址》，《文博》1989年第2期。
⑦ 中国科学院考古研究所丰镐考古队：《1961—62年陕西长安丰东试掘简报》，《考古》1963年第8期。

宫室建筑材料的使用背景。周原遗址的下樊村①、流龙嘴②，除如上所述部分区域为生产日用陶器的作坊之外，还发现了具有一定规模的专门生产陶瓦的作坊遗址，可能是专门为周原王室或者高等级贵族修建宫室类建筑服务的专门性生产设施。

周公庙遗址和周原遗址之间的孔头沟遗址赵家台地点，曾经发掘了一处西周时期专门生产陶砖的作坊。赵家台半倒焰窑的结构不同于周原一带发现的烧制一般生活用器的陶窑，其结构为半倒焰窑：烟囱由窑顶移至窑后，使火膛中的火焰先升到窑顶，再利用烟囱的抽力把火焰吸下去，以增加坯体热变换的机会和使窑内各部位的温度更加均匀，提高烧成温度和产品质量③。

综上所述，西周时期的制陶作坊发现数量较多，除集中分布于都邑内的作坊之外，多与一般灰坑等代表生活遗迹的居址共生共处，暗示着制陶活动以满足人们日常所需为目的，为各家族掌握，或者是由家族内的个体经营。砖瓦在西周时期的使用并不普遍，专门烧制砖瓦陶窑的发现为我国陶窑建造史及古代建筑史的研究提供了新资料，其生产场地多靠近大型宫室建筑，显示出这类作坊与贵族家庭之间的紧密联系。

三、铸铜作坊

周原遗址内已知的铸铜遗迹共有8处，包括李家村、齐家村④、齐镇⑤、凤雏、召陈⑥、姚家⑦等地点，发现了陶模、陶范、流渣、铜饼、陶管、铜锭、砺石等生产遗存及炼炉等生产设施。这些遗物或为铜器生产的原料，或为处于加工阶段的半成品，均与铸造活动有关。

---

① 罗西章：《扶风县文物志》，陕西人民教育出版社，1993年。
② 巨万仓：《岐山流龙嘴村发现西周陶窑遗址》，《文博》1989年第2期。
③ 陕西省考古研究所宝鸡工作站、宝鸡市考古工作队：《陕西岐山赵家台遗址试掘简报》，《考古与文物》1994年第2期；孙周勇：《赵家台遗址》，《陕西文物古迹大观》（三），三秦出版社，2006年。
④ 罗西章：《扶风县文物志》，陕西人民教育出版社，1993年。
⑤ 1971年在庄白程家村西（当为召陈村之西之误，实际位置应与今齐镇东南炼炉相近）发现铜饼一块及大量铜渣，调查者认为此处当为以西周铸铜作坊遗址，参见周文：《新出土的几件西周铜器》，《文物》1972年第7期；魏兴兴、李亚龙等：《陕西扶风齐镇发现西周炼炉》，《考古与文物》2007年第1期。
⑥ 罗西章：《从周原出土文物试论西周货币》，《中国钱币》1985年第2期。
⑦ 陕西省考古研究院、北京大学考古文博学院、宝鸡市周原博物馆：《周原遗址东部边缘——2012年田野考古报告》，上海古籍出版社，2018年。

李家铸铜作坊是周原遗址内唯一一处经过大规模发掘的青铜器制造遗址，位于齐家制玦作坊东南，出土了数以万计的铸造青铜器的陶范和其他生活器皿，也发现了一批铸铜工匠的墓葬，为全面了解西周时期的青铜器铸造工艺和周原地区的铸铜业提供了重要实物资料（图 1.11）[①]。

李家铸铜作坊产品种类丰富，包括容器（鼎、鬲、簋等）、乐器（钟）、兵器（戈）、车马器（銮铃、辖、軎、镳、衔、节约等）及工具（刀）等几大类。李家作坊繁多的产品种类，暗示着西周时期周原地区的青铜铸造业内部还没有更为细致的分工。工匠们既生产青铜礼器，也生产青铜武器和车马用器。从发现的生产工具、残次品和生产设施来看，李家铸铜工匠可能从事了从制坯、制模、铸造到成型、打磨等整个过程。这一点和洛阳北窑西周铸铜遗址情况大致相同[②]。遗憾的是，发掘区内未见练泥、制范、熔炼、烘范、浇铸等其他与生产活动直接相关的遗迹。

李家铸铜遗址中与铜器生产遗迹一起的还有一批墓葬。作坊遗址与墓葬分布在同一区域中，年代上相互交错，地层上相互打破。墓葬中出土了与铸铜有关的遗物，暗示着墓葬主人是参与铸铜生产活动的手工业者。有学者认为，李家铸铜遗址中的工匠可能以殷遗民为主体。从葬制及随葬品来看，这些手工业者存在着等级差异[③]。李家铸铜作坊的发掘弥补了西周铸铜作坊仅见早期遗存（洛阳北窑作坊）的缺憾，丰富了西周中晚期铸铜工艺方面的内容，对于探讨西周手工业生产形态、性质及社会制度等重大问题具有积极意义。特别是，李家铸铜作坊墓地中工匠墓葬的确认对于西周家族墓地制度及其族属的探讨具有重要启示。

周公庙遗址陵坡铸铜作坊发现了陶窑、地穴式房址及灰坑等与铸铜有关的遗迹，出土鼎、簋等容器范，刀、镞等兵器范，马衔、泡、銮铃等车马器范及陶管、砺石等铸铜工具，以及可能与烘范有关的遗物[④]。这是继洛阳北窑、周

[①] 周原考古队：《陕西周原遗址发现西周墓葬与铸铜遗址》，《考古》2004 年第 1 期；周原考古队：《2003 年秋周原遗址（ⅣB2 区与ⅣB3 区）的发掘》，《古代文明》（第 3 卷），文物出版社，2004 年；周原考古队：《陕西扶风县周原遗址庄李西周墓发掘简报》，《考古》2008 年第 12 期；周原考古队：《周原庄李西周铸铜遗址 2003 与 2004 年春季发掘报告》，《考古学报》2011 年第 2 期。

[②] 洛阳市文物工作队：《1975—1979 年洛阳北窑西周铸铜遗址的发掘》，《考古》1983 年第 5 期。

[③] 马赛：《周原遗址西周时期人群构成情况研究——以墓葬材料为中心》，《古代文明》（第 8 卷），文物出版社，2010 年。

[④] 徐天进：《周公庙遗址的考古所获及所思》，《文物》2006 年第 8 期。

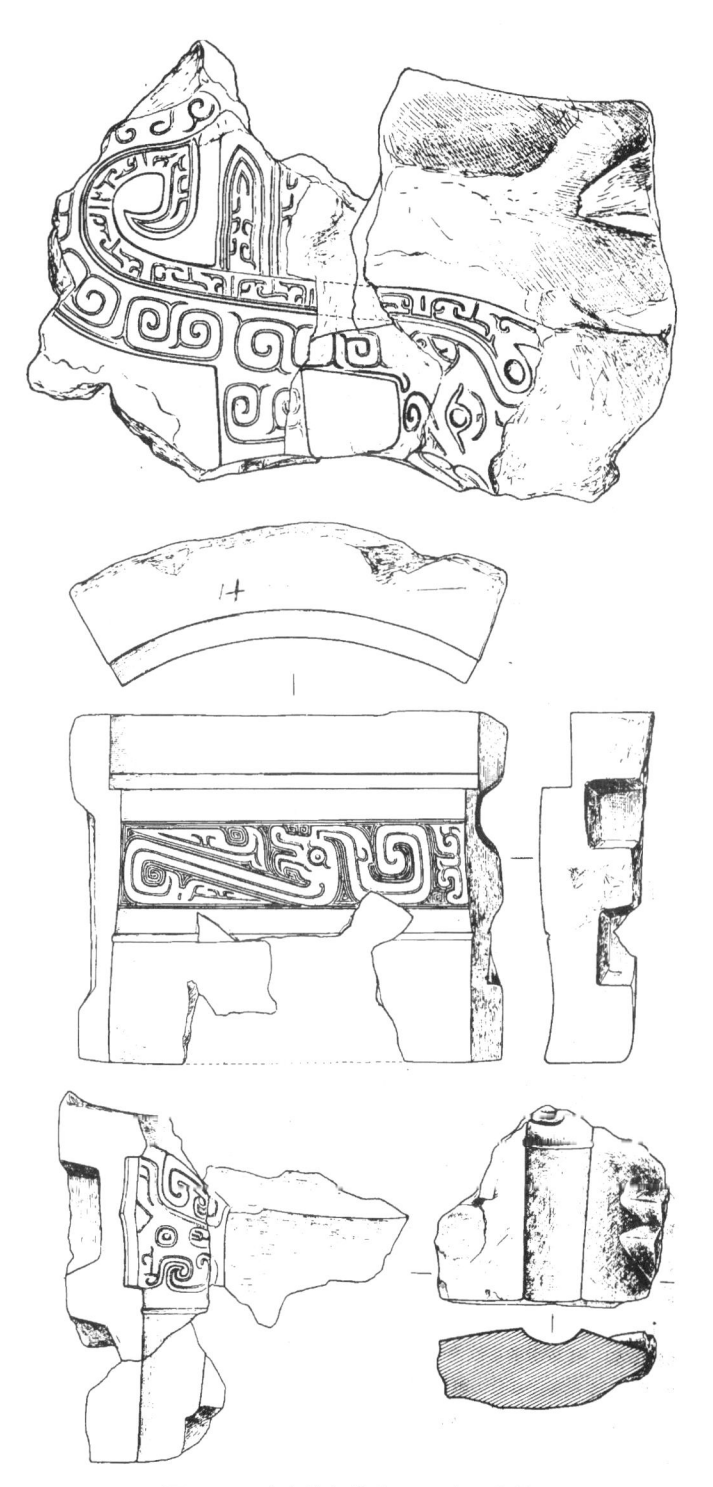

第一章　凤鸣岐山：考古学视野下的岐邑周原　　37

图 1.11　李家铸铜作坊 H66 出土陶范

原李家遗址之后,第三处经正式发掘的西周铸铜作坊遗址,也是大周原地区现知年代最早的西周铸铜作坊。

西周时期铸铜业主要分布在大型都邑之内,这与原料珍贵及技术复杂有关,也体现了西周王朝对承担战争和祭祀职能的青铜资源和青铜生产技术的集中控制。这些从事铜器生产的手工业者,从本质上来说仍然依附于王室或贵族家庭,受到作坊拥有者的监控和资助;另一方面,这些作坊生产的产品多属于超过一般实用功能的"奢侈品"或"礼仪用器",其消费和流通受到一定程度的限制。不可否认的是,一些都邑或大型聚落也有能力生产一些小型青铜器,这些器物可能已经具备商品特质。

四、制玉石业及其他

西周是中国古代玉石器制造业产生、发展的重要时期,但除了本书讨论的齐家制玦作坊之外,在全国范围内还没有其他经过大规模考古发掘的玉石作坊遗址。石器的制作和使用是一个时代的生产力发展的重要标志,西周时期虽然步入青铜时代,青铜工具部分地取代了石器生产工具,但石器在生产活动中仍居重要地位。

西周时期的遗址和墓葬均出土有一定数量的石器。石器选料广泛,磨制、琢制、穿孔等石器制作技术发达。从用途来说,石器包括了生产工具、武器和礼乐器等,其中以生产工具为主,包括农业生产工具、粮食加工工具、渔猎工具、手工业工具等。西周玉器主要出土于大中型墓葬,作为墓主人的随葬品使用,小墓及居住遗址内很少发现。根据用途,玉器大致可以分为礼器、仪仗、工具、用具、装饰品、艺术品以及杂器等几类。加工技术和琢雕工艺精湛,桯钻和管钻、片切割及砣具工艺日臻成熟。

除齐家制玦作坊之外,周原遗址还有两处与玉石器生产有关的遗址:一处位于下康村东南,曾出土大量经过切锯的玉石料;一处位于庄白西约 50 米,发现过大块玉料、石料、半成品、成品等①。尽管尚未发掘过西周时期的专门性制玉作坊,但商代制玉作坊的考古发现暗示着玉器制造业在商代已经成为官营手工业的一部分,实行了专门化的生产,其生产活动在王室管理和家族管理之下②,西

---

① 罗西章:《扶风县文物志》,陕西人民教育出版社,1993 年。
② 中国科学院考古研究所安阳发掘队:《1975 年安阳殷墟的新发现》,《考古》1976 年第 4 期;何毓灵:《殷墟手工业生产管理模式探析》,《三代考古》(4),科学出版社,2011 年。

周时期玉石器生产的生产技术、组织方式、产品种类当大致与之相类。

西周手工业生产分工细密，门类众多。《周礼·冬官·司空》被认为是有关周代手工业生产方面的文献，但早年亡佚，汉人河间献王刘德取《考工记》补之。其主体内容编纂于春秋末年至战国初年，部分内容补于战国中晚期①。作为目前所见年代最早的手工业技术文献，《考工记》记载了制车、兵器、礼器、钟磬、炼染、建筑、水利等手工业技术，以及一系列的生产管理制度。然而，考古发现的手工业遗存多数是一些能够保存下来的生产设施或实物资料。纺织、制皮、制漆器、制车、酿酒、木作等使用易腐烂材料及生产设施不明确的手工业生产门类，多数很难发现实物资料，也极少能从考古发掘中得以辨识，但仍然能留下一些与生产活动相关的蛛丝马迹②。

例如，纺织业是人类适应生存环境和生活环境的产物。先秦以前纺织品遗物的发现虽然比较零星，保存状况也不佳，但陶纺轮、骨梭、骨匕、骨锥、骨针等工具成为早期遗址考古发现的"标配"。据研究，商代已经发明并使用提花织机③。西周时期蚕丝脱胶处理技术出现，丝织技术较商代有了新的发展。周原贺家墓葬④等有零星丝织品的发现，丝织品多彩多姿，麻纺品精粗兼备，毛织物美观实用⑤。西周时期，一般的织布纺线的工作都是由家庭妇女完成的，家户生产的模式是一种普遍现象。当然，除由独立家庭单元内的妇女来承担的家户式生产方式，大型都邑中王室或贵族组织妇女生产丝、麻织物及毛织物等产品，从征收原料、组织织造，到成品交纳入库，都有专门机构负责⑥。这种专业化、规模化的集中生产方式暗示着纺织业生产形态的多样化。周原遗址董家窖藏发现的卫盉上的铭文，记载了矩伯以田地与裘卫交换裘皮的事实，裘卫"舍矩姜帛三两"。可见，西周时期裘皮生产也是周原的一类重要的手工业门类⑦。

考古发现表明，除铸铜、制土、制瓦、制砖等专门服务于贵族的手工业门

---

① 李秋芳：《二十世纪〈考工记〉研究综述》，《中国史研究动态》2004年第5期。
② 张永山：《西周漆器概述》，《华夏考古》1988年第2期。
③ 夏鼐：《我国古代蚕、桑、丝、绸的历史》，《考古》1972年第2期。
④ 陕西周原考古队：《陕西岐山贺家村西周墓发掘报告》，《文物资料丛刊》（8），文物出版社，1983年。
⑤ 李也贞、张宏源、卢连成、赵承泽：《有关西周丝织和刺绣的重要发现》，《文物》1976年第4期。
⑥ 张永山：《西周时期的纺织和毛皮手工业生产》，《中国史研究》1994年第4期。
⑦ 唐兰：《陕西省岐山县董家村新出西周重要铜器铭辞的译文和注释》，《文物》1976年第5期。

类集中分布于大型都邑或高等级中心聚落外，其他如制陶、制骨、毛皮等技术含量不高、工序不甚复杂、产品附加值不高的行业，在一般居址和大、中型聚落中均有分布，但在产品种类的多样性、技术的复杂性及生产的规模化方面存在着一定程度的差异。

第二章

从玦出发：生产设施与生产遗存

齐家制玦作坊是目前已知的唯一一处西周时期生产石玦的作坊遗址，其主要产品为石玦，也生产少量石刀等农业生产工具及其他装饰性副产品。齐家制玦作坊的生产活动开始于西周早期偏晚阶段，兴盛于西周中期，结束于西周晚期。作坊所处区域在先周时期曾作为居址和墓地使用，进入西周时期以后成为专门生产石玦的作坊。

本章介绍了齐家作坊及其周围重要考古发现及作坊的发掘概况，并在分期基础上对各时期出土的石玦生产废料、石玦残次品和生产工具进行了分类统计和分析，辨识了各个时期的生产单位，考察了石玦生产活动的兴衰演化过程。

第一节 制 玦 作 坊

齐家制玦作坊位于扶风县法门镇云塘大队（原属扶风县黄堆乡，2002年并入法门镇）齐家村北侧，西距岐山县城、南距扶风县城均约十五公里，地处周原遗址的核心区域。在过去七十余年里，齐家制玦作坊遗址周边进行了数十次调查与考古发掘，包括偶然性发现、抢救性发掘与带有明确学术目的的主动性考古工作。

考古发现表明，齐家作坊遗址周边几乎发现了周原遗址所见的各种不同类型的遗迹和遗物，既有大型建筑遗址[①]，又有不同类型的小型房址[②]。此外，还有不同等级的墓葬和不计其数的灰坑等生活遗迹。累计发现青铜器窖藏大约二十余处[③]，

---

① 中国社会科学院考古研究所扶风考古队：《一九六二年陕西扶风齐家村发掘简报》，《考古》1980年第1期。
② 徐锡台：《周原考古记》，《香港中文大学中国文化研究所》1981年第12期。
③ 可参考曹玮：《周原出土青铜器》，巴蜀书社，2005年。

发现铜器百余件，包括几父壶、中友父器、柞钟①、琱我父簋②、"它"盘③、师汤父鼎④等（图 2.1）。特别值得一提的是，1978 年发掘的 M19 出土器物组合完整且时代特征明显，被作为西周中期考古断代的典型墓葬代表⑤（图 2.2）。1979 年 9 月，齐家村村民在村北平整土地时发现西周卜骨，随后周原考古队进行了小规模的发掘，发现甲骨 10 余件，五件上刻有卜辞共计 94 字⑥（图 2.3）。这是继 1977 年凤雏建筑基址发现大批西周甲骨之后的又一次重要发现。

图 2.1　齐家村出土日己觥（1963 年）和它鬲（1958 年）

制玦作坊位于村西北约 500 米的齐家沟东沿，现为耕地（图版二）。根据地表石料及制玦半成品的分布状况推测，遗址西以齐家沟为限，东至齐镇到齐家村生产路，北与云塘制骨作坊、云塘—齐镇大型建筑基址相连，南界可至齐家干渠以北，面积约 9 000 平方米。20 世纪六七十年代以来，数次大规模的平整土地及兴修水利工程和经年的农业生产活动使得该区域地势整体呈阶梯状，北高南低，东西两边略高而中部内凹。

---

① 陕西省博物馆、陕西省文物管理委员会：《扶风齐家村铜器群》，文物出版社，1963 年。
② 赵学谦：《陕西宝鸡、扶风出土的几件青铜器》，《考古》1963 年第 10 期。
③ 梁星彭、冯孝堂：《陕西长安、扶风出土西周铜器》，《考古》1963 年第 8 期。
④ 罗西章：《陕西周原新出土的青铜器》，《考古》1999 年第 4 期。
⑤ 陕西周原考古队：《陕西扶风齐家十九号西周墓》，《文物》1979 年第 11 期。
⑥ 陕西周原考古队：《扶风齐家村西周甲骨发掘简报》，《文物》1981 年第 9 期。

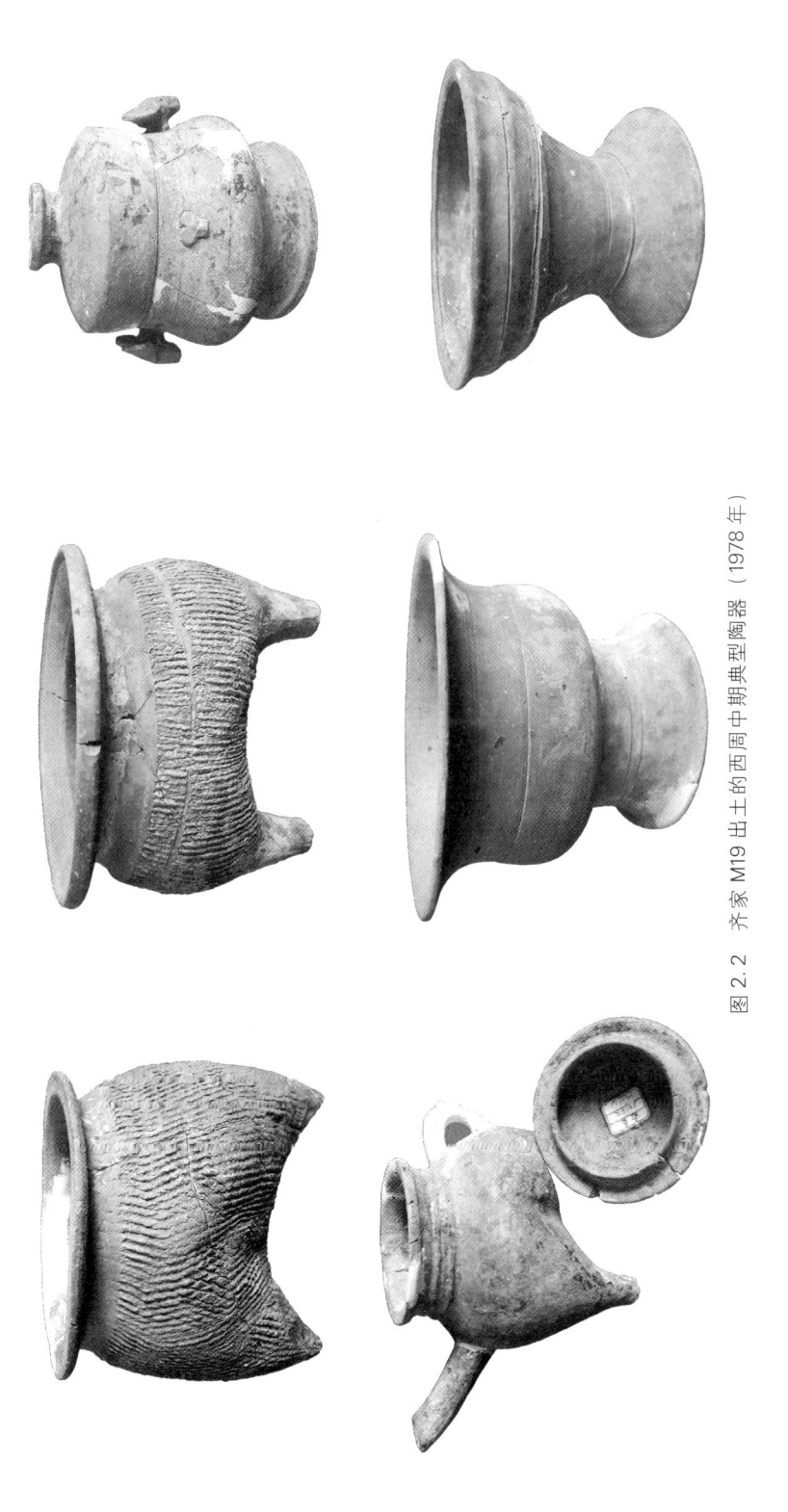

第二章 从玦出发：生产设施与生产遗存　45

图 2.2　齐家 M19 出土的西周中期典型陶器（1978 年）

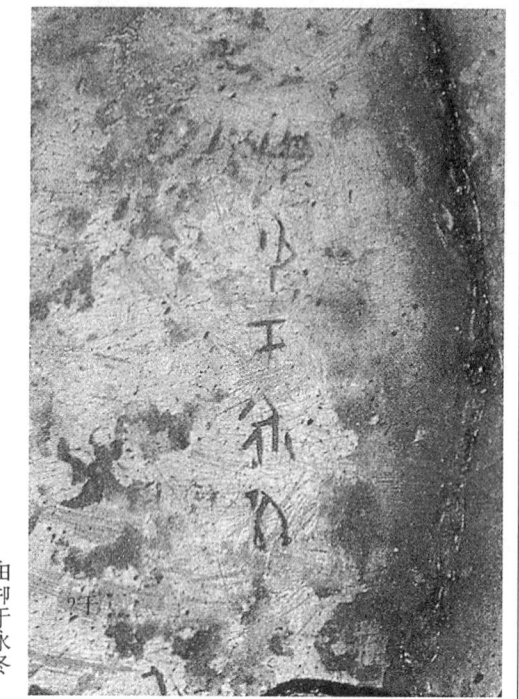

FQ2 ①　　　　　　　　　　　　　　　　FQ6 ③

图 2.3　齐家出土甲骨文字及数字卦（1979 年）

　　1989 年夏季，罗西章根据文保通讯员齐林儿提供的线索，在村西北方向沟东岸发现这处制石作坊遗址①。他根据调查发现的与制玦相关的一些文化遗物，推断齐家制石作坊是一处专门制作石玦的作坊遗址，并根据采集标本初步复原了石玦的生产过程。依据地层关系及出土的零星陶片，齐家作坊年代被大致推定在西周早期，其下限可能早于昭穆之时②。2002 年，周原考古队在齐家制玦作坊进行了正式发掘（图版三）。工作过程中特别关注了与石玦生产相关的遗迹单位，以及出土遗物的构成与石料种类的变化。为防止与生产相关的小型工具被遗漏，发掘者在现场进行了仔细筛选，并按照遗物质地和形制分类收集。通过现场筛选工作，发现了大量小型制玦工具、陶塑、石戈等小型石饰及

---

①　罗西章：《扶风齐家村西周石器作坊调查记》，《文博》1992 年第 5 期；罗西章：《扶风县文物志》，陕西人民教育出版社，1993 年。
②　2002 年对于齐家制玦作坊的发掘证明了这一年代推断是值得商榷的。

动植物遗存。

考古发现表明，齐家制玦作坊周边既有大型宫室建筑，又有普通居址，齐家作坊附近遗迹类型之丰富、等级之全面、分布之密集，在整个周原遗址已知地点中也是首屈一指的。在先周和西周早期，齐家作坊在周原都邑聚落中处于边缘的地带，但随着西周中期聚落规模的大规模扩张，这里即成为整个聚落的核心地带。可以想见，齐家作坊及其周边区域在当时当是周原遗址内西周时期人口最为密集的聚集区之一，这里既是生活居址，又曾经是手工业生产地点及墓地。

第二节　生　产　设　施

齐家作坊揭露的845平方米内清理了97座灰坑，41座墓葬（含1座长方形竖穴土坑M33）、2座房址和5处工作间（工棚类工作场所）（表2.1）。如果以是否出土石玦生产废料、残次品和生产工具等生产遗存作为标准，共可以确认5处工作间[①]、40座灰坑（并非意味着它们是专门处理生产垃圾的废弃坑，部分或与生产过程中原料制备、产品储藏等活动有关）及23座墓葬（手工业者）与石玦的生产有关（图版四）。

当然，那些不出土制玦石料或半成品的遗迹单位并不能绝对排除于生产环节之外。这是因为遗迹的形成与废弃是一个相当复杂的过程，可能存在的后期扰动、生产过程中垃圾搬迁及集中处理，以及其他偶然因素，都可能导致有些遗迹虽然实际参与了生产活动，但却未出土生产遗物。

由于石玦生产遗存保存状况的差异，生产遗迹在实际操作中难以准确地辨识出来。因此，相关生产遗迹的判断及其本身数量的确认不具有绝对意义。但不可否认，即使如此，上述辨识出来的生产设施及其对出土遗物的全面分析，仍会给人们提供一个宏观的、直接的有关石玦生产技术、生产规模及作坊兴衰过程的印象。

[①] 在笔者博士论文 Craft production in the Western Zhou Dynasty (1046–771BC): A Case Study of a Jue-earrings Workshop at the Pre-dynastic Capital Site, Zhouyuan, China 及《周原——2002年度齐家制玦作坊和礼村遗址考古发掘报告》先后确认与石玦生产有关的工作间6间（H8、H9、H29、H95、H97及H102）和3间（H8、H29及H97）。根据制玦遗存出土情况、形制结构及活动痕迹，笔者重新确认了与石玦生产活动相关的工作间数量，剔除了H102，共确认工作间5间。

表 2.1 齐家制玦作坊遗址房址及工作间统计表

编号	形制结构	石玦生产遗存	时 代	性 质	与制玦关系
F1	不规则长条形，前后两室，有门道及龛4、柱洞1、灶2和储藏坑1	无	西周早期早段	早期普通居住遗迹	与制玦活动无关
H49	近椭圆形，地面有厚度约5厘米踩踏面	无	西周早期早段	早期普通居住遗迹	
H8	弧角长方形，有厚约5厘米的踩踏面，坑1及灶1	石钻1、砺石6及敲击石1；石玦残次品16及玉玦1，石料约1千克	西周中期晚段	工作间	石玦生产设施
H9	近椭圆形，底有3小坑，局部厚度2厘米木灰	石料约1千克	西周中期晚段	工作间	
H29	不规则形，灶1	石锯2、砺石1、石玦残次品45，石料若干	西周晚期早段	工作间	
H73	圆形，近底有大块墙皮及零散踩踏面	无	西周中期早段	工作间	
H97	近椭圆形，西壁4龛、东壁2龛、灶坑1	石锯1、玉钺片1、石玦残次品2、石料约1千克	西周中期晚段	工作间	

一、工作间

发掘区域内的五座工作间，分别为 H8、H9、H29、H73 和 H97。其中 H73 属于西周中期早段，H8、H9、H97 属于西周中期晚段，H29 属于西周晚期早段[①]。这些工作间的废弃时间与周边包含制玦遗存的灰坑时代大致相当或略晚。

这些遗迹之所以被确认为工作间，是因为：1) 平面形状与半地穴或地面房址相比更加不规则，室内面积较大，半地穴较浅，有不规则形用火痕迹

---

① 《周原——2002年度齐家制玦作坊和礼村遗址考古发掘报告》将 H29 确定在西周中期晚段、H73 确定为西周早期晚段。根据 H73 被 H29 叠压的地层关系及出土遗物来看，二者年代分别为西周晚期早段及西周中期早段。

（灶？）及踩踏面；2）周边没有柱洞或其他与建筑相关的附属设施；3）出土了石料、石玦残次品及生产工具等制玦遗存；4）空间上靠近出土制玦遗存的灰坑。这类工作间规模较大，且不见一般半地穴式房址中常见的柱洞和可以合围的四壁，暗示着其上部结构不如房址完善，使用者对室内空间的私密性要求不高，很可能只有简单的棚架遮挡。这类略显简陋的宽敞空间可以保证石玦生产活动不受天气等外界因素影响，因此被认为是与制玦有关的生产空间。

例如，H8、H9及H29是一组相互关联的工作间遗迹（图2.4），周边与之有地层关系且出土制玦遗存的生产单位包括H2、H1、H71和H48。H8东半部被H29打破，表明了H29的修建和废弃时间要晚于H8。根据二者底部发现的活动面大致处于同一深度，且相互可通连来看，工作间H29当是H8在作为石玦生产场所的过程中，由于生产规模的不断扩大或场地的转换，导致使用空间的不足后继续扩建的结果。H8东北部又被H9打破，因此H9也不排除是H8使用一定时期之后修葺扩张的结果。从出土器物判断，H8及H9的使用年代在西周中期晚段，H29处于西周晚期早段。这种在同一片生产区

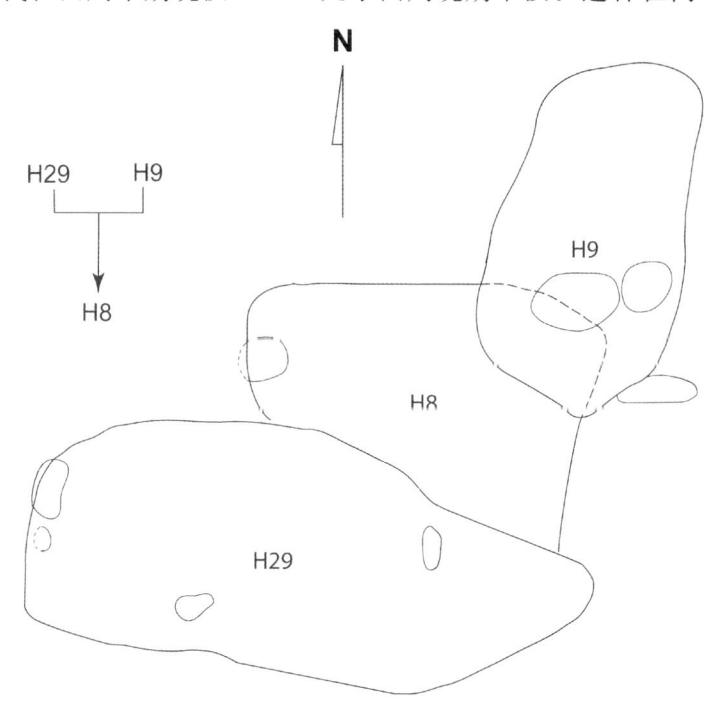

图2.4 齐家制玦作坊工作间H8与H29、H9平面关系示意图

域，不断整治扩大原有工作空间的做法，不仅体现了石玦生产活动的连续性，也可能暗示了石玦生产中"集体性"及"协作性"的工作方式造成的操作空间的相对集中。

工作间平面多接近椭圆形，但无论室内还是周壁都不甚规整。底部往往有踩踏面，有的还不止一层，说明工匠们曾长期在此活动。多数地面上还有圆形或方形的坑状设施，内有各种包含物。如 H8 西端有一个方形小坑，坑壁光滑，坑底平整，坑内出土了大量兽骨；H9 底部的三个小坑，深度都不足 20 厘米，东北部小坑里面有一个陶甗，另外两个坑底部有厚 2 厘米的草木灰。这类不常见于一般灰坑及房址的小坑，或许与石玦生产中的原料制备、分类储藏等行为有关。

从结构及功能上来看，这类工作间的结构不同于一般家庭居住的房子，均为半地穴下沉式，深度较浅，适合多人同时劳动和频繁出入。另外一个显著特点是，其室内面积往往较大，如 H29 将近 40 平方米，是同期普通房址面积的 2 倍以上。工作间内没有灶坑，只是在个别房间室内发现了红烧土痕迹，但也多不成形状，其结构迥异于普通居址常见的圆形灶坑。我们推断，这些用火遗迹可能与工匠取暖御寒、加热食物等季节性或偶然性行为有关。

实际上，商周时期的作坊遗址中经常见到这种工棚类的设施。殷墟孝民屯商代晚期铸铜作坊发现过一个单间半地穴式房址（F43），平面为不规则长方形，室内有较好的踩踏面，未发现柱洞及门道，在其东北角有一椭圆形小灶[①]。在房址附近发现了范土备料坑、陶范阴干坑等辅助设施，或因青铜铸造工艺复杂，对配套设施要求较高。这处面积约 11 平方米的房址被认为是为铸造大型青铜容器而专门修建的工棚式建筑。

显然，石玦的生产环境比较简陋，没有标志性的建筑遗迹或者其他附属设施。打制毛坯、钻孔、锯割玦口及修整装饰等活动就在这种简单的棚架设施内进行，因而在踩踏面及填土内保留下来了制玦的工具、残次品及废料等生产遗存，以及大量日用陶器碎片及骨笄、骨锥等生活用品。鬲、罐、甗等当是生产者用于加热或烹调食物的炊具，与之伴出的大量动物骨骼，则体现了工匠们消费肉食资源的生活形态。

[①] 殷墟孝民屯考古队：《河南安阳市孝民屯商代铸铜遗址 2003—2004 年的发掘》，《考古》2007 年第 1 期。

二、功能性设施

灰坑是最常见的生产单位。在已揭露的 97 座灰坑中，40 座与石玦的生产活动密切相关，可能承担了备料、储藏、废料处理等功能。以下选取出土制玦残次品数量最多的 H21、H22 和与之有直接层位关系的 H67，来介绍这类设施的主要形制特征、包含物及在生产过程中可能承担的功能（图 2.5）。尽管 H21、H22、H60 及 H67 之间存在层位上的早晚关系，但这些遗迹内出土的陶器特征则暗示着它们之间没有大的时间差异，而只是在废弃时期的填充次序上有一定的早晚顺序。

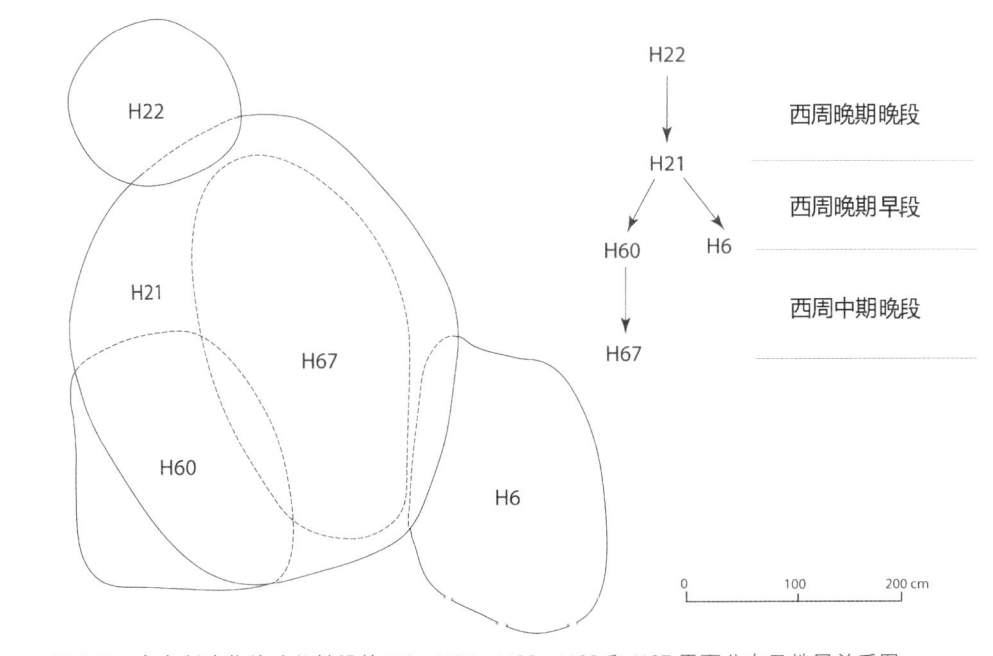

图 2.5 齐家制玦作坊功能性设施 H6、H21、H22、H60 和 H67 平面分布及地层关系图

H67 叠压于 H21 之下，被 H60 打破。平面呈不规则椭圆形，直壁，平底。长径 360、短径 196、深 68 厘米。坑内堆积呈黄褐色，结构紧密，由东向西倾斜，包含少量陶片及动物骨骼等。出土陶片 173 块，纹饰以绳纹为主，素面次之，有少量旋纹。可见器形有鬲、甗、豆、罐、瓮等。

该坑出土了大量与石玦生产相关的石料、残次品及工具等（图版五）。其中石料约 2.7 千克，石玦残次品 26 枚以及敲击石、砺石等制玦工具。另外还有石刀半成品及石斧毛坯各1件。

H21开口于②层下，被H22打破，同时又打破H6、H97和H85。平面呈椭圆形，直壁，平底。坑口距地表60、长径465、宽380、深104厘米。坑内堆积呈灰褐色，为结构松散的层状堆积。出土陶片4 764块，分为泥质和夹砂两类，泥质陶占总数的65%左右。灰陶占绝对优势，达95%以上。纹饰包括绳纹、素面、旋纹，另外还有少量篦纹、暗纹、乳钉纹、方格纹及附加堆纹等。绳纹以交错绳纹为大宗，占近40%。可见器形包括鬲、甗、盆、豆、罐、簋、瓮、器盖等（图版六）。

统计表明，H21的出土物多与制玦活动相关，包含大量石料、石玦残次品、生产工具及陶塑、石刀等其他小件。以生产废料为大宗，多达150余千克。其中页岩约106千克（71%），泥灰岩约22千克（14.2%），大理岩约15千克（10.5%），方解石约6千克（4.3%）。石玦残次品共计4 355件，以经过初步粗加工的毛坯为多，数量达1 984枚，占比50%左右；其次为钻孔过程中破裂的圆环类（1 623，37%）和废弃于锯割玦口过程的环玦类（528，12%）（图版七）。生产工具包括石钻（含钻坯）48、石锉18、石锯33、石分割器10、砺石33、石砧35、石錾2及敲击石27个等，囊括了从制坯到细加工的各个生产工序，工具总数达111件之多（图版八）。

另外，值得注意的是，H21还出土了14件石刀残次品及石刀毛坯。其他小件包括圆陶片（86件）、陶纺轮、陶塑、陶丸、石珠、石贝、石饰品、蚌饰、骨笄、骨锥、骨镞、骨针、卜骨及龟甲等。多达60余千克的动物骨骼，当属于作坊生产者消费肉食之后的动物遗骸。H21规整的形制表明，其可能曾经在石玦生产过程中承担过类似石料储备、产品储藏等功能，显然绝非作为处理生产废料的垃圾坑这么简单。

H22是整个发掘区域出土石制品及工具最为丰富的一个单位，呈圆筒形，直壁平底（图版九）。直径160、深310厘米。坑壁周边有一圈宽约3厘米的竖向工具痕迹，越往坑底部越为密集，其形状为齐头平板式，当为锸类工具所留。坑内为斜向堆积，越靠近底部水浸越严重。坑内四层堆积的出土物丰富程度有着显著差异：最上层出土石玦废料和工具数量最多，以页岩为主，其下堆积中依次出现了泥灰岩、方解石及大理岩等残次品，越靠近坑底部出土物越少。

H22内的堆积层次暗示着该坑在石玦生产活动最晚期（西周晚期）因遭到水浸而完全废弃，当然也不排除是废弃之后而遭到了水浸，接近底部的三层斜向堆积或是数次不同的生产区域清理活动的结果。若此假设成立，则可以从H22内成层堆积的情况判断，各层的生产堆积源于不同的生产单元，表明了西周晚期石玦的生产者在生产原料的选择上有了差异，有些人专注于生产页岩石玦，有些人专门从事质硬易碎、加工难度较大的石英岩石玦生产。

H22出土陶片1898片，陶器种类繁多，包括鬲、甗、盆、罐、豆、簋、瓮、三足瓮等。陶质分为泥质和夹砂两类，泥质陶略多于夹砂陶，占54%左右。陶色以灰陶为大宗，占85%，其次为红褐陶。纹饰绝大部分为绳纹，包括直行绳纹、交错绳纹和少量间断绳纹，占全部纹饰种类的81%左右；其次为素面、旋纹和零星暗纹、篦纹、方格纹、附加堆纹等。

H22出土的制玦相关物以废料和石玦残次品为主，此外还有大量制玦工具。其中石废料达387千克，包括页岩约346千克（89%）、泥灰岩约24千克（6.3%）、大理岩约9千克（2.4%）及方解石约7千克（1.9%）；石玦残次品共计26 355枚，包括毛坯13 884、圆饼2 135、圆环6 440、环玦3 896（完整玦56枚）（图版一〇）。生产工具共计7类321件，包括石钻58、石锯34、石锉61、砺石15、石砧57、敲击石88及分割器8件（图版一一）。

另外，H22内还出土石刀残次品及刀坯51个，其他小件包括圆陶片、骨笄、骨锥、骨镞、角锥、铜刀、陶范、陶塑、蚌泡、石贝、小型石戈、石圭及其他石饰品。

综上，与制玦活动相关的灰坑形状多样，既有形状规整的圆形和椭圆形，又有不规则形。绝大多数灰坑规模较小，保存情况不甚理想。但有一个共同点，都出土了大量与制玦相关的生产遗物，一些灰坑的废料数量相当之多，应当是废料集中处理坑；一些灰坑出土数量较少，如只见一两件环玦残次品，并不能排除清理维护生产场所造成，或后期扰乱混入的可能。有些灰坑的主人似乎专注于某类质地的石玦加工（例如方解石生产遗存往往集中出土），暗示了作坊内生产者之间的分工。这些灰坑被推测为是具有原石备料、产品及工具储藏、废料收纳功能的设施当无大错。

从灰坑中的包含物分布情况来看，制玦废料经常与生活用器、个人用品及肉食消费后的兽骨等共存。在与石玦生产活动有关的遗迹中，我们发现了大量日用陶器碎片、动物骨骼，以及骨笄等个人装饰品，骨镞等狩猎工具，骨针、骨锥、骨凿、角锥等手工工具。例如，H21、H22出土了以牛、羊、猪三种家畜为主的大量动物遗存，发现了屠宰、肢解、备食等加工环节留下的痕迹，暗示着这些骨骼极为可能是石玦生产者食用后留下的遗骸。这些动物被宰杀的年龄多数比较小，是典型的以肉食消费为主要目的的动物利用模式，手工业生产者与普通生产者的肉食消费状况相似①。

这些现象说明，石玦生产区中除了集中发现大量的制石废料之外，其他种类的生活遗存与一般生活区并没有显著差别。这种现象反映了这一区域在开始进行石玦的生产以后，生产者长期生产生活于此。换句话说，生产者的生活与生产活动并没有完全分离，因而留下了大量的生活垃圾。因此，我们认为石玦的生产区域和生产者的生活区域之间并没有严格的区分，生产活动存续期间，工作场地及日常生活垃圾的清理与维护是同时进行的。

三、关于生产设施的讨论

生产地点（无论是大规模的作坊还是家户式生产方式）提供了重要的手工业生产活动的空间分布信息，有助于最大限度地重建当时生产活动的社会场景。在辨识与手工业生产设施相关遗迹的过程中，生产地点的确认是开展有关生产规模、生产单位、生产组织等问题讨论的前提条件，而遗址形成过程则是确认生产区域首要考虑的因素②。

一般来说，生产地点可通过永久性的生产设施（如陶窑）、生产工具和生产废料的辨识得以区分确认，生产场所和实物资料是最为关键的两类资料③。但是在考古研究的实践过程中，一个重要的问题是如何准确地把生产地点与废弃物堆积场所区分开来。工具和生产残余是可以搬动的材料，并且往往并不出现在其最初的生产场所中，所以它的出土位置不一定可以准确地代表生产地点，这时就要考虑区分原料采集地点和产品加工地点。

通常生产废料、残次品成为最常引用的指示生产地点的标志。但是，由于遗址在形成、维护过程中存在人为的、有周期性的将生产废料从一个地方搬运到一个地方的行为，因此从生产废料的分布状况来推测生产活动的具体位置往往会产生误导。事实上，原材料的获取和运输途径、劳动力获取方式、交换路

---

① 马萧林、侯彦峰：《周原遗址齐家制玦作坊出土动物骨骼研究报告》，《周原——2002年齐家制玦作坊和礼村遗址考古发掘报告》，科学出版社，2010年。

② Webb, J. M. "Material Culture and the Value of Context: a Case Study from Marki, Cyprus", *Deconstructing Context: A Critical Approach to Archaeological Practice*. Oxford, Alden Press, 2006, pp. 98 - 119.

③ Moholy-Nagy, H. "Middens, Construction Fill, and Offerings: Evidence for the Organization of Classic Period Craft Production at Tikal, Guatemala", *Journal of Field Archaeology* 24, 1997, pp. 294.

线、消费者以及交换机制等影响生产遗物集中程度及辨识的因素，均会导致不同的生产阶段废弃物堆积会出现在不对应的生产地点上。

因此，对于考古学家来说，高密度废料的存在并不能直接作为断定最初生产地点的依据。也就是说，多数移动性较强的物品，包括成品及制造过程中产生的产品及废料，既可能位于生产区域附近，也可能发现于废弃地点。若作为生产活动存续期间形成的堆积，则可以理解为生产者为了保持生产区域有着足够空间而进行的有目的的场地清理和维护的结果；若作为某次或某时间段内生产活动结束后的堆积，就成为探讨生产单位内产品构成、生产规模与生产组织的重要材料。这种原则和假设同样可以用来追溯齐家制玦作坊生产遗存的堆积过程，判断遗迹及其堆积物的性质，回答与石玦生产相关的其他问题。

齐家制玦作坊揭露的工作间及石料坑是制玦活动遗留下的永久生产设施的一部分，是否出土制玦废料、残次品及工具是区分石玦生产地点与非生产区域的指示性因素。由于石玦的生产并非像铸铜一样需要复杂的技术协作（如制范、冶铜、成型、打磨等）和多种设施（如练泥池、烘范窑等），石玦生产活动的中心场所（工作间）内可能开展了大部分工序，按照逻辑推测应该产生大量的制玦遗存。然而，事实并非如此。

这些工作间内出土的与石玦生产活动相关的遗存往往并不多，反而工作间附近的灰坑内堆积了大量石废料，这些灰坑都与工作间有一定的距离，而距离工作间最近的灰坑，并不是出土废料最多的灰坑，有时甚至完全没有制石废料出土。例如工作间 H8、H9 和 H97，分别位于发掘区的西部和中部，这一阶段出土的制玦废料最多的 H5、H11 和 H30 均位于这两个工作间的东部，间距 5—8 米。而距离工作间最近的 H85 和 H42、H47 及 H48，则基本没有石废料出土。这种现象说明，工作间或许处于清理维护的状态，其附近的灰坑原本是工作间的附属结构，也非普通垃圾处理坑。

比较而言，就生产遗迹中保留的各类遗物比例来说，制玦遗存最具特色且比例突出，与其他生产活动（如石刀生产等）比较而言，石玦生产是这一区域的主要活动，也是大量石玦废弃物出现和被就近处理的直接原因。齐家作坊的生产堆积在作坊废弃之后没有经过再次的人为扰动。因此，我们推测，这些遗迹内发现的制玦遗存没有远离原始生产地点，出土于功能性灰坑或工作间内的石玦生产遗存，属于制玦过程中或结束后有意无意处置残次品和废料而形成的次生堆积。

数量庞大而集中出土的与制玦相关的石废料、残次品及工具大多位于其原生产单位内或附近，至少没有远离其生产环境。即使某些遗物与其原始生产地点存在一定空间距离，但它们却多具有时间上的一致性，代表着一个短暂的生产事件。因此，这些出土制玦遗存的灰坑与工作间可以单独作为一个最小的分析单位来探讨其产品构成及技术水平，而其空间分布状况则是探讨作坊生产组织及评估生产规模的重要依据。换句话说，这类与制玦活动相关的遗存，是生产活动存续期间或结束后，生产者为了保持生产区域有着足够空间而进行的有目的的场地清理和维护的结果，具有代表性和典型性，可以作为探讨生产单位内产品构成、生产规模与生产组织的材料。

当然，我们也需要认识到，石玦生产过程中必要的维护活动（如清理生产空间、废弃物处理、生产地点转移或变化等人为因素）或废弃之后的重建活动，会将制玦遗存置入一个二次堆积的状态，造成部分生产遗迹失去了表明其属性的特征，影响到了对于其原始功能的判断。因此，上述对于发掘区域内生产遗迹数量和生产规模的估计只能被理解为一个最小数值，而并不能作为发掘区内所有生产单位的总数。但是，在假设生产区域发生了同样规模的后期维护或重建活动的前提下，这种依据是否出土制玦相关遗物的标准判断生产遗迹数量及生产规模的做法，仍然是具有可比性和统计学意义的。

第三节 生产遗存

齐家作坊出土的制玦类遗存包括废料、石玦残次品及制玦工具等三类。

制玦废料指石玦加工过程中产生的石片、石渣及未加工的大块石料，总重量共约871千克。这些制玦废料分布于40个灰坑（与生产有关的功能性设施）及5座工作间内（图2.6）。尤以H21、H22、H60、H74、H5等几个灰坑最为集中，其中H21和H22分别出土制玦废料150千克和387千克（占发掘区域出土生产废料总重量的60%以上）、石玦残次品4 355和26 355枚（分别占出土石玦残次品总数量的12%和73%左右）。比较而言，工作间内出土的制玦废料较少，总重量不足5千克；生产工具也不多，不足20件。

石玦残次品指在石玦加工过程中出现意外破裂或其他技术缺陷而不宜继续下一工序的半成品。这些未完成的残次品已经脱离了生产过程，按其加工阶段与形制差异可大致分为毛坯、圆饼、圆环及环玦等四种，总重量约183千克，总数计35 993枚，其中完整石玦64枚。这类石玦多数块口比较毛糙或外缘有

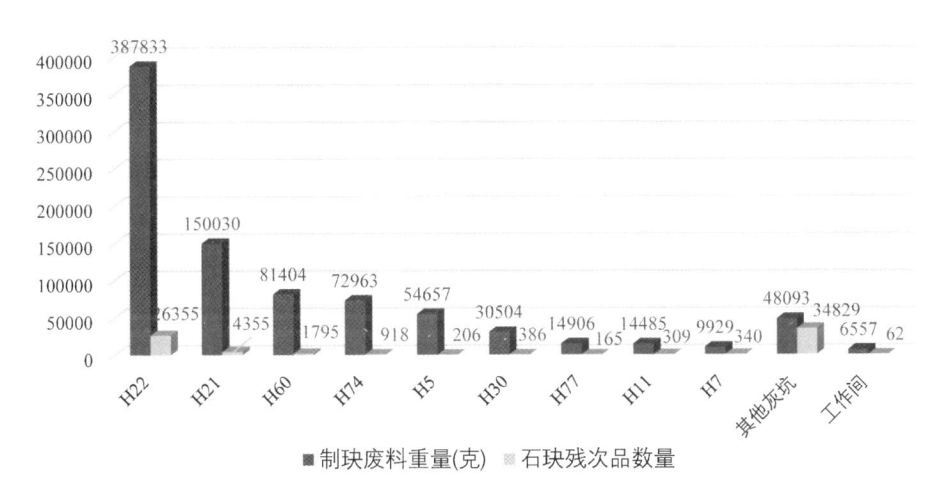

图 2.6　齐家制玦作坊灰坑、工作间制玦废料重量及石玦残次品数量统计柱状图

不同程度的破损，部分当属于生产者在最后加工阶段有意放弃的。另外，还有少量形制精美、无较大瑕疵的石玦，或属于被遗漏的成品或工匠私人物品。

制玦工具是指石玦生产过程中使用的各类工具，包括石砧、敲击石、砺石、石钻、石分割器、石锉、石刀、石錾、石钻帽等九类1 163件。此外，还发现石刀、石刀毛坯108件，出土石饰、蚌饰等成品和残次品若干（图2.7）。

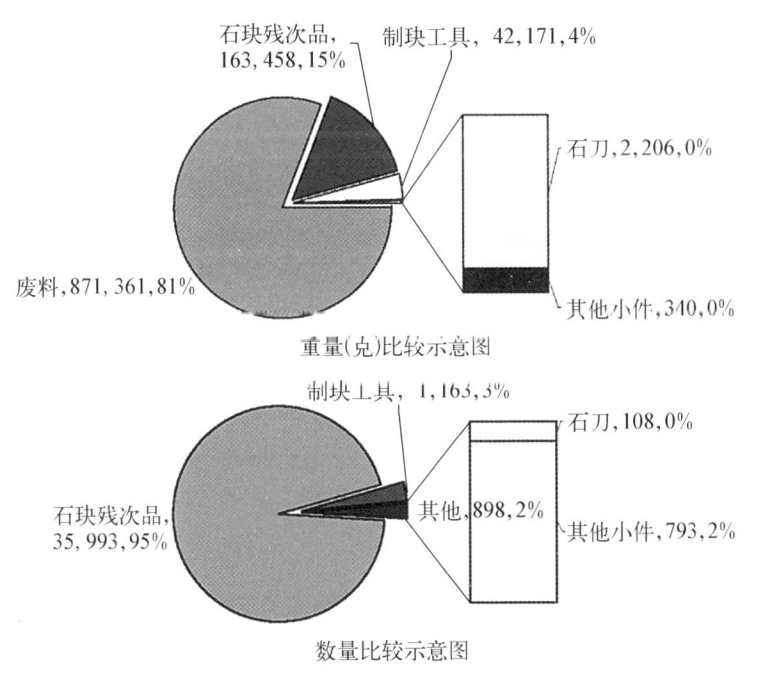

图 2.7　石玦生产遗存重量及数量饼状图

上述统计数据表明，齐家作坊是一处以生产石玦为主的作坊遗址，同时还生产少量石刀等农业工具，并利用制玦石料（包括废料）来加工石珠、石管、石圭形器、石戈形器等小型装饰品和"迷你"型兵器和礼器。

一、生产废料

生产石玦的石料包括页岩、泥灰岩、大理岩、方解石及石英石等五类（表2.2、2.3）。

表2.2　制玦废料与石玦残次品重量统计表　　　　　　　重量（克）

类别	页岩	泥灰岩	大理岩	方解石	石英石	合计
废料	504 298	232 129.5	63 363.5	69 698.7	1 867.6	871 357
残次品	141 313.2	31 123	6 782.6	4 030.1	446.4	183 695.3
合计	645 611.2	263 252.5	70 146.1	73 728.8	2 314	1 055 052.3
百分比	61.2%	24.90%	6.7%	7.0%	0.2%	100.0%

表2.3　石玦残次品岩相及数量统计表

类型	页岩	泥灰岩	大理岩	方解石	石英石	合计
毛坯	14 713	2 526	679	526	75	18 519
圆饼	2 245	363	65	118	21	2 812
圆环	8 465	802	50	94	30	9 441
环玦	3 755	1 072	71	305	18	5 221
合计	29 178	4 763	865	1 043	144	35 993
百分比	81.1%	13.3%	2.4%	2.9%	0.4%	100.0%

页岩是最为常见的生产原料，共出土废料504千克，占发掘所获石废料总重量的57%以上；收集到石玦残次品29 178枚，占发掘所获残次品总数的81%左右。页岩属沉积岩，呈灰绿—淡灰绿色，隐晶质—半隐晶质结构，由于其略具定向性及组成矿物的不均匀分布所形成的微层理结构，故容易形成便于造型的页片。页岩的层状结构使其在制玦过程中，特别是在毛坯制作中容易形成光滑的自然表面；同时，也减少了下游工序中打磨的耗用时间，并降低了破损率。

泥灰岩是齐家作坊生产者所使用的第二大类生产原料，共发现232千克，占石废料总重量的27%左右；收集到石玦残次品4 763枚，占总数的13%左右。泥灰岩的泥质含量较高,属于介于黏土岩与碳酸盐岩之间的过渡类型沉积岩。依其表面泥化程度和成分差异分为两类:泥灰岩-1 为微细粒泥灰岩,表面泥化现象明显,手指捻搓呈粉末状脱落;泥灰岩-2 为含碳泥灰岩,呈浅灰绿色,表面无泥化和粉末状脱落现象,质地明显较前者坚硬和光滑。虽然这两类泥灰岩表象特征存在明显差异,但岩相特征一致。表面特征差异的形成原因可能与作坊废弃后,埋藏状况不同或其他原因导致的受热不均相关,尚待进一步分析。由于泥灰岩没有页岩那样的层状结构,在制坯、锯割、打磨等工序中需要耗费的精力和时间显然较页岩要多,毛坯表面也更容易形成不规则疤痕。对于生产者来说,技术要求相对较高,特别是毛坯打制过程中对力量的控制能力要求较高。

方解石单晶也被用于生产石玦,出土废料近 70 千克,占石废料总重量 8% 左右;收集到石玦残次品共 1043 枚,占总数的 2.9%。方解石呈乳白色,有玻璃光泽,菱形晶体,解理可见,容易抛光打磨。但由于其解理非常发育,故容易破碎,不易造型。相对于页岩和泥灰岩来说,方解石石玦残次品的数量不多。模拟实验表明,方解石石玦的制作对工匠技术和熟练程度的要求更高,特别是在最初的制坯阶段,需要很好的技术来控制以避免其自然解理面的意外剥离。

大理岩也是齐家制玦作坊用来生产石玦的原料之一,共发现约 63 千克,占石废料总重量的 7% 左右;收集到石玦残次品 865 枚,占总数 2.4%。大理岩呈白色,是由碳酸钙组成的沉积岩,岩石颗粒细小,结构紧密,光泽柔和,质地较软,因而容易加工。与方解石聚晶相比,大理岩较容易加工造型和打磨,这类石玦毛坯表面多有不规则形凹凸状疤痕。

除以上四类石料外,还有少量的石英石也用于石玦的生产,收集石废料约 2 千克,占比不足 1%;收集到石玦残次品 144 件,占总数的 0.4% 左右。

二、石玦残次品

石玦残次品是指在加工过程中由于偶然破裂而被排除于生产过程之外的残次品,其表面通常保留有敲击、打磨、钻孔、锯割或锉磨等加工痕迹。共收集到 35 993 件,是所有出土遗物中数量最庞大的一类,代表了石玦生产过程的不同阶段。根据石玦残次品形制差异及其生产过程保留的加工痕迹,分为毛坯、圆饼、圆环及环玦等四类。

1. 毛坯

毛坯制作是石玦生产的第一步。首先从大块母岩上剥离尺寸适当的石片并经过简单分割后加工成素材，然后通过敲击、琢制及边缘修整等连续工序制成扁平的饼状，形成毛坯（图2.8）。

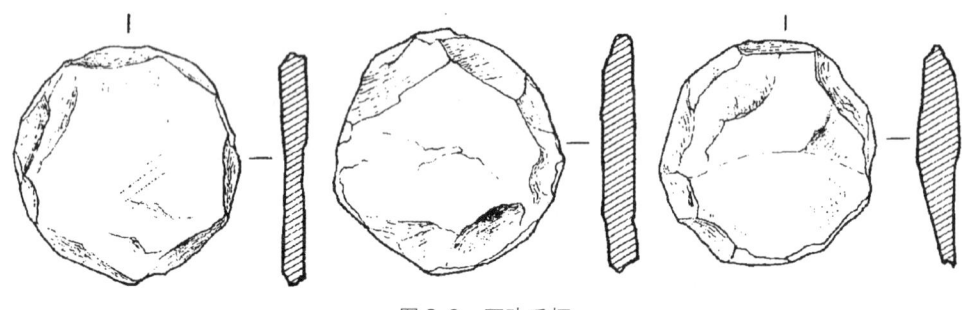

图 2.8　石玦毛坯

毛坯表面多有粗糙的敲击与琢制痕迹，其直径一般大于目的石玦的直径，这是因为随后的加工过程中还要经过打磨、修整、抛光等工序，随着毛坯逐步成型，其原有直径就会进一步变小。完整毛坯通常呈规则圆形，其之所以被弃置于生产工序之外，多是因为其厚度不足或者直径较小而不适合进一步加工（打磨）。如果这类毛坯进入下一道工序，则会使下游产品的尺寸和形状产生较大差异。齐家制玦作坊的生产者显然考虑到了这一点。

在18 519枚毛坯中，以半圆形为大宗，占统计毛坯总数的64%（11 854枚）；用于生产毛坯的石料以页岩为主，占总数的80%左右（14 713枚）；泥灰岩毛坯占总数的13.7%（2 526枚）；其次为大理岩毛坯（679枚，3.7%）、方解石毛坯（526枚，3%）及石英石毛坯（75枚，0.4%）。

对728件毛坯的统计表明，绝大部分石玦毛坯的直径在25—40毫米之间，只有个别标本的直径小于20毫米或大于50毫米，同类质地的毛坯之间直径的标准差在3.5—7.7毫米之间，厚度的标准差在1.3—2.6毫米之间[①]（图2.9）。比较而言，泥灰岩石玦毛坯的平均直径最大，变化幅度相对较大，最大者超过60毫米，最小者仅有19毫米，标准差在6—7毫米之间。而方解石和大理岩毛坯平均直径最小，约30毫米，标准差分别为3.5和7.0毫米，相

---

① 标准差（Standard Deviation）指各数据偏离平均数的距离（离均差）的平均数，反映数据集的离散程度。

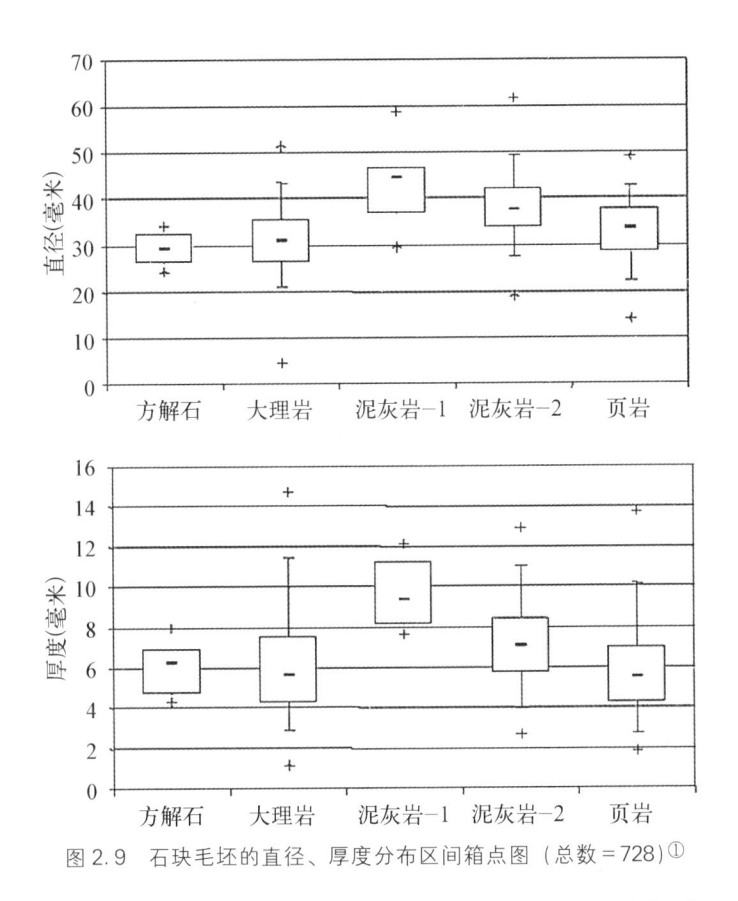

图 2.9　石玦毛坯的直径、厚度分布区间箱点图（总数 = 728）[①]

对于泥灰岩毛坯来说，其尺寸略微规范。就厚度而言，绝大部分毛坯厚度在 6—8 毫米之间，只有泥灰岩-1 由于表面泥化严重，厚度明显大于其他石料的毛坯。

统计还发现，石玦毛坯的直径与厚度变化与原料岩石的质地直接相关，即石料硬度越大，毛坯形制越为规范。泥灰岩毛坯的平均直径、厚度及重量最大，而大理岩、方解石毛坯变量数值最小。标杆变异系数的比较显示，各类石料毛坯的直径差异不大，CV 值多在 20% 左右[②]；厚度的变化区间相对较大，在 27%—43% 之间，以大理岩毛坯厚度变化幅度最大。

---

①　方框中短线表示变量的平均值；其上、下两边分别代表 25% 和 75% 比例区间。即 50% 以上的统计数字处于方框表示的数值区域，其他 50%（各 25%）分别位于方框上、下两端。方框外侧延伸直线表示了 5% 和 95% 区域。变量的最大值和最小值（极端异常值）分别由位于框体两侧的"＋"表示。

②　变异系数（Coefficient of Variation）是衡量资料中各观测值变异程度的另一个统计量，反映单位均值上的离散程度。

2. 圆饼

圆饼是紧随毛坯加工的第二个生产阶段产生的残次品，其区别于毛坯的重要特征之一就是表面保留有平行或垂直的打磨痕迹（图2.10）。圆饼与其下游产品——圆环之间的区别在于其表面没有钻孔或琢制的孔痕。根据保存状况及形制差异，分为完整和破碎两类。破碎者通常由圆饼的中部破裂，保留有近1/2的个体。而完整者则保留有完整的圆形形状。形制完整的磨光圆饼被排除于石玦生产工序之外，多是由于其厚度或直径不能满足目的石玦的生产标准。

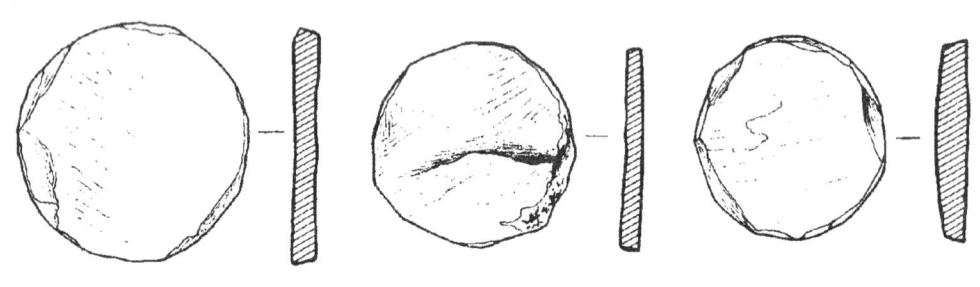

图2.10　石玦圆饼

在2 812枚圆饼中，2 288枚（占总数84%）属于残破不全者，只有524枚形制基本完整。统计表明，80%以上的圆饼以页岩为原料，其次分别为泥灰岩（12.9%）、方解石（4.1%）、大理岩（2.3%）和石英石（0.7%）。

对191枚圆饼的测量结果表明，绝大部分圆饼的直径在20—30、厚度在2.9—4.5毫米之间（图2.11）。泥灰岩的表面风化导致了其直径与厚度变化最为显著。与毛坯的直径和厚度比较，圆饼直径与厚度的变化区域略为集中，特别是直径的变异系数较小，多保持在20%左右或以下。与毛坯比较，其制作精细程度与生产者的技术能力似乎较前者有了提高；但是整体来说，圆饼的厚度变化幅度仍然较大，变异系数从22%—36%之间不等，说明这一阶段多数标本尚处于磨平的初级加工阶段。而其之所以被废弃，多数是由于磨光过程中出现了意外破裂。

3. 圆环

圆环是圆饼的下游产品。为了描述方便，这类保留有孔加工痕迹的石玦残次品统称为圆环。依据其处于环孔加工的阶段不同，区分为A、B、C三类（图2.12）。圆环—A处于制孔初始阶段——琢孔阶段，其表面多保留有轻微敲击形成的较小浅凹坑，以便于下一步继续扩充孔径或者直接钻孔时放置钻头。

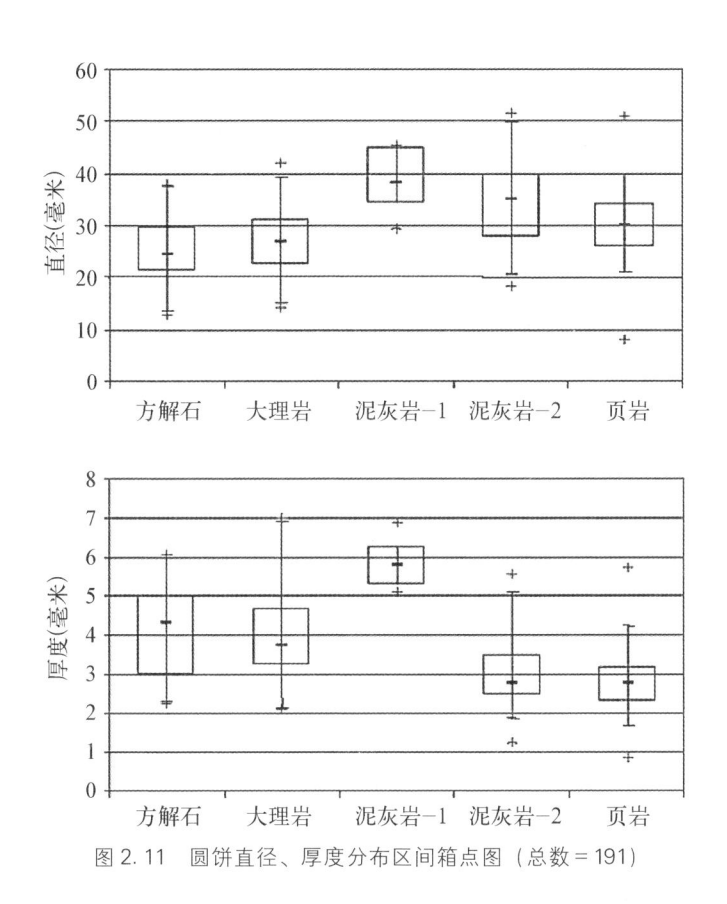

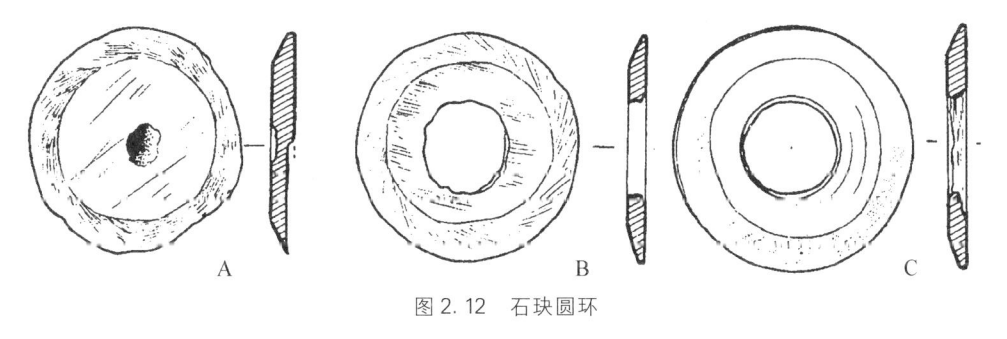

图 2.11　圆饼直径、厚度分布区间箱点图（总数 = 191）

图 2.12　石玦圆环

这类残次品的典型特征是其中心部分保留有敲击形成的小坑。圆环—B 处于孔加工的第二步——扩孔阶段，即在敲击形成的浅坑基础上继续敲击、扩充孔径来形成略小于目的内径的孔洞。这类残次品的典型特征是中部保留有敲击形成的孔洞，孔洞周边有不规则敲击痕迹。圆环—C 处于施钻阶段，其加工工具为各类石钻，区别于圆环—B 的主要特征是圆孔内壁已经形成了明显的钻磨痕迹。一般来说，石玦的孔洞加工依次经历了琢孔—扩孔—施钻三个前后相继的步骤。但个别标本也没有严格遵循上述加工流程。例如，有些标本在敲击浅坑之后，没有经过继续扩充而是直接以石钻进行钻孔。事实上，上述三类石玦残次品在破碎严重时并非可以完全清晰地分辨出来。这是因为琢孔、扩充孔径和钻孔等加工程序偶尔会重复无序地进行，这样便容易造成圆环上琢孔、扩孔及施钻等痕迹混合出现。

在发现的9 441枚圆环中，9 391枚多已不同程度残损，占总数的99.5%；完整者仅50枚，占总数的不到0.5%。圆环的石料以页岩为大宗，共有8 465枚，占90%以上；其次为泥灰岩（802枚，8.6%）、方解石（94枚，1%）、大理岩（50枚，0.5%）和石英石（30枚，0.3%）。对988枚圆环的测量表明，其直径变化幅度依据石料差异而不同（图2.13）。页岩、泥灰岩圆环直径的变化幅度相对较大，标准差在6—8毫米之间，平均直径在35—44毫米之

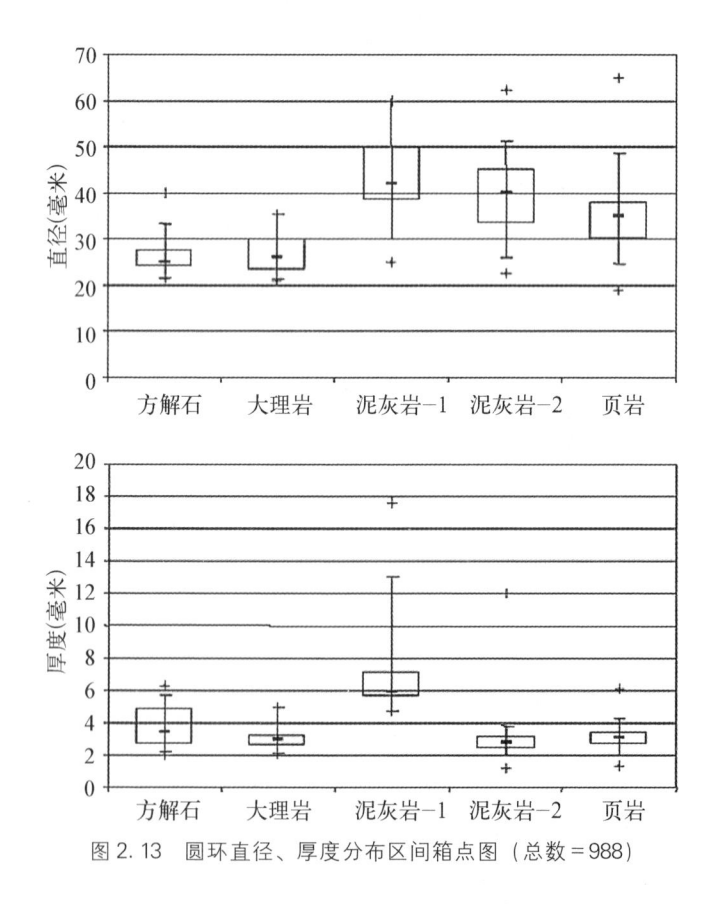

图2.13 圆环直径、厚度分布区间箱点图（总数=988）

间，其变异系数在 18%—20% 之间；大理岩和方解石直径较小，变化幅度较窄，集中于 26—27 毫米左右，标准差在 3—4 毫米左右，其变异系数在 14%—15% 之间。比较而言，除泥灰岩-1 之外，其他石料的圆环在这一生产阶段的厚度比较一致，平均厚度集中于 2.8—3.7 毫米之间。

4. 环玦

钻孔完成之后的下一步是制作玦口。玦口经过锯割而成，宽度约 2—3 毫米之间。这一阶段因意外破碎而废弃的标本，称为"环玦"（图 2.14）。所谓"环"者，指被加工的上游产品圆环的边缘还没有锯割，或虽已有明显的锯割痕迹但玦口并未成形；所谓"玦"者，指玦口已经基本成形，但在其与本体分离过程中出现了意外断裂。换句话说，"环玦"既包括了玦口加工失败的标本，也包括了少量玦口基本完成或已完全完成，但还存在着其他瑕疵的标本。事实上，由于环玦类破碎严重，"环"与"玦"有时并不能清晰地辨别出来。

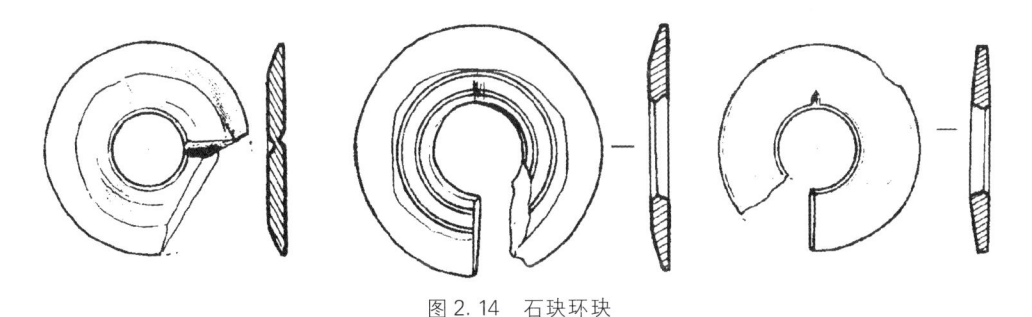

图 2.14　石玦环玦

在 5 221 枚环玦类残次品中，其中 5 157 枚破碎程度不一，占总数的 98% 以上；完整者仅 64 枚，占比 1% 略多。绝大部分破碎的环玦残次品表面保留有双面或单面分割玦口的标记及锯割痕迹。这些标本多数是由于在锯割玦口的过程中，出现了意外破裂而被弃置，其破裂一般沿着锯割形成的沟槽方向。就其石料而言，环玦类残次品中 72% 以上属于页岩，其次为泥灰岩、方解石和大理岩，石英石环玦数量最少；完整的石玦中 95% 属于页岩，只有 3 枚系泥灰岩质地，不见方解石、大理岩和石英石质地的石玦。

在统计的 590 枚环玦类中，以泥灰岩环玦的外径最大，平均值在 38—40 毫米之间，标准差在 6—8 毫米之间，变异系数在 16%—20% 之间；其内径在 15—25 毫米，标准差约 6 毫米，数值离散程度显著，变异系数在 30% 以上

（图 2.15）。页岩外径平均在 34 毫米，集中于 30—37 毫米之间，标准差约 5.5 毫米，离散程度不强，变异系数在 16% 左右；其内径平均在 13 毫米，集中分布于 12—15 毫米之间，数值的离散程度小于泥灰岩石玦。大理岩和方解石环玦类的直径（内、外径）是所有质地的环玦中数值变化最小的，外径集中于

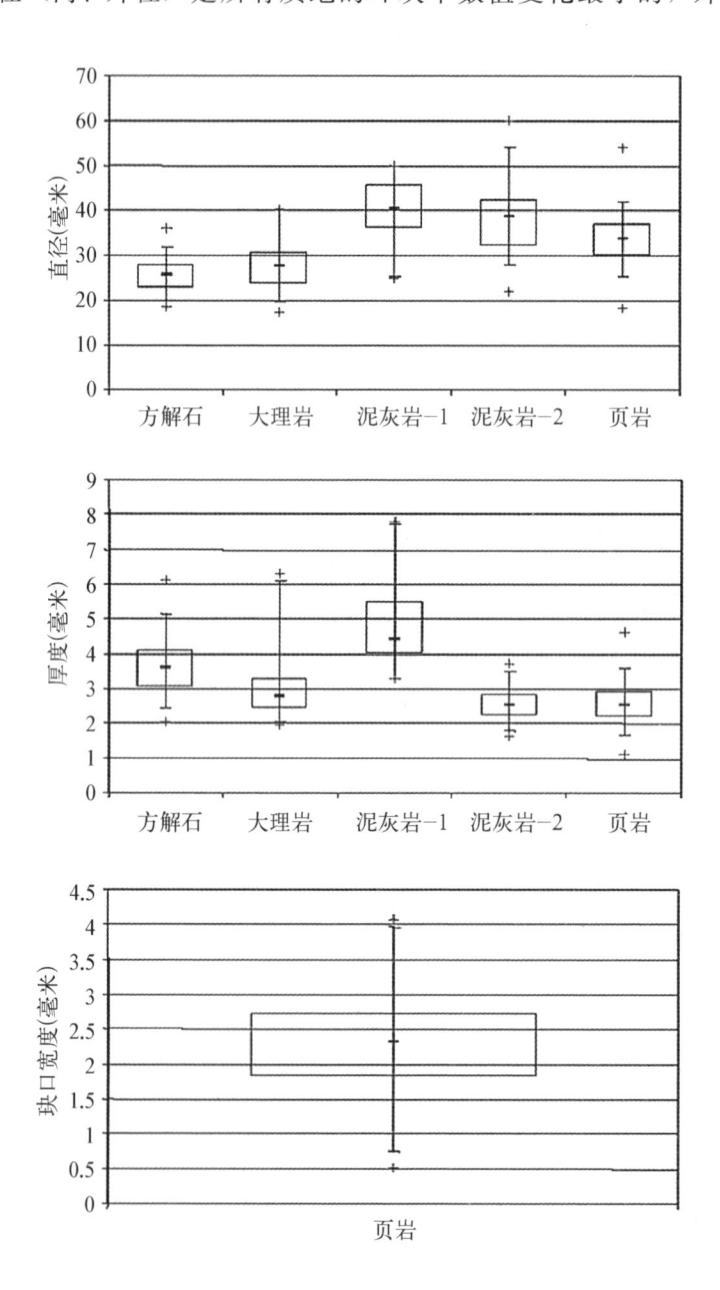

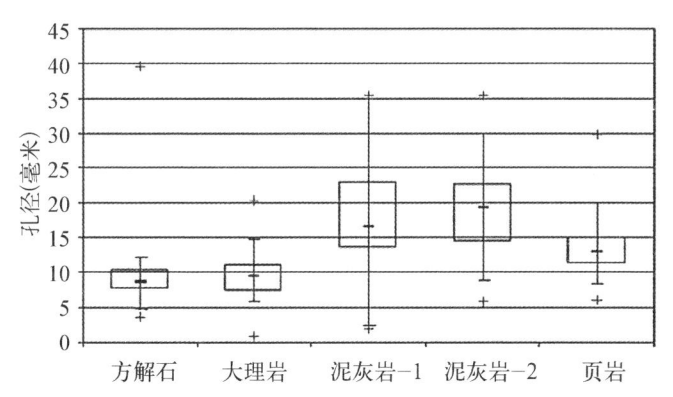

图 2.15　环玦的直径、厚度、玦口及孔径分布区间箱点图（总数=590）

26—28 毫米之间，内径约 8—12 毫米，变异系数分别为 14%—19% 和 24%—33%。上述数据暗示着，石玦外径与内径变化成正比例，生产者对环玦尺寸有标准化、规格化的潜在要求，而对其内径即环宽则有着多样化的需求。这种现象或许与石玦在佩戴时需要满足不同使用者对耳玦环轮的多样化需求有关。

统计结果还表明，厚度与质料有直接关系。在四类不同质地的环玦中以方解石石玦的厚度最大，平均厚度为 3.7 毫米，其次为大理岩，平均厚度约 3.2 毫米，页岩及泥灰岩的平均厚度在 2.6 毫米。遗憾的是，只有页岩完整石玦可以测量其玦口宽度及变化区间。23 枚页岩完整石玦的玦口平均宽度为 2.35 毫米，最小者不足 1 毫米，最大者近 5 毫米，标准差 0.74 毫米，变异系数为 31%。总体而言，相对于上游工序的石玦残次品（毛坯、圆饼及圆环）而言，环玦类残次品的上述变量变化程度最小，数值最为集中。

三. 生产工具

石玦生产工具的发现是齐家作坊的一个重要收获。它的集中出土，一方面为确认石玦生产活动的就地开展提供了直接证据，另一方面也为复原制玦过程和生产技术提供了重要信息。与石玦生产相关的工具共有 1163 件，出土时多数与制玦废料及生活垃圾混合在一起。根据其形制与功能，可分为敲击石、石砧、砺石、石钻、石分割器、石锯及石锉等，分别承担着制坯、垫石、磨制、钻孔、分割玦口、锯割、挫磨等功能（表 2.4）。

表 2.4 石玦生产工具种类、数量与比例统计表

敲击石	石砧	砺石	石锉	石钻	分割器	石锯	石钻帽	石錾	合 计
164	126	363	105	160	47	191	3	4	1 163
14.10%	10.83%	31.21%	9.03%	13.76%	4.04%	16.42%	0.26%	0.34%	100.00%

1. 敲击石与石砧

敲击石 164 件，石砧 126 件，二者配合使用（图版一二）。这两类工具多选择河滩卵石或砾石，未经进一步加工就可直接使用。

一般来说，敲击石以便于手持和灵活操作为原则，形制多为长条形，尖端常常保留有长期使用形成的贝壳状或不规则的敲击疤痕。敲击石长度多在 48—94、厚度为 12—23 毫米，平均重量 120 克。这种尺寸和重量适于手持和敲击时控制力量。敲击石多用于制坯或毛坯边缘的粗加工。有些个体较小的椭圆形或扁平的圆形敲击石前端保留有密集的浅坑，推测它们可能更多地用于毛坯的细加工。例如对毛坯边缘进行细部修整、制坯过程中渐次剥离石片以达到目标形状和厚度。

石砧指在石玦毛坯制作过程中铺垫于被加工素材之下的石头，一般与敲击石配合使用来加工石玦毛坯，多选择扁平的天然砾石。这些砾石表面偶尔也会被大致修理平整，便于加工中保持稳定。石砧表面的痕迹多为浅显的凹坑、敲击疤和磨损痕迹。石砧和敲击石多由于长期使用导致破碎而被废弃，一旦破碎就很难依据其碎片来准确判断其原始功能。因此，石砧和敲击石有时并不能被完全区分出来。

2. 砺石

因砺石使用时间长，破损程度严重，其准确数量难以统计。经过缀合和拼对，共获 363 件（含碎块）。根据形制差异可分为扁平砺石和带槽砺石两类（图版一三）[①]。

扁平砺石通常有一个略微内凹的工作面，用于和被加工物品的粗糙结构接触。从技术观点来看，扁平砺石在研磨过程中处于被动地位。换句话说，被加工物体多由生产者手持，通过与砺石表面反复摩擦达到磨平的效果。因此，这类砺石一般较为平整，并且尺寸远远大于带槽砺石。扁平砺石表面或平行或交

---

① 分类标准参考了 Adams J. L.，*Ground Stone Analysis: A Technological Approach*，The University of Utah Press，2002。

错的痕迹暗示着长期大面积反复摩擦运动的存在，而其研磨的剧烈程度多与接触面的大小及砺石颗粒粗细有关。在石玦的制作过程中，扁平砺石可能多用于磨制石玦毛坯表面不规则的凸起部分，使之形成理想的厚度和光滑美观的外观。由于绝大部分扁平砺石破碎严重，其长度与宽度多不可确知。保存较好的残砺石最长者约 23 厘米，最宽者也近 20 厘米，平均厚度多在 3—5 厘米之间。

带槽砺石分为 U 形槽砺石和 V 形槽砺石。凹槽的深度和形制是推断被加工对象及其在生产过程中的使用方式的重要依据。显然，这两类凹槽的形成与被加工物品的形制及被加工部位有关：U 形凹槽槽面浅宽，可能用于磨制毛坯或圆饼的侧缘，也可能用于打磨或修整制玦工具，如钻头或石锉的加工或修理等。V 形凹槽则可能用于纵向磨制圆饼的侧缘，也不排除用于磨砺整治石锯等生产工具。V 形凹槽宽度、深度变化较大，最宽者有 15、最窄者约 3 毫米；最深者近 10 毫米，最浅者则仅有 1 毫米左右。比较来说，U 形凹槽砺石多尺寸较大，器形厚重，适于就地放置使用；V 形凹槽砺石尺寸不大，多为规整长条形，器体较薄，多个面重复使用，便于手持使用。

3. 石钻

石钻是石玦制造过程中用于环孔加工的主要工具，多以砂岩制成，其突出特点是球冠状头端有密集的旋转摩擦痕迹，共发现 160 枚（包括毛坯 7 件），占制玦工具总数的 14% 左右。依据形制差异分为三类：圆柱体石钻（76，49.7%）、圆锥体石钻（72，47.1%）和多棱体石钻（5，3.2%）（表 2.5）。此外，还出土了 7 枚石钻的毛坯，暗示着石钻就地加工的自然属性。

表 2.5　石钻形制与比例统计表（不包括 7 件毛坯）

	圆柱体	圆锥体	多棱状	总　数
数　量	76	72	5	153
百分比	49.67%	47.06%	3.27%	100.00%

圆柱体石钻的钻身呈圆柱状，横截面呈圆形，钻身和钻尖没有明显分界（图版一四）。顶部磨蚀面多不明显，钻身可见类似抛光效果的磨损痕迹，个别钻身起棱，但棱角不明显，横截面呈不规则多边形。圆柱体钻头在制孔的过程中多两端交替使用。大小略有差异的两端钻尖可以根据环孔尺寸灵活调整使用，在由小到大扩充孔径时提高磨蚀效率，同时更为重要的是，可以降低因用力不均匀引起的石环破裂，提高钻孔成功率。根据保存在钻身远端的同心状

摩擦痕迹判断，随着磨损程度加剧，圆柱体石钻的钻身在钻孔过程中不断变短，充当了钻尖的功能。在钻身不适于手持时，圆柱体石钻便被废弃。圆柱状钻头平均长度为 18.6 毫米，钻身的平均直径约 9.7 毫米、钻尖平均直径略大于钻身，约 10.6 毫米。

圆锥体钻头依据钻身形制差异再分为葫芦形和枣核形两类，一端或两端有明显乳突，多数钻体与头端过渡急促，形成了明显的棱线或棱台。葫芦状钻头的钻身与钻柄之间有着明显的分界线，球冠状钻柄，钻尖多成圆锥状，尖部有旋转摩擦痕迹（图版一五）。因球冠体（钻身）参与了环玦孔壁的旋转摩擦运动，故其孔壁多形成有弧度的斜向壁面。枣核状钻头本身也可能为圆柱状，由于两端均被作为钻尖使用，导致尖径小于身径，整体形似枣核形（图版一六）。一般来说，这两类石钻的钻身剖面均呈圆形或近圆形，钻尖保留有同心旋转的摩擦痕迹。个别石钻头端有旋转摩擦痕。圆锥体石钻头一般长 13—62、直径 8—28 毫米不等。不同尺寸的圆锥体石钻可能用于加工不同直径的环孔。

这里要特别强调的是，圆锥体和圆柱体石钻均为手持式石钻。除了少量大理岩或方解石的圆饼使用其直接穿孔外，页岩及泥灰岩石块多数要经过敲击扩充完孔径之后，再使用这类"钻头"来持续钻孔，使得敲击孔不断扩大，并同时起到了研磨环玦内壁的作用。

需要说明的是，在齐家作坊发现的 160 件石钻中，大部分石钻的乳凸端可以观察到旋转摩擦痕迹，个别石钻的乳凸一端不见旋磨痕迹，仅在钻身部保留印痕深刻的旋磨拉痕。例如，H5∶42，长方体钻柄，圆柱形钻身（一端略小），单乳凸，近平球冠面，乳凸部分未见旋转摩擦痕迹。H22∶53，长 37.5、直径 13—16 毫米，整体近圆柱形，个体较大，石钻两端乳凸均无旋转形成的摩擦痕迹，而钻身有明显的旋转摩擦痕迹。这类钻头应当是在敲击扩充孔径之后，直接穿透中孔并反复摩擦玦孔内壁，从而在钻尖与钻身交界部位形成了同心状磨痕。实际上，这一现象是由于穿孔之后毛坯的孔径及石钻顶部尺寸不匹配形成的。石钻顶部较小时，其钻尖往往会直接穿过敲击孔，头端便很少会磨损到，顶部常常会形成未经磨损的乳突。

另外，还发现了一种四棱状钻身、圆柱状钻尖的钻具，暂称为多棱体钻头（图版一七）。这种石钻由棱柱形钻身和圆柱形钻头构成。圆柱形钻尖保留有旋转的摩擦痕迹，棱柱状钻身一端可能镶嵌于木杆等辅助材料中。棱状结构可以使其紧密地嵌入木料，从而在钻孔活动中最大程度地施加力量，提高效率。多棱形石钻是一种复合钻具的一部分，与圆锥形和圆柱形石钻形制不同，使用方法也不同。发现的 5 个多棱体钻头多已不同程度地残损，H21、H22 及 M38 填土中各出土了一枚较为完整的多棱形钻头，长度约 40 毫米。

此外，在本次发掘中还发现 7 枚石钻毛坯（图版一八），暗示着用于生产石制品的工具中至少石钻等工具是在齐家遗址就地制造，而不是从其他遗址或地点进口或制造的。

4. 分割器

分割器由灰色细砂岩和页岩制成，共发现 47 件，占制玦工具总数的 4%，形状以多边形为主（图版一九）。

分割器主要用于在石环上标记缺口。玦口位置的确认是先将石环从中心部位等分，然后将等分线延伸至环边，用分割器在环边内缘上刻画短线标记，等待下一步锯割玦口。因此，有两类痕迹清晰展示了分割器的功能：似刃的多边形斜缘上保留的平行或者交错的摩擦痕迹，或石环上残留的短线标记痕迹。

生产者多选用细砂岩和页岩来制作分割器，主要是由于这两种石料都有发育完全的自然节理面和适于标记刻画的硬度，其刃部通常有摩擦形成的倾斜刃部。随着磨损程度加剧，使用者会不断变换接触边缘，这样才能保证提供锋利和平直的边缘，因而其处于使用或废弃状态的形状往往是多边形的。分割器的最大厚度约 3、最薄者仅 1 毫米，长、宽多在 17—65 毫米之间。

5. 石锯和石锉

石锯和石锉是用于加工玦口的工具。石锯一般用于锯割玦口，石锉则用于打磨玦口及玦孔内壁。

石锯共 191 件，占制玦工具总数的 16.4%，绝大部分用含有石英的细砂岩制成。石锯均为薄片状，包括方形、三角形、梯形和不规则形等多种，其刃部残留有平行或交错的摩擦痕迹，厚度多在 0.8—2.8 毫米之间，长、宽则随着厚度变化而成比例地变化，一般约在 12—70 毫米之间（图版二〇）。

石锉共有 105 件，占制玦工具总数的 9%，砂岩质地。依其形制差异分为三类：韭叶形、梯形和长方形石锉。不同形状的石锉在制玦过程中可能用于打磨石玦的不同部位（如边缘打磨和玦口细加工等）。

韭叶形石锉属于以上三类中形制最为精致和最具特色的一类，其个体细长，背部呈半弧形，底部平直，横截面为半月形（图版二一）。与其他形制的石锉相比，用于制作韭叶形石锉的砂岩颗粒最为细腻，其背部由于长期使用而呈现出玻璃光泽。韭叶形石锉一般宽约4—7、最长者约50、最短者不足20毫米。

梯形石锉平面呈扁平梯形，横截面呈等腰三角形，薄缘容易形成较为锋利的刃部。由于残损严重，有时难以与方形石锉区分。梯形石锉较韭叶形石锉个体大，宽度及厚度差异显著，最宽者达30毫米，最窄者约14毫米；最厚者约8毫米，最薄者不足3毫米。

长方形石锉多为较为规整的细长条形，两长边及表面有平行摩擦痕迹，可能用于石玦表面或边缘的锉磨，或其他生产工具的修整。长方形石锉较梯形石锉长度略长，宽度略窄，其最长者有120毫米、最短者也有22毫米，但宽度多在15—30毫米之间，平均厚度为5毫米。

四、副产品

如果不作统计分析，很容易认为齐家作坊只是单纯生产石玦的场所。事实上，除了大量石玦残次品之外，还发现了108件石刀残次品，包括毛坯、打磨及钻孔过程中破裂的残次品等（图2.16，表2.6）。

石刀坯 (H22:150-4)　　　　　石刀 (H22:150-3)
图 2.16　齐家制玦作坊出土石刀坯及石刀

这些石刀残次品处于不同生产阶段，或是表面保留有敲击、琢制疤痕的毛坯，或是已经初步成形，但因钻孔失败导致破裂而脱离生产过程的残次品。石刀毛坯及残次品上的加工痕迹表明，60%以上的制作失误出现于钻孔开始之前的敲击毛坯和琢制过程，其余废弃于钻孔阶段。绝大部分石刀系页岩（97件，占总数89%以上），其次为砂岩（10件，占总数9%左右），仅见1例大理

表 2.6　石刀岩性与数量统计表

	页　岩		砂　岩		大理岩		合　计	
	数量	比例	数量	比例	数量	比例	数量	比例
残次品	97	89.8%	10	9.2%	1	1.0%	108	100.0%

岩石刀。石刀的平均长度在 58—67 毫米之间，厚度在 5—12 毫米不等。

相对于大量制玦遗存而言，石刀残次品数量非常少，暗示着齐家作坊产品构成中石刀的生产处于非常次要的地位，属于齐家作坊的副产品。如果将其放置在分期框架下加以考察，则不难发现，西周早期不见石刀，而在西周中期晚段时，开始出土了少量砂岩质地且带有使用痕迹的石刀。西周中期偏晚阶段灰坑中所见石刀共 5 件，均为成品且有使用痕迹，多数为砂岩、细砂岩质地，而非作坊常见的石玦生产原料，暗示着这时的石刀可能是齐家作坊人群日常生活中所使用的农业生产工具，作坊并未开始石刀的生产。但从西周晚期早段开始，石刀的数量增加到了 21 件，除 H6 发现的一件砂岩石刀外，其余均为页岩和大理岩，且出现了 17 件石刀毛坯，说明此时石刀的性质已经与前期不同，并非人们生产活动中使用之后的遗弃物，而是制玦作坊生产的副产品之一。至西周晚期晚段，石刀数量大幅增至 83 件，同样出现了数量不少的石刀毛坯及残次品。

自西周晚期早段开始，齐家作坊生产者尝试用制造石玦的页岩等材料来生产农业工具，标志着齐家作坊产品种类的多元化，但少量农业工具的出现并未改变齐家作坊的生产性质及产品种类①。因此，石刀生产是作坊生产者利用制玦石料（包括废料）生产农业工具的偶然行为，是制玦活动的有益补充，石刀加工并未形成规模，但却最大限度地实现了石料资源的充分利用。

此外，齐家作坊还发现了少量骨器、蚌玦、锯齿状石玦、石戈、石圭及其他小型石饰（多为方形和圆形装饰品，还有钥匙状、三角形等）（图 2.17）。虽然上述产品出现频率不高，但极具特色。骨针、骨锥、纺轮等纺织类工具，均有使用痕迹或以残损的形态出现，应是这里的居住者或工匠们日常生活的遗弃物。与石玦生产遗存一起出土的明器化石质戈、圭、环等小件器物，是带有玩具性质的"产品"，或是生产者闲暇之余自娱自乐的产物，反映了张弛有度的"生产氛围"。

除此之外，石玦生产区域还出土了少量制骨废料、制玉废料及陶范等铸铜

---

① 马赛：《从手工业作坊看周原遗址西周晚期的变化》，《中国国家博物馆馆刊》2016 年第 3 期。

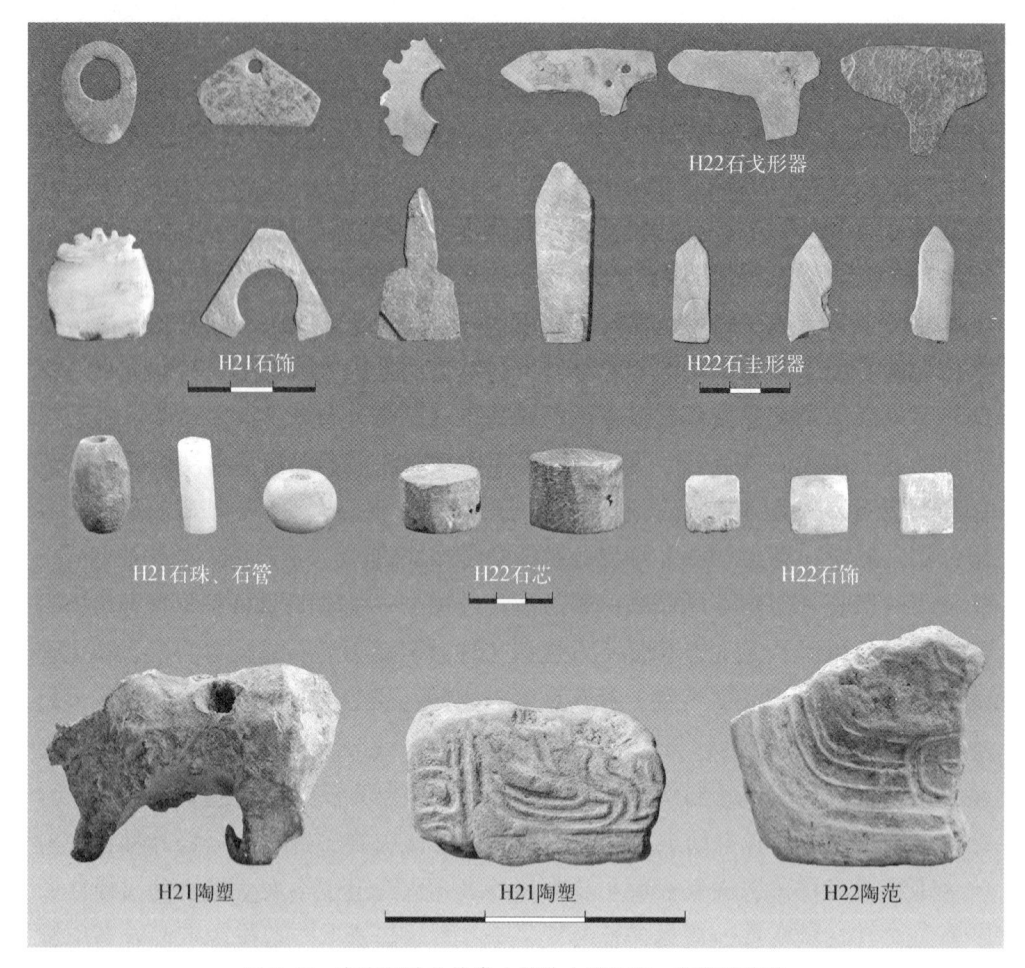

图 2.17　齐家制玦作坊出土其他小型石器、陶塑及陶范

遗存，反映了齐家制玦作坊与附近同期开展手工业生产活动的云塘制骨作坊、李家铸铜作坊及齐家东制玉作坊存在着人员交流或生产活动的交往。

第四节　生 产 空 间

参照周原遗址及周公庙遗址以往陶器分期的研究成果[①]，基于各遗迹内器

[①] 周原考古队：《1999 年度周原遗址 IA1 区及 IV A1 区发掘简报》，《古代文明》（第 2 卷），文物出版社，2003 年；黄曲：《周原遗址西周陶器谱系与编年研究》，北京大学考古文博学院硕士论文，2003 年；种建荣、雷兴山：《周公庙遗址商周时期陶器分期研究》，《西部考古》（第 3 辑），三秦出版社，2008 年。

物群的构成状况和地层关系，在辨析典型器类年代特征及陶系、纹饰特点的基础上，齐家制玦作坊内的居址遗存可分为四期七段，时代相当于先周晚期至西周晚期。因先周晚期与西周早期早段文化特征差异不大，且均未发现石玦生产遗存，故将其与西周早期偏晚以后区分为商末周初与西周时期两个大的时期看待，并进而讨论齐家作坊区域的土地功能转换、聚落形态及石玦生产活动的历时性变化[①]。

一、商末周初：普通居址与墓地

商末周初，齐家作坊区域发现了2座房址、29座灰坑、1座果蔬储藏坑和4座墓葬，未见任何与石玦生产有关的遗存（图2.18，表2.7）。这一现象表明，在这一时期齐家作坊区域为一处规模不大的居址及墓葬区，与手工业生产无涉。需要强调的是，先周时期文化遗存越过齐家沟（或称刘家沟），改变了周原遗址商时期聚落东缘以沟为界的传统认识，是对商代周原岐邑布局的突破性发现。

表2.7 齐家制玦作坊商末周初遗迹统计表

分期	灰　　坑	果蔬坑	墓　葬	房　址
商末周初	H13、H16、H38、H40、H41、H51、H52、H53、H54、H63、H64、H66、H70、H79、H82、H84、H87、H98、H99、H104、H14（?）※、H15、H32、H34、H35、H39、H45、H46、H91	H83	M21、M32、M36、M29	H49、F1

※带?者表示该单位内标本有混淆，但从层位关系及器物特征判断可归入该期。

属于西周早期早段的两座房子分别为F1和H49，是发掘区域内最早的居住遗迹。这两处房址均为半地穴式结构，建于生土之上，平面形状呈近圆形和不规则形，室内面积约10和14平方米，适于一般家庭居住，与西周普通居址规模及形制无异。从其分布状况来看，这些房址与周边灰坑、墓葬等遗迹之间关系松散。

---

① 分期结果以《周原——2002年度齐家制玦作坊和礼村遗址考古发掘报告》（以下简称《报告》）为基础，同时对部分遗迹的分期做了调整。如，根据墓葬规模、方向及地层关系，将两座未出土随葬品的墓葬确定在了西周早期早段（原报告未断代）；将H71年代由《报告》确定的西周晚期早段确定为西周中期晚段。下文分析中均以调整过的分期结果为依据。

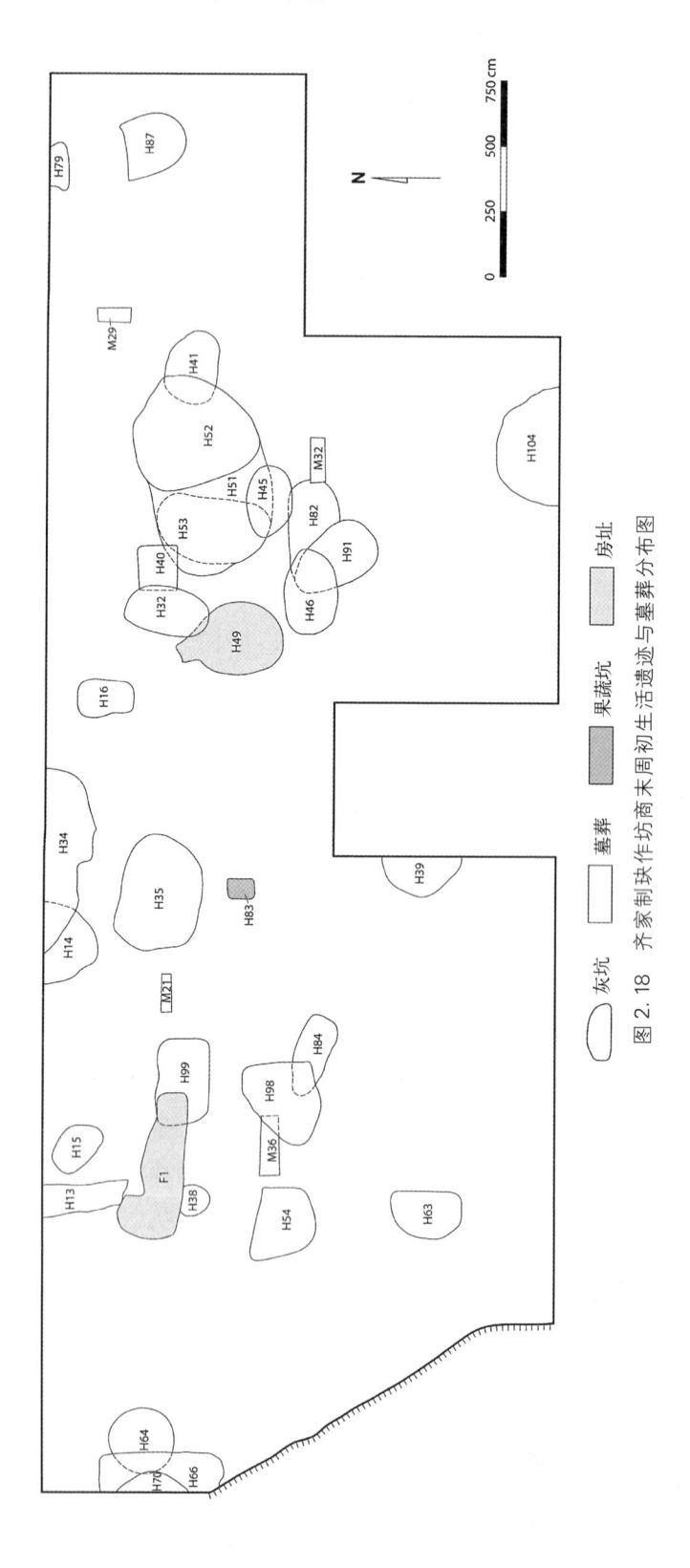

图 2.18 齐家制玦作坊商末周初生活遗迹与墓葬分布图

绝大部分灰坑也直接打破生土,形制一般不甚规整,口部直径多在 1—5 米之间,深度约 0.5—2 米。坑内堆积较为坚硬质密,土色多呈红褐色,并夹杂棕色的花点。与西周时期灰坑比较而言,不仅无石玦遗存出现,一般居址常见的生活遗物的数量也极为稀少,仅见少量陶器残片及动物骨骼、贝壳等。

属于这一时期的墓葬共四座(M21、M32、M36 及 M29),墓室面积较小,仅可容身。其中先周时期的 3 座墓葬为东西向,无随葬品;西周初期 M29 为南北向,随葬了典型的周文化横绳纹鬲与圆肩罐。

特别值得一提的是,发掘区域内揭露了一座先周时期的果蔬坑。H83 是储藏新鲜杏与甜瓜的专门设施,出土了 500 枚杏核及 150 余枚葫芦属甜瓜种子[①](图 2.19)。这一发现表明,商末周初之际,齐家作坊所代表的普通聚落中出现了较为规模化的果蔬园圃经济。

发掘区域内先周晚期灰坑 H98 出土了一件横绳纹鬲,其上发现了"周"字陶文,有助于说明究竟谁曾经是这块土地的主人。一般认为,陶文"周"的含义是族名或国名[②],所以,这件晚商时期的刻"周"字陶器,其生产者或使用者的族属应为周人,而在陶器上刻"周"字,正是为了表明陶器所有者的族属[③]。无独有偶,在先周晚期房子 H49 也发现了四件周系铸铜工具(圆锥体中空器),不仅暗示着这一时期铸铜活动的存在[④],同样也表明了先周时期齐家作坊一带的居民可能是姬姓周人。

综上所述,齐家制玦作坊所在地有人类活动开始于先周晚期,生活在这里的人群是姬姓周人。这一时期居址出土了数量较多的农业工具(石刀、石斧等),存在着专门化的果蔬储藏设施,表明农业生产活动可能是他们最主要的经济活动,而且暗示着杏及甜瓜等果蔬种植已形成一定规模,场圃经济与农业并存。少量铸铜工具的出现,虽然规模不大,但级别不低,小规模的铸铜活动也许呼应了周人先祖古公亶父至于岐下后的社会复杂化程度。齐家作坊发掘区内文化遗迹稀疏的分布状态展示了一个初级的、处于发展阶段的居住形态,人口规模较小,经济形态多种多样,仍以自给自足家户形态为主。居

---

① 孙周勇:《周原遗址先周果蔬储藏坑的发现及相关问题》,《考古》2010 年第 10 期。
② 曹玮:《也谈金文中的"周"》,《考古学研究》(第 5 卷),科学出版社,2002 年。
③ 雷兴山:《由周原遗址陶文"周"论"周"地与先周文化》,《俞伟超先生纪念文集·学术卷》,文物出版社,2009 年。
④ 雷兴山:《论新识的一种周系铸铜工具》,《中原文物》2008 年第 6 期。

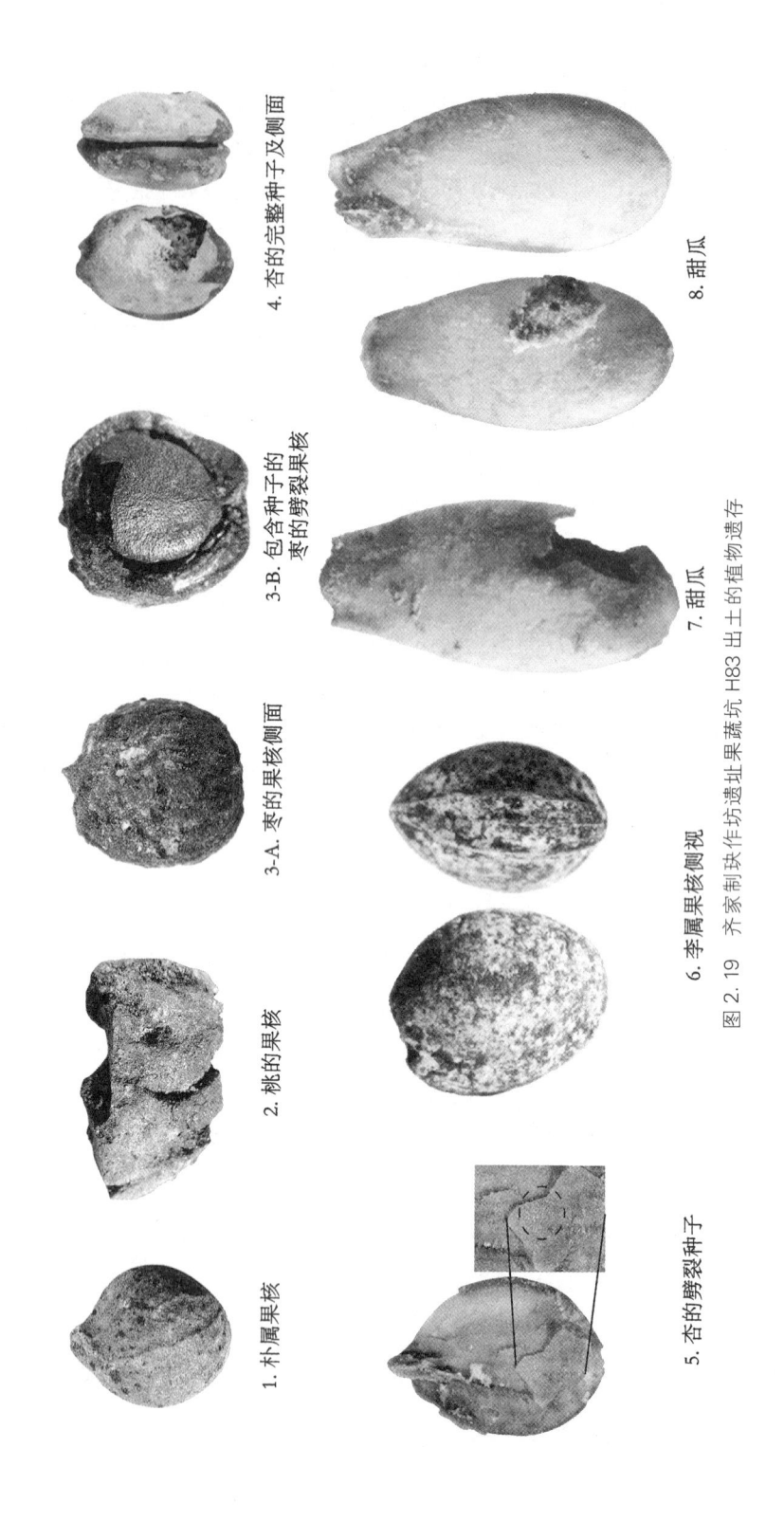

78　玦出周原——西周手工业生产形态管窥

1. 朴属果核
2. 桃的果核
3-A. 枣的果核侧面
3-B. 包含种子的枣的劈裂果核
4. 杏的完整种子及侧面
5. 杏的劈裂种子
6. 李属果核侧视
7. 甜瓜
8. 甜瓜

图 2.19　齐家制玦作坊遗址果蔬坑 H83 出土的植物遗存

址的占有者从事着以农业为主的生产活动，果蔬经济占有一定比重，而石玦的生产尚没有开始。

二、西周早期：生产活动的萌芽

这一区域转变为制玦作坊始于西周早期晚段。属于这一时期的遗迹包括10座灰坑和4座墓葬（图2.20，表2.8）。其中，至少有6座灰坑（H17、H25、H26、H36、H43和H95）出土了与石玦生产相关的遗物（或为石玦残次品，或为制玦工具及石废料等），2座墓葬随葬了生产工具等制玦遗存。

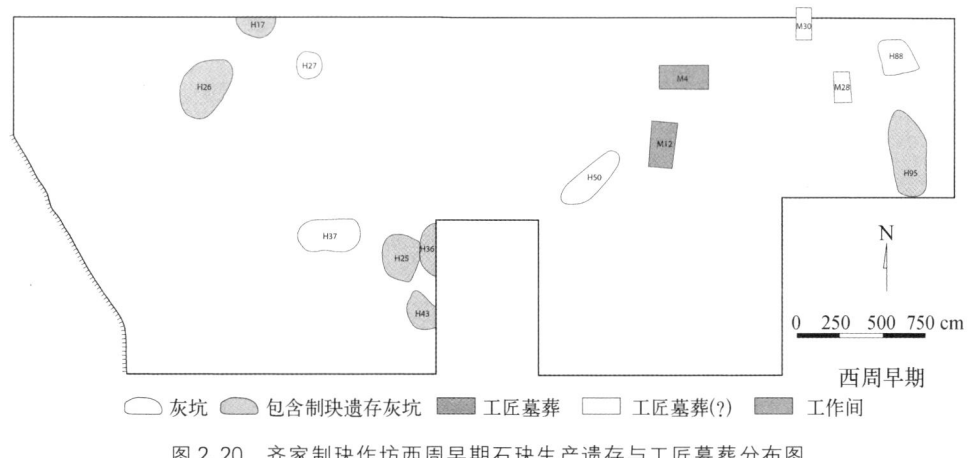

图2.20 齐家制玦作坊西周早期石玦生产遗存与工匠墓葬分布图

表2.8 齐家制玦作坊西周早期遗迹统计表

分　期	灰　坑	墓　葬	工作间
西周早期	<u>H17</u>、<u>H25</u>、<u>H26</u>、H27、<u>H36</u>、H37、<u>H43</u>、H50、H88、<u>H95</u>	<u>M4</u>、<u>M12</u>、M28、M30	无

＊下划线者表示出土了与石玦生产活动有关的遗物。

这6座灰坑出土了制玦废料约3.6千克，占废料总重量的0.4%左右；制玦工具共9件，包括7件砺石、1件敲击石和1件石锯，占石玦生产工具总数的0.7%；出土了110件各类石玦残次品，占总数的0.03%。除扰乱严重的两座墓葬之外，M4及M12均随葬了与石玦生产有关的遗物，其中，M4墓主人头部右侧发现了十余件与制玦有关的工具和成堆石料，包括分割器1件、砺石2件、石锯（包括石料）13件及不明功能石器1件。这些常见于作坊区域的生产工具出土于墓葬中,暗示着死者的身份与制玦活动有关,当为工匠无疑。

如前文所述,石玦生产遗迹的实际数量应该远远大于上述已确认遗迹的数量。事实上依据是否出土生产遗存并不是一个可靠地确认生产遗迹的途径,那些不出土制玦遗存的遗迹单位并不能被绝对地排除于石玦生产活动之外。如果以是否出土制玦相关遗存为标准来判断石玦生产活动的规模及开始时间的话,则可以较为确定地认为,齐家作坊的制玦活动开始于西周早期偏晚阶段。从出土制玦遗存的遗迹数量来看,这一阶段的生产规模不大,也可能发掘区域不是这一时期的主要生产地点。但毋庸置疑的是,西周早期晚段这里已经成为一处石玦生产地点,只是生产规模还处于萌芽阶段。

三、西周中期:生产规模的扩张

属于西周中期的遗迹包括 4 座工作间、39 座灰坑和 10 座墓葬(图 2.21,表 2.9),其中 27 座灰坑、4 座工作间和 5 座墓葬出土了与石玦生产相关的遗物。27 座与石玦生产相关的灰坑共出土制玦废料 153 千克,占发掘区域出土石玦废料总重量的 17.6% 左右;石玦残次品 1 709 件,占石玦残次品总数的 4.7%;制玦工具 307 件,包括敲击石 27、石砧 15、砺石 148、石锉 15、石钻 8、分割器 8、石锯 85 及石钻帽 1 件,占生产工具总数的 26.3%。

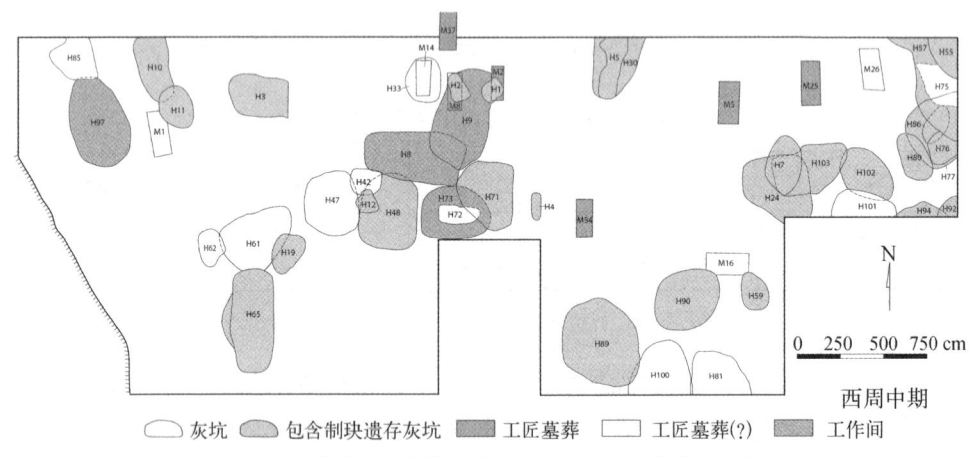

图 2.21 齐家制玦作坊西周中期石玦生产遗存、工匠墓葬及工作间分布图

发掘区域内 4 座有踩踏痕迹的遗迹属于工作间,其废弃时间大致与周边包含制玦遗存的灰坑时代相当或略晚。如前文所述,H8 与 H29、H9 是一组相互关联的生产遗迹,室内出土的大量日用陶器碎片及生活用品可以从一个侧面

表 2.9　齐家制玦作坊西周中期遗迹统计表

分期	灰　坑		墓　葬	工作间
西周中期	<u>H4</u>、H33、H81、H85、<u>H89</u>、<u>H90</u>、<u>H94</u>、<u>H100</u>		M1、<u>M2</u>、M14、<u>M37</u>	H73
	<u>H1</u>、<u>H2</u>、<u>H3</u>、<u>H5</u>、<u>H7</u>、<u>H10</u>、<u>H11</u>、<u>H12</u>、<u>H19</u>（?）、<u>H24</u>（?）、<u>H30</u>、<u>H42</u>、<u>H47</u>、<u>H48</u>、<u>H55</u>、<u>H57</u>、<u>H59</u>、<u>H61</u>、H62（?）、<u>H65</u>、<u>H71</u>、H72、<u>H75</u>、<u>H76</u>、H77（?）、<u>H80</u>、<u>H86</u>、H92、<u>H101</u>、<u>H102</u>、<u>H103</u>（?）		<u>M5</u>、M8、M16、<u>M25</u>、M26、<u>M34</u>	H8、H9、H97

* 下划线者表示出土了与石玦生产活动有关的遗物，带？者表示该单位内标本有混淆，但从层位关系及器物特征判断可以归入该期。

说明石玦生产者曾长期生活、工作于这种简单的设施或其附近。

如果以"包括制玦遗存"这一标准衡量，西周中期有 5 座墓葬可以判定为工匠墓葬，其分布不见明显的规律，集中于发掘区东部偏北。其中 3 座墓葬（M37、M25 和 M34）出土了石锯、石玦、蚌玦及与石玦生产相关的生产工具。由于这类随葬品一般不见于周原及以外地区其他同期墓葬中，因此推测其主人即是作坊的生产者。有些墓葬（如 M5、M2）的墓主人口含了大量带有锯割痕迹的石块、玉块等，并且墓葬填土内也可见砺石、石钻或石玦残次品等生产遗物。这一现象可能同样表明其墓主与石玦生产有关。总之，本期墓葬散布在制玦遗迹周边，二者之间多数没有直接打破或叠压关系，说明丧葬活动与石玦的生产行为存在着某种共时性联系，但并未发生空间冲突，因而多数墓葬的主人就是作坊的从业者。

总体来说，西周中期齐家遗址的制玦活动规模较西周早期有了较大的发展，不仅制玦相关遗迹数量有了较大幅度的增加，其分布范围也有了显著的扩张，从西周早期集中分布于发掘区西半部扩展散布至整个发掘区域，并且出现了相对固定的生产场所——工作间。

四、西周晚期：生产活动的鼎盛

西周晚期的遗迹包括 1 座工作间、9 座灰坑和 11 座墓葬（图 2.22，表 2.10）。绝大部分灰坑（7 座）出土了制玦遗存，其中以 H21 和 H22 尤为丰富。属于这一时期的生产遗迹虽然数量不多，但其分布区域却极为集中，位于

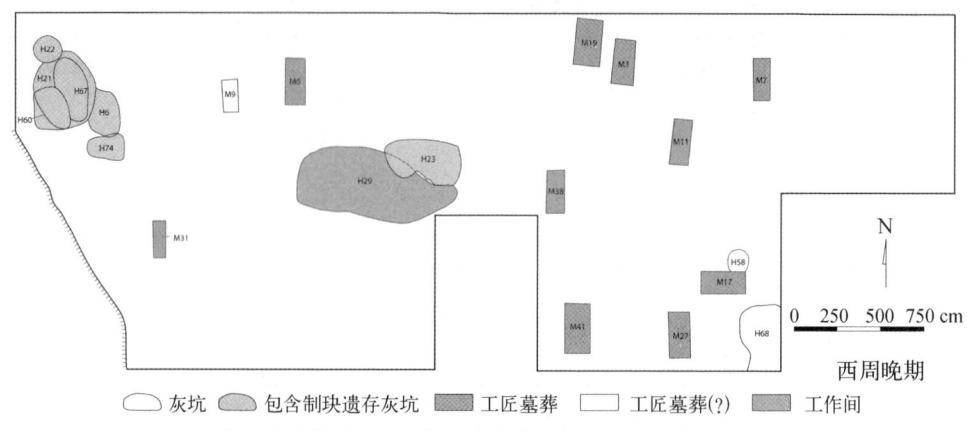

图 2.22　齐家制玦作坊西周晚期石玦生产遗存、工匠墓葬及工作间分布图

表 2.10　齐家制玦作坊西周晚期遗迹统计表

分期	灰　　坑	墓　　葬	工作间
西周晚期	<u>H6</u>、<u>H23</u>、H58（?）、<u>H68</u>、<u>H74</u>、	<u>M3</u>、<u>M6</u>、<u>M7</u>、<u>M9</u>、<u>M17</u>、<u>M38</u>	H29
	<u>H21</u>、<u>H22</u>、<u>H60</u>、<u>H67</u>	<u>M11</u>、<u>M19</u>、<u>M27</u>、<u>M31</u>、<u>M41</u>	

* 下划线者表示出土了石玦生产活动有关的遗物，带 ? 者表示该单位内标本有混淆，但从层位关系及主要器物推断可以归入该期。

发掘区域西部及齐家沟东沿。

上述 7 座灰坑共出土了制玦废料 706.3 千克，占出土废料总重量的 81%；石玦残次品 34 072 件，占总数量的 94.7%；制玦工具 828 件，占总数量的 71.2%。其中，H21、H22、H60 及 H67 属于西周晚期偏晚阶段，是时代最晚的制玦遗存，可以用以判断作坊废弃的时间。这 4 座灰坑出土的制玦废料的重量占据了整个发掘区域内所获废料重量的 70% 以上，石玦残次品的数量占总量的 90% 以上。这一现象说明作坊在废弃之前可能达到了生产鼎盛时期，生产废弃物的集中处置可以理解为生产者或作坊管理者在作坊废弃之前对于生产场地进行过有目的的清理或维护，或许并非因为战争或其他突发事件而仓促废弃。

从随葬器物的类别来看，西周晚期有 10 座墓葬可断定为工匠墓葬，多数随葬了与石玦生产活动有关的遗物。例如，M38 随葬的 2 件页岩石玦，无论从质地、形制还是其他特征来看，都属于作坊本身的产品。这一时期的工匠墓葬散布于整个发掘区域,与制玦遗迹相对较远,彼此之间没有叠压或打破关系。就其位置而言,更多的墓葬集中分布于发掘区的东部,墓地与生产区域彼此相邻,互不影响。

总之,西周晚期早段时,齐家制玦作坊至少是目前的发掘区域已经变成了一个单纯的石玦生产场所,其生产遗迹的空白地带往往用来埋葬石玦生产者,形成了典型的"产葬合一"的生活生产形态。西周晚期晚段,生产遗迹急遽减少,但生产遗存却集中出土,作坊处于废弃状态。

五、作坊变迁:从萌芽到废弃

地层关系及陶器的分期断代将齐家作坊置于一个较为广阔的历史背景之下。从灰坑中出土的废料和工具,并结合工作间等遗迹的年代来看,石玦的生产活动开始于西周早期偏晚。这一时期与制玦有关的遗迹数量较少,暗示着生产规模较小,或生产中心区不在此处。随着时间推移,制玦遗迹数量开始增多,在西周中期偏晚之后一段时间内达到顶峰,至西周晚末期作坊完全废弃。

根据生产遗迹及出土遗物的变化情况,齐家制玦作坊的布局特点和变迁过程可以概括如下:

第一、生产废料处置无统一规划。

从灰坑中包含物的分布情况来看,制玦废料经常与生活用器和各种不同类型的陶器共存,不见单独处于灰坑者。在此区域开始进行石玦的生产以后,发掘区内的大部分地区成为生产区域,但生产者的部分生活行为与生产活动并没有完全分离,因而留下了大量的生活垃圾。在与石玦生产活动有关的遗迹中,我们发现了大量日用陶器碎片、动物骨骼,以及骨笄等个人装饰品,骨镞等狩猎工具,骨针、骨锥、骨凿、角锥等手工工具。这些现象说明,生产区中除了大量的制石废料之外,其他与生活区没有显著差别。

因此推测,很可能石玦的生产区域和生产者的生活区域之间并没有严格的区分,生产活动存续期间,工作场地及日常生活垃圾的清理与维护是同时进行的。

第二、废弃地点呈分组集中的趋势①。

生产废料的处置显然也不是随意的。工作间作为生产的中心地区,可能承

---

① 马赛:《齐家制玦作坊生产组织方式初探》,《三代考古》(6),科学出版社,2016年。

担了大部分加工程序，产生了大量的制玦遗存。出土大量废料的灰坑都位于工作间附近，却都与工作间有一定的距离，距离工作间最近的灰坑，并不是废料最多的灰坑，反而有时甚至完全没有制石废料出土。这种现象或许是由于这些灰坑原本是工作间的附属结构，而非普通灰坑。

发掘区内与石玦生产有关的遗迹分布范围存在着明显的区域性，生产遗迹之间的空白地带，往往用来埋葬石玦生产者。生产废料及工具集中于个别灰坑，大部分灰坑仅有非常零星的发现。这种集中分区现象指示着作坊内部可能有更为细致的组织分工。

第三、生产中心区呈自东向西转移趋势。

从西周中期开始，石玦生产遗存的集中分布区域由发掘区东部向西转移，至西周晚期晚段高度集中于西部靠近齐家沟的沟沿一带。这一趋势或许与提高土地的使用效率而不断变换生产和工作地点有关，也不排除作坊末期或废弃后的集中处置行为造成了这个现象。总体来看，齐家作坊发现的石玦生产废料及工具较为集中出土于个别灰坑之内，大部分灰坑内仅发现了零星生产遗存。上述分析说明，齐家制玦作坊不仅在生产区域层面以下有更为细致的生产组织的划分，而且整个作坊也有着严格的管理，在布局上有着较为统一的安排和区分。

齐家制玦作坊在西周晚期偏晚废弃之后的千余年中，没有人在此生产生活。秦汉时期，周原遗址成为三辅京畿的右扶风美阳县辖域，齐家制玦作坊地表之上采集到了不少汉代瓦片及残损陶器，在其南 500 米的刘家村发现了战国陶盆上戳印的"美亭"陶文[1]，又南 300 米的纸白村附近还有两汉及隋唐时期的墓地[2]，但这一区域并未见到汉唐人群的居址。到元代以后，作坊周边可能有过人群活动，因为其表土层发现了少量元明时期的瓷片等遗物，但没有发现成规模的居住遗迹或墓葬。清代末年，这里一度成为墓地。

因此，自西周晚年齐家作坊废弃之后，除了 20 世纪六七十年代平整土地活动之外，这一区域没有大规模的人类活动，因而齐家西周制玦遗存被保存于一个相对理想的环境中。

---

[1] 罗西章：《扶风文物志》，陕西人民教育出版社，1993 年。
[2] 陕西省考古研究院、宝鸡市周原博物馆：《周原汉唐墓》，科学出版社，2014 年。

第三章

从石到玦：生产技术研究

技术是与生产组织密切相关的一个重要因素。技术的发明或改进与社会发展程度有着密切关系。技术的复杂程度常常被作为判定一种生产组织或者社会复杂化程度的重要证据,因此对于技术的分析可以用于判断不同的手工业者集团或族群。在这一层面上,技术的研究不再是一个研究终结,反而可以补充其他方面的研究。

操作链理论传入我国后,在旧石器、陶器和青铜器的制作和生产领域都得到了一定程度的应用,但受材料丰富程度所限,大部分研究还是在生产领域即生产技术层面上展开。本章借助"操作链"理论的相关技术手段和研究思路[1],通过实物遗存来研究石玦的生产技术,追溯石玦的生命历程。从深度上来说,包括了石玦生产和废弃的全过程;从广度上说,包括了原料获取、技术选择、经济环境等诸多方面。同时,本章还借助民族考古学的观察和模拟复原实验,进一步丰富了对石玦生产中的原料获取、制造过程等相关背景的理解。

第一节 生 产 原 料

鉴别产品的原料来源对于重建资源利用模式、生产组织以及交换等问题至关重要[2]。石玦生产开始之前,首先要获取适合的石料资源,包括寻找矿源、

---

[1] Martinón-Torres M., "Chaîne Opératoire: the Concept and Its Applications Within the Study of Technology", *Gallaecia 21*, 2002, pp. 29 - 44;陈淳:《"操作链"与旧石器研究范例的变革》,《第八届中国古脊椎动物学学术年会论文集》,海洋出版社,2001年;陈虹、沈辰:《石器研究中"操作链"的概念、内涵及应用》,《人类学学报》2009年第2期;郭梦:《操作链理论与陶器制作技术研究》,《考古》2013年第4期;常怀颖:《侯马铸铜遗址研究三题》,《古代文明》(第9卷),文物出版社,2013年。

[2] Andrefsky W. J., "Raw-material Availability and the Organization of Technology", *American Antiquity* 59, 1994, pp. 21 - 34; Crown P., and Bishop R. L., *The Question of Source*, *Ceramic and Ideology: Salado Polychrome Pottery*, University of New Mexico Press, 1994, pp. 21 - 36. Torrence R., *Production and Exchange of Stone Tools: Prehistoric Obsidian in the Aegean*, Cambridge University Press, 1986.

采掘及运输石料等行为。寻找原料产地是展示原料的利用与已知生产地点之间的关系、了解整个生产系统全域环节的重要手段。同时,也为深入理解产品的生产背景提供一个全方位的考察视角,有助于扩展对发生于作坊之外的相关行为的探索和深入理解。

由于缺乏相关考古学证据,我们对于处在生产原料获取这一前工序阶段的许多活动还不甚清楚。成分分析法是追溯生产原料来源最为常见的一种方法。这种方法,是通过判断产品之间的成分差异,然后将产品的化学结构与已知有明确分布地点的原料进行成分的匹配和比较,进而推测出原料采集地点的可能位置。此外,诸如中子活化分析、X线荧光光谱分析、原子吸收分光光度法、电子自旋共振光谱分析、锶同位素分析及碳氧稳定同位素分析等技术方法也广泛用于原料产地分析。

在追踪齐家制玦作坊原料来源时,主要依据岩相分析的结果和肉眼观察到的特征。肉眼或者低倍放大镜观察是处理具有显著个体特征的原料时最为常见的方法,虽然精确度有限,但至少可以将答案确定在一个相对可靠的范围之内,多为考古学界采用。

一、生产石料的来源

齐家作坊发掘所获的石料多是具有加工痕迹或者是生产过程留下的废料,包括页岩、泥灰岩、大理岩、方解石及石英石。然而,作坊一带地势平坦,为山前冲积扇,除西侧齐家沟可以采集到少量河卵石之外,附近没有发现用于生产石玦的原料资源。显而易见,齐家作坊并非一个基于原料产地就地建立的生产场所。

一般来说,大规模的手工业生产,特别是一些日用品或非奢侈品的生产多依赖于本地容易获取的资源进行。因此,对于原料来源的地质学调查主要集中于作坊以外的周边区域。周原遗址周边区域岩石资源的地质调查结果,是追溯原料产地的基础。《扶风县志》中的地质资源分布图及文字资料为寻找齐家作坊生产原料来源地提供了重要信息[①]。

据载,岐山(千山余脉乔山)南麓的下古生代地层盛产泥灰岩、页岩,储量超过15亿立方米。这类岩石形成于距今5亿—4.6亿年间的早、中奥陶纪时期,包括绿色页岩、夹硅质灰岩及粉砂岩等,地表裸露1 000余米。还有部分

---

① 陕西省扶风县地方志编纂委员会:《扶风县志》,陕西人民出版社,1993年。

页岩可能形成于距今5.4亿—5.15亿年的中寒武世的晚期沉积（张夏组），为黄绿色、灰绿色千枚状页岩，厚度约70—170米。齐家作坊大量使用的页岩石料，呈灰绿—淡灰绿（带紫色），隐晶质—半隐晶质结构，叶片状构造，页面发丝绢光泽，用手触摸有滑腻感，质软，用指甲可刻动。泥灰岩呈深灰色，细粒结构，块状构造，硬度较小。笔者在岐山南麓采集了大量的页岩、泥灰岩等石料，经过肉眼与低倍放大镜观察，采集的石料与齐家作坊使用的同类原料在颜色、结构、硬度及密度等方面都有着极大的一致性。

调查表明，大理岩、方解石和石英石虽然没有页岩和泥灰岩分布广泛，储量也不及后两者庞大，但是它们在岐山山脉南麓同样是容易获取和采集的矿源。大理岩集中分布于西观山到中观山一带。最近的大理岩产地位于瓦罐岭以东，距离齐家作坊约五六公里之外的东科一带（图3.1）。东科采石厂历史悠久，并且已被确定为一处古代遗迹。虽然没有充足的证据肯定齐家作坊使用的大理岩必定源于东科遗址，但生产石料的岩相分析清楚地表明二者之间具有一

图3.1 扶风县鲁马东科一带采石场

致的基本特征。这一点或许说明，用于生产石玦的大理岩、方解石及石英石等原料同样容易就近获得。

上述调查结果说明齐家制玦作坊用于石玦生产的原料多采集自距离作坊不远的遗址北部，即岐山南麓。作坊中常见的石料不集中出现于某一矿源（地点）的现象表明，齐家作坊手工业者并不依靠单一的原料来源。换句话说，用于石玦生产的原料虽然属于就地取材，但可能有着不同的采石地点。

二、生产工具原料的来源

再来看用于制作生产工具的石料来源。石砧和敲击工具多选取天然卵石或砾石为原料，水蚀痕迹明显，多数未经进一步加工，石质包括长石石英砂岩、蚀变闪长斑岩和砂岩等。石砧多选取扁平的卵石或砾石，而敲击工具则多以长条形便于手持的卵石为主。在距离齐家作坊遗址不远的古河床能采集到类似卵石，其岩相特征与加工石玦的石砧和敲击石几无差异。

砂岩是用于制作砺石、石锉、石錾、分割器及石钻的主要原料，包括石英砂岩、粉砂岩、粗砂岩等。不同颗粒大小的砂岩用于制作不同种类的生产工具。石锉多以颗粒略粗的砂岩加工而成，分割器系选择一种薄至1—2.5毫米的灰色细砂岩制成，石锯系细砂岩制成。比较而言，用于制作石钻的砂岩颗粒往往较粗，用于制作石锯的砂岩颗粒最为细腻，而用于制作石锉的砂岩其质地则介乎两者之间。此外，还有部分石锯及分割器选用粉砂质页岩制成。据地质资料记载，这类砂岩也广泛分布于岐山南麓，多形成于距今5.4亿—5.15亿年的中寒武世，包括紫红、暗紫红色页岩、夹粉砂质页岩、深灰色灰岩、石英砂岩、粉砂岩、紫红色粉砂质页岩、夹泥灰岩等，厚度达100米左右，易于获取。

三、生产原料与生产地点

调查过程中采集的岩石样本与齐家制玦作坊生产遗存中大部分标本的岩相特征相同。因此，齐家作坊使用的原料（包括生产石玦的原料及用于制作生产工具的原料）均来自距离作坊3—5公里半径范围之内的岐山南麓及周边的支流河床，岐山南麓应是石玦生产原料的主要来源地。遗憾的是，目前并没有发现西周时期的采石遗址，或与岐山南麓频繁的炸山取石活动破坏有关。

生产原料是否便于获取是影响古代生产活动的一个重要因素，这使得对于地质资源分布状况的研究成为理解技术组织复杂程度的一个重要组成部分。在某种程度上，距离原料的便利程度决定了古代手工业生产场所的布局。当地原料的丰富及可利用程度是生产活动是否就近开展的一个重要原因。

考古学及民族学资料表明，生产场地与原料采集地之间3—5公里的距离对于古代手工业生产来说是适当的。这种适当的距离便于手工业生产者自己或者专门从事于原料采掘的人员在步行范围之内进行原料的采掘，同时也有利于运输和减少生产环节中人力资源的消耗，提高生产效能，降低生产成本。

石玦生产的第一步是获取适合的生产石料，包括寻找合适的矿源、采掘石料及运输石料等。显然，齐家作坊使用的石料多不属于珍贵石料，广泛分布于距离作坊不远的3—5公里半径的岐山南麓一带。由于齐家作坊靠近七星河流域的诸条小支流，依赖人力背运及木车搬运等方式，似乎相对要比较费力。我们推测，石料的运输可能借助了水运，而采掘及运输等技术含量不大的简单劳动可能由专人承担。

一般来说，用于生产日用品的原料较为容易获得，如制作骨器所需的骨料、修建房屋所需的木材、生产石器所需的石料等，大部分是可以在生产场所周边地区就地取材的。而制造奢侈品所需的珍贵原料，如铜料、锡料、玉料等，则多通过进贡或者交换获得。在金文资料所反映的西周官制中，有司虞、牧、司林、司麓、司九陂等官职，分别管理山虞、泽虞、牧养、山麓、林地等[①]。这些官员所管辖的山泽虞林，多数是为手工业生产提供石料、木材、骨料等原材料的重要地点。

齐家作坊用于生产石玦的原料和生产工具的矿源地，分布在岐山南麓一带的狭长地带和周边的河床。虽没有直接证据表明，其生产原料特别是制玦石料受到了国家或贵族控制，但不能排除的是，作为一处贵族家庭作坊，石玦的生产活动或许仍然脱离不了西周时期对山泽虞林的集中统一管理。

第二节　生　产　技　术

石玦生产技术的复原研究主要依据考古发掘所获的石玦残次品和生产工具等实物遗存。由于考古发现的不确定性及石玦残次品多在完成之前已经被淘汰出生产过程，单纯依靠考古发掘所获的生产遗存来复原生产技术容易造成一个

---

① 刘雨、张亚初：《西周金文官制研究》，中华书局，1986年。

扭曲的、不全面的画面。为了克服这一不足，笔者还开展了制作石玦的模拟实验，以补充和完善西周时期石玦生产技术的复原研究。

通过对处于各个生产阶段、尚保留有加工痕迹的石玦残次品的微痕观察，并结合模拟实验结果，石玦的生产过程可分为：敲琢制坯、打磨毛坯、分割玦口及修饰成形（图3.2，表3.1）。

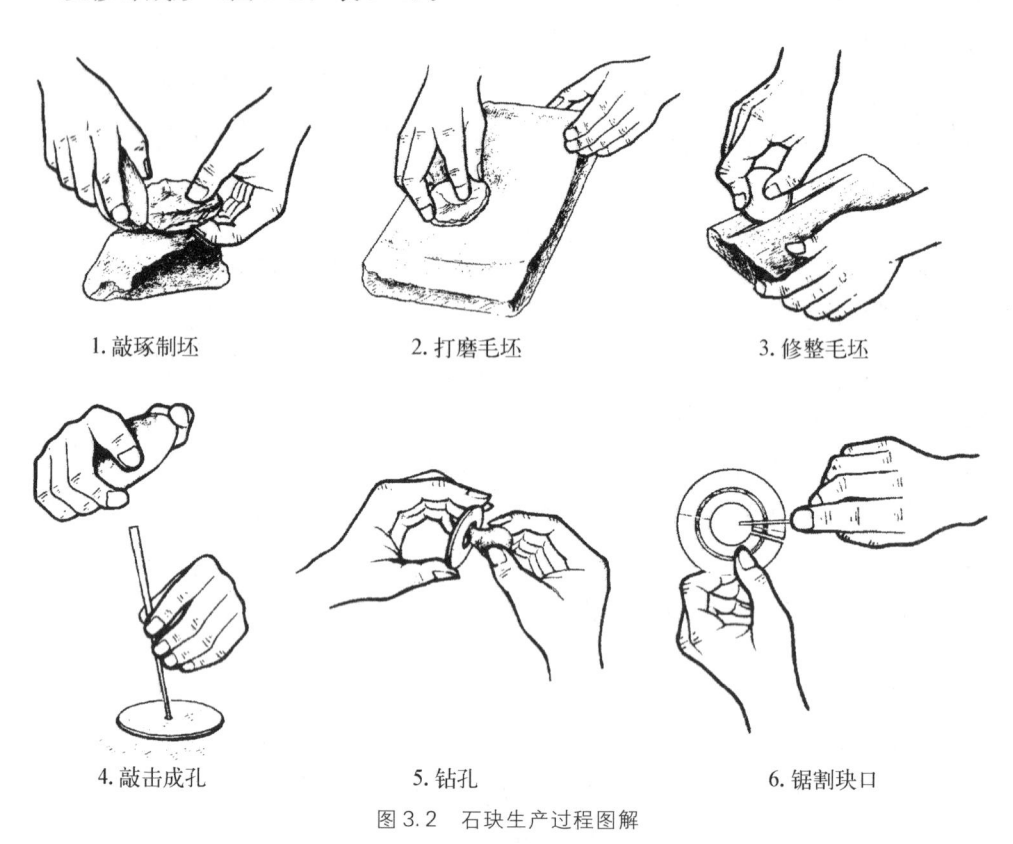

1. 敲琢制坯　　　　2. 打磨毛坯　　　　3. 修整毛坯

4. 敲击成孔　　　　5. 钻孔　　　　6. 锯割玦口

图3.2　石玦生产过程图解

表3.1　石玦生产过程分解

步骤	工序	产品	使用工具	地点及发现
准备石料	采掘石料	块状或片状石料	石镐、石斧、石镢等	采石场未确认工具为推测
	运输石料		水运（船）或人力	
敲琢制坯	敲击、琢制、修整	毛坯	石砧、敲击石	有实物发现
	打磨毛坯	圆饼	扁平砺石、带槽砺石	
凿琢制孔	敲凿小孔→敲扩孔径→钻孔	圆环	骨（铜）锥（?）、石钻、竹管（?）	

续表

步　骤	工　序	产　品	使用工具	地点及发现
锯割玦口	分割石块	环玦	石分割器、石锯、石锉	有实物发现
修饰石玦	打磨玦口→装饰石玦	玦	韭叶形砺石、石锉	

一、敲琢制坯

原料运输到生产区域（作坊）标志着这些石料已经进入生产程序。毛坯的加工分为两个相互关联的步骤。首先，通过敲击，从大块母岩上剥离下片状石料，然后进一步琢制修整成近圆形。在某种程度上，通过敲击将石料打制成一个理想形状，完全依赖于操作者对力量的控制能力。

因此，生产过程通常会出现许多不规则的片状及块状废料，以及初步成形的近圆形素材。这些素材表面及周边保留有大量疤痕，只有当其尺寸适当并无影响下游工序的瑕疵时才可进入琢制与修整阶段。一般来说，为了达到理想的圆形，琢制与修整多双面交错进行，耗时较多。这一阶段中产生的尺寸过小或偏离圆形的毛坯，以及基本成形但意外破裂的毛坯等，已经不适于进入下一步打磨工序，往往被弃置于生产过程之外，构成了齐家作坊发掘所获玦坯的绝大部分。

用于毛坯加工的工具包括石砧和敲击石两种（图3.3）。敲击石是一个主动施力的工具，用于毛坯的敲击、琢制及修整；石砧是一个被动受力的垫石，放置于被加工素材之下。体积较大的长条形敲击石多用于从母岩上分离石料，小型的椭圆形敲击石则用于毛坯的进一步细加工（如毛坯腹部凸起部分整治、毛坯边缘修整等）。这两类工具的功能及其使用环境还可以从保留在其前端接触面的细密疤痕得到证实。

有些敲击石相当精致，其大小适中，显然经过精心挑选，以便于手持和灵活操作。例如，敲击石 H21∶135-1，其远端一侧有四个圆窝，恰好可以使手指紧握，从而增加敲击过程中对力量控制的能力和灵活性。石砧一般宽厚平整，其尺寸也较敲击石为大，表面保留有因敲击受力形成的疤痕，疤痕分散。石砧一般多直接放置于地面上，它的使用可以有效地避免被加工素材意外破裂。石砧与敲击石的配合使用为工匠在石玦毛坯生产过程中高效准确地琢制、敲击毛坯的轮廓提供了保证。

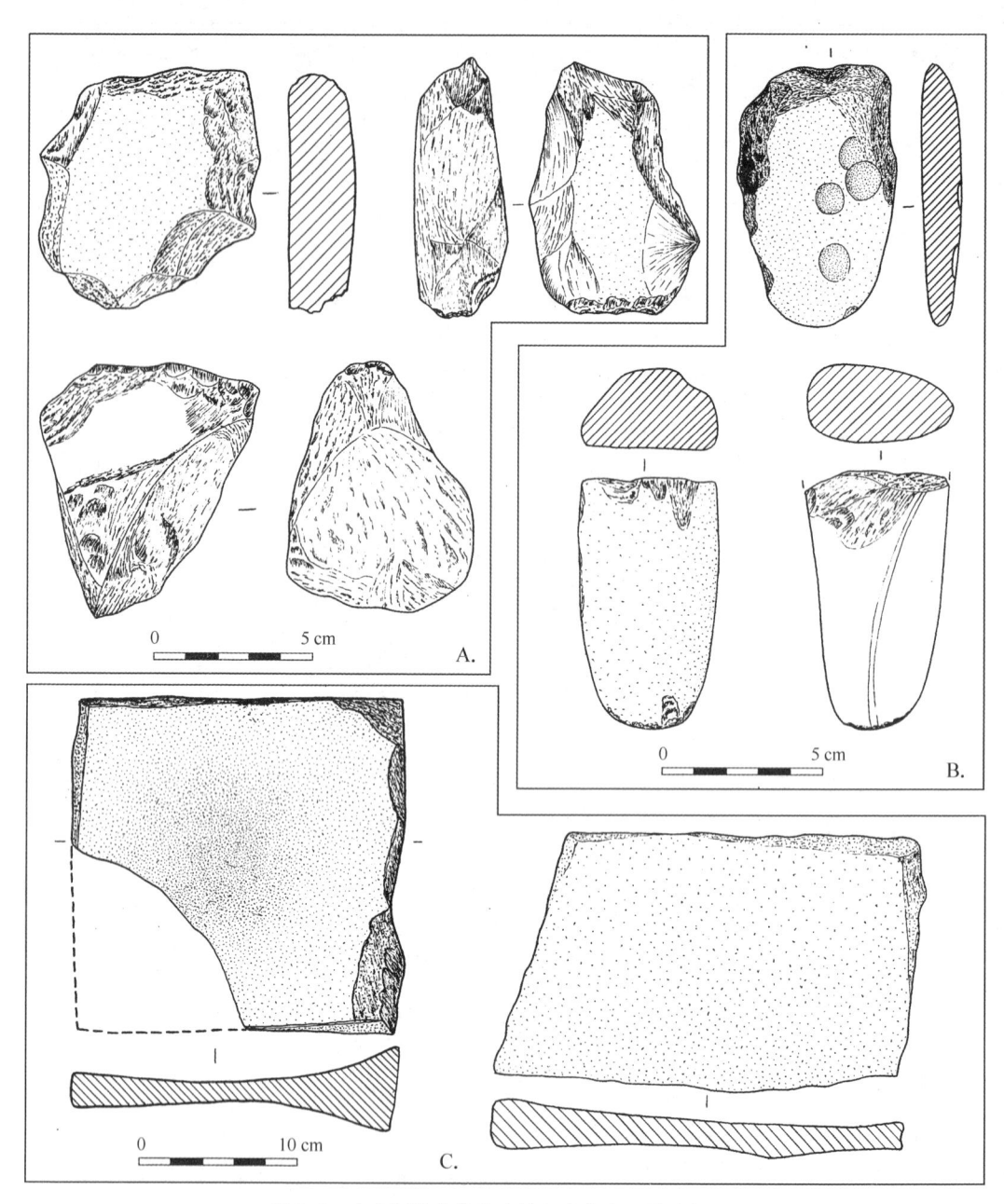

图 3.3 齐家制玦作坊出土的石玦生产工具（之一）
A. 石砧；B. 敲击石　C. 砺石

二、打磨毛坯

毛坯制作完成之后，下一步就是打磨毛坯表面，修整轮廓。大量腹部磨平但侧缘仍然毛糙的残次品暗示着，工匠通常先将毛坯腹部的不规则部分打磨平整，然后再磨制轮廓，使其成为规则圆形①。用于打磨平整的工具是个体较大的扁平砺石（图3.4）。保留于毛坯腹部的摩擦痕迹既有平行也有交错的。有一些标本表面有细密规则的平行状摩擦痕迹，还有一些标本的研磨方向似乎比较随机，磨痕多有交错，表明磨平可能是多个方向进行的。处于这一生产阶段的半成品称之为"圆饼"。

石玦毛坯与圆饼的尺寸比较表明，一般而言，毛坯直径的4—9毫米、厚度的1.5—3毫米需要经过反复打磨而被消耗掉，其平均重量随之减少了14.4%—62%左右（不同岩石磨蚀程度不同）。

为了验证磨制的技术要领，笔者利用岐山南麓采集的砂岩制作了发掘所见的两类砺石：小型手持砺石和放置于地面的扁平砺石。

模拟制作的手持砺石长8、宽5、厚2.5厘米。在打磨过程中，操作者一手手持这种小型砺石，一手手持被加工的毛坯，驱使砺石反复前后规则运动来打磨毛坯腹部。保留在圆饼表面的划痕呈现出浅显、不规则和凌乱迹象，其特征不同于作坊所见圆饼表面保留的摩擦痕迹。采用同样的方法，笔者又用一块长宽约15—20厘米的扁平砺石做了类似实验：将扁平砺石放置于地面上，操作者手持毛坯与砺石反复摩擦，通过匀速运动磨平毛坯表面的不规则凸起及疤痕。结果表明，残留于毛坯表面的磨痕呈现出细长、有力的线条状痕迹。如果沿同一方向持续打磨，则磨痕呈现平行状，少有交错；如果变换毛坯打磨位置和方向，则多见交叉状磨痕。

实验表明，使用扁平砺石进行毛坯的打磨所耗用的时间比直接用手持砺石至少节省三分之一，不仅效率较前者大为提高，而且残留于毛坯表面的磨痕特征与见于生产遗存中毛坯的磨痕一致，印痕清晰有力。因此，笔者推测齐家手工业者采用了第二类方法打磨毛坯。换句话说，大型扁平砺石是用于石玦毛坯打磨的工具。

除了需要打磨表面以外，在琢孔开始之前，毛坯的侧缘也需要打磨光滑。

---

① 需要说明的是，并非所有毛坯在磨制过程中都遵循了这一加工顺序。

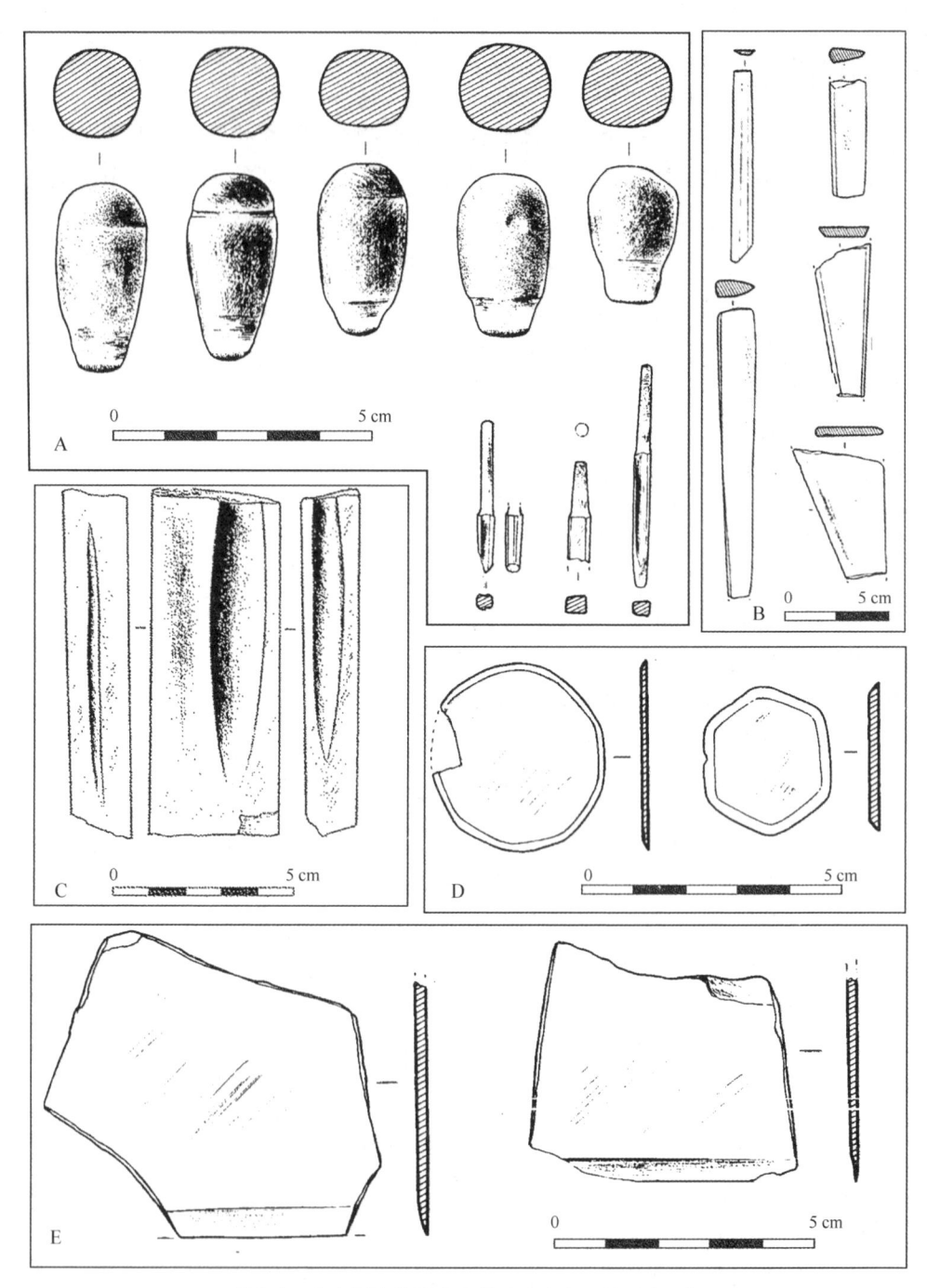

图 3.4 齐家制玦作坊出土的石玦生产工具（之二）
A. 石钻头　B. 石锉　C. 砺石　D. 石分割器　E. 石锯

用于打磨毛坯侧缘的工具是各种形制较小的带槽砺石：U形槽砺石和V形槽砺石。U形槽砺石可能与加工厚缘的毛坯有关；V形槽砺石可能与加工单磨缘或双磨缘的毛坯有关。

三、琢钻成孔

石玦生产的第三步是制孔。为了高效地获取一个适合的小孔，齐家作坊石玦的生产者并没有一开始就利用石钻进行钻孔，而是首先敲凿小孔，即在圆饼中心位置敲凿一个浅小的坑，然后继续敲击扩充，使之形成一个能够放置石钻的空间。遗憾的是，用于敲琢小坑和琢扩孔径的工具没有发现。根据保留在圆饼腹部中心位置的凿痕推测，敲凿小孔的工具可能是一种骨质或鹿角类材料制成的尖状物。

在模拟实验中，笔者将圆饼放置于一个石砧上，成功地用尖部修整的木棍敲凿出了小坑。这种方法比直接将素材放置于地面敲击的成功率显然高出很多。实验结果使我们相信，为了减少向下压力造成被加工圆饼的意外破裂，需要放置于某类垫子（石砧或以土堆积的土台）之上。当然，也不能排除发现于作坊生产区域的少量铜锥也被用于制孔。

依据石玦残次品上保留的穿孔痕迹及模拟实验，穿孔过程可被复原为敲琢小孔、扩充孔径、石钻钻孔等三个步骤，这些残次品上分别保留了单面或双面敲凿小孔、敲击圆孔和钻具旋转摩擦孔壁的痕迹（图版二二）。钻孔是在扩充孔径基础上对玦孔进行穿孔的过程，工具是各类石质钻头。用于钻孔的石钻分为圆锥体、圆柱体及多棱状三类。从钻头使用及装配的方法来说，可以进一步区分为手持钻头及复合机械钻头两类。

（一）手持钻具钻孔

用于手持钻孔的工具包括圆锥体及圆柱体钻头两类（图3.4，A）。二者原本可能有着相同的形制（均为圆柱形），随着磨蚀程度加剧及钻孔中石钻受力不同而出现枣核状与圆锥状等多种形状。钻孔过程中操作者一手持经过敲击扩充玦孔的圆饼，一手持钻头。钻头垂直与圆饼中心的敲击环孔接触，通过手驱动钻头不断摩擦，圆孔周边敲击形成的疤痕随着钻头外缘下切逐渐形成规整的内缘。圆柱体钻头的磨损部位常常发现近似抛光的效果，可能就是这一阶段钻孔留下的痕迹。

待石钻完全穿透圆饼并形成规整圆形孔壁后，操作者会将被加工的圆环翻转过来从另外一面继续施钻，直至玦口的孔壁完全光滑。随着钻孔的进行，原来敲击形成的环孔内缘凹凸不平部分逐渐变得光滑规整。双面对称施钻会使石玦中心圆孔外侧形成倒 V 形（或称双锥形）剖面（图版二三）。当经过敲击扩充的环孔直径与目的石玦孔径基本相当时，生产者不会选择双面交替钻孔，反而会用大型圆柱状的石钻直接从一面钻磨孔壁。需要说明的是，无论是圆锥体钻头还是圆柱体钻头，其主要功能不仅仅局限于穿孔，还用于在前工序敲击小孔的基础上来扩充孔径，打磨环玦内壁。

实际上，这类钻头还有另外两个名称：环砥石[①]和辘轳轴承器[②]。之所以将这类器物定名为"环砥石"，是认为其功能并非钻头，不直接用来钻孔，而系管钻完成之后对直径大于 3 毫米以上环、瑗、璜、璧等孔径较大的器物孔壁进行砥磨的工具（图 3.5）。得出这种认识的一个重要原因就是这种器物与各类管钻形成的石芯共存，且管钻技术普遍应用。然而，这一说法虽强调了环砥石

图 3.5　新石器时代遗址出土的石钻
1. 小南山 15M16∶9/19　2. 北福地 T27②∶4，S2∶59　3. 方家州 TN3W1S23∶1140
4. 凌家滩 M23∶6

---

① 张之恒：《环砥石与穿孔技术》，《华夏考古》2001 年第 4 期；《一种史前制玉工具的考释》，《海峡两岸古玉学会议论文专辑》(II)，台湾大学出版委员会，2001 年 9 月。
② 邓聪：《东亚玦饰四题》，《文物》2000 年第 2 期；《环珠江考古之崛起》，《珠海文物集萃》，香港中文大学出版社，2000 年；《史前玉器管钻辘轳机械的探讨》，《中国社会科学院古代文明研究中心通讯》2002 年第 3 期；徐飞、邓聪、叶晓红：《史前玉器大型钻孔技术实验研究》，《中原文物》2018 年第 2 期。

出土时与石芯共存,但却忽略了它们往往也与厚度较薄的玉石玦、璧、环等残次品共存。这类器物的孔径和厚度既能够完全适合所谓"环砥石"打磨内壁,也适宜直接穿孔。由于出土"环砥石"的遗址中发现的环玦、璜等器物上也常见"桯钻"形成的锥形剖面孔,因此,并不能排除所谓"环砥石"在研磨孔壁时作为石钻的可能。

发现于珠海宝镜湾[①]、澳门黑沙[②]、香港白芒[③]等遗址的同类器物,被认为是固定在中轴之上形成动连接,借以传递载荷和约束轴运动的部件,是一种支持和约束轴的旋转或摆动的机械部件,称为"辘轳轴承器"[④](图3.6)。齐家制玦作坊发现的石钻与环珠江流域所见"辘轳轴承器"及新石器时代遗址普遍出现的"环砥石"形制相类,且数量众多,是否可以作为类似"轴承器"的传动装置使用,值得探讨。

齐家制玦作坊所见的这类工具多为单乳凸,即乳凸端或见或不见螺旋状旋转痕迹,另外一端保留着原始砂岩石面。尽管单乳凸类占有绝对数量,还存在着一些两端使用形成的双乳凸圆柱形石钻。然而,两端乳突却多不在垂直方向,换句话说,就是它们不能形成一个旋转中心轴。这些现象有力地说明,齐家作坊的"石钻"与"环砥石"功能不同,其头端承担了钻头的功能,无论从力学角度还是考古发现的钻孔痕迹来说,作为"辘轳轴承器"负载承重,不甚合理。

在大量石玦的残次品上发现了这类钻孔工具形成的钻孔痕迹。在20倍的显微镜下,大部分带有钻孔的石玦残次品可以清晰地观察到同心状旋转摩擦的痕迹,摩痕越靠近敲击形成的小孔中心,旋转痕迹愈为深刻清晰(图版二四)。从保留在孔径周边的摩擦痕迹判断,钻具的旋转方向并无明显的规律,顺时针和逆时针旋转摩擦均存在,呈现出交错无序的状态。值得注意的是,摩擦形成的同心状拉痕的外围最大径在12.7毫米左右,与齐家作坊所见石钻的钻尖或钻身前端直径吻合(10.5—14毫米),表明这类痕迹当是圆柱体或圆锥体石钻钻头形成。因此,齐家作坊发现的这类无论是单乳凸还双乳凸的是钻具,均为

[①] 李世源、邓聪:《珠海文物集萃》,香港中文大学出版社,2000年。

[②] 邓聪、郑炜明:《澳门黑沙》,香港中文大学出版社,1996年。据统计,环珠江口地区出土辘轳轴承器的遗址有13处之多,参见黄韵璋:《环珠江口玦饰制作工艺探讨——以香港白芒遗址为例》,厦门大学硕士学位论文,2009年。

[③] 邓聪、商志、黄韵璋:《香港大屿山白芒遗址发掘简报》,《考古》1997年第6期。详细材料参见黄韵璋:《环珠江口玦饰制作工艺探讨——以香港白芒遗址为例》,厦门大学硕士学位论文,2009年。

[④] 邓聪:《东亚史前玉器管钻技术试释》,《史前琢玉工艺技术》,台湾博物馆,2003年。

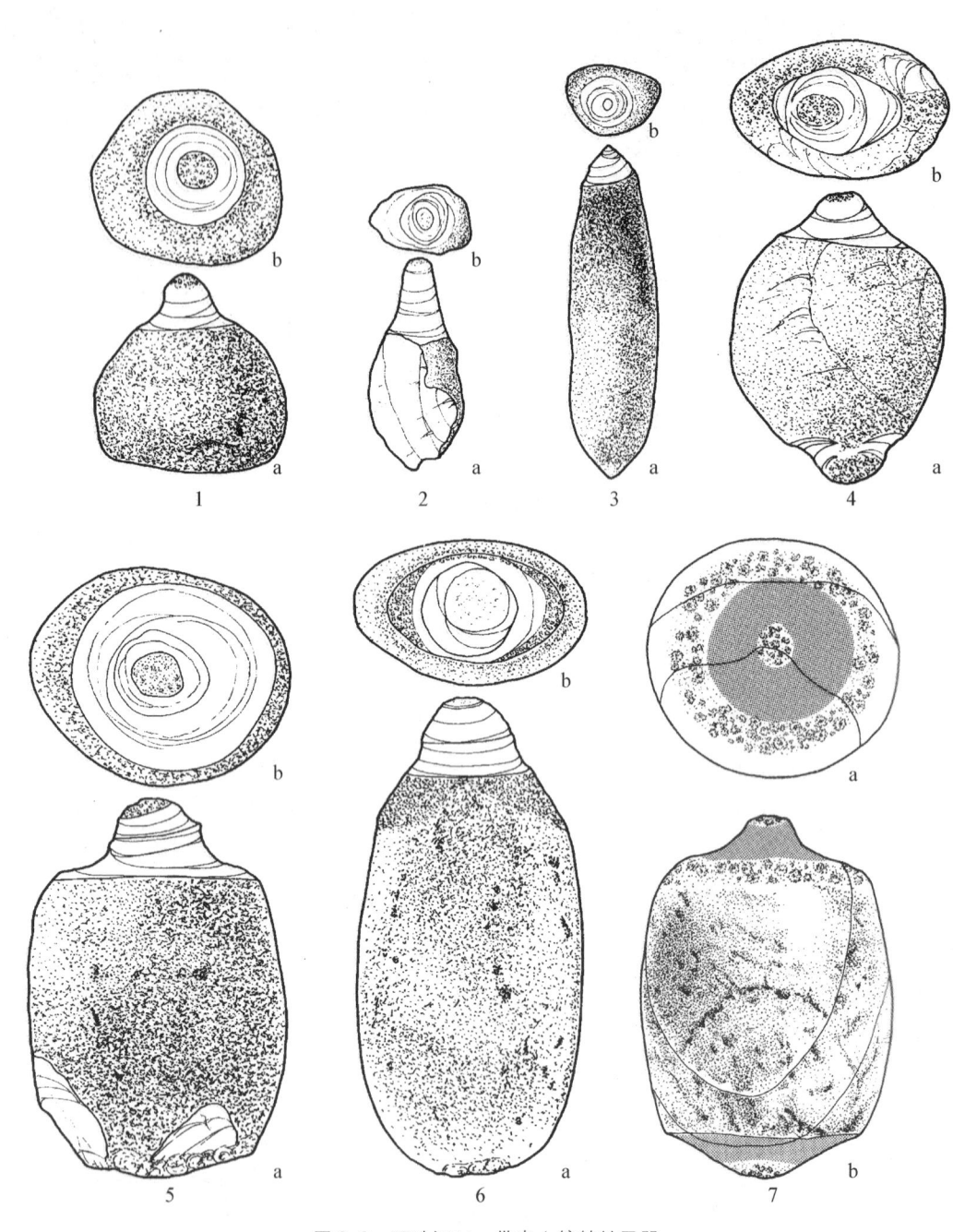

100　珏出周原——西周手工业生产形态管窥

图 3.6　环珠江口一带出土辘轳轴承器
1、2、4、5、6.宝镜湾遗址，3.锁钥湾遗址　7.黑沙遗址
(据邓聪《东亚史前玉器管钻技术试释》及《澳门黑沙》改制)

兼具穿孔与研磨环玦内壁的实心钻具，即"桯钻"钻具。

中国北方地区的"桯钻"技术可以追溯到旧石器时代晚期，以燧石、石英等材料制作的尖状器为钻孔工具①，其加工对象多为皮革、木、骨、竹、角等材料。如山西柿子滩②、河南许昌灵井③、周口店、虎头梁等遗址就发现有这类工具。新石器时代以来，实心钻技术高度发展并普遍使用，钻头也经历了由燧石钻头到经过打磨整形的砂岩钻头的发展过程。在新石器时期及青铜时代早期，不论是陶器修补穿孔缀合，还是玉器、石器、骨器、蚌器、绿松石的穿孔，都大量使用了实心钻孔技术，而且一直是穿孔的主要手段④。

鉴于齐家石玦的穿孔过程包括了敲击小孔、扩充孔径等前期琢制孔径的工序（这类工序并不见于环珠海地区及江浙一带以管钻为主要穿孔手段的石玦生产作坊），其下游穿孔动作既包括了继续钻孔，同时又兼顾打磨环玦内壁的作用，我们认为齐家制玦作坊所见的穿孔工具，承担了环砥石（修整茬口和扩大孔径）和石钻（研磨穿孔）的双重功能。比较而言，钻孔是其主要功能，打磨内壁是其次要功能，仍为"钻头"。因此，可以这样认为，所谓"辘轳轴承器""研磨器""石钻"等器物，形制虽相类，但在不同区域因功能不同而存在细微形制上的差别，依照器物在出土环境中的实际功能命名更符合实际。

（二）复合钻具钻孔

除手持式直接钻孔工具外，齐家作坊的生产者还使用一种具有简单机械功能的复合钻具。在作坊中发现5件多棱形石质钻头（图3.7）。这种钻头可分为上、下两部分，上部为多棱形，可能嵌入钻杆，下部为圆柱形，当为钻头。多棱状钻头细小精美，形制独特，使用时需要与木质钻杆镶嵌，或可复原为弓钻或泵钻。

"弓钻"在周原地区传统木工制作中还在使用，木质钻柄前端镶嵌麻花状钢制钻头，钻杆上方为·正方形木质钻帽（图3.8，1）。钻身以牛皮绳或韧性较好的麻绳交错缠绕后与木质横杆两端相接，形成可以来回拉动的弓弦，类似古代埃及一带所见用于木器加工的钻具⑤（图3.8，3）。皮绳需要长短略有差异的两节，短绳的一端直接系挂于钻杆顶端，剩余部分在钻杆逆时针缠绕数圈

---

① 谢礼晔、李意愿、王强、钱益汇：《钻孔运动方式实验与微痕分析报告》，《石器微痕分析的考古学实验研究》，科学出版社，2008年。
② 宋艳花、石金鸣：《柿子滩遗址穿孔饰品的穿系方式研究》，《中原文物》2013年第1期。
③ 陈茁：《发现一万年前钻孔标本》，《河南日报》2010年11月12日。
④ 孔德安：《浅谈我国新石器时代绿松石器及制作工艺》，《考古》2002年第5期。
⑤ 孙周勇：《古代埃及的钻孔技术》，《中国文物报》2007年11月9日第7版。

H22:90-1

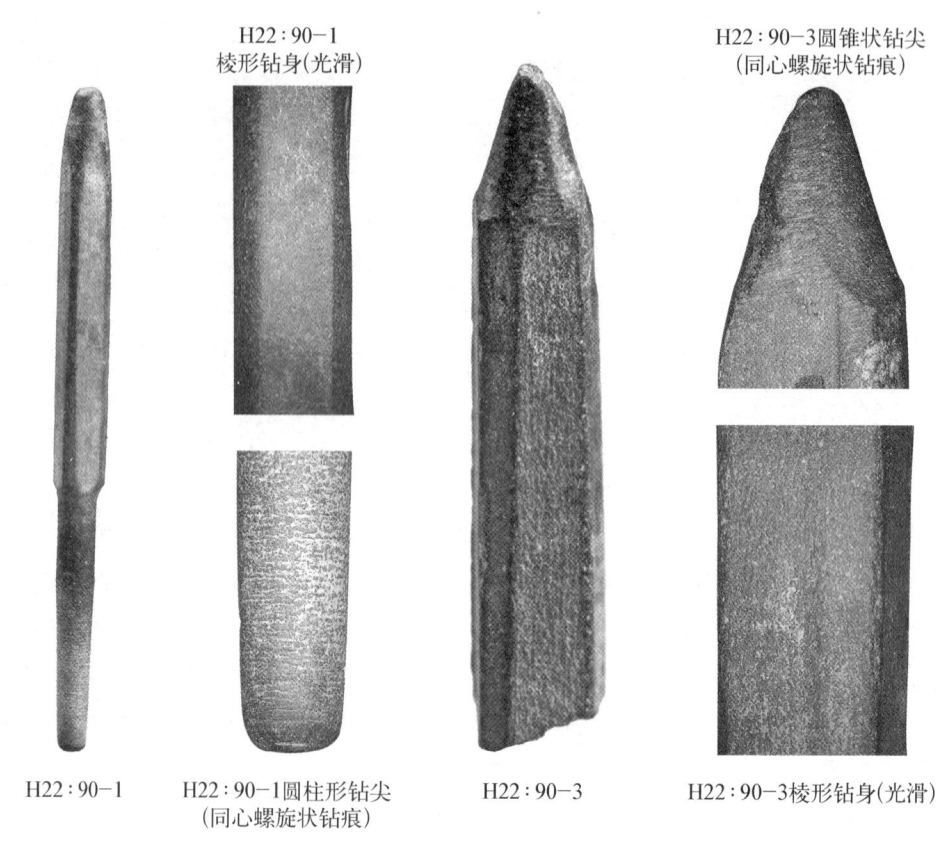

H22:90-1 棱形钻身(光滑)

H22:90-3 圆锥状钻尖（同心螺旋状钻痕）

H22:90-1 圆柱形钻尖（同心螺旋状钻痕）

H22:90-3

H22:90-3 棱形钻身(光滑)

图 3.7 齐家制玦作坊出土的多棱形钻具及痕迹

后再固定于横杆远端。长绳一端也系挂于横杆远端，剩余部分以顺时针方向缠绕在钻杆下端，并将长绳后端固定于横杆手柄一侧。如此安置，可以使钻杆获得三根绳子的受力，与横杆相连后形成弓形，便于前后摆动钻杆以加剧其旋转速度，提高钻孔效率。

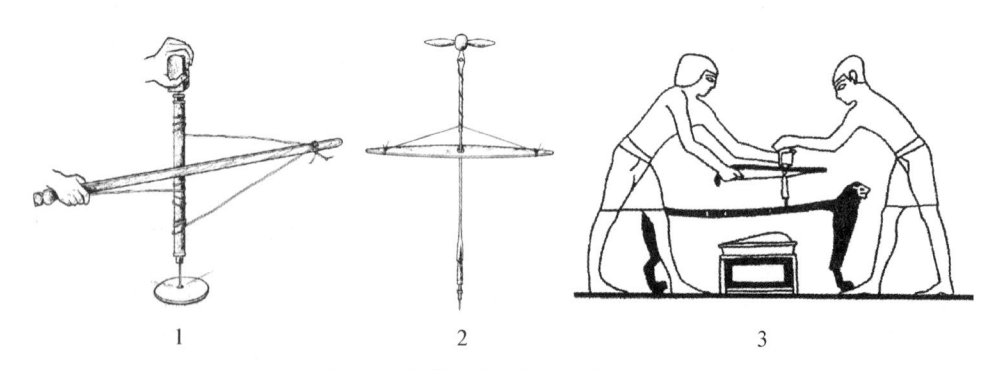

1　　　　　　　　2　　　　　　　　3

图 3.8　现代弓钻、泵钻与埃及弓钻

1. 周原木匠使用的弓钻　2. 齐家村齐宏德加工眼镜的泵钻　3. 古代埃及加工木器的弓钻

虽然发现于齐家作坊的多棱状钻头没有麻花状的结构，但是其整体轮廓暗示着它应该属于这类复合钻具的钻头部分，其装配方法可能类似于弓钻：即多棱状后端镶嵌于木质钻杆（棱状后端可以保证与木质钻杆紧密地结合，防止钻孔过程中因受力松动），绳子与横杆两端相连形成弓形拉杆。在钻孔过程中，钻具的横杆通过手的力量前后旋转，使缠绕在其上的绳子不断以相反的方向放松或重新缠绕，圆柱形钻头的前端与被加工圆饼接触。同时，操作者一般需将另外一只手放置于钻帽上，以获得适当的力量保持钻具稳定和钻孔过程中钻尖的均匀受力。

这种多棱形钻头可能还有另外一种安装方式，即泵钻。泵钻的工作原理与弓钻大致相同。多棱形钻身也同样需要镶嵌于木质钻柄，不同的是，使用一根绳子即可，绳子两端要在钻杆上端以相反方向缠绕后再固定于横杆的两远端。泵钻的横杆与钻杆的紧密结合使之可以上、下自由运动，并通过绳子有规律地缠绕与松动带动钻杆和钻头。事实上，木质横杆既可以通过中部穿孔套挂于钻杆，也可以不经过中孔而直接放置于钻杆外侧。泵钻相对于弓钻而言，是一种改进。优点是横杆上下摆动的力量代替了弓钻中操作者另一只手放置于钻帽上施加的压力，从而使操作者的一只手解放出来。泵钻便于操作，适于小型器物的钻孔。20世纪八九十年代以前，榆林和宝鸡周原传统木工还广泛用这种泵钻来钻孔（图3.8，2；图3.9）。虽然我们还没有证据证明齐家制玦手工业者可能使用了类似的装配方式，但这种现代钻具无疑对于理解多棱形钻头的装配方式具有启示意义。

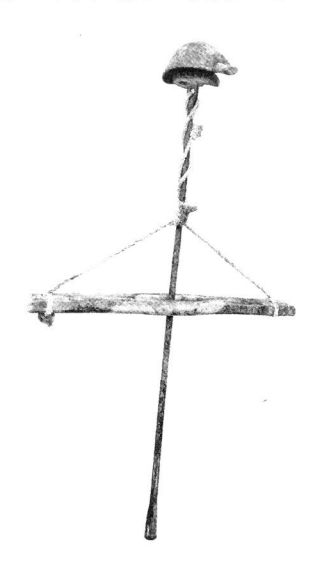

图3.9 榆林地区民间使用的泵钻

保留在标本H6∶21-1上的一处钻孔痕迹很可能就是这种多棱形钻头施钻留下的。这件标本系经过打磨、整平之后的磨光圆饼，页岩质地，直径52、厚度3.1毫米，圆饼中心有个钻而未透的圆孔，孔径约4.6毫米，深圜底状，孔壁内旋转摩擦痕迹细密光滑（图版二五）。保留在H6∶21-1标本上的钻孔痕迹在孔径、孔深、孔壁摩擦痕迹细密程度等方面与圆柱体石钻钻痕差异甚大。就孔径而言，一般圆柱状和圆锥状钻头的钻尖平均直径在10.5—14毫米之间，多数钻尖直径集中在13毫米以上，H6∶21-1上的钻孔痕迹仅有4.6毫米，显非这类钻具的痕迹。多棱形石钻多为火山岩，矿物粒度细密，质地坚硬，施钻过程产生的旋转摩擦痕迹细密光滑，钻尖直径在 2.6—4.3 毫米之间，考虑到钻孔过程的晃动会增加孔径这一实际，与这件标本的钻径及细密光滑的痕迹完全吻合（图 3.10）。

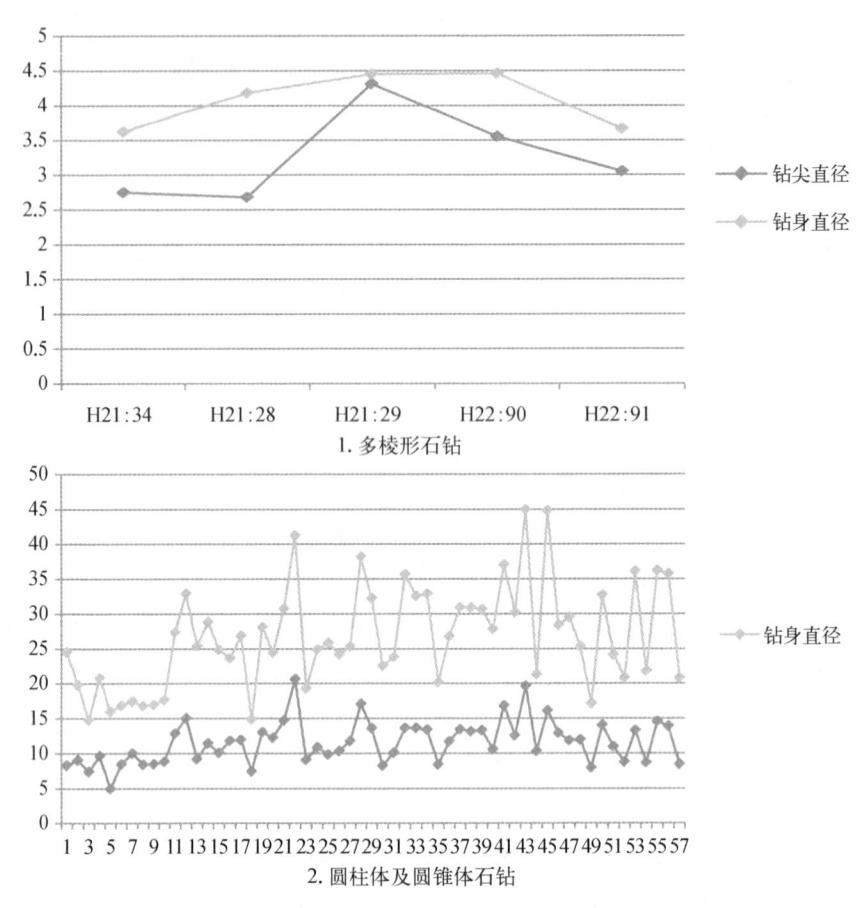

图 3.10　石钻钻尖与钻身直径比较示意图（单位：毫米）

统计表明，齐家作坊出土的圆柱体和圆锥状石钻数量要远远大于所谓的"多棱状"复合钻头，说明了简单的、易于制造且便于操作的非机械手持钻头是制孔中普遍使用的工具。不论多棱形钻头以何种方式安装，可以肯定的是，齐家作坊使用了复合式的机械钻孔工具。就整个作坊里发现带钻孔痕迹的残次品来说，多棱形钻具形成钻孔痕迹的残次品非常之少，暗示着弓钻或泵钻尚未大范围使用。虽然这类钻头的数量还不支持它的使用已有一定规模，但复合钻孔工具的使用无疑会极大地提高钻孔效率，在一定程度上可以减少钻孔过程中石块的意外破裂，提高了石块的成品率。

(三) 管钻成孔

尽管绝大部分石玦玦孔是由实心钻具（手持钻头或弓钻）加工而成，但也不能忽视管钻工具的使用。与实心钻在钻孔过程中将中心部分磨蚀成粉末状不同，管钻通常会在被加工素材上套取一个圆柱形的钻芯。

齐家制玦遗存中发现的管钻钻芯和保留于钻芯外壁的螺旋纹痕迹表明管钻技术的使用。从齐家作坊石玦残次品上保留的钻孔痕迹来看，管钻并非齐家作坊中的主要制孔手段。明确可以判断为管钻石料的料芯仅有 H1、H21、H22 及 H29 中的少量标本，总数不超过 20 枚，所用石料均为方解石或大理岩。这类圆饼与作坊中发现的 35 993 件石玦残次品相比而言，比例不足万分之五。

齐家制玦作坊 H29∶36 是处于钻孔阶段的一件大理岩石玦残次品，其中心部位尚保留有一个上小下大的圆台形凸起，圆台上部直径约 7.4、圆孔外径约 16.5 毫米，其形态迥异于实心钻形成的圆孔，应是管钻痕迹无疑（图版二六）。该标本由于在管钻过程中钻芯破裂而被废弃，在中心圆台（即保留的管钻钻芯）孔壁与钻芯间有近 4 毫米的缝隙，槽隙内密布螺旋纹，近底处螺旋纹痕迹加粗，并有明显的凹凸不平，系钻孔过程中管状钻具钻壁摩擦坯体所致。

齐家制玦作坊中管钻技术不常使用，与被加工材料的质地和穿孔难度有着直接关系。页岩、泥灰岩等用来制作石玦的原料，质软且厚度较薄（这一点非常重要），多易于通过实心钻具实现穿孔，并不影响效率及产品的美观度。

迄今为止，关于管钻技术还所知不多，管钻工具使用的材料也由于缺乏考古资料的物证而处于臆测阶段[①]。依据保留在成品或半成品上的微痕来推测或复原早期钻孔技术，导致研究者的争论集中在钻孔工具及装配方式、钻孔方式、钻具材料（特别是管钻材料）和钻孔机械等关键问题上。考古发现虽然可以清晰地辨认出管钻技术留下的痕迹及部分遗物（石芯），但还没有明确地辨认出用于制作管状钻具的材料。一般认为，管钻的工具是由某种不易腐烂的材料，如竹子、青铜、骨头等制成的。这件大理岩石玦上的钻孔痕迹，保留了磨蚀中心凸起圆台与圆孔外壁之间磨蚀间隙的宽度达 4 毫米，一方面可能暗示着某类研磨剂（砂？）的使用（水可能也作为润滑剂使用其中）；另一方面，还可能表明管钻钻具的材料为某类易磨蚀的非金属材料（竹子

---

① 孙周勇：《早期钻孔技术跨文化比较系列之一、二、三》，《中国文物报》2007 年 9 月 28 日、11 月 9 日及 2008 年 4 月 18 日。

或骨）。

实际上，玦孔的加工过程并非都严格遵循了敲击小坑、扩充孔径和钻孔的程序，生产过程中还依据石料的区别选择了不同的制孔方法。例如，泥灰岩、大理岩和方解石质圆饼在制孔时并没有敲击小坑或扩充的步骤，而是直接进行钻孔（图版二七，图3.11）。

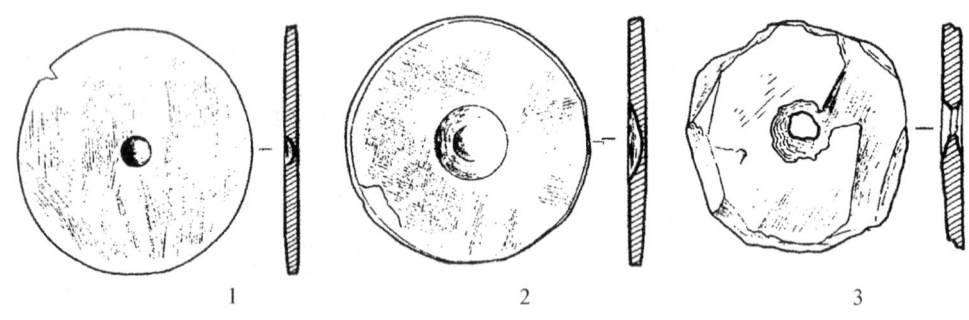

图3.11 齐家制玦作坊出土的带有直接施钻痕迹的石玦残次品

实验表明，在大理岩和方解石上敲击小坑容易导致圆饼意外破裂，而直接进行钻孔则可以有效地避免由于敲击造成的破裂。毫无疑问，直接施钻与经过敲击、扩充后再施钻比较起来，显然要费时费力。直接施钻的标本数量不多，这种现象与其说是生产者的生产习惯造成的，不如说其仍然与石料的质地密切相关。不同制孔方法的使用是生产者在有利于提高效率，减少能量消耗并提高成品率的前提下合理选择的结果。

综上所述，齐家制玦作坊的钻具有手持实心钻头（圆柱体及圆锥体钻头）、弓钻/泵钻（多棱状钻头）和管钻（钻具不明）等多种类型。弓钻/泵钻的辨识表明一种复合形简单机械钻具的存在（虽然其使用并不广泛），对于周代制石工艺的研究具有重要意义。

四、锯割玦口

石玦生产的最后一步是锯割玦口。为获得准确的玦口位置，生产者首先将石环从中心等分为二，并将等分线延伸至圆环边，用分割器在石环的边缘上刻画短线作出标记，然后沿标记锯割。锯割时，石锯需垂直于玦体一面，通过不断下压向另一面施力切割，至一半时操作者需要将圆环翻转过来从另外一面继续进行锯割。锯割过程中，使用的工具有石分割器、石锯、石锉，可能还需要木砧和用于增加摩擦的研磨剂等。石环可能需要放置在一个砧垫之上（实验表明手持极容易造成断裂），便于增加锯割时来自石锯的压力强度和保持用力的持续稳定，提高锯割效率。

齐家石玦的制作遗存中未见到线切割痕迹的残次品，可能是因石料质地较软，无需这种较为耗时的技术手段。与通过石锯片切的技术比较，线切割技术相对复杂，被加工物多为附加值高的玉器，虽精细程度高，可控优势明显，但效率较低。齐家工匠对切割方式的选择，显然是因材制宜的结果。

玦口制作完成后，需对石玦进一步打磨和修饰，使用的工具是韭叶形的石锉。打磨完，个别石玦还在表面刻画重环纹来进行修饰。处于这一阶段的所有质地环玦类残次品都有锯割玦口和打磨的痕迹，但就表面的装饰（主要为重环纹）而言，仅见于页岩质地的石玦。

总之，这一生产阶段涉及的三个步骤（确认玦口位置、锯割玦口及打磨修饰）中，锯割最具挑战性，是技术要求最高、最容易出现破裂的一环。统计显示，石玦的玦口宽度一般在2—3毫米左右，因石料不同其宽度略有变化。在已经制成圆环的石玦上锯割一个宽度3毫米左右的玦口需要一定的经验，特别是在力量使用、掌握玦口位置和控制锯割速度等方面。

第三节　模拟实验：石玦破损率与耗时估算

齐家作坊是一处典型的利用本地石料资源进行生产的作坊。作坊内使用的所有石料均可以在周原遗址方圆3—5公里的范围内获取。降低成本、因地制宜或许是影响齐家作坊拥有者在岐邑周原利用本地资源进行石玦生产的最为重要的原因之一。广泛分布的石料资源暗示着其资源获取是没有受到控制的，是开放式的。石玦的生产过程大致包括了原料准备、制坯、制孔及锯割成形等四个前后相继的步骤。尽管原料获取被确定在距离作坊遗址不远的岐山南麓，许多关于生产前期的活动如探矿、采矿、运输等细节问题还是不甚清楚，其他过程均可以通过石玦残次品及生产工具得以验证。

通过对35 993枚石玦残次品的分析表明，50％以上的残次品废弃于制坯阶段。按质地统计，大理岩质的废品率最高，达到78％左右，页岩和方解石质的废品率较低。按生产步骤统计，第二步即打磨毛坯的废品率最低，平均在3%到14%之间。第三步即制孔过程中的成品率迅速降低，平均废品率在26%（从大理岩的5.8%到页岩的29%不等）。锯割玦口阶段的平均废品率为15%，最小值出现在大理岩（8%），最大值出现于泥灰岩（33%）。

总而言之，在所有残次品中，不同质地的石料在不同生产阶段出现的废品率有所差别。其中，最高废品率出现在毛坯制作的最初阶段，最低废品率出现于第二步打磨时，而第四步即石玦锯割阶段出现意外破裂的频率处于中等水平。虽然第三步的制孔过程是所有步骤中技术含量最高，也是最容易出现意外破裂的一步，但其残次品（圆环）所占总数的比例并不是最高的。如果不考虑岩性差异的话，圆环的整体废品率在26%左右。

需要说明的是，对石玦废品率的估算并不能直接用于推算石玦成品的数量，其结果只有助于说明不同生产阶段石玦残次品的相对数量与比例。通过这些数据，至少可以看到这样一个趋势，即随着生产阶段不断深入进行，产品的成品率不断提高。这一趋势随着生产工序进入下游环节，生产者投入的精力增多，操作也越来越小心，也可能说明一些有经验的生产者常常处于生产的后期阶段。

为了对石玦生产过程中不同石料在各个生产阶段消耗的能量和时间作出估算，笔者分别采用不同硬度的页岩和大理岩进行石玦制作的模拟实验。实验结果表明：在制坯阶段，经过数次失败之后操作者便可以较为熟练地控制敲击力量，有效避免意外破裂。相对而言，第二步研磨和最后一步打磨修饰石玦出现意外破碎的概率最小，产生的残次品最少。第三步制孔虽是技术要求最高的一步，但出现残次品的概率并不是最高的，说明越接近产品成形阶段，加工者会越发小心谨慎，其破碎频率越低。

模拟实验同时提供了一个各生产阶段耗费时间的估算（表3.2）。虽然每个生产阶段对于制玦活动来说都非常重要，但各阶段投入的时间存在着差异。在第一步制坯阶段，制作页岩毛坯平均耗费的时间约为7分钟，而制作大理岩毛坯则需要较多时间，约12分钟。这是由于页岩具有层状节理结构，个别素材的表面本身已比较光滑，容易敲击成形。而大理岩硬度略大，表面容易出现不规则凸起或疤痕，需要通过多次反复敲击才能实现。笔者在实验过程中先后有三个毛坯由于敲击过程中从中部意外破裂而失败，耗费了大约一个小时才制成了一个大理岩毛坯。

表 3.2 石玦模拟实验各阶段耗时统计

石料		制坯	研磨	凿孔	扩充孔径	钻孔	锯割	打磨修饰	总数
页岩	平均时间	7	13	2	3	29	11	3	68
	实验标本数	10	6	6	4	3	3	3	/
	失败数	4	0	1	1	0	0	/	9
	废品率	40.0%	0.0%	20.0%	25.0%	0.0%	0.0%	/	/
大理石	平均时间	12	14	1	3	28	19	15	92
	实验标本数	10	5	5	/	4	3	3	/
	失败数量	5	/	1	/	1	1	/	7
	废品率	50.0%	0.0%	20.0%	/	25.0%	33.0%	/	/

打磨似乎相对较为容易，但是花费时间较长。笔者将大型扁平砺石放置于地面上，以手持毛坯与砺石反复摩擦，成功地制作了数例圆饼。实验表明，毛坯腹部的凸起或下凹疤痕均可以通过扁平砺石磨平，其侧缘可用带槽砺石打磨规整。打磨一个规整的圆饼平均耗费时间约 13—14 分钟。对于环玦孔的加工，实验中未采用管钻法，全部使用琢孔法。琢孔过程极易造成圆饼断裂损坏，因此，对石质硬度较高、容易破碎的方解石还采用了琢磨兼用、以打磨为主的办法。即便如此，琢制环孔过程中层理较多的页岩和方解石，出现意外断裂的频率仍然显著高于其他石料。

在所有制玦步骤中，钻孔耗费时间最长，占整个模拟过程的 50% 左右。实验钻孔的石钻是由作坊出土的砂岩废料加工而成，虽为手持的实心钻，钻孔速度较慢，但其效率也不容低估。依据石料质地差异，钻孔平均消耗时间约为 30 分钟。在钻孔实验中，我们未考虑古人可能通过加水加砂的办法来提高效率，也未对管钻或弓钻的使用及其耗费时间做出估算。但可以推测的是，这两种方法较手持实心钻头而言，应当耗费时间更短，效率更高。

锯割玦口是整个制玦过程中最为危险的一环，这是由于石锯的任何不经意摆动都会导致石环的意外破裂。平均而言，需要花费大约 14—34 分钟时间才可以完成锯割玦口和打磨玦口的工作。

总之，从敲击制坯到最后打磨修饰，大约需要耗费 1 至 1 个半小时才能完成一个石玦的制作。需要说明的是，笔者实验估算的时间投入并不能准确地代表齐家作坊手工业者在石玦生产活动中实际耗费的能量与投入的时间。考虑到齐家手工业者长期从事石玦生产，技术熟练，石玦的生产应该比实验效率高出许多，其产品的成品率自然也一定高出实验结果。特别是在齐家作坊存在着人员分工即某些工匠只负责某一生产阶段或专注于某类石料的石玦制作，其生产效率无疑会更高。

显然，石玦生产技术的研究不应该只停留在生产技术的简单复原这一层面上，而应更多考虑技术在社会发展过程中的意义和角色、技术策略和社会经济组织之间的关系以及技术所包含的社会政治含义。这是探讨生产组织、产品变化乃至社会形态的重要桥梁。

第四章

匠心致远：标准化与专业化

手工业产品标准化与专业化的研究已经成为手工业生产体系研究中一个广为关注的共同话题，涉及了一系列的学科，反映了生产活动中的诸多因素，比如生产成本、消费者喜好、模仿与学习行为、生产者的数量、技术以及资源利用等。

本章在回顾有关产品标准化及专业化研究的理论模式及评估方法的基础上，分析了相关描述性参数及多元变量的变化趋势，总结了石玦生产原料利用和石玦形态的历时性变化过程，进而结合生产场地的范围、产品数量、工具数量及种类的变化，评估了西周时期齐家作坊石玦的标准化程度和生产方式专业化的程度，以及可能影响石玦标准化的其他因素。

第一节　理　论　模　式

一、产品的标准化

莱斯在全面回顾总结考古学研究中手工业专业化、标准化及变量研究的有关进展时，将产品的标准化定义为"一个物品特征的趋同性程度或者变化性的减少程度，或指取得一个相对同一性的过程"[1]。考斯汀将标准化进一步区分为故意性标准化（风格、技术，或制作者有意识控制）和机械性标准化（无意识习惯影响的特征，更可能反映一组特定物品生产中生产者的数量）两类[2]。

作为一个相对概念，手工业产品的标准化只能通过两组或以上器物组群的

---

[1] Rice, P. M. "Specialization, Standardization, and Diversity: A Retrospective", *The Ceramic Legacy of Anna O. Shepard*, University Press of Colorado, 1991, p. 268.

[2] Costin, C. L. and M. B. Hagstrum. "Standardization, Labor Investment, Skill, and the Organization of Ceramic Production in Late Prehispanic Peru", *American Antiquity* 60 (4), 1995, p. 622.

同一性程度的区分来界定①。标准化通常被认为是出现社会复杂化，或者手工业专业化程度不断增长和经济竞争日趋增加的一个指示因素②。一组器物的标准化程度又往往被作为推断生产系统中生产组织的空间布局和社会原则的重要依据。简单来说，一组标准化程度低的器物，会揭示出一个生产者与消费者比例高的社会，意味着多样化的生产服务于多种需求，生产活动缺少控制与规则约束，或者上述因素的综合；相反地，一个具有高度标准化程度的器物则意味着生产者与消费者之间的比例较低，生产的产品种类较少（或者产品种类虽多但每类变化较少），产品功能多种多样，生产过程多经过预先规划或控制，或上述因素的综合③。手工业产品较低的变化程度和较高的标准化程度，被认为代表了一个大规模生产、复杂化社会具有的重复和质量控制特征的趋势。

在手工业生产体系中，有诸多因素可能会影响对产品标准化的评估。例如需求程度、技术改进、主观认知和社会政治因素等，都可能有助于形成一个有意的或者意外的产品标准化④。此外，生产规模、效率、技术、生产实体的规模和位置、强度（兼职或全职生产的相对程度）和生产活动的空间组织等都是影响标准化的参数⑤。

产品的标准化通常可根据物质的、技术的和形态学的特征进行研究⑥，研究方法包括原料成分分析、制造技术、形态特征、尺寸以及表面装饰的分析。其中，度量变化是最为常用的指示，一类特定产品的尺寸变化通过特定族群内

---

① Arnold, D. E. and A. L. Nieves. "Factors Affecting Ceramic Standardization", *Ceramic Production and Distribution: An Integrated Approach*, Boulder, Westview Press, 1992, pp. 93–95.

② Davis, J. L. and H. Lewis. "Mechanization of Pottery Production: A Case Study from the Cycladic Islands", *Prehistoric Production and Exchange: The Aegean and Eastern Mediterranean*, Institute of Archaeology, University of California, 1985, pp. 79–92.

③ Rice, P. M., "Specialization, Standardization, and Diversity: A Retrospective", *The Ceramic Legacy of Anna O. Shepard*, University Press of Colorado, 1991, pp. 273–277.

④ Longacre, W. A. "Standardization and Specialization: What's the Link", *Pottery and People: A Dynamic Interaction*, The University of Utah Press, 1999, pp. 44–58.

⑤ Pool, C. A., "Integrating Ceramic Production and Distribution", *Ceramic Production and Distribution: an Integrated Approach*, Oxford, Westview Press, 1992.

⑥ Costin, C. L., "Craft Production Systems", *Archaeology at the Millennium: A Sourcebook*, Kluwer Academic/Plenum Publishers, 2001, p. 302. Rice, P. M., *Pottery Analysis: A Sourcebook*, The University of Chicago Press, 1987.

描述性的参数（平均值、标准偏差和变异系数）的比较得以评估①。

事实上，考古学家已经深刻地认识到，考古学资料的分类是产品标准化研究的第一步。分类是一个工具，通过分类可以将许多单独器物或者碎片划分为具有意义、互相关联的组群。一般来说，拟分类的器物要根据物征或者研究者需要回答的问题而变化。

西诺波利在一项关于陶器生产的研究中指出，分类需要根据研究目的来确定②；为了能够描述陶器及检视它们如何随着时间和空间变化而变化，考古学家需要首先记录一些基本的特征，包括原材料、生产技术及器型、大小、颜色及装饰等。具体来说，对于陶器功能和一个遗址功能区域的研究，可能会将陶器归类为炊具、水器、储藏器等；对于构建陶器编年序列感兴趣的话，可能主要根据器物易于随着时间发生变化的特征来分类；对于长途贸易感兴趣，研究者在分类时可能更注重于特殊原料、地域性装饰或者器型变化等方面。遗憾的是，现代考古学家如何分类都是站在现在人立场上进行的，可能永远无法清晰知道古人（古代生产者）是如何划分陶器组群的。但是，可以确信的是，我们的模仿推测和对一些可以证实变化特征进行的分类，对于古代陶器的生产者和使用者同样是具有重要意义的。

对于陶器的标准化研究，考古学家曾做过如下假设，并进行了长期的民族学观察来加以验证：专业化生产者生产的陶器应该是标准化的，而标准化的陶器暗示了全职陶工的存在③。为了检视这种假设，朗艾克在菲律宾选择了两组现代生产的炊具陶器进行研究比较：一组是来自吕宋岛卡林阿人，是基于家户形式的非全职、非专业化生产；另一组是来自帕拉迪乔人，是在专职的手工业生产者聚居区进行的，生产者接近全职陶工。分析结果证明，帕拉迪乔人生产的陶器比卡林阿人制作的陶器更为标准化。

---

① Longacre, W. A., et al., "Southwestern Pottery Standardization: An Ethnoarchaeological View From Philippines", *Kiva* 53, 1988, pp. 101 - 112. Costin C. L., "Craft Production Systems", *Archaeology at the Millennium: A Sourcebook*, Kluwer Academic/Plenum Publishers, 2001, pp. 273 - 328. Eerkens, J. W. and R. L. Bettinger, "Techniques for Assessing Standardization in Artefact Assemblages: Can We Scale Material Varibility?" *American Antiquity* 66 (3), 2001, pp. 493 - 504. Frankel, D. "Pottery Production in Prehistoric Bronze Age Cyprus", *Journal of Mediterranean Archaeology*, 1988, pp. 27 - 55.

② Sinopoli, C. M, "Learning about the Past Through Archaeological Ceramics: An Example from Vijayanagara, India", *Archaeology: Original Readings in Method and Practice*, 2002.

③ 威廉·朗艾克、肯尼思·克瓦莫等：《西南方陶器的标准化：来自菲律宾的一种民族考古学观点》，《考古学的历史、理论、实践》，中州古籍出版社，1996年。

这一研究成果的重要贡献之一是提醒我们，虽然标准化暗示着全职工匠或者专业化生产方式的假设通过菲律宾的民族学资料得到了检验，但没有准确可靠的组群分类，器物形制及其他参数的变化分析会丧失意义。在考察检验产品标准化程度时，民族学资料往往能够具体到每个生产者和器物功能（分类前提），比较易于把握，这样在评估生产效率和状态（标准化与专业化）时不至于丧失可比性，得出的结论也比较可靠[1]。如果仅仅依靠单一的数据测量（这是考古学家常常依靠的），很容易出现多种分类方案，引起研究结论的多元化。因此，标准化研究中的变量分析，要充分考虑器物功能、时代、存在背景，只有分类科学合理，考古背景下的古代手工业产品标准化的研究才能获得较为可信的结论。

二、生产的专业化

随着考古学界对社会复杂化研究的深入，如何以考古学的方法获取有关手工业生产专业化的信息，进而探讨专业化生产的形式、规模、特征及其与社会复杂化的互动关系日益受到学术界的关注。近二十年来相关研究表现出三个特点[2]：一是研究视野的扩展；二是日益重视运用多种手段从考古资料中获取相关信息；三是解释理论日益多样化。

手工业专业化被认为是复杂社会政治经济系统中的一个关键因素，被定义为为获取一种特殊物品或服务而进行劳动或资本的投入[3]。专业化被视为一个有区别的、常规化的、永久的，并且或许已经制度化的生产系统。在这种生产系统中，生产者至少部分地依赖超越家户的交换关系获取生活用品，而普通消费者则依赖手工业生产者获取自身不生产的手工业产品。

专业化的生产暗示着大量物品的生产或服务由那些脱离生计追求的人群来从事，已经超出了本地或者个人需求，并且他的生产方式总体而言是有组

---

[1] Kvamme, K. L., et al. "Alternative Procedures for Assessing Standardization in Ceramic Assemblages", *American Antiquity* 61 (1), 1996, pp. 116 - 126.

[2] 李新伟：《手工业生产专业化的考古学研究》，《华夏考古》2011年第1期。

[3] Blackman, M. J., et al., "The Standardization Hypothesis and Ceramic Mass Production: the Technological, Compositional, and Metric Indexes of Craft Specialization at Tell Leilan, Syria", *American antiquity* 58 (1), 1993, pp. 60 - 80. Stein, G., "Producers, Patrons, and Prestige: Craft Specialists and Emergent Elites in Mesopotamia from 5500 - 3100 B. C.", *Craft Specialization and Social Evolution: In Memory of V. Gordon Childe*, University of Pennsylvania, 1996, p. 25.

织的、标准化的。手工业生产专业化的发展被认为是社会上层在获得财富和权威欲望的驱使下控制资源、操纵劳动力、垄断技术和独占显示身份的高级产品的结果。

考斯汀认为手工业专业化生产有两个基本特征：程度和类型[①]。专业化程度指生产者与消费者的比例。相对于消费者数量来说，一个有着较多生产者的产品可以被认为具有较低的专业化程度，而一个具有相对较少生产者的产品则具有较高的专业化程度。

相对专业化程度来说，专业化类型的研究就显得复杂得多。学者们从不同角度，如生产单元的规模、工匠投入到专业化生产的时间、生产地点、生产效率、产品种类等，对专业化的类型进行过充分地描述、分类和讨论（表4.1）。显然，专业化生产的组织方式并不是单一的，上述分类标准多有重叠，但并不是排他性的。每一个分类方案关注生产变量的一个方面，迎合了研究者的理论方向，特别是充分考虑了各自研究对象所处的社会阶段，如早期复杂社会、酋邦、早期国家等。因此，各类研究者划定的生产组织类别之间缺乏可比性，并且在形式和语义上基本局限于理论层面。事实上，在同一社会阶段生产任何手工业产品都可能同时包括一类或所有的专业化种类，且任何两类之间都没有必然的联系，而在考古学背景下，专业化和生产组织之间的关联性的评估是有问题的。

在考古学记录中，鉴别专业化生产的方法常常是带有主观性的，并且其标准并非总是能够从专业化定义得出并与之完全对应。获得专业化程度的宏观认识较为有效的方法，通常是通过探索生产活动不同分布区域、生产者技能、劳动效率和物品形态的标准化等来开展，当然产品生产原料是否有固定来源也是重要的参考依据。

在考古学实践中，手工业生产的组织形式往往通过对与生产有关的遗迹、遗物的空间分布的研究来作出判断。一般认为，若工作间、原料贮藏设施等遗迹在聚落内部集中分布，则暗示着靠近这些遗迹的居民组织可能从事并控制着相关手工业生产。生产原料、工具及残次品集中分布在某些特定设施内或周边，则可能进一步暗示了其生产活动受到某些家庭的控制。同样，聚落内部手

[①] Costin, C. L. "Craft Specialization: Issues in Defining, Documenting, and Explaining the Organization of Production", *Archaeological Method and Theory* (3), The University of Arizona Press, 1991, pp. 1–56.

表 4.1　手工业生产组织的分类

作　者	家庭式生产	作坊式生产	年　代
范德莱乌	家户 家户工业化	个人作坊 核心作坊	1977①
皮科克	家户 家户工业化	个体作坊、庄园生产 核心作坊、制造厂 军事化/官方生产、工厂	1982②
考斯汀	个体生产 个体雇员生产 团体生产 分散式强迫劳役生产	分散的作坊工业 集中式强迫劳役生产 集中式作坊生产 附庸式作坊生产	1986③
西诺波里	管理式生产、集约化生产、非集约化生产		1988④
莱斯	生产者专业化、遗址专业化、资源专业化、功能专业化		1991⑤
恩里等	依附式专业化、独立式专业化、嵌入式生产		1981⑥

工业生产工具、原料在居址、墓葬等遗迹中的分布状况也可以作为推断工匠身份、生产专业化程度的重要依据。聚落之外某种手工业产品的消费与分配情况，特别是当一种产品成为了大范围消费的物品时，在承认产品分配和特殊消费群体存在的同时等于确认了专业化生产的存在。

对于生产技术的研究是深入探讨手工业生产专业化程度的重要基础。生产技术细节的复原有助于对生产分工、劳动力消耗及效率、生产者技能等问题进行推测。而技术的差异又可以作为区分生产单位，乃至区分不同工匠产品的依据。关于生产技术的复原，除了对产品本身制作痕迹的观测之外，也需要结合

---

①　Van der Leeuw, S., "Towards a Study of the Economics of Pottery Making", *Ex Horreo 4*, 1977, pp. 68 - 76.

②　Peacock, D. P. S., *Pottery in the Roman World: An Ethnoarchaeological Apporach*, Longman, 1982.

③　Costin, C. L., "Craft Specialization: Issues in Defining, Documenting, and Explaining the Organization of Production", *Archaeological Method and Theory*（3）, The University of Arizona Press, 1991, pp. 3: 1 - 56.

④　Sinopoli, C. M. "The Organization of Craft Production at Vijayanagara, South India", *American anthropologist 90*, 1988, pp. 580 - 581.

⑤　Rice, P. M, "Specialization, Standardization, and Diversity: A Retrospective", *The Ceramic Legacy of Anna O. Shepard*, University Press of Colorado, 1991, pp. 257 - 279.

⑥　Earle, T. K., "Comments on P. Rice, Evolution of Specialized Pottery Production: A Trial Model", *Current Anthropology 22*, 1981, pp. 230 - 231.

生产设施和生产场所来综合考察。一般认为，可长期使用的生产设施的出现和复杂生产技术的出现一样，都是专业化生产的标志。同时，民族学资料、模拟实验和科技手段分析也是重要的检验手段。

对手工业生产原料来源的追溯，也是判断专业化出现与否及发展程度的重要参考指标，特别是当原料受到了特定群体、贵族或国家层面的资源控制等影响时，专业化生产活动不再是单纯的经济行为，也成为了社会和政治行为。手工业生产在制作出有用的东西时，也要把意识形态转化为别人可以"经验"的实物，成为意识形态的"物化"载体。

事实上，在实际考古学案例研究中，上述判断专业化的标准往往是能够从多个角度加以检视的。如果单纯要确认专业化生产的存在与否，有时一两个指标已经足以说明问题，但若要探讨专业化的程度和特点等深层次问题，则必须综合考虑生产系统的各个方面。例如，如果对陶器标准化程度的研究表明标准化达到了相当高的程度，则可以推断出现了专业化的陶器生产，但只有结合陶窑在聚落中的分布情况，才能判断这种专业化的生产方式，究竟是由各家庭自主经营还是受到某些特殊家庭的控制[1]。因此，对任何一项个案研究，都要尽量获得各生产系统要素信息，以求对生产专业化情况有更全面的认识。

三、产品标准化与生产专业化

专业化和标准化的关联是基于这样的一个假设：在多数情况下，产品的标准化与专业化程度紧密相关，即生产者专业化的程度越强，生产技术和生产材料的使用则越为一致，产品的尺寸越标准化。作为专业化程度的一个指标，产品的标准化必须在一个历时性背景下来考量，并从文化发展演化的角度加以理解。

在考古学资料中，专业化生产者大规模生产的产品能够通过其产品高度的标准化反映出来的；相反地，产品形制及质地的变化幅度大或缺乏一致性，被认为暗示了一种小规模或者非专业化的生产[2]。换句话说，一个器物尺寸的高度标准化或者一致性反映了专业化的大规模生产，而形制变化或相对差异性较

---

[1] 李新伟：《手工业生产专业化的考古学研究》，《华夏考古》2011年第1期。

[2] Roux, V. "Ceramic Standardization and Intensify of Production: Quantifying Degrees of Specialization", *American Antiquity* 68 (4), 2003, pp. 768–782.

大的器物暗示了家庭式的生产方式。与那些非专业化生产者或不经常性从事生产的手工业者的产品比较而言，专业化生产者的最终产品的尺寸更为标准化，其外表和成分也缺少变化。值得注意的是，虽然专业化生产的产品具有较高的标准化程度，但有一个需要注意的问题，为适应消费的社会上层表现其身份的需要，象征身份或地位的奢侈品的专业化生产很可能并一味地追求标准化，反而会故意强调产品的差别和多样性。

器物标准化的程度常常用作推断一个手工业生产系统中的组织法则，包括空间的和社会的两个维度。在一定空间和时间条件下，产品的标准化是一个衡量手工业专业化程度的有效指标，是在复杂社会中重建生产组织的可靠手段[①]。

人类社会为什么会出现手工业生产的专业化现象，理论层面的解释日益呈现出多样性。政治性的解释强调，专业化是社会上层政治的一部分，是其获得并保持财富和权威而使用的策略。经济性的解释则认为，专业化是为了满足人们提高效率、增加产量等经济要求，是人类社会在所处自然环境、对原料的接近程度和对专业技能的掌握等不平衡的状态下，为了满足日益增长的社会需要而采取的经济策略。

随着考古学的发展和利用物质材料探讨古代社会的能力的不断增强，手工业生产专业化的理论和方法在考古学研究中的重要性日益增强，已成为对复杂社会产生和发展，文明起源及早期国家形成的探索中不可缺少的组成部分。下文集中探讨齐家石玦生产专业化和产品标准化的历时性变化趋势。

四、分析参数的建立

齐家石玦生产活动保留下来的功能性遗迹和生产设施数量及分布状态，展示出了一个生产区间逐步趋于集中，生产规模不断扩大的态势。在这一过程中，作为核心产品的石玦生产，其原料选择、形制、技术等方面是否展现了历时性的标准化及专业化趋势，关系西周时期手工业生产的组织形式及生产性质，值得高度重视。

虽然手工业产品的标准化程度可以通过许多参数得以评估，在以下分析中，主要关注名称性和度量性的变量。名称性变量指石玦生产原料构成，用于

---

① Blackman, M. J., et al., "The Standardization Hypothesis and Ceramic Mass Production: the Technological, Compositional, and Metric Indexes of Craft Specialization at Tell Leilan, Syria", *American Antiquity* 58 (*1*), 1993, pp. 76-77.

探讨生产者对原料使用的偏好，以及不同生产单元间可能存在的劳动分工。度量性变量指石玦的各种尺寸变化，包括最大直径、最大环宽、厚度、最大内径和玦口宽度等（图4.1）。这些变量是考察石玦形制变化的重要参数。

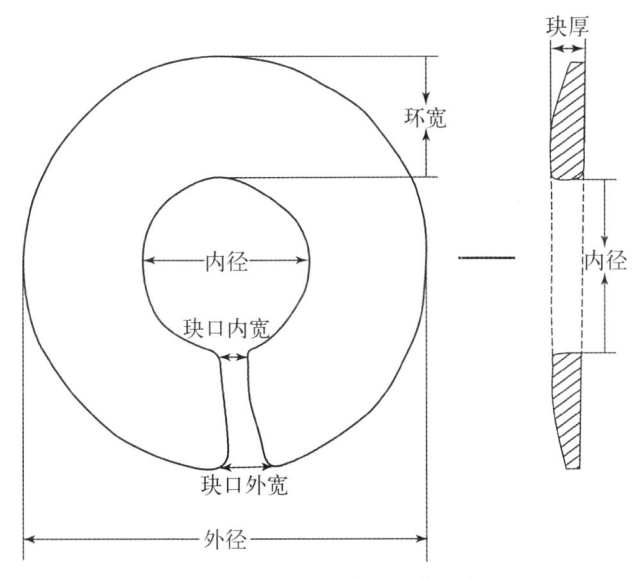

图4.1 石玦测量部位及名称示意图

在理想状态下，石玦的可测量变量包括了直径、内径、环宽、厚度及玦口宽度等。然而，并非所有的变量都能通过测量手段获取数值，这是因为大部分石玦属于生产过程中的残次品。因此，上述变量是否可以获取依赖于标本废弃时所处的生产阶段。大部分的石玦残次品的重量、直径、厚度可以通过测量获得，而环宽仅能在环宽类残次品上获取，孔径和玦口宽度仅能在完整的石玦上测得。测量工具包括电子游标卡尺和电子天平。测量数据通过 Microsoft Access 数据库输入电脑，然后根据需要转化为几个较小的数据库作为统计分析的基础信息。

另外一个重要的问题是如何合理界定分析单元，以便使石玦形制变化的比较研究具有统计学意义。只有在一个空间和时间条件下确定了分析单元，产品标准化和专业化才能被放置于一个历时性的背景下理解，才能检视一个生产过程或者一组物品是否随着时间的推移越来越趋向标准化，一组产品是否比另外一组更加标准化，生产原料的使用是否越来越具有规律性。

然而，不同于民族考古学研究中分析单元的建立，可以通过辨识生产者、生产家庭或者一个区域相对限定的社会族群来确认，在考古学背景下要可靠地建立一个分析单位几乎是不可能的。更为重要的是，这些手工业产品通常不仅包含了一个广大地区的产品，而且可能来自不同的时间和空间。因此，在多数情况下，从考古学角度建立一个分析单元必须充分考虑遗址保存状况、分期断代、堆积状态和堆积性质等多种因素。

如前所述，齐家作坊的生产设施基本上保留在原地，文化堆积形成于一个较短的时期，后期没有遭受较大的扰动或破坏。假设每个包括石料的灰坑（功能性生产单位）代表了一个相对独立的生产事件，在那里，生产废弃物和残次品被制造或废弃于一个高度一致的时段里。当然，这一假设具有极大局限性。在本书确定的期别（西周时期共三期六段）动辄跨越数十年乃至百年的时间框架下，很难判定被划定为同一期别的生产设施是否真正同时开展生产活动，也很难有把握地认为每个生产遗迹是否为相对独立生产单元，尚不能排除单元之间的协作和组合。但是，我们仍然可以认为，从这些生产单元里产生的石玦生产遗存，至少代表了从考古学角度可以观察到的制玦作坊里最小的、可定义的生产单元，从上述遗存中观察到的任何趋势或规律极可能代表了石玦生产活动及产品形态的变化过程。

第二节　石玦生产的标准化程度

为了观察西周早期到晚期是否存在产品标准化及生产专业化的变化趋势，按照分期断代成果，我们选取了具备分析条件的几组生产单位，统计了其内出土的石玦残次品的石料种类以及直径、环宽和厚度等变量。石玦直径和宽度是石玦尺寸变化中最为敏感的有效指数；石玦厚度集中在 1.5—3.5 毫米这样一个窄幅区间，如果不借助于其他额外的度量器具，生产者对于这一小于 2 毫米的微小变化则很难观察到，但是这个数据在统计比较中则会转化为一个膨胀的百分比差异。因此，与直径和宽度比较而言，器物的厚度也被当作一个敏感有效的变化指数。

以下关于石玦形态标准化和生产方式专业化程度的考察，主要依赖于上述三个度量性变量和一个名称性变量的统计分析。度量性变量通过聚类分析后以平均值、标准偏差和变异系数等数值体现；名称性变量即石料种类以石废料重量占比或残次品的数量等数值体现。

需要说明的是，只有标本是以同一种原料制成并且其数量具有统计学意义的前提下，研究结论才是有意义的。一般来说，足够数量的标本是统计分析具有意义的基础条件。就统计比较而言，15 个及以上个体数量基本可以满足变化率的比较，而 5 个及以上标本可以用于标准偏差的分析。石玦形态的较高程度的标准化，表现在其较低的标准差数值和较低的变异系数之上。一个较低的标准化程度，则反映较高的标准差数值和较高的变异系数上。标准化程度不仅反映了专业化程度、生产技术和工作效率的历时性差异，而且还可能反映了消费者或生产者的喜好。

此外，为了观察两组分析单位之间潜在的关联性，笔者还使用了方差分析（ANOVA，以 F 值表示）来检验石玦形制的相似性[1]。在两个生产单位的产品变量比较时，一个较大的 F 数值暗示着，石玦尺寸的差异大于每个单位之内石玦残次品的差异，暗示着两个生产单位之间石玦产品形制差别是具有统计意义的。换句话说，两个生产单位可能生产着不同尺寸的石玦。相反地，一个较小的 F 数值，暗示着两个不同单位之间产品差异不具有统计学意义，其生产着尺寸相似的石玦产品，就其生产组织而言，二者可能属于互相紧密关联的同一生产组群。

一、西周早期

西周早期的遗迹包括 19 座灰坑、2 座房址及 5 座墓葬，其中 6 座灰坑（H17、H25、H26、H36、H43 和 H95）出土了与石玦生产相关的遗物（表 4.2）。上述西周早期的 6 座灰坑共出土制玦废料约 3.6 千克，制玦工具 9 件（包括砺石 7 件、敲击石和石锯各 1 件），各类石玦残次品 110 件。

就其原料使用喜好来说，从收集的 100 余件残次品和生产废料重量的统计观察到两种截然不同的现象。从生产废料的统计来看，5 种不同种类的石料都用于了石玦的生产，其中页岩（36%）、泥灰岩（40.6%）所占比重差异不大，是使用最多的两类石料。大理岩和方解石所占比重分别为 13% 和 10%。石玦残次品的统计则反映出一个不同的石料使用喜好。泥灰岩所占比重达到了 68.4%，居于绝对优势，页岩占 22.4%，大理岩仅占 1%，没有发现方解石残

---

[1] Drennan, R. D. *Statistics for Archaeologists*, Plenum Press, 1996. Shennan, S., *Quantifying Archaeology*, Edinburgh University Press, 2001.

表 4.2　齐家制玦作坊生产遗迹和生产者墓葬数量登记表

期　　别	生产单位	生产工作间	工匠墓葬
西周早期	6	/	2
西周中期	27	4	10
西周晚期	7	1	11

＊统计数字不包括未出土制玦遗存的灰坑和墓葬，但并不表示这些灰坑或墓葬与石玦的生产活动无关。

次品。

收集到的 110 件残次品产生于石玦生产的各个不同阶段，其中 86 件标本来自 H43，12 件标本来自 H25，这 2 座灰坑均属于西周早期晚段。其余 4 座生产单位仅有零星出土，暂不纳入比较范畴。如果我们以 15 件标本作为计算 CV 值的最小标本数值，5 件作为计算标本偏差的最小数值，只能评估 H43 中出土的 80 余件石玦残次品。但随着分析进一步展开，我们发现由于标本均系残次品，并非所有变量都可以测量。加之这些残次品可根据其所处的生产阶段分为毛坯、磨光圆饼、穿孔石环和环玦等不同类型，如此一来，则没有一个单独种类能够满足统计学意义上的标本最小数量。

西周早期的标本数量对于统计分析来说，特别是对于 CV 值的计算而言是不充分的。因此，对本期石玦形态变化进行分析时，就缺乏相对的准确性。但是这并不影响对于石玦残次品的直径、环宽度和厚度变化趋势的评估。H43 和 H25 中残次品的直径、环宽度及厚度变化显示，H43 中 8 件页岩环玦平均直径为 44.7 毫米，标准偏差为 4.9 毫米。H25 中未出土页岩环玦残次品，仅见 2 件泥灰岩残次品。这两件泥灰岩残次品的平均直径为 45.2 毫米，标准偏差为 6.7 毫米。由于可测量标本的质地差异及数量限制，这两个生产单位之间产品尺寸的变化趋势是不可比较的。

不考虑其可比较性的话，一个直觉印象是，西周早期石玦尺寸特别是其直径具有较大的变化区间，这一点由标准偏差的数值可反映出来。例如，H25 中的 5 件泥灰岩穿孔石环直径的标准偏差达 13.2 毫米，几乎是其平均直径的三分之一。整体来说，西周早期石玦残次品的直径较大，均超过 40 毫米，远远大于西周中、晚期的产品。然而，由于其标本数量有限，这一点难以进一步展开论述。我们期待着将来资料更为丰富时再加以检视。

二、西周中期

在属于西周中期的 27 座灰坑（生产单位）中，共出土生产废料 153 千克（占废料总数的 17.6% 以上），残次品 1709 件（占总数的 4.7% 左右）。H11 和 H71 出土的标本数量能够满足统计需要，故选取二者作为典型生产单位，来评估这一时期其生产原料的选择和石玦形制的变化。

从生产废料的构成看，H11 中页岩是主要生产石料，占 95.4%，大理岩占 3%，泥灰岩占 1.3%，方解石仅占 0.3%；H71 使用的主要石料是大理岩，占总数的 82%，其次为页岩，占 15.9%，仅见少量的泥灰岩，没有方解石。依据生产废料中石料的种类来看，H11 中应发现更多的页岩残次品，H71 中则应发现更多的大理岩残次品。事实上，H11 中的确有 93% 以上残次品为页岩，与石废料构成比例基本一致；而 H71 中大部分的石玦残次品却并非大理岩，仍然以页岩为主，占比达到 63% 以上。换句话说，西周中期的这两个生产单位均以页岩残次品为主，其他质地的残次品在数量上均居于次要地位。

这种残次品和石废料的重量统计反映石料使用比例的不一致性，当与岩石类型及其物理性质有关。生产者使用石料的质地越硬，通常也更为珍贵，生产技术要求越高，预期产生的残次品数量越少。石料的质地越软，成品率则越低，残次品的出现频率则越高。大理岩和方解石的硬度要高于页岩和泥灰岩，因此产生的废料就少，石玦的成品率则相应较高。这一点有助于解释在页岩和泥灰岩的废料多于大理岩和方解石废料时，其残次品的所占比例却相应变少的现象。

石玦形态变化的数据统计仍然源于 H11 和 H71 中页岩石玦残次品（表 4.3）。在 H11 发现的 121 件页岩石玦残次品中，毛坯的平均直径为 33.1 毫米，圆饼为 34.5 毫米，圆环为 36.3 毫米，圆环为 36.5 毫米，各阶段残次品直径的标准偏差变化幅度为 4.8—8.2 毫米，平均直径为 42.2 毫米。在 H71 发现的 26 件页岩石玦残次品中，毛坯的平均直径为 40.1 毫米，圆环为 48 毫米，环玦为 38.4 毫米，从毛坯到环玦的直径标准偏差在 5.7 毫米和 10.4 毫米，平均直径为 35.1 毫米。

上述两个单位之间残次品平均直径之间存在着约 7 毫米的差异，也许暗示着这两个生产单位生产的成品石玦存在着尺寸差异。F 检验表明，这两个生产单位环玦产品之间在产品尺寸上（直径）存在着具有统计学意义的差异（p 值小于 0.000 1)。环玦类残次品多为生产最后阶段由于锯割玦口导致意外破裂产生的废弃物,多数情况下,其直径、宽度及厚度与石玦成品比较接近。因此,石玦成品的形态变化可以从对环玦类残次品的测量与统计分析中得以体现。这就是说,这两个生产单位里的生产者可能已经开始生产不同尺寸的石玦产品,或许其对生产原料的选择也有了区分。

H71 和 H11 代表的生产族群生产了不同尺寸的石玦成品,如果这一推断不误的话,则表明西周中期不同生产单元之间存在劳动或生产分工。手工业者开始通过专注于某类石料生产,积累生产经验,从而降低生产成本,同一生产单元的从业者具有类似的生产经验和技术熟练程度。

表 4.3　西周中期 H11 和 H71 出土页岩石玦残次品的形态变化比较

变　量	残次品数量	均方误差	F-比率	p 值
外径	181	4 217.33	68.029 4	<.000 1
宽度	23	/	/	/
厚度	180	9.549	3.330	0.069 6

* 有效值 $p<0.05$　由于可测量环玦宽度数量不足,比较无法产生相关数据。

三、西周晚期

西周晚期的生产单位有 7 处。就数量而言,生产遗迹的数量呈现集中化趋势,从西周中期的 27 处递减为西周晚期的 7 处,与此同时,生产废料的重量及石玦残次品的数量却迅速增加,共出土 706.3 千克废料(占总数 81%),34 072 件残次品(占总数的 94.7% 左右)。以下选取出土制玦遗存丰富的 H21 和 H22 考察西周晚期石玦的生产活动。

H21 和 H22 位于发掘区域的西北部,地层关系表明 H22 稍晚于 H21,但陶器的类型学特征并未表现出二者之间存在显著的时间差异。H22 出土 387 千克生产废料,包括 346 千克的页岩(占 89%),24 千克泥灰岩(6.2%),9 千克的大理岩(2.4%)和 7 千克的方解石(1.8%)。H21 出土超过 150 千克的石废料,包括了 106 千克的页岩(71%),21 千克泥灰岩(14%),15 千克的大理岩(11%),6 千克方解石(4%)。就生产废料而言,页岩是这两个生产单位中最为常见的石料,其次为泥灰岩,其他三类石料使用频率不是很高。类似的现象也见于石玦残次品中,只是各类原料所占的比重略有差异。生产原料的一致性暗示着上述两个生产单位都以生产页岩石玦为主,产品质地及形态的一致程度暗示着标准化程度的显著增强。

西周晚期石玦形态变化的分析主要针对页岩残次品。H21 中毛坯平均直径为 33.9 毫米,平均厚度为 4.8 毫米,与 H22 中同类残次品的平均直径 34.9 毫米、平均厚度 5.0 毫米几无差异。就直径和厚度而言,上述两个生产单位中的毛坯在外形尺寸上分别具有 1 毫米和 0.2 毫米的细小差异,这种细微的尺寸差异是难以通过肉眼和经验识别出来的,体现了生产最初阶段生产者追求产品形态一致性的努力。形态的一致性还体现在圆环和环玦的尺寸上,但却在圆饼上并不明显。圆饼尺寸的大幅变化可能由于笔者在辨别统计毛坯时,将有些改作他用的小圆饼统计在内有关。这些小圆饼事实上并不进入石玦生产的下一道工序,但是在统计时仍然计入石玦毛坯,导致了形制尺寸的变化幅度增大。

H21 和 H22 中石玦残次品形态的一致性可进一步被 F 检验值确认,石玦主要变量(直径、宽度及厚度)展现了标准化程度的逐渐提高(表 4.4)。分析结果表明,两个生产单位中残次品的变量之间不存在具有统计学意义的变化(p 值在所有变量比较中均大于 0.05,因此没有差异的无效假设不能被排除)。这一点再次肯定了 H21 和 H22 的石玦生产逐渐朝着一个规定尺寸的标准化形态发展。

表 4.4 西周晚期 H21 和 H22 出土页岩石玦残次品(环玦)的形态变化比较

变 量	残次品数量	均方误差	F-比率	p 值
外径	140	24.718 0	1.240 7	0.267 3
宽度	140	0.988 4	0.476 2	0.491 2
厚度	139	0.206 7	0.284 6	0.594 6

* 有效值 $p<0.05$

H21 和 H22 中的这一点亦可由变异系数数值反映出来。就 H22 中页岩石玦的变异系数而言,其直径在 14.3% 至 18.4% 之间,厚度在 18.9% 至 31.6% 之间,而 H21 中其相应变量的系数变化分别在 15.7% 至 21.9% 以及 20.5% 至 34.5% 之间。环玦通常具有数值最低的变异系数,毛坯和圆环的数值略高。比较而言,H22 比 H21 中相关变量的变异系数值略低,可能表明 H22 中生产者的经验更为丰富。假设 H22 比 H21 时代略晚(事实上,地层关系已经清晰表明了这一点），这一现象似乎暗示着一个随时间推移生产者技术逐步提高的过程。

统计比较表明，H21 和 H22 中所有质地石玦残次品不仅在尺寸和技术特征上存在较强一致性，而且在其石料种类的选择上也极为相似。这一点似乎表明，西周晚期的生产者能够生产出尺寸一致的石玦，并对页岩类石玦有着特殊的喜好。上述现象与西周中期多元化的石料选择喜好、石玦尺寸大小不一的生产形态形成了鲜明对比。

第三节　石玦生产的专业化程度

前文从典型单位出发，对石玦形制的历时性变化进行了考察。下文将依据石玦残次品的变量分析，来讨论西周早期至晚期石玦产品形制的标准化、技术演化及其反映出来的专业化程度。

一、生产原料

对石玦专业化程度的评估集中于原料使用、石玦形制变化和生产技术等三个方面。统计数字源于每个生产时期所有的生产单位。

首先是原料的使用情况。前文根据每一时期典型生产单位中生产废料重量及石玦残次品的数量评估了原料的使用情况，不同生产单位中生产废料和残次品数量和重量反映了生产者对原料使用的不同喜好。齐家制玦作坊中使用不同种类石料的生产单位分布区域也不同，暗示着作坊中存在着不同的生产组群，可能不同的生产小组专注于生产不同石料的石玦。

值得注意的是，对于某类石料残次品的再加工会人为导致这种废料及残次品比例的失衡。例如，由于石英石和方解石其外表光滑、美观及资源较为稀少，对于作坊的生产者和拥有者来说二者比其他石料更为珍贵，这类残次品多数被重新加工或重新造型后改作他用。这一点可以为大量发现的石英石和大理岩小石饼及其他圆形石饰（用于装饰漆器或制作串饰）证实，这也是方解石和石英石残次品稀少的原因之一。

因此，如果我们仅将废料或者残次品石料种类的比例，单独作为一个生产单位中使用的某类岩石比例的话，就会产生一个扭曲的、不准确的结论。所以，为了消除原料石料类型使用比例的失衡现象，并提供一个相对可靠的原料使用喜好评估，我们将同一时期所有生产单位的岩石种类依据废料和残次品的重量进行了二次归类，并加以综合分析，这一结果可能会更可靠和接近实际情况。

图4.2显示了制玦作坊不同时期使用原料的变化情况：泥灰岩是西周早、中期使用量最大的生产原料，占比达58%—76%，至西周晚期时急遽下降至10%左右。页岩的使用却呈现出相反的趋势，从西周早、中期的20%—30%，到西周晚期时成为使用频率最高的制玦原料，占比达80%左右。方解石和大理岩在各个时期都在使用，但始终没有成为作坊大规模使用的原料种类，其平均占有量为5%—7%之间。就石英石而言，仅有少量的废料，占总重量的0.7%左右，没有残次品发现，而且石英石的废料多集中于西周中期。

总而言之，泥灰岩和页岩是西周早中期生产石玦的主要石料，西周晚期时，页岩成为唯一的占有绝对多数制玦的原料，其他岩类的石料使用频率显著降低，其所占比例在1.7%到2.0%之间。图4.2同时也显示了不同阶段生产原料种类变化的一个有趣现象：用于石玦生产的主要原料种类（以占比5%为标准）逐步减少且趋于集中，从西周早期的四类、到西周中期的三类，至西周晚期时期两类且以绝对优势集中于一个单一种类——页岩。

由此看来，随着时间推移，石玦生产活动的不断推进及生产规模的扩大，齐家作坊对生产原料的选择越来越集中、越稳定。齐家作坊石玦生产原料种类的不断集中，可能更多地迎合了西周社会消费者对石玦形态标准化程度的需求，另外一方面也可能与石玦消费者的偏好、需求或社会风尚导向有着密切的关系。

齐家制玦作坊中生产原料的选择，从西周早期的多元到晚期的集中统一，这种变化趋势也出现在了云塘制骨作坊和李家铸铜作坊的产品种类上。在这一时间段内，云塘制骨作坊由大规模生产向生产活动趋于停止、产品单一化（骨笄）转变；李家铸铜遗址中也出现了生产器物由车马器、容器、工具等种类，到向以铸造生产工具为主的变化。有学者指出，这种西周中晚期之间产品种类、原料选择等方面发生的剧烈转变，以及原料选择的变化，或许与厉王时期贵族家族的变动所导致的作坊管理者的更替有关[1]。

---

[1] 马赛：《从手工业作坊看周原遗址西周晚期的变化》，《中国国家博物馆馆刊》2016年第3期。

石玦残次品

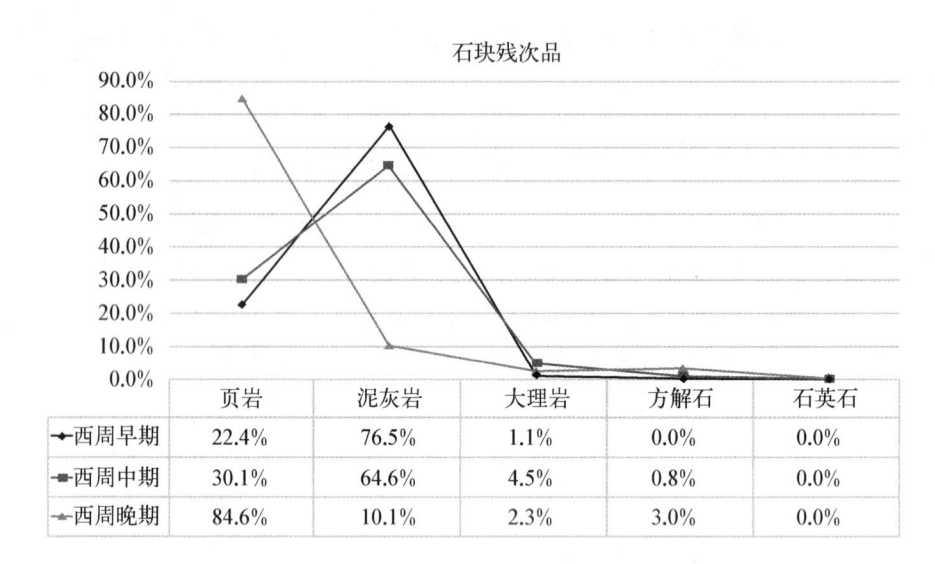

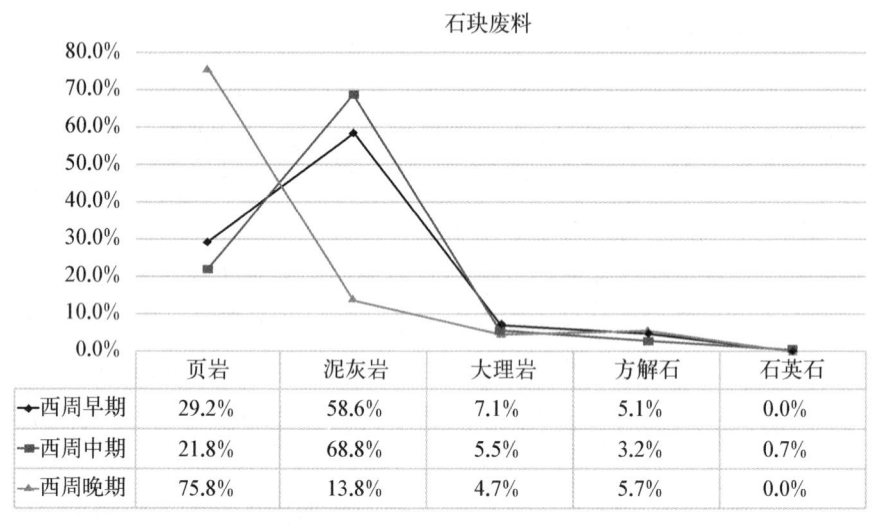

	页岩	泥灰岩	大理岩	方解石	石英石
西周早期	22.4%	76.5%	1.1%	0.0%	0.0%
西周中期	30.1%	64.6%	4.5%	0.8%	0.0%
西周晚期	84.6%	10.1%	2.3%	3.0%	0.0%

石玦废料

	页岩	泥灰岩	大理岩	方解石	石英石
西周早期	29.2%	58.6%	7.1%	5.1%	0.0%
西周中期	21.8%	68.8%	5.5%	3.2%	0.7%
西周晚期	75.8%	13.8%	4.7%	5.7%	0.0%

图 4.2　西周早中晚期石玦残次品和生产废料中石料种类占比图

二、形制变化

考虑了原料使用之后，我们再次来评估石玦形态的标准化程度反映的生产活动专业化程度。不同于前文讨论的是，这一部分强调西周早期至晚期石玦形态变化的整体趋势，整合后的资料包含了所有西周早、中、晚三个时期里所有生产单位可测量标本数据，没有考虑生产阶段和石料种类的差异。

表 4.5 显示了石玦各个已测量数据在不同历史时期的变化趋势。一个有

趣的现象是有关石玦残次品直径的变化：西周早期时，石玦残次品平均直径为43.4毫米，至中期时降为38.7毫米，西周晚期进一步变小，仅有32.6毫米。同时，石玦残次品的厚度和环宽也相应变薄、变窄。环宽从早期的14.7毫米到中期的12.2毫米，西周晚期时降为10.9毫米；厚度也进一步从早期的5.5毫米降至中期的4.1毫米，晚期时其厚度进一步变薄至3.8毫米。

表4.5 西周早期至晚期石玦残次品标准化程度统计表

		直径	环宽	厚度	重量
西周早期	数量	30	17	31	31
	平均值	43.4	14.7	5.5	9.3
	标准差	7.8	3.9	2.8	6.7
	变异系数	17.9%	26.6%	50.8%	71%
西周中期	数量	389	173	420	316
	平均值	38.7	12.2	4.1	6.6
	标准差	8.6	3.0	2.3	6.9
	变异系数	22.3%	24.4%	55.8%	100%
西周晚期	数量	1850	699	1865	1866
	平均值	32.6	10.9	3.8	4.6
	标准差	6.6	2.3	2.0	4.1
	变异系数	20.4%	21.5%	51.8%	88%

西周早期至西周晚期石玦的形态变化逐渐缩小的趋势，由标准偏差数值反映得更为直接。就石玦尺寸而言，西周早期时其直径的标准偏差约为7.8毫米，宽度为3.9毫米和厚度为2.8毫米；至西周晚期时分别降至6.6毫米、2.4毫米和2.0毫米。较低的标准偏差暗示着越小的形制变化，即石玦外形的一致性和标准化程度不断提高。

表4.5中变异系数则显示了一个较为复杂的变化模式。从西周早期至中期，石玦直径的变异系数从17.9%增加到了22.3%，至晚期降至20.4%；厚度从50.8%增加到55.8%，至晚期降至51.8%。石玦的直径与厚度在作坊生产的开始阶段及生产末期变化幅度数值较小，却在作坊生产规模急剧扩张的西周中期，出现了显著的不稳定性，若非多样性的石玦产品需求导致这一结果，

则极可能与生产规模扩张过程中,更多不熟练的生产者参加了石玦生产有关。与此同时,环宽的变化幅度却呈现了一个逐步较小的趋势,从 26.6% 降至 24.4%,至晚期降低至 21.5%。

由此可见,随着石玦生产活动的持续开展和日益成熟,成品石玦的尺寸变得越来越小,质地越来越单一化。从一个经济角度来说,这种变化或许是资源合理利用、追求生产效率的结果;从消费者的角度来说,也许更好地适应了社会风尚和满足了个人需求。石玦直径与厚度的变化和宽度呈现的不同变化趋势,或许是由于西周早期标本数量较少而导致了变异系数变化,也可能反映了随着石玦生产规模的扩展,越来越多的手工业者卷入了石玦的生产活动。如果不考虑西周早期的变异系数的变化情况,我们可以清晰地观察自西周中期以来,石玦逐渐趋于形制标准化的过程,晚期的生产者能够比早期的生产者制造出更加标准化的石玦是可以显著观察到的。

三、生产技术

考古学资料中,研究者对生产技术的评估是难以量化的,但可以将制作产品时的选材用料、操作步骤的数量、技术与动作控制等作为生产技术复杂程度的参考。一般认为,技术要求高的产品需要专业的工匠进行专业化生产才能完成,但要准确认定某种产品所需技术的复杂程度,分析者往往必须作出物质材料能够反映技术变化的假设。由于标准化程度和技术变化总是正面相关的,所以生产技术的评估可以通过不同的途径得以反映,其中标准化程度本身就是技术的一个标志。

齐家作坊石玦生产的历时性专业化发展趋势,体现在以下几个方面:

第一,复杂技术的使用。穿孔是石玦生产过程中最为耗时和风险较大的一项工作。齐家石玦生产中不断改进钻孔技术,提高钻孔技术及创新制孔工具(管钻或弓钻),保证了玦饰的孔心与环心偏差非常小,代表了制造技术的提高。作为复合钻孔工具部件的多棱状石钻在西周晚期时才开始出现,暗示着西周早中期的手持式钻孔技术在西周晚期得到了进一步的改善,反映了从西周早期到中晚期之间石玦生产中钻孔技术不断提高的事实。

我们同时注意到,除钻孔之外,打制毛坯的过程中出现意外的可能性也极大,是石玦生产过程的一个关键技术环节。西周中期时,圆形毛坯占到了残次品总数的 75% 以上,而年代越晚,所占比例越低,总数甚至不足残次品总数的一半。这一现象也反映了生产技术的不断提高。

第二,石玦平均重量的减少。西周早期单个石玦的重量为9.3克,西周中期时减少为6.6克,西周晚期为4.6克。西周早期至晚期不断减少的石玦平均重量可以被视为生产技术提高的一个重要指示,表明手工业生产者有能力通过减少单位石玦的石料用量来减少资源消耗,从而提高生产效率。这一点对于石玦生产活动而言相当重要,因为齐家作坊使用的石料并非就地取材,这一减少原料消耗的策略无疑会提高原料使用效能,促使相同数量的石料产出更多的石玦成品。石玦重量的减少伴随着尺寸的变小,石玦制作过程中对石料消耗的减少,反映了从早期至晚期手工业者优化生产技术能力的不断提高,例如对于成形、穿孔和玦口制作等技术熟练地掌握。

第三,学习标本的存在。学习标本代表了技术改进的愿望。齐家作坊出现了大量不规则形的石饼,这些石圆饼上常见钻孔痕迹,可能是新工匠练习钻孔技术的实验品。对这些形制本身不规则的圆饼进行钻孔的目的,显然不是要着意于生产石玦,而是为了训练或教授钻孔的技术。这一技术培训的目的,就是为了在生产过程中降低钻孔偏离或意外破碎的概率。学习标本在西周早期或中期数量极少,西周晚期时大量出现,表明具有较高危险性的穿孔技术在生产实践中存在较为紧迫的改进需要。

总之,从石玦生产活动开始至西周晚期作坊废弃,生产者对制玦技术不断的改进,是齐家制玦生产效率不断提高和产品标准化的一个重要因素。尽管石玦的形制在西周不同期段存在着一些变化,石玦的形态标准化和生产方式的专业化趋势是可见的,不仅体现在原料使用上,而且更为直接的体现在其形制与尺寸上。

第四节 影响石玦生产形态评估的因素

手工业产品的标准化程度能够通过变异系数数值而得以评估。恩肯斯和贝廷格依据心理学和统计学中韦伯常数的研究,提供了一个变异系数数值区间,用来评估考古学资料统计分析中关于标准化的认知问题[①]。他们认为,由于人

---

① Eerkens, J. W. "Practice Makes Within 5% of Perfect: Visual Perception, Motor Skills and Memory in Artefact Variation", *Current Anthropology* 41 (4), 2000, pp. 663-668.

们视觉能力、记忆或者生产技巧的限制,被认为是完全相同的物品可能在尺寸和重量上存在2%—3%左右的变化幅度;变异系数在4%—5%区间,通常被考虑为接近古代手工业者生产标准化物品时认知(辨识)能力的界线。变异系数数值在57.7%以上表明一个有意的、夸张的变化状态,并且单个生产者在积极地追求产品形态的多样化[1]。

当考古学家工作的对象是不同的个体生产者时,5%左右的变异系数数值就代表了标准化生产方式。那些远远大于这一数值的变异系数数值暗示着两种可能,或者那些本该分开考虑的产品被作为同一类而混合在一起,或者就是处于生产者能够接受的,产品距离理想外形或尺寸的偏差范围内。

事实上,古代手工业者似乎不可能获得变异系数值小于5%的高度标准化程度[2]。变异系数的区间变化提供了两个判断产品形制变化的基线,4%—5%为人类试图生产完全标准化的器物可以达到的最高变异系数数值;57.7%是产品区域有目的多样化或随机生产的变异系数数值,不同文化之间的变异系数值存在不同的范围。在累积影响的情形下,小规模生产的陶器组中不会出现至少两个参数的变异系数值均低于3%的情况等[3]。这一点对于我们如何评估石玦的标准化,进而认识石玦生产的专业化程度具有重要的参考价值。

为了推断齐家石玦形制的标准化程度,笔者对不同期别之内和期别之间产品的变异系数数值都进行了计算。然而,石玦各变量的变异系数,在单个生产单位多在15%—20%之间,综合数据在20%—25%之间。这一数值表明,齐家石玦的标准化诉求处于完全标准化和随机生产之间,很难直接用于在作坊生产中推断"机械化生产"或者"有意夸大的变化"。当然,从心理学和统计学角度建立的基线似乎并不能简单地套用于考古学资料阐释中。

然而,我们如何从生产组织的角度来评估石玦生产中的变异系数?什么是这些变异系数数值代表的技术和社会意义?他们是否能够体现某种专业化生产方式呢?若是,他们属于什么等级的专业化生产?在回答这些问题之前,我们先讨论一下影响石玦标准化程度评估的因素。

---

[1] Eerkens, J. W. and R. L. Bettinger, "Techniques for Assessing Standardization in Artefact Assemblages: Can We Scale Material Varibility?", *American Antiquity* 66 (3), 2001, pp. 494-504.

[2] Berg, I., "The Meaning of Standardisation: Conical Cups in the Late Bronze Age Aegean", *Antiquity* 78 (299), 2004, p. 75.

[3] 瓦伦丁·卢克斯著,付永旭译,陈星灿校:《陶器生产的标准化和强度:专业化程度的量化》,《南方文物》2011第3期。

首先，标本性质。不同于其他研究（例如陶器），本文选取的研究标本主要是生产过程中产生的残次品而非成品。

其次，由于作为耳饰的石玦属于个人的装饰品，所以不同的尺寸、多样的质地将会为消费者提供更多的选择，而这种情况自然会导致石玦形态与质地的多样性。

第三，通常情况下，考古学遗存比那些民族考古学模式下的研究物品背景要模糊一些，其堆积形成的过程较复杂，时间较长，生产者、残次品来源、生产工具与产品之间关联性等问题都不甚明了。因此，在考察其标准化程度时，考古学背景下的研究对象往往不仅包括了不同生产单位的产品，而且可能包括了较大时间范围内的产品。数代手工业者不可避免地会制造出多种多样的石玦产品（残次品）。即使在本研究中，笔者已经将分析单元适当地限定在一个可控的时间范围内，仍然要远远长于任何民族学的研究区间。在这种情况下，我们就看到了一个比民族学研究和在理想状况下幅度更大的变化趋势。

第四，考虑到研究对象多数来自生产活动结束后的弃置堆积，考察的产品可能来自同一时期多个区域邻近的生产单位或者数个生产组群产生的残次品。不能准确地辨识同一时期不同生产单位和生产组群，也会导致一个较大的评估数值。

因此，在某些情况下，石玦是否标准化及标准化程度的评估是受上述多个因素影响的。对处于考古学背景下的石玦生产而言，上述潜在因素可能影响了我们对石玦形态变化的评估，现在获得的变异系数数值是一个上述因素影响下的"累计的模糊值"。若以单位资料中变异系数15%—20%的区间和综合资料中20%—25%的区间，作为产品形制的一致性趋势和可辨识专业化的标准，则可以肯定的说，齐家石玦生产活动中，对其玦口宽度和石玦直径而言，其标准化趋势是显著的。从西周早期至西周晚期，生产石玦的原料种类逐渐减少，石玦的形制趋于一致，石玦残次品的尺寸逐渐变小。

对于石玦生产的研究表明，单独某类描述性参数对于标准化程度的评估或者专业化程度的辨识是不充分和不准确的。诸多因素，包括生产者和消费者的审美情趣、个人需求、社会经济因素和研究方法等都会影响考古学研究中对于标准化的评估。

因此，为了有效地评估生产过程中标准化和专业化程度，研究者必须考虑产品种类变化和待研究的生产系统的文化和社会背景。当将变异系数数值与一定的生产方式联系起来的时候，很难就单独变异系数数值的统计学意义进行检验。考古学背景下的标准化和专业化分析是复杂多变的，需要考虑个案的特殊性。当然，我们也相信，相对的变异系数数值的历时性变化的确是手工业产品标准化和专业化程度考察的一个重要参考数值。

第五章

贵族工坊：生产组织与生产规模

在探讨了产品标准化和专业化生产之后，以下将依据考古学背景下生产设施的空间关系、作坊产品的构成、文献资料及模拟实验结果，进一步阐述生产组织的几个方面。为了解石玦生产系统的不同方面，笔者依据考斯汀提出的研究模式，从生产背景、生产强度、集约化程度及生产规模等四个方面来考察齐家作坊的生产组织。这些指标性因素有助于解释随着社会等级分化程度越来越高，跨家庭的手工业生产是如何变化的（表5.1）。

表 5.1 考斯汀考察生产组织的四个参数[①]

衡量参数	类　　别	判断依据
生产背景	独立式生产者//依附式或嵌入式生产者	贵族资助程度
生产强度	兼职//全职式	工匠投入时间
生产规模	小规模家族式//工厂式	生产场地
集约程度	分散式//集约式	集约化程度

此外，为了从技术角度进一步讨论齐家作坊的生产组织，依据石玦残次品及生产工具的空间分布状况，从制作技术的角度和操作链的层面上检验了所谓"全面式"与"独立式"模式，生产技术及其代表的生产组织组群[②]。

[①] Costin, C. L. "Craft Specialization: Issues in Defining, Documenting, and Explaining the Organization of Production", *Archaeological Method and Theory* (3), The University of Arizona Press, 1991, pp. 11 – 32. Costin C. L., "Craft Production Systems", *Archaeology at the Millennium: A Sourcebook*, Kluwer Academic/Plenum Publishers, 2001, pp. 273 – 328.

[②] Franklin U., "The Beginnings of Metallurgy in China: A Comparative Approach", *The Great Bronze Age of China*, University of Washington Press, 1983, pp. 94 – 99.

第一节 生产背景：个体式还是依附式

一、评估手段

生产背景是指生产者和需求其产品的消费者在政治经济层面的从属关系。在过去数十年里，关于这一问题已经展开了诸多讨论。最具影响力的当属厄里提出的依附式专业化和个体式专业化的区分[1]，其后得到了诸多学者的不断完善[2]。

依附式专业化生产被定义为贵族控制的奢侈品或象征财富物品的生产活动[3]。从社会经济角度看，在这种生产方式下，生产者依赖于贵族或集权组织，在家庭以外的专门空间进行生产，规模较大。生产者受到社会上层的控制或管理，在原料获得、产品种类和产品分配等方面没有自主权。

个体式专业化生产指生产那些流通于自给自足经济状态下的日用品，生产规模相对较小，生产活动在家庭内部或聚落内部分工，生产者在原料获得、产品种类和产品分配等方面具有自主权。也就是说，在这种生产方式下，手工业者为满足多种多样的经济、社会或政治需求，独立地生产物品或提供服务[4]。依附式生产因此被视为政治活动的一部分，而个体式生产则为满足日常和经济需求的行为。

依附式专业化和个体式专业化的区分依据是生产组织的系统变化。埃姆斯认为，个体式和依附式的划分并不能充分地描述生产活动的各种社会背景，因此从依附形态生产方式中区分出了"嵌入式"生产方式，来代表生产活动的第三种形态[5]。在这种生产方式下，高等级个体为满足自身或其他同等身份者的

---

[1] Earle, T. K., "Comments on P. Rice, Evolution of Specialized Pottery Production: A Trial Model", *Current Anthropology 22*, 1981, pp. 230-231.

[2] Brumfiel, E. M. and T. Earle, "Specialization, Exchange, and Complex Societies: An Introduction", *Specialization, Exchange, and Complex Societies*, Cambridge University Press, 1987, pp. 1-9. Clark, J. E. and W, "Craft Specialization and Cultural Complexity", *Research in Economic Anthropology 12*, 1990, pp. 289-346. Stein, G. J. and M. J. Blackman, "The Organizational Context of Specialized Craft Production in Early Mesopotamian States", *Research in Economic Anthropology 14*, 1993, pp. 29-59.

[3] Lewis, B. S. "The Role of Attached and Independent Specialization in the Development of Sociopolitical Complexity", *Research in Economic Anthropology 17*, 1996, pp. 357-388.

[4] Stein, G. "Producers, Patrons, and Prestige: Craft Specialists and Emergent Elites in Mesopotamia from 5500-3100 B. C", *Craft Specialization and Social Evolution: In Memory of V. Gordon Childe*, University of Pennsylvania, 1996, pp. 26-38.

[5] Ames, K. M. "Chiefly Power and Household Production in Northwest Coast", *Foundations of Social Inequality*. 1995, pp. 155-187.

需要而进行生产。当从高等级建筑遗迹中发现手工业产品废弃物时，就构成了逻辑意义上的"嵌入式生产方式"。然而，推定这些从事生产奢侈品或者象征身份物品的工匠的政治经济背景，确定其本身是否为贵族家族成员，或者是因非血缘关系而进入贵族居所生产的人，在考古学背景下是比较难以实践的。一般认为，这种生产方式一般存在于酋邦社会和国家阶段的社会里，其特点是贵族自己也生产一些物品，贵族成员本身就是生产者。

依附式生产和个体式生产之间最基本的区别体现在以下两个方面：

首先，依附式工匠和个体式工匠生产的产品在性质和目的之间存在差别。依附式生产者生产具有威望、流通范围较小的珍贵物品，其分配由贵族控制；个体式生产者生产使用范围较广的日用品，以自给自足为主要目的。

其次，两类生产方式的生产活动的空间位置存在区别。依附式作坊通常与贵族的家庭居住地或政府机构相连，生产活动容易被监视或限制；而个体式作坊通常与普通生产者的房屋相连。虽然依附式生产者与贵族赞助者（拥有者）相关联的认识受到了诸多批评[①]，但是仍然能够适用于多数情境，至少提供了生产活动是否受到监管的最直接证据。

由于生产背景和产品"价值"之间存在密切联系，在探讨齐家作坊的生产背景之前，我们首先需要回答，齐家石玦究竟是奢侈品还是低附加值的普通日用品？后文在讨论了石玦的社会属性时，从质地、规模、流通范围、消费者等几方面，我们确认了齐家石玦属于普通日用品（第七章）。按照前述西方考古学界关于依附式专业化和个体式专业化中产品附加值及消费对象的判断标准，自然可以认为，齐家石玦的生产属于所谓的个体式生产方式，而非依附式的专业化生产。然而，从生产地点、聚落规模及其空间关系等方面来看，齐家石玦的生产似乎并不符合小型个体式生产形态。

二、工匠居址与贵族宫室

贵族居址、普通者居址与齐家作坊之间的空间关系是判断石玦生产活动空间关联性的重要依据。过去五十年里，在齐家制玦作坊周边揭示出了两组大型宫殿式建筑基址。

---

① Arnold, J. E. and A. Muuns, "Independent or Attached Specialization: The Organization of Shell Bead Production in California", *Journal of Field Archaeology* 21 (4), 1994, p. 476.

其一是距离石玦作坊约 400 米的齐家东建筑群①。该组建筑于 1985 年被齐家村民在农业生产活动中发现，虽然整体形制尚不清晰，但从残存石柱础的规模推断，当属于大型宫室或宗庙建筑。另外一组为 1999—2002 年发掘的云塘—齐镇建筑基址，发掘面积约 5 000 平方米②。该组建筑位于齐家作坊东北约 300 米处，西距云塘制骨作坊约 100 米。虽然关于这组建筑的解释还存在一些不同意见，但是其属于高等级贵族所有这一点基本上没有争议，争论焦点在于这些大型夯土建筑是属于贵族居址还是宗庙建筑③。

如果我们认为齐家东建筑基址和云塘齐镇建筑群是贵族居址，考虑到这两组建筑与石玦作坊的生产活动具有共时性，那么，大型建筑基址的使用和石玦的生产活动之间的空间关系很容易让人联系起来。依据陶器断代及地层学证据，这两组建筑均废弃于西周晚期。考虑到其经过数次重建和维修（数层重建夯土），其始建年代可上溯至西周中期或略早，最终于晚期毁弃。这一年代框架与石玦生产开始于西周早期偏晚，终止于西周晚期是一致的。年代上的一致性和空间位置的相近，暗示着二者之间存在政治或经济上的关联性。

若是，石玦生产或许已被贵族直接监管，其空间位置的相邻为控制和监管提供了便利条件。生产地点的位置与贵族居址的相邻是依附式生产方式的一个关键特征，因此可以认为齐家作坊属于依附式专业化生产，而非个体独立式生产。

齐家制玦的工匠显然不是居住在作坊生产区域的。在齐家制玦作坊东侧 300 米之外，揭露了成排分布的小型房址，可能是制玦作坊工匠的居址。20 世纪时，在齐家作坊东部不远发掘了一处平面布局极为特殊的西周平民居址④。这组居址为高台建筑，每间房屋面积约 12 平方米，设有内外间。房屋基址保存残夯土墙基 1.5 米左右，墙厚 58 厘米。其中一座房屋的北墙开着 1 米见方的窗户，窗上有十字架形木条窗棂痕迹，屋内居住面及四面墙壁抹成似猪血色的光面。根据房内出土物推断，此处房基属于西周中期。《扶风县志》对此次发现做了进一步描述：1974—1978 年省文管会在齐家村东壕一带揭露面积 2 000 多平方米，发现的居住基址一般面积很小，约七八平方米，四周版筑土

---

① 罗西章：《扶风县文物志》，陕西人民教育出版社，1993 年。
② 周原考古队：《陕西扶风县云塘、齐镇西周建筑基址 1999—2000 年度发掘简报》，《考古》2002 年第 9 期；周原考古队：《2002 年周原遗址云塘齐镇建筑基址发掘简报》，《考古与文物》2007 年第 3 期。
③ 徐良高：《新世纪周原考古发现与研究》，《中国文物报》，2004 年 12 月 2 日第 7 版。
④ 徐锡台：《周原考古工作的主要收获》，《考古与文物》1988 年第 5、6 期。

墙，墙上开窗，未发现瓦片，系平民居住区①。

齐家东所见的成组分布的小型房址虽然也修建于夯土台基之上，但其规模远远小于周边的大型贵族建筑基址，并且未见任何用瓦的痕迹，其直线形一字的排列方式，显然经过了审慎地规划，与后世的工房相类，不同于周原所见的半地穴式普通居址。这种连间成组的房址分布方式，很容易使人想起西周金文中提到的用来专门安置贵族家庭工匠的"偏"。

西周时期依附形态的生产者和其他附庸往往被安置于靠近贵族庭院的相对独立的空间。毁簋铭文曰②：

> "……伯龢父若曰，师毁，乃祖考有爵于我家，汝有虽小子，余令汝死我家，兼司我西偏东偏，仆驭百工，牧臣妾，董裁内外，毋敢不善……"。

铭文记载了伯龢父安排毁为他的家族服务，毁被安排去掌管伯龢父的仆人、臣妾、奴隶和百工。为了感谢伯龢父的恩惠，毁铸造了这件器物并告诫子孙永远珍惜这个伟大的恩赐。这篇铭文特别提到了"百工"这一特殊人群。百工的字面意思为"百种手工业者或手工业生产部门"。所谓"百"者，仅是强调手工业生产种类的丰富数量，并非描述手工业活动的精确种类或手工业具体的门类，多数情况下用来指称从事各种手工业生产的工匠。"百工"和其他的附庸和臣妾都被安排在所谓的"东偏"和"西偏"。"偏"即"边"，是相对于贵族居住的中心建筑而言的，暗示着伯龢父家族的手工业者居住地点距离伯龢父的居所不远，这一安排既便于贵族家庭的管理和监控，也体现了工匠和仆人、臣妾一样，在经济社会地位上具有强烈的依附性。

《逸周书·作雒解》记载了周公东征告捷作大邑后，令"农居鄙，得以庶士，士居国家，得以诸公大夫，凡工贾胥士，臣仆州里，俾无交为"。《作雒解》反映了周初就开始实行异民异居的政策，形成了所谓"农居鄙"，居"国"中之"工"不从农事，且与其他人群"俾无交为"的居住形态。据此推测，齐家东侧发现的直线型分布的小型房子极可能就是齐家制玦工匠居住的地方，也就是所谓的"东偏"。

---

① 陕西省扶风县地方志编撰委员会：《扶风县志》，陕西人民出版社，2003年。又见陈全方：《周原与周文化》，上海人民出版社，1988年；徐天进、张恩贤：《西周王朝的发祥之地—周原——周原考古综述》，《吉金铸国史》，文物出版社，2002年。

② 郭沫若：《两周金文辞大系图录考释》，上海书店出版社，1999年。

三、生产背景

上文在使用西方手工业考古学研究中提出的"依附式生产模式"和"个体独立式生产模式"的分类标准，衡量比较齐家石玦的生产形态时，得出了两种不同的结论。一方面，根据终端产品石玦"日常性"及"低附加值"的特性，其生产性质似乎可以定义为独立式的专业化生产方式；但从另一方面，在考虑到齐家作坊和贵族居所之间的空间布局关系后，似乎又可以理解为依附形态的专业化生产方式。

文献及青铜器铭文记载了有关手工业者与贵族之间的关系，支持依附性的生产关系。《礼记·王制篇》说："凡执技以事上者，祝、史、射、御、医、卜及百工。凡执技以事上者：不贰事，不移官，出乡不与士齿；仕于家者，出乡不与士齿。"凡是具有特殊技能的人员，如掌握祭祀祖先礼仪的祝、记录历史的史、弓箭射手及各类手工业工匠，在没有其主人许可的情况下，是不允许擅自改变其职业的。这一记载表明，类似于贵族家庭中其他低等级的附庸人员一样，手工业者属于贵族的附庸。换言之，他们符合依附形式生产方式中的手工业生产者特征。

《国语·晋语四》曰"公食贡，大夫食邑，士食田，庶人食力，工商食官，皂隶食职，官宰食加"，记述了"工"和"商"都食于官府。"工商"从业者是有专门技能并由官府豢养的人，从事各种手工业生产和商业活动以满足国君和官府的需要，虽然身份低贱，但区别于皂隶和一般庶民。西周时期的"工商食官"制度，不仅显示了手工业生产者和贵族之间的经济依附关系，也暗示着手工业生产者自身不从事生活资料的生产，而直接从王室或贵族家庭获取资助。当然，"工商食官"的记载并不否定广泛存在于民间的私营手工业和商业。

商周铜器铭文同样提供了手工业者"百工"依赖于贵族家庭生存的事实。周原出土的公臣簋铭文可以视为对依附于贵族家庭的手工业者社会经济地位的清晰描述。1975年公臣簋出土于周原遗址岐山县董家村，属厉王时器（前877—前841年），共6行43字，铭文曰（图5.1）：

> 虢仲令公臣司朕百工，赐汝马乘钟五金，用事。公臣拜稽首，敢扬天尹丕显休，用作尊簋，公臣其万年用宝兹休。[①]

[①] 庞怀靖、吴镇烽、雒忠如、尚志儒：《陕西省岐山县董家村西周铜器窖穴发掘简报》，《文物》1976年第5期。

图 5.1　公臣簋及铭文拓片

　　这篇铭文记载了公臣（虢仲家中的低级官吏）被虢仲任命来管理家中的百工，并赐给他马匹、钟等物品作为报酬，公臣铸器以纪念赏赐并期望子子孙孙永远宝用的事实。这一记载，至少可以引申出有关西周时期手工业生产形态的三点信息：一是西周时期的贵族家庭存在着大规模的手工业生产活动；其次，一个贵族家庭可以控制多种（虽非百种）手工业产品的生产；第三，附属于贵族家庭的手工业生产者在经济和政治方面与贵族家庭关系密切。

　　齐家制玦作坊的工匠当具有与虢仲家工匠同样的社会经济地位，石玦的生产活动或许是在贵族监控之下的依附式生产者从事的。综合产品性质、生产区域、贵族建筑及手工业者居址之间的空间关系以及文献证据来看，齐家石玦作坊属于依附形态，但生产的却是日用品，而非具有高附加值的代表身份和威望的"奢侈品"。这一认识亦可由后文对作坊内部存在的劳动分工进一步证实。齐家作坊发掘区域可见至少九组不同的生产单元，每组都有各自独立的生产区域。这种生产分工暗示着管理和监控的存在，或许石玦生产过程中的产品设计、改进和生产任务执行等活动都是由一个具有管理职能的第三方而非普通生产者组织实施的。这种管理形式其实质就是一种被管理、受约束的依附式生产。

　　据此推测，齐家制玦作坊或类似于虢仲家族作坊，属于居住在岐邑周原内的某个贵族家庭所有，其生产性质类似"贵族工厂"，属于所谓的"依附形态生产方式"。自 20 世纪中叶以来，在齐家制玦作坊的邻近区域内先后出土了西周中晚期的几父、柞、中义、中友、日己等家族的铜器窖藏。根据对铜器使用日名与族徽等判定，西周时期齐家村一带是某个与西周王室联姻的殷遗民贵族的居住地①，而齐家制玦作坊可能就是属于这些殷遗民贵族所有的依附式作坊。

齐家石玦作坊虽依附贵族家庭，但生产的产品却属于普通日用品。就个体式及依附式生产方式分类而言，齐家石玦的生产并不符合于所谓的"依附式生产者生产高附加值产品，而独立式生产者生产一般日用品"这一西方考古学家构建的手工业生产模式。事实上，很多学者也认识到这种不一致性并进行了反驳②。

其实，所谓"依附式"与"个体式"仅仅是一个理想化的极端现象，而不应该被视为一个静止的类别，生产背景和产品性质之间并无简单的对应关系。依附于贵族的手工业者生产的物品常常是奢侈品，但也可能属于日用品。"奢侈品暗示着依附式生产方式，而低附加值物品暗示着独立式生产方式"的理论模式简单化了生产类型及生产背景之间的关系。因此，尽管有关手工业生产形态的识别标准已经形成并被广泛接受，但我们还要认识到，这些理论模式仍然需要不断的修正完善，以便涵盖不同地域人类古代手工业遗存中存在的各类形态。

综上，制玦作坊与相邻大型建筑基址之间在时间上有共时性，在空间上有关联性，从生产背景来看，齐家作坊与附近的贵族家庭有着密切的联系。工匠们集中居住在靠近作坊生产场地和贵族宅院的附近，接受来自贵族及其家庭的生活资助。这种布局一方面有利于贵族监视、控制和管理生产者；另一方面也暗示着工匠与周围贵族家庭之间存在着经济或者政治上的紧密联系，属于所谓的官营手工业者"百工"，即生活于贵族控制下的依附式生产者。

第二节 生产强度：兼职还是全职

一、评估手段

生产强度指衡量生产者在生产某类产品时，与从事其他经济活动相比投入的时间量。虽然相对时间的投入量可以从生产废料堆积的情况作出大致判断，但仍然被认为是从考古学角度最难以进行衡量的参数③。作为生产系统中投入

---

① 张懋镕：《周人不用日名说》，《历史研究》1993 年第 5 期；张懋镕：《周人不用族徽说》，《考古》1995 年第 9 期。

② Liu, L., *Urbanization in China: Erlitou and Its Hinterland*. *Urbanism in the Preindustrial World: Cross-cultural Approaches*, University of Alabama Press, 2006, p. 164. Underhill A., *Craft Production and Social Change in Northern China*, Kluwer Academic/Plenum Publishers, 2002, p. 234.

③ Costin, C. L. "Craft Specialization: Issues in Defining, Documenting, and Explaining the Organization of Production", *Archaeological Method and Theory* (3), The University of Arizona Press, 1991, p. 30.

劳动或精力的衡量手段，生产强度在某种意义上或反映了自给自足、交互依赖性的特点，或体现了伴随着社会组织的变化，生产者从兼职向全职生产的转化。

所谓全职的生产者实质上也就是专职工匠，理论上对其认定可以通过生产者获得报酬的方式和技能高低、生产废弃物的数量、规模以及消费速率等几方面来评估[①]，但这些参数在考古发掘资料中总往往难以准确辨识和评估。

例如，如果将生产废弃物的数量和规模作为证据的话，我们需要较为可靠地估算手工业者生产活动中产生一定数量的废品所需要消耗的时间，而多少时间能够构成一个判定"全职生产"的必要条件，也是需要慎重考虑的问题。由于在考古学背景下，堆积形成的准确时间长度很难断定，因此这种方法仍然停留在理论层面上。尽管如此，许多考古学家仍在努力探索和辨识古代社会政治的复杂化及其伴随的全职手工业者出现的方式和过程，也期望看到专业化生产和产品的标准化之间的关联。

由于全职生产不必像一个独立生产者那样承担食物供应不连续的风险，依附式工匠比独立生产者更能全职投入工作。在生产效率不高的季节、气候限制和季节性产品需求开始之前，兼职生产者可能只在一年的某个时间里从事手工业生产。民族学调查显示，对绝大部分早期古代工匠来说，其生产强度在一年内是不断变化的，即使全职或高强度生产，其生产活动也有着一定的季节性，工匠整年工作的可能性几乎是不存在的。

一般来讲，如果废料堆积与生活垃圾相互反复叠压堆积，则生产活动很可能是季节性的，生产者仅投入部分时间从事手工业生产活动；若生产废料连续堆积，则生产活动很可能是延续不断的，代表了职业化的全投入生产。但季节性的生产也可能是专业化的，早期社会的许多手工业生产活动都是在农闲季节开展的。事实上，在专业化的初级阶段，大部分专业化手工业生产者都不是全职的，专业化生产只是其生产活动的　部分，真正的全职专业化生产只有在工业时代，大规模商品化生产状态下才可能出现。

在考古学资料中，单独家户或生产组群内生产工具的种类及其占比，是考察手工业生产强度的有效指标。具备某类特定功能的生产工具（例如建筑、农业、渔业、狩猎及其他工具）种类，可以指示手工业者生前所从事的经济活动

---

① Torrence, R. *Production and Exchange of Stone Tools: Prehistoric Obsidian in the Aegean*, Cambridge University Press, 1986, pp. 145-147.

的范围,其比例可作为判别经济系统中劳动强度的指标。

需要指出的是,以生产工具的组合来推断经济活动的构成情况,通常依赖于居址等生活遗迹内废弃物内容的丰富程度和保存状况。只有经过长时间使用的生产工具,并且被有意丢弃后才有可能成为反映其生产活动的指标。从这方面来讲,如果齐家工匠也从事了其他的经济活动,那么在他们的居址遗迹(房址)或生产设施中也能发现承担不同生产功能的生产工具。遗憾的是,由于齐家村东侧的工匠居址相关信息简略,我们只能依靠齐家作坊制玦生产设施中发现的工具种类和数量来推测齐家工匠从事石玦生产的强度。

二、生产强度

齐家制玦作坊的生产区域发现了大量代表肉食资源消费行为的动物骨骼,以及炊具等日用陶器。这一现象表明,在石玦生产期间,工匠们在生产区域度过了大量的时间,一些必要的经济活动和炊煮等行为也在生产区域进行。虽然齐家制玦工匠的房址处于生产区域之外,并且那些发现于生产区域的建筑遗迹多为工作间类设施,我们仍无法排除作坊区域内存在长期性的居住行为。

齐家作坊的大部分生产遗存来自已经辨识的制玦设施,这些遗存(包括陶器、兽骨及各种工具和装饰品)均可被视为工匠遗留,且未脱离其原始的生产生活环境,代表了一段时期内最小的具有统计学意义的分析单元。因此,即使齐家遗址基本上属于石玦生产区域而非普通居住遗址,但从这些遗迹中获取的代表不同功能的生产工具(不包括石玦残次品),可作为评估生产者从事其他生产活动和石玦生产强度的重要依据。

与齐家手工业者生产活动相关的文化遗存包括石玦生产工具、箭头、骨凿、卜骨、动物泥塑等。依据他们的(假设)功能可以归为以下七类(表5.2)。

表5.2展示了齐家作坊发掘区域出土的各类不同功能工具的比例。在可以辨识的七类工具中,1 144件属于与石玦生产相关的工具,占工具总数的87.46%;个人用品包括骨笄和泥塑(装饰品?),居于次要地位,占4%左右;武器或狩猎工具共有22件,占1.7%左右;用于从事家庭日常生计活动的工具有31件,包括用于纺织的纺轮、骨针及日常家用骨锥等,占总数的2.4%;农业和建筑工具的数量极少(共7件,占总数0.5%)。此外还发现少量用于占卜的卜骨(33件,占总数2.5%)及铸铜遗存(19件,占总数1.5%),其所占比重远大于农业及建筑工具。

表 5.2　齐家制玦作坊生产遗迹出土的工具类型登记表

工具功能	工具类型	西周早期	西周中期	西周晚期	合计	百分比
制玦工具	敲击石、钻头、分割器、石錾、石锯、砺石等	9	307	828	1 144	87.46%
狩猎工具/武器	铜/骨镞	1	8	13	22	1.68%
占卜工具	卜骨	1	28	4	33	2.52%
铸铜工具	陶范	0	17	2	19	1.45%
个人用品	泥塑动物	0	0	10	10	3.98%
	骨笄	1	15	26	42	
纺织工具	骨针	0	0	1	1	2.37%
	骨凿/骨锥	1	2	10	13	
	陶纺轮	0	6	11	17	
农具或建筑工具	石斧	0	2	0	2	0.54%
	石/骨铲	1	4	0	5	

　　如果上述工具的占比能够作为推测齐家工匠从事不同生产活动的指标，那么石玦生产活动无疑是这一区域最为主要的活动。此外，工匠们还花费了一定的时间生产石刀、小型装饰品及泥塑等物品。例如，本次发掘中与石玦生产遗存共存的有近百件石刀残次品，这些石刀残次品多处于成形、钻孔或磨制阶段，表明了齐家制玦工匠除了将绝大部分时间投入到石玦生产之外，可能部分业余时间也用于制造石刀等农业工具，并利用石玦生产原料来制作其他小型装饰品。石玦生产遗迹中发现的骨针、骨凿等手工业工具，暗示着纺织和其他日常维持生计行为的存在。卜骨的出土或许可以解释为偶尔占卜活动的存在。

　　少量铸铜遗存（陶范）的出土，由于缺乏其他铸铜工具和设施等证据，不能表明齐家作坊石玦生产区域内有铸铜活动的同时进行，但却暗示了齐家制玦作坊与附近李家铸铜作坊在生产活动存续时期的双向交流，这一点也可以从李家铸铜作坊发现少量齐家制玦遗存得到证实。在李家铸铜作坊的6个灰坑和2座房址中，发现了7件石玦和6件石刀，材质均为页岩，形制亦与齐家制玦作坊的产品一致。在李家03B2M7的随葬品中还发现一件页岩石玦。这几处手工业作坊内的铸铜和制骨遗迹的年代从西周中期偏早延续到西周晚期偏晚阶段，与齐家制玦作坊石玦生产活动的存续年代完全重叠，因此推测这几处手工业作坊在生产活动开展期间，有着较为密切的交往。

除上述生产工具外，作坊生产区域还发现了一些个人用品，当属于齐家工匠的日常用品。石玦生产区域发现的骨笄，多数是长期使用而被弃置的旧物，个别形态完整者不排除为使用者意外丢失之物。

仅有7件工具（石斧、骨铲）与农业生产或建筑活动相关，就发现的工具总数来说，比例非常之少。如果我们认可农业活动的有无可以作为一个衡量生产强度（全职或兼职）的因素，那么齐家石玦生产区域所见的7件（占0.5％）农业或建筑工具则会使人相信，齐家工匠们极少从事农业生产和建筑活动。更为可能的是，他们属于全职工匠，基本上不从事其他形态的经济活动，属于"食于官"的依附式手工业者。

全职是相对于兼职的一个概念。一个全职的工匠并不意味着他需要全年不间断的工作。《孟子·滕文公章句上》曰："百工之事，固不可耕且为也""然则治天下独可耕且为与？有大人之事，有小人之事。且一人之身，而百工之所为备。如必自为而后用之，是率天下而路也"。这是一段孟子和陈相之间的辩论问答。陈相说，各种工匠的活计本来就不可能边耕作边干的。孟子回答说："既然是这样的道理，那么治理天下的事能边耕作边干吗？有官吏们的事，有小民们的事。再说一个人的用品要靠各种工匠来替他制备，如果一定要自己制作而后使用，这会导致天下的人疲于奔走。"这一记载表明春秋时期附庸于贵族或官署的手工业者往往是全职从事专业生产活动的，西周时期依附式手工业生产生活状态亦当如此。

齐家工匠的日常活动以石玦生产为主，同时也不能排除其他生产活动的存在。从生产强度来讲，石玦的生产揭示了一种接近全职式的行为。

第三节　生产规模：家户生产还是作坊

一、评估手段

生产规模是一个相对概念和变量，可以通过考察劳动者数量、产品产量及生产遗迹的分布范围来衡量。劳动者的数量（包括来源、数量、控制及经济补偿方式）往往难以从考古学角度考察，但产品产量却通常可与生产规模联系起来，在考古学语境中得以考察。

在一定数量的产品和消费群体中，生产者越少则专业化程度就越高。在效率原则下,通过日常化、技术专门化等行为会不断减少产品中的变化因素。考古学家往往根据生产位置和生产设施的规模来推测生产规模,进而推测生产究竟是家户还是作坊式的。基于血缘关系的家户生产和公共权力组织下的作坊式生产之间,在生产设施的规模上存在着根本的区别。

家户生产只是开展满足家庭需要的生产,偶尔也包括了用于家庭背景下交换物品的生产,许多情况下生产任务是被分配给各个不同的家庭成员来协作进行的,并不需要相对独立和固定的生产空间。作坊式生产往往有着一定的规模、生产组群构成数量比较庞杂,工匠既可能是从同一个社会群组中招募来的,又可能来自其他不相关的区域,管理者需要建立工匠群体的组织协调机制。前者是一种基于血缘关系的运作方式,后者则更可能是一种制度化、官僚化的运作方式。

民族学资料表明,生产者个体从头到尾完成所有的生产工序和任务是不现实的,在许多情况下这些任务是被分工给各个不同的家庭成员来进行的,并不一定需要专门的生产空间。因此,家户式生产更多的需要考虑家庭内部不同成员承担手工业生产任务的时间及任务。作坊式的生产则需要解决工匠组织的机制,包括他们是如何被控制及他们之间如何发生联系的。

二、生产规模

依据上述参数,以下在分期基础上对齐家石玦生产规模进行评估。从事石玦生产的工匠数量是依据各个时期生产工具的数量进行推算的;石玦产量则通过计算生产遗存(包括石玦残次品和废料)的数量和质量进行估算;生产面积通过生产遗迹的数量和分布范围来评估。上述研究是建立在大规模的生产活动会产生大规模的废弃堆积、大量生产工具和大量残次品这一假设之上的;反之,规模有限的、偶然性的生产活动则只产生少量堆积、工具及有限的残次品。

依据生产工具、石玦残次品和生产废料所占的比重,以及生产遗迹的数量,西周早期、中期至晚期石玦生产规模的变化可以概括如下:

第一,生产工具数量反映的生产规模。西周早期共有生产工具9件,占已知制玦工具总数的0.8%,至西周中期时工具总数达到了307件,占比大幅提升至26.8%,到西周晚期时工具总数骤增至828件,占到了工具总数的三分之二以上(表5.3)。从西周早期至西周中期,生产工具的数量激增了30余倍;中期至晚期数量变化也有2.5倍之多。这一工具数量的显著变化揭示:由西周早期至西周晚期,石玦的生产规模发生了急剧变化,其中质的变化发生在早、中期之间，代表了西周早期石玦生产由萌芽状态向规模化生产的转化，而中、晚期之间生产规模的变化，从工具数量的占比来看已经趋于平缓，则可能代表了一种稳定的大规模生产状态。

表 5.3　齐家制玦作坊西周时期生产遗迹及制玦遗存统计表

生产遗存	西周早期	西周中期	西周晚期
制玦工具（件）	9（0.8%）	307（26.8%）	828（72.4%）
残次品（件）	110（0.3%）	1 709（4.8%）	34 072（94.9%）
生产废料（kg）	3.6（0.4%）	153（17.7%）	706.3（81.9%）
生产遗迹（个）	6（13.3%）	25（71.1%）	7（15.6%）

假使发掘所见的工具都曾经被用于石玦生产活动，那么这里统计的西周各期段生产工具的数量则可能反映了从事石玦生产的工匠人数变化情况：西周早期石玦生产尚未形成规模，至中晚期时从事石玦生产的工匠人数大幅增加，与西周早期相比，形成了一个相对稳定的集约化、规模化生产方式。

第二，生产废弃物的数量（质量）反映的生产规模。石玦残次品的数量和生产废弃物的重量也可以用于估算生产活动的规模及变化情况。西周早期发现的石玦残次品共有 110 件，占总数的不足 0.3%。到西周中期时，数量激增至 1 709 件，占总数的 4.8% 左右。最为剧烈的变化出现在西周晚期，残次品数量达到 34 072 件，占到了总数的 95%。与此同时，生产废料的重量也展现了一个类似的变化趋势，从西周早期的 3.6 千克，到中期的 153 千克，晚期时暴增至 706.3 千克（表 5.3）。石玦残次品及生产石废料所展示的历时性变化趋势，同样暗示了从西周早期至晚期石玦生产规模的剧烈扩张，随之而来是从事石玦生产的工匠数量增加。

第三，生产面积反映的生产规模。生产区域的面积大致可以各期已辨识出的生产遗迹和工作间类设施的数量来代表。西周早期至晚期，生产遗迹和工作间类设施的数量处于不断变化之中，西周早期仅见 6 座灰坑（与石玦生产有关的生产单位），无工作间类设施发现；至西周中期生产单位数量达到 27 座，包括了 4 间工作间；西周晚期时生产单位数量减少，仅见 7 座及 1 间工作间。

区域范围内手工业生产者的活动空间是相对分散还是相对集中，对于判断生产规模同样具有重要意义。西周早期，石玦生产遗迹仅见于遗址西南部靠近刘家沟沟沿一带，绝大部分的发掘区域尚未开发使用，暗示着石玦的生产活动还处于萌芽阶段，生产规模较小，或许其生产范围局限于发掘区的西部区域。至西周中期时，石玦生产活动迅速扩展，覆盖了整个发掘区域，生产设施的数量已占总数的70%以上，石玦的生产规模陡然扩大。

至西周晚期时，虽然仅确认7处与生产有关的设施，就其数量而言比中期少了20处，但这7处遗迹出土的石玦生产遗存却达到了峰值，几乎占去了作坊出土制玦遗存总量的80%。伴随着西周晚期制玦工具、生产废弃物及残次品重量和数量的激增，生产遗迹数量的急遽减少，生产活动区域呈现出了显著的萎缩趋势，其分布范围集中在了发掘区西部刘家沟东侧的狭小区域。显然，这种现象不能解释为生产规模的缩小，而更可能是生产活动被限定在一个相对集中的空间区域，反映了作坊生产空间和生产组织的变化，即工匠数量或生产单位减少，产量或规模扩张。

就生产设施而言，西周早期时数量稀少且分布分散，至西周中期时生产单位数量增加，生产场地扩展至了发掘区域的大部分。这一时期工匠使用了较多种类的生产石料，石玦规格变化幅度较大，或是由于生产尚处于萌芽阶段且生产者技术尚不熟练，或因从事生产活动的工匠数量较多、对石玦的生产缺乏统一规划造成的。西周晚期生产遗迹数量骤减、生产面积萎缩，石玦产量却大幅飙升，生产活动范围在空间上也变得越来越集中。生产单元数量的减少并非生产规模缩小的结果，而是生产规模在集中管理形式下的扩张。这一时期工匠对制玦原料选择趋于单一化，则很可能是规模化的石玦生产对产品质量和规格的人为控制造成的结果。

上述现象表明，石玦生产规模的变化是生产相对集中和专业化程度提高的结果，西周中期所见的多个生产组群在西周晚期时可能已经转化为了几个规模较大的生产单位。在西周中期石玦生产的繁荣之后，石玦生产者可能被组织或管理得更为集中，这样似乎更有利于控制产品的质量。

三、产量评估

要通过作坊部分区域内的考古发掘成果来判断整个作坊生产遗存的准确数量和推测产品产量是非常困难的一件事情，特别是当分析结果依赖于生产残次品时，这种情况尤为突出。

笔者拟将研究区间加以限定，并假设发现于西周晚期后段的石玦残次品能够大致上代表发掘区域在作坊废弃之前、某一较短时间内生产活动产生的残次品总数,来使上述评估变得接近实际和便于操作。

齐家作坊生产堆积的保存情况整体良好,遗址揭露区域为西周专门进行石玦生产的场地,此前或之后基本未有其他时期的人类活动遗迹,并且这些石玦生产遗迹没有遭受严重的后期破坏。西周末年,随着犬戎的突然入侵,齐家作坊的生产活动戛然而止。这种情况导致作坊的生产遗存保存在了一个极为理想的状态之下。换言之,所有废弃物没有经过人为的扰动,基本可以认为其处于原始的生产单元之中。假设发现于西周晚期后段的石玦残次品大致可以代表齐家作坊生产区域在废弃之前的某一较短时间内产生的残次品总数,则可以通过模拟实验获得的破损率、残次品总数及石废料重量等比例关系,大致推算出整个齐家作坊在毁弃之前的石玦总产量。

我们不妨假设,西周晚期后段生产设施 H21 及 H22 中所获的 30 710 件石玦残次品,代表了作坊废弃之前发掘区域的残次品总数,则可以通过模拟实验获得的破损率来推测作坊毁弃之前的发掘区域内的石玦生产总量,并进而来评估整个作坊遗址的石玦生产规模。

为了便于计算石玦的相对产量,特构建以下公式:

$$石玦总量 = 石玦残次品数量 / 平均破损率 - 石玦残次品数量$$

这个算式包含两个变量,石玦残次品数量和平均破损率。第一个变量即石玦残次品数量可以通过考古发掘出土实物资料的统计获得。第二个变量即平均破碎率,并不能直接从考古资料中计算出来。来自每个生产阶段残次品与各阶段成品之间的比率,并非齐家作坊实际的石玦生产破损率,故不能直接用于石玦生产总量的估算。因为相对于成品石玦而言,这些不同生产阶段的破损率数值并不代表石玦生产过程中生产成品石玦时的平均破损率。因此,我们采用石玦模拟实验获得的破损率数值加以推算。

石玦模拟实验结果获得的破损率是指石玦生产过程中残次品数量和实验总数之间的比值。计算结果为 70%,意味着 10 个毛坯中大约有 7 个由于意外原因而被淘汰出生产过程,仅有 3 例得以成形。事实上,这一数据似乎将齐家制玦作坊工匠生产石玦的实际破损率夸大了,其原因可能是由于从事这项实验的笔者及同事没有任何经验积累。因此,我们需要来重新校正这种估算结果。

假设齐家工匠产品成功率是实验者的两倍,那么破碎率则随之缩小为 35% 左右。但是需要说明的是,这一点还是无法证实。若以 35% 作为齐家作坊石块生产中的平均破损率，则意味着每十个实验标本中会有大约 7 件最后成为成品石玦。那么西周晚期晚段 H21 和 H22 的总产量则分别为 8 088 和 64 005 件。依据上述计算结果，那么以这两座生产单位为代表的西周晚期石玦的产量将达到 72 093 件（表 5.4）。

表 5.4　西周晚期晚段 H21 和 H22 成品石玦数量估算

	石玦残次品数量	成品石玦数量估算（以 70% 为破碎率）	成品石玦数量估算（以 35% 为破碎率）
H21	4 355	1 866	8 088
H22	26 355	11 295	64 005
合计	30 710	13 161	72 093

上述结果有助于进一步评估齐家作坊在西周晚期时石玦的年产量。事实上，对手工业产品年产量的估算研究中生产存续的时间是评估产量的关键因素。为了推算年生产率，研究者需要将单位生产量与生产周期联系起来考虑[①]。我们认识到，即使对生产技术、西周晚期石玦生产遗存的考古学背景及堆积历史的理解已经较为透彻，仍然无法断定这些遗存的产生和堆积形成的准确时间。

为探讨石玦的年产量，笔者拟以 11 年作为最大的生产周期，1 年作为最小的生产周期。11 年的周期是基于西周晚期最后一个王——幽王的在位时间（前 781—前 771 年）。基于上述假设，最大和最小产量的估算则可以通过平均总产量除以生产周期获得，计算结果分别为最多 72 093（1 年周期）及最少 6 554（11 年周期）。由于已知的标本可能只包括了整个作坊生产残次品的一部分，因此评估其作坊整体年产量需要根据遗址面积进一步推算。齐家制玦作坊的面积将近 9 000 平方米（据地表生产遗存分布情况），按照本次发掘揭露面积 845 平方米折算，那么，整个齐家作坊石玦的年产量应该介于 69 805 至 767 854 件之间。

需要说明的是，这一数字仅为大致估算，并且上述推算是建立在以下假设之上：1）在不考虑技术空间分布的不确定性，以及生产与场地维护过程中存在的规则性变化情况下，且地表发现的生产遗迹能够较为准确地反映生产活动的空间范围；2）西周晚期可辨识的作坊范围之内所有生产设施都介入了石玦生

[①] Clark, J. E. "Prismatic Blade Making, Craftsmanship, and Production: An Analysis of Obsidian Refuse from Ojo de Agua, Chiapas", *Ancient Mesoamerica* 8, 1997, pp. 137 – 159. Hirth, K. G. and B. Andrews, *Estimating Production Output in Domestic Craft Workshops*. *Obsidian Craft Production in Ancient Central Mexico*, The University of Utah Press, 2006, p. 210.

产活动，并且生产单位的空间分布是均匀的；3）H21 和 H22 出土的石玦残次品的确能够代表发掘区作坊废弃之前石玦废品的总数；4）生产活动是连续的而非周期性的。

事实上，古代手工业生产堆积要同时满足这四个条件基本是不太可能的。由于上述假设存在很多不确定性，所以这些数据的客观性和准确性仍值得商榷。手工业产品的产量评估是一项具有挑战性的工作，因为在一定程度上，产量估算的准确性依赖于研究标本原位堆积的可靠性。是故，上述结果仅为可能而非真实的石玦产量。但无论如何，在理论和方法未得到充分发展之前，此分析结论为这一复杂问题的探讨提供了途径。

对制玦工具及生产废弃物的分析表明，齐家石玦应由专业化的全职工匠生产，其生产规模已远远超出周原遗址所有潜在消费人群的日用需求，因而推测流通范围也更为广泛。从经济和政治角度来看，齐家石玦已成为满足一定区域内普通人群审美需求的日常产品，它的生产似乎也已成为一个商业化的行为，并为作坊拥有者带来一定的经济收入（见第七章）。

第四节　集中程度：分散还是集中

集中化程度是指在一个限定的地理区域或人群中，对某类生产者相对分散或聚集程度的概括，涵盖了遗址内部和宏观地域上的空间分析。关于石玦生产空间集中程度的评估，主要依赖于周原遗址及其周边考古调查的成果。

一、评估手段

考古学资料中用于描述生产集中程度的模式大致可以概括为两类[1]：一种是生产者均匀地分散于许多生产地点，生产活动在这些地点同时开展；另外一种情况是，生产者集中于一个单一的、大型的生产中心。当生产废弃物见于数量有限的数个遗址时，则可以认为存在一种生产集中化的趋向，这种方式易于集权结构的组织控制，且生产效率更高[2]。反之，分散的生产方式下，生产者

---

[1] Costin C. L., "Craft Production Systems", *Archaeology at the Millennium: A Sourcebook*, Kluwer Academic/Plenum Publishers, 2001, pp. 273–328.

[2] Flad, R. *Specialised Salt Production and Changing Social Structure at the Prehistoric Site of Zhongba in the Eastern Sichuan Basin*, *China*. University of California, Los Angeles, 2004, p. 43.

散布于不同聚落中，这种形态有利于获得理想的产品和最小化运输成本。在这种方式下，产品在某一特定区域内有着统一的分配和流通方式，其分布位置与区域内的资源分布及社会需求的广泛程度有着密切关系。

二、制玦遗址的唯一性

石玦生产的集中化程度可以依据上述准则来进行分析判断。周原遗址内及其周边一定范围，是否存在着其他制造石玦的遗址，这是判断生产集中程度的关键因素。如果有，则表明西周时期石玦的生产已经较为普遍，社会需求较大，生产场地的布局因而相对分散。如果没有，则可以认为是一种集中化的生产方式，表明了齐家石玦的生产只是为了满足周原及其周边范围人群的需求。

2002 年度，周原考古队沿着七星河流域展开了一次全面考古调查。调查范围南北长 21 公里，东西宽 4—12 公里，面积 100 余平方公里，记录了从新石器时代至西周时期共 55 处遗址，所采集的大部分遗物似乎多为满足生计需要的常见日用生活物品。在这些遗址中，15 处中小型遗址属于西周时期，散落于周原遗址内及周边半径约 5—20 公里范围之内，大部分靠近七星河，或者靠近岐山南麓的冲积扇区域，没有发现与石玦生产相关的遗存。从遗址的规模及性质来说，这些遗址属于周原都邑的次级聚落，担负着为周原核心聚落提供生活资料和其他生产资料的职能。

考古学调查显示，调查区域内的其他同期遗址中没有发现类似的制玦工具和残次品，齐家作坊是岐邑周原区域内已辨识出的唯一的生产石玦的专门性作坊。根据已往的考古资料及研究成果，我们可以肯定地说，齐家作坊是西周王朝辖域内唯一的集约化、专业性的石玦生产场所。

第五节　生产技术与劳动分工

从技术角度探讨石玦生产中存在的生产组织，是将生产遗存放置于技术背景下，重建生产方式的有效途径之一。20 世纪 80 年代，美国学者富兰克林在有关商周铜器生产组织的探讨中，提出了所谓"全面式"和"规定式"两类生产模式[①]，

---

① Franklin U.，"The Potential of Technical Studies"，*The Great Bronze Age of China*，Los Angeles County Museum，1983.

并将之运用于分析商代青铜制造技术及其生产组织,形成了从简单独立操作到分工合作、复杂技术管理的一个连续整体。

一、评估手段

"全面式生产方式"是指连续的、直线式的发展模式;对于一个产品来说,生产者需要完成生产过程中所有的生产步骤,即完成从制坯到最终产品成形的全过程。"规定式生产方式"即生产活动被分为预先设定的几个技术步骤或生产者被划分为不同组群并分别承担不同生产任务;生产活动由每个生产单位内掌握(擅长)某种技术的个人或群体担任。在规定式生产方式下,单个生产者并不需要掌握生产某类产品的所有技术;反而,他们多专注于某个或者某几个生产步骤。

"全面式"和"规定式"生产方式(技术)自提出以来,一直被作为评估青铜时代手工业生产和生产组织的理论模式。这一理论模式对于描述和分析古代手工业生产活动中的生产组织具有重要的启示意义,但目前仍处于描述性阶段。因此,这种模式还不能作为进一步研究古代手工业生产遗存的有效手段,并且难于运用于生产组织个案的详细讨论。

李永迪通过回顾历史背景、生产技术、生产组织及劳动力分工,比较了景德镇和江苏宜兴的陶瓷器生产活动,形成了讨论范式来探讨商代时期的铜器生产[①]:景德镇生产方式是一种流水线式的生产,工人被区分为不同的生产单位;而宜兴陶器的生产则是一种典型的全面式生产技术,个体手工业者常常需要掌握生产过程中的绝大部分技术及每个步骤。景德镇和宜兴的陶瓷器生产方式为富兰克林主张的全面式和规定式生产方式提供了一个实例,并且验证了两类生产模式的区别。

上述经过验证和改进的理论模式被用于商代铜器生产分析,用于甄别可能存在的不同生产组织形式。李永迪指出,小屯铸铜作坊的材料表明那里的手工业者从事着模具制作、铸铜及铜器修整成形的全部工作,不同生产组群或个体之间集中分布于一个有限的范围内,空间位置相邻。即小屯作坊内工匠没有协作分工,他们需要掌握或负责铜器生产中从制模到成形不同阶段的全部生产技术;相反,孝民屯作坊的工匠绝大部分仅仅掌握一些有限的生产工序,例如铸

[①] Yung-Ti, L., *The Anyang Bronze Foundries: Archaeological Remains, Casting Technology, and Production Organization* (PhD thesis), Anthropology, Harvard University, 2003.

造、修整或成形等。由此得出的结论是，小屯作坊展示了一个全面式的生产方式，那里的生产活动基于不同生产单位进行，一组（群）工匠需要完成所有生产工序直至产品最终成形；而孝民屯作坊中工匠们依据其承担的生产工序被分为不同单位，这些不同生产单位分布于作坊的不同区域内，分别从事不同阶段的生产任务，其生产组织近似于流水线式的生产方式，类似于富兰克林所谓的规定式技术。这些在考古学资料支持下获得的有关古代手工业生产方式的认识为探讨齐家作坊的生产组织形态提供了重要借鉴。

二、技术组织

齐家作坊生产区域内仅确认了一些可能用于储藏原料和产品的灰坑以及工作间类建筑遗迹。因此，在重建作坊的生产组织时，我们还无法直接从这些遗迹中获取足够且有价值的信息，而更多地要依赖于这些生产遗迹内出土的石玦遗存。

齐家石玦生产遗存被弃置于原有生产设施附近或不远的地方。假设每个出土石料的灰坑或工作间能够代表一个曾经实际存在的生产单元的话，则出土于这些遗迹内的废料和生产残次品可以被视为是某群生产者在短时间内产生的文化堆积，即一个独立的生产事件中产生的遗物。分析过程分为判定生产群组和判断石玦生产工序两个步骤，其目的是通过对生产遗存的讨论，辨识不同生产单位（或群体）之间是否存在着生产工序的分工，检验结果对于探讨石玦生产的技术组织具有启示意义。

在不考虑时代差异的基础上，前文识别的40座出土生产遗存的灰坑和5处工作间类设施可依据空间分布形态，分为9组相对集中的分布区域，代表了9处位置相邻的生产组群（图5.2）。这一分类显然未考虑不同时期（西周早、中、晚期）生产单位的数量变化，因此上述九组生产组群只能代表作坊生产活动存续期间，单个生产组群内可以观察到的最小单元数，其分析结果是轮廓式、粗线条的。按照上述空间分布范围对生产遗迹的分类，有助于我们评估齐家作坊生产组群的分布状况及生产组织构成方式。

每个生产组群包含了若干石料坑，个别组群还包括了工作间类设施，相邻组群之间保持了一定的空间距离，使之处于相对独立的位置。这些灰坑及工作间均出土了生产工具、石玦残次品及废料等生产活动遗物。个别生产组群内的生产单位既有形成于西周早期偏晚的，也有西周中晚期的，表明了这些群组可

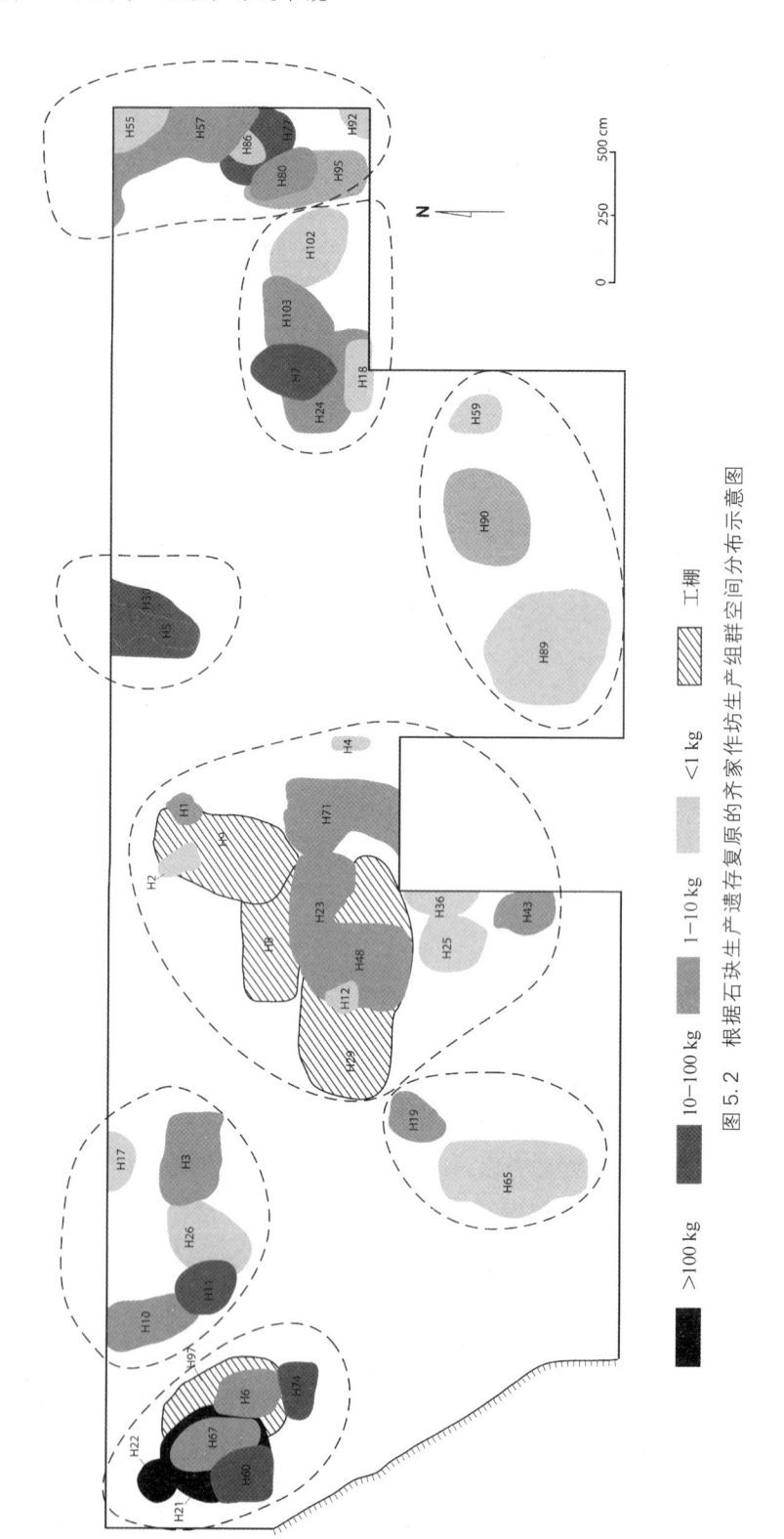

160　玦出周原——西周手工业生产形态管窥

图 5.2　根据石玦生产遗存复原的齐家作坊生产组群空间分布示意图

能经历了作坊从萌芽到毁弃的兴衰全过程。石玦残次品的分类表明，几乎每个生产组群内都包含着不同生产阶段的石玦残次品，并无某个生产组群集中于某个单一技术步骤的现象，如制坯或打磨等单一动作。换句话说，每个组群内均有一整套处于不同生产阶段的石玦残次品，如毛坯、圆饼、圆环和环玦等。

另外，我们还注意到不同组群内的石料构成具有极大的相似性，并无某些组群专注于某类石料石玦生产的现象。同样，每组群都出土了大致相似（如果不是相同的话）的一整套用于石玦制坯到最后打磨成形的生产工具，即敲击石、石砧、石钻、石锉、石锯等被用于不同生产阶段的工具也常见于每个生产组群。

这一现象表明，不同生产组群间的工匠没有明显的、可以通过考古遗物辨识的任务分工，生产活动没有被分解为相互依存的独立工序。在石玦生产活动中，每组工匠可能需要完成从制坯到最后打磨成形的所有生产环节。同样，也没有证据表明每个生产组群内不同的生产步骤有着相对独立的生产空间。因此，齐家作坊的石玦生产可能不是一种流水线式的生产方式，而是一种局限于单个生产组群内的全面式生产形态。齐家石玦的生产技术相对简单，未见分工合作和独立的生产区域，也不见复杂的生产设施，从生产技术角度来说，符合"全面式生产方式"的特征。

以上分析没有考虑生产遗存的期别，而是以区域空间位置为核心，将空间群聚的早中晚三期生产活动放置在一起综合考虑，故得出了如上结论。马赛根据分期结果重新梳理了齐家石玦的统计资料，并选取了残次品数量在100件以上的灰坑进行重新分析，得到了一个有差异的结论[①]。

根据灰坑与灰坑之间各个步骤残次品的比例差异，马赛认为西周晚期阶段石玦的生产模式属于"全面式"的可能性比较小，作坊内分工合作应该是存在的，即属于所谓"规定式生产方式"；作坊内存在分工合作，导致了各个灰坑中各个步骤的残次品比例存在明显差异；齐家制石的生产活动可能由不同的工匠或工匠群体来操作，但残次品的废弃可能没有严格的区分，而是随意地丢弃在若干灰坑之中。同时，她指出了这种认识存在的问题，就是目前无法确认分工存在的层次，究竟作坊之下直接进行分工，还是进行某种分组后再分工？比较而言，她倾向于作坊以下先以加工石料的不同进行分工，继而再以制作程序

[①] 马赛：《齐家制玦作坊生产组织方式初探》，《三代考古》（6），科学出版社，2016年。

的不同步骤来分工合作。

之所以出现上述认识分歧，应是我们无法准确地判断生产过程中的场地清理、二次搬运、废弃物处理等行为究竟能在多大程度上影响统计数据和分析结论。我们以为，即使齐家作坊的确存在着分组分工生产的情况，而且每个组群内独立完成了石玦生产的全部工序（即所谓"全面式"），同时每个组群的生产者统一集中处理生产废弃物，同样会产生同一时期不同生产单位中各阶段残次品比重及其反映的工作效率不一致的状况。换言之，在生产遗迹中同样会出现一个生产单元中圆形毛坯比例很高，而另一个生产单元中钻孔圆环比例很高的现象。因此，依据目前的资料来判断齐家石玦的生产存在着技术分工及或者按照石料不同来分工，仍然是缺乏可靠依据的。

我们观察到，从技术组织角度来说，齐家作坊成组分布的石料坑及工棚应当代表了不同的生产组群。更为重要的是，每组以数个功能性遗迹为代表的生产组群中，都出土了毛坯、圆饼、圆环及环玦等不同阶段的残次品，以及从制坯到钻孔等一整套的生产工具。这一现象，暗示着工匠们需要完成所有的石玦生产步骤。因此，齐家石玦的生产是基于技能要求不高且无强烈协作配合需求的"全面式"的生产方式。

需要说明的是，富兰克林提出的所谓"全面式"和"规定式"的生产方式，强调"全面式生产方式"中管理控制的缺失，"规定式生产方式"中贵族管理的存在。从技术层面上来看，齐家石玦的生产方式是全面式的，但其生产活动却在贵族监控下开展。齐家作坊的案例分析提示我们，管理控制并非某类特定生产组织形式的指示因素，全面式的生产方式也能够在管理监控下进行。

毫无疑问，考斯汀提出的用于分析古代手工业生产组织的四个要素是有意义的，它提供了辨识古代生产组织的构成方式、管理模式、产品分配方式等不同方面的独特视角。但是，我们也需要认识到，西方考古学家从技术角度划分的两类生产方式，在探讨具体案例时是需要补充完善的，其区分的标准和依据并非绝对的衡量因素。这四个判断标准并非一个适用于所有考古资料的准则，在跨文化使用时，特别是在评估考古学背景下的古代日用品抑或高等级奢侈品的社会政治含义时，要将其放置于一定的生产活动背景下考察，否则获得的认识必然是不全面的。

第六章

见玦识人：生产者

工匠是将原料转化为成品并赋予其使用价值和意义的生产者，是政治经济生活的重要组成部分。工匠的社会身份则是生产方式的决定性因素，如果不理解工匠的社会身份，就无法准确认识生产活动中的社会关系。文献中关于手工业生产者（工匠）即"百工"和"工"的记载，多言辞简略，语意模糊。加之考古发现中可断定为工匠遗存的实物资料不足，作为西周时期主要劳动力的重要组成部分，"百工"和"工"的身份一直是考古学界及历史学界热烈讨论的问题[①]，也是先秦时期手工业研究中较为薄弱的方面。

本章以齐家制玦作坊工匠墓葬为对象，通过对生产所有权及相关手工业遗存的空间分布形态的分析，结合文献来进一步探讨西周时期的"百工"——即依附式手工业生产者（归属于贵族或王室）的身份和人员构成问题。研究揭示，西周时期依附式手工业生产者的社会身份存在等级差异，既包括平民、奴隶等从事生产活动的普通劳动者，也包括了小贵族及管理者等承担生产管理或掌握核心技能的"精英人群"。其人员族属既包括商遗民，也包括周人。

第一节　生产类别与生产者身份

依据生产所有权及空间分布形态，西周时期的手工业生产可分为三种形式：家庭手工业（分散于小型村落或乡野之间）、贵族手工业（集中于大型聚落或采邑）及王室手工业（集中于都城）。从生产资助人的背景、生产关系及其产品价值来说，西周手工业作坊又可以分为私营手工业作坊和官营手工业作坊两类，即西方考古学界所谓的"独立式手工业"和"依附式手工业"。一般

[①] 肖楠：《试论卜辞中的"工"与"百工"》，《考古》1981年第3期；顾孟武：《论西周生产领域的奴隶劳动》，《史学月刊》1988年第2期；蔡锋：《夏商手工业者的身份与地位》，《中国经济史研究》2003年第4期；陈旭：《商代手工业者》，《夏商文化论集》，科学出版社，2000年，第192—200页。

认为，发现于大型都邑或高等级聚落的手工业作坊多为官营性质，被贵族或王室控制，其生产目的以满足贵族或王室的高端生活或宗教礼仪需求为主；发现于中小型聚落中或散布在村落周围或家户居址周边，生产陶器、骨器等日常生活用品的手工业作坊，属于私营手工业，其生产目的多为满足家庭日常生活需求或小范围交换和贸易。

实际上，从内涵与外延上来看，这两种分类原则并不互斥，在不同考古学语境下，其交错使用能更准确地描述西周时期的手工业生产形态。

一、独立式手工业

独立式手工业即所谓"私营手工业"，可以细分为家庭手工业、独立手工业两类。

家庭手工业主要以家庭副业的形式反映出来，是农业生产活动之外的重要经济活动，其生产活动是多样的、偶然的，以一家一户为单位，使用私有的生产资料。这种生产方式以满足自身生产生活需求为目的，并以生产者本人的手工劳动为主要生产方式。

家庭手工业者多使用简单工具，依靠手工劳动，从事小规模生产，其产品多为劳动工具和日用器皿，生产目的除满足自己的需要之外，剩余产品用以交换或售卖，来获得其他生产生活资料。制陶、制石、制骨等行业，对技术含量要求不高，工艺技术简单，一般的庶民家庭都可以自行生产。例如，作为一项大众化工艺的制陶业，在考古遗址中留下了数量不少的陶窑，暗示着从事农业生产的庶民就可以在闲时烧造满足自己生活需要的陶器。在商周遗址中，我们还经常看到大量的有加工痕迹的骨料，表明了简单常用的骨器也多是由聚落内人群自行加工的。这类遗存往往零星分布于小型聚落遗址中，在空间上与一般家户遗迹共存或交错分布。

独立式手工业的生产除了满足自身需要之外，大部分产品用于交换或者出售，以便获取其他产品或生活资料。这种生产方式往往具有相对固定的生产人群及生产场地，其产品多成为商品或者用于就近交换。《诗经·氓》所谓"抱布贸丝"，描述的就是这样一种存在于民间的商品化生产或交换方式。独立式手工业生产者生活于小型村落，多以家庭或家族为生产单位。生产者具有专门的生产技艺，一般以世袭方式继承生产技术。这样不仅可以保证产量并维持产品的质量，也使得生产技术被掌控在一定的范围之内。

在一个从事手工业生产的家庭里，老辈工匠通常会传授技艺给他们的后代子孙。《国语·齐语》管子答桓公时说："……夫是故工之子恒为工。……夫是故农之子恒为农。"西周时期的独立手工业是从农业生产活动中分离出来的小规模经营的行业，故规模及数量有限。在考古发现中，这种不隶属于贵族或王室的独立式手工业生产遗存多数还不能清晰地辨认出来。

独立式手工业生产者只有部分时间从事生产活动，产品多以生产日常生活用品为主，如陶器、骨器等，或从事纺织、木作、编织等与生活密切相关的生计活动。独立式手工业生产活动既广泛分布于民间个体私营及家庭副业之中，也出现在王朝都邑中的手工业生产中，是官营手工业的重要补充。从考古发现来看，除了来自王室或贵族作坊的产品之外，生活在都邑之中的其他普通社会阶层，其装饰品或生产生活工具是更多地通过家庭副业而非独立式手工业者获得的。

从身份上来说，独立式手工业者与居住在国中从事农业生产和负担兵役的六乡庶人，以及居住在野中以从事农业生产为主业的野中庶人没有大的区分[①]。《国语》所谓"庶人食力"，是说庶人是不脱离生产劳动的。这种生产劳动既包括农业生产，也应包括了维持日常生活所需的一些手工业生产活动。例如，西周时期陶窑遗址的分布规律揭示，当时不仅王室、诸侯等建立有专业化的手工业作坊，一般民众中也有善于制陶的家族[②]。这些分布于不同地区、拥有着不同规模和不同归属的窑址，构成了一个生产日用必需品的完整生产体系，其产品供应了社会不同阶层的生产生活需要。显然，手工业生产并非贵族独自享有的特权，作为主要农业劳动力的"庶人"，可能也在一定程度上从事了与生计相关的手工业生产活动。

戴向明对于垣曲盆地新石器时代至早期青铜时代陶器生产的研究表明，中小型聚落中既存在分散于不同家户附近的家庭手工业形态，也存在着集中的专业化"作坊式"生产形态[③]。西周时期的私营手工业生产中可能也存在这样的生产组织方式，即个体专业化（作坊式）生产活动。从社会经济角度来说，这类独立专业化手工业者已经脱离了维持生计所进行的必要农业生产活动，而以贸易或交换为目的专事某类的手工业生产。

[①] 谢维扬：《周代家庭形态》，黑龙江人民出版社，2005年。
[②] 张永山：《西周时期陶瓷手工业的发展》，《中国史研究》1997年第3期。
[③] 戴向明：《陶器生产、聚落形态与社会变迁：新石器至早期青铜时代的垣曲盆地》，文物出版社，2010年。

事实上，西周时期实行的"工商食官"政策，导致了西周时期重要的手工业门类由官府统一经营，在某种程度上限制了独立作坊式手工业的发展。直至春秋中期以后，随着井田制的瓦解和新生产关系的出现，商品交流与货币经济得以充分发展，社会生产分工进一步扩大，新的手工业部门和产品不断涌现，独立的工商业者（包括大型私营手工业）才开始普遍出现，成为促进商品货币经济发展的一支重要力量[①]。

总之，商周时期的私营手工业生产构成包括了以家户为单位的家庭手工业生产形式，也包括了独立式手工业者及专业化的个体作坊式生产。分散于大型都邑周边的小型聚落或乡野村落中的手工业生产者，属于与"庶人"相当的自由民。这些人不同于大型聚落或都邑中依附于贵族或王室的官营作坊手工业生产者，没有专门的称呼，不是文献资料所称的"百工"或"工"。从政治经济角度来说，他们本身是自由的、独立的，与贵族和王室不存在直接的政治经济上的依附关系。

需要指出的是，目前学界还缺乏对西周时期独立式手工业生产形态及生产者的深入研究。一方面是因为文献记录的匮乏；另一方面则是因为偏重贵族或王室作坊的考古发掘导致的考古资料不足。探讨早期中小型聚落中手工业的形态及其生产者身份，对于构建当时的社会结构和生活形态具有重要意义。在这一潜在的研究中，考古学所能够提供的信息无疑是最为直接、丰富和充分的。

二、依附式手工业

西周时期的官营手工业即"依附式手工业"，其主要生产类型包括青铜铸造、玉器生产、砖瓦生产等几种，多分布在大型都邑或高等级聚落中，具有固定的生产空间和可观的规模，并且专业化程度较高。一些分布在都邑之内的制骨、制石等大型作坊遗址，其生产活动从性质上来说也属于依附式的官营手工业。这类作坊为王室或贵族所有，其生产活动超越了一般个体家庭形式，可称之为"贵族手工业"或"王室手工业生产"，生产者在一定程度上脱离了日常生计活动。

附庸于贵族或王室的手工业生产者，在文献、甲骨文及金文中被称为"工"或"百工"。但实际上，"工""百工"因使用语境不同，有以下三种不同

---

① 蔡锋：《周代私营手工业类型略论》，《河南师范学院学报》（哲学社会科学版）2004年第3期。

的含义和指称范畴：

一是指百官，见于《周礼·考工记》《尚书·康诰》《尚书·尧典》等篇章及矢令尊、令方尊、令方彝等青铜器铭文。《尚书·康诰》曰："惟三月哉生魄，周公初基，作新大邑于东国洛，四方民大和会，侯甸男邦采卫，百工播民和，见土于周"，记载了周公伐管叔、蔡叔后，以殷移民封康叔，并在成周举行四方大和会，百工与五服诸侯受到周公慰劳劝勉。《尚书·尧典》载："允厘百工，庶绩咸熙。"郑玄注曰："工，官。"《尚书·益稷》载："股肱喜哉，元首起哉，百工熙哉。"郑玄注曰："股肱之臣喜乐尽忠，君之治功乃起，百官之业乃广。"这里的"百工"指侯甸男邦采卫的百官。

金文资料中的"百工"也指"百官"。令方彝（尊）铭文曰：

> 唯十月月吉癸未，明公朝至于成周，徣令舍三事令，眔卿事寮、眔诸尹、眔里君、眔百工、眔诸侯，侯田男。①

这里百工可以和诸尹、里君、诸侯一同受周公子明保之令，说明其地位应该相对较高，至少应该是各种手工业生产活动中负责管理和监督的贵族官吏，而不太可能是具体从事生产的人员。唐兰认为这里的"百工"即百官②。陈梦家认为令方彝铭说明了成周有百工，而且此百工应为王之百工，指有技艺而在官的人。百工与诸尹、里君、诸侯等并列，与《尚书·酒诰》中的结构相似，应从唐氏解释为"百官"较为妥当。也有学者指出，在甲骨文语境中，看不出"工"与手工业直接相关，将之视为"官吏"的泛指较为合适③。

二是泛指各种从事具体手工业生产活动的工匠，见于《礼记》《左传》《论语》等篇章及蔡簋、公臣簋、伊簋、𪚺簋等青铜器铭文。《尚书》相关篇章也有此指称。"百""万"等数字在文献中多为虚指，形容数量众多。百工不必恰好百种，也可能不止百种。

《周礼·考工记》载："审曲面势，以饬五材，以辨民器，谓之百工。"《论

---

① 中国社会科学院考古研究所：《殷周金文集成》第 6016/9901。
② 唐兰：《西周青铜器铭文分代史征》，中华书局，1986 年；陈梦家：《西周铜器断代》，中华书局，2004 年；杨树达：《积微居金文说》，中华书局，1997 年；彭裕商《西周青铜器年代综合研究》，巴蜀书社，2003 年。
③ 孙亚冰：《从甲骨文看商代的世官制度——兼释甲骨文"工"字》，《甲骨文与殷商史》（第 4 辑），上海古籍出版社，2014 年，第 27 页。

语·子张》则有"百工居肆,以成其事"。这里提到的"百工"指各种有技能的手工业生产者。周人重视手工业生产,生产活动有专门的场所。《尚书·酒诰》曰:"又惟殷之迪诸臣,惟工乃湎于酒,勿庸杀之,姑惟教之。有斯明享,乃不用我教辞,惟我一人弗恤弗蠲,乃事时同于杀。"《酒诰》篇是周公旦命令康叔在卫国宣布戒酒的告诫之辞,其主旨是规范人们的饮酒行为,告诫人们不要"湎于酒",但对于那些掌握冶铸等生产技术的手工业者沉湎于饮酒时,可以网开一面,不要轻易处死他们,要进行教育规劝。如果他们依然置若罔闻,不愿改邪归正,则和群饮者一样,杀无赦。《尚书·洛诰》中还有"迪将其后,监我士师工"的记载,工与士、师并列,应当也不是指百官而是指手工业生产者。《逸周书·作雒》有"凡工贾胥市,臣仆州里,俾无交为"的记载,这里的"工"的含义已经非常明确,泛指手工业者,他们有独立的活动区域,不与商贾等人杂居共处。

显然,上述文献提到的"百工"或"工"应属于依附式手工业者,他们所从事的手工业生产活动属于王室,或由高等级的贵族家庭控制。

西周金文中常见有关"百工"的管理及隶属关系的记载。这些青铜器铭文所见"百工"指手工业生产者,而非百官之泛称。根据西周金文资料记载,王室设有宰或命尹(如蔡簋、伊簋)管理其手工业生产,贵族设有"师"(如㝨簋)这样的职位来专门管理百工的生产活动。蔡簋铭文曰:

> 王若曰:蔡,昔先王既令汝作宰,司王家,今余唯申就乃命,令汝眾叨兼胥对各,死司王家外内,毋敢有不闻,司百工,出入姜氏令。[①]

蔡簋铭文大意是王令蔡作宰,管理百工。蔡簋中百工的管理者是蔡,其官职为宰。由于蔡的身份特殊,系受周先王之命做了"宰",行"司王家外内"之事。因此,蔡管理的百工或为王室所有。

伊簋铭文曰[②]:

> 王呼命尹封册命伊,兼官司康宫王臣妾百工。

[①] 中国社会科学院考古研究所:《殷周金文集成》第4340。
[②] 中国社会科学院考古研究所:《殷周金文集成》第4287。

铭文记述了周王室对百工的册封事件。周王命令伊负责管理康宫的臣妾百工，康宫是周王之王宫，周王在此举行册命赏赐等大典，康宫之臣妾百工也就是王室的百工。由此看来，王室的百工管理者多由周王册命和赏赐，属于王室家臣，亦是王官，其产业带来的经济形态自然就可视为王朝经济[1]。

在上一章中，我们在讨论齐家作坊的生产背景时提到𢦏簋和公臣簋两件青铜器上的铭文。这两篇重要铭文，除提供了表明王室管理的手工业者住所的方位和手工业种类等信息之外，还清晰地表明了器主"𢦏"与"公臣"为王室控制的手工业作坊的管理者这一事实。

𢦏簋铭文记述了伯龢父册命𢦏以"师"的身份来管理其家族百工的事实。伯龢父是西周时期地位显赫的大贵族，拥有家族手工业作坊及众多的手工业生产者。虢仲家族是世居周原为数不多的姬姓贵族。公臣簋铭文也记载了虢仲命令公臣负责管理其百工，并赐给他"马乘钟五金"的事实。从从属关系来说，𢦏和公臣的社会地位较低，相当于伯龢父和虢仲家族的家臣，却被委以管理手工业生产的职责。上述记载，展示了西周时期存在于大型都邑类城址之内的一种不容忽视的经济形态，即依附式于贵族家庭的手工业经济，同时也表明了贵族家庭拥有数量众多的手工业生产者。

综上所述，商周时期百工的含义在文献和金文中的释读中，需要根据上下文背景具体分析，有时泛指百官，多数时候则专指手工业生产者，也可以理解为由王室或贵族册命的负责管理监督手工业生产的管理者或贵族[2]。有学者甚至认为，还可以指代手工业作坊（群）[3]。

本书所指"百工"限于第二种含义，即附庸于贵族或王室的手工业生产者，他们生活于都城或大型聚落中，政治或经济上依附于贵族家庭或王室，以生产满足贵族生活及礼仪活动需要的奢侈品（如青铜器、玉器、马车等）为对象，同时又生产一般日用品，属于全职式专业化的生产者。

依附于贵族的手工业生产者虽为全职式生产者，但并非意味着他们会一年四季从事手工产品的制作。《礼记·月令》曰："是月也，霜始降，则百工休"，说明他们也有季节性的轮休。从身份上来说，"百工"依附于王室或贵族家庭，

---

[1] 朱凤瀚：《商周家族形态研究》，天津古籍出版社，2004年，第334—335页。
[2] 林森：《商周时期"百工"研究》，《史学集刊》2014年第1期。
[3] 常淑敏：《殷墟的手工业遗存与卜辞"司工""多工"及"百工"释义》，《江汉考古》2017年第3期。

受到作坊拥有者的监控、管理和资助,这种方式就是所谓的"工商食官"制度。《国语·晋语四》云:"大夫食邑,士食田,庶人食力,工商食官。"

工商食官是西周时期工商业的一种独特的经济模式。西周时期比较重要的手工业都是由王室和诸侯贵族所控制,工商业者基本上是一种官工和官商。当然,并非所有的"工"可以食官,只有那些重要的、受到官府控制如铸铜、制玉、制车等行业中的生产者才可以食于官。前文所述的以满足自身需求为主要生产目的,产品限于一定范围内交换、流通的个体作坊式生产者,自然不在"工商食官"这一范畴之内。

三代时期,手工业经济不仅是国家经济的一个重要组成部分,也是贵族经济的一个重要内容,在社会发展中扮演着重要角色。《周礼·冬官·考工记》载:"国有六职,百工与居一焉。……坐而论道,谓之王公;作而行之,谓之士大夫;审曲面势,以饬五材,以辨民器,谓之百工;通四方之珍异以资之,谓之商旅;饬力以长地财,谓之农夫;治丝麻以成之,谓之妇功。""百工"与王公、士大夫、商旅、农夫、妇功等构成了国家的六等职事,足见其地位之重要。

第二节　姬姓庶民与商系工匠

齐家制玦作坊是周原遗址又一处墓葬集中分布区,墓葬的年代跨度较长,墓葬与墓葬之间、墓葬与石玦生产遗存之间存在着较为复杂的叠压打破现象。墓葬的年代、墓地的形成过程、墓葬与生产遗存之间的关系以及具有特殊身份标识意义的随葬品,是辨析齐家制玦作坊的墓葬主人,探讨其身份地位及族属等问题的重要基础信息。

一、两群人与两类墓

齐家作坊区域发掘的 40 座墓葬,根据墓葬方向、腰坑有无及随葬器物等具有族属指向的特征可以区分为两类:第一类墓葬集中于商末周初,第二类墓葬集中于西周时期。

就墓葬方向而言,东西向和南北向的墓葬在墓地相互掺杂,交错分布。其中东西向墓葬的占比较小,集中于商末周初;南北向墓葬出现于西周早期晚段,即石玦生产活动开始以后,占据了墓葬总数的 90% 以上(图 6.1)。由此

第六章 见玦识人：生产者　173

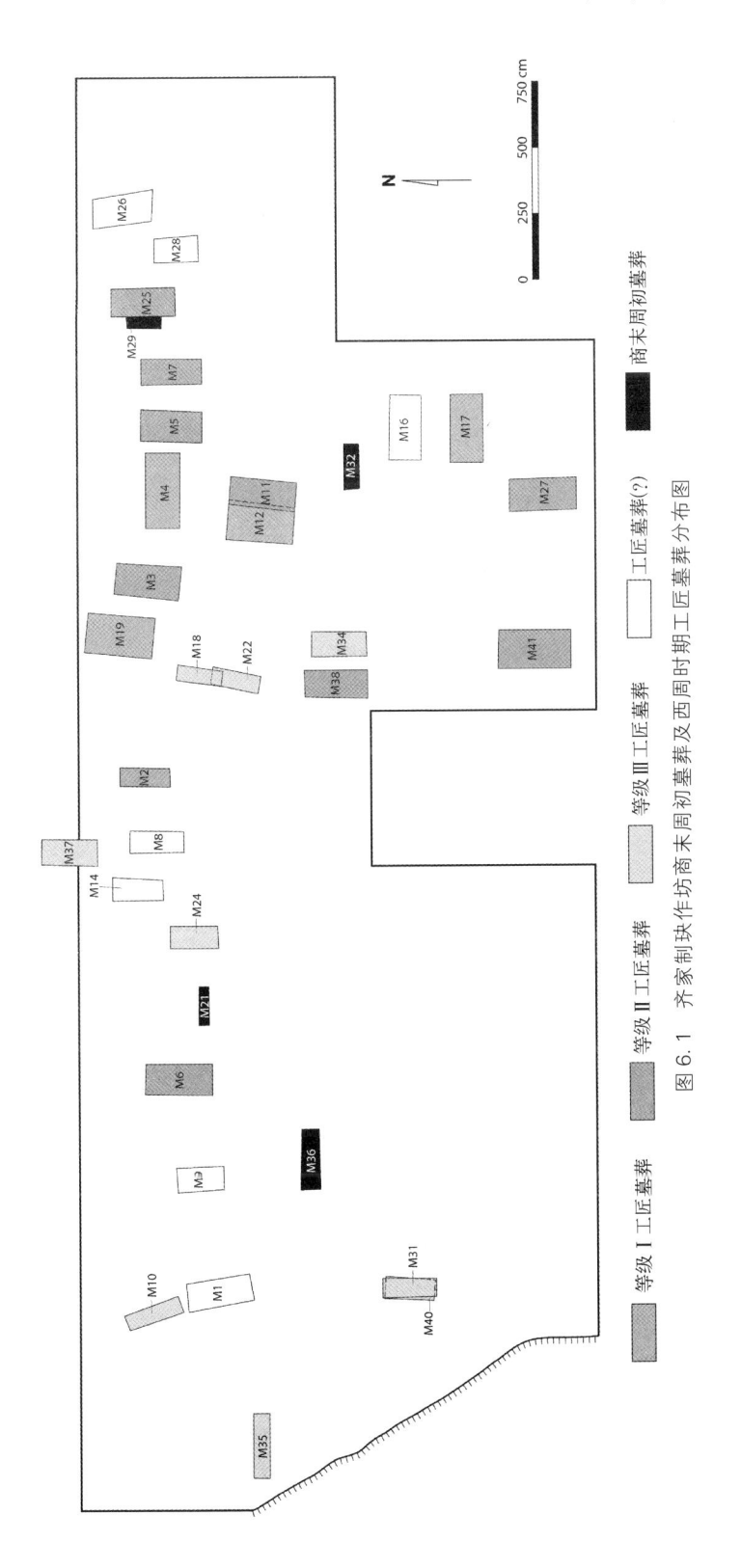

图 6.1　齐家制玦作坊商末周初墓葬及西周时期工匠墓葬分布图

可见，齐家制玦作坊商末周初墓葬与西周早期晚段至西周晚期早段的墓葬头向特征不同。

从腰坑的使用情况看，齐家作坊区域三分之一墓葬有腰坑，与之隔沟相望的贺家周人墓地却不见有腰坑。墓葬设置腰坑的做法是齐家作坊墓葬的一个鲜明的特点。从腰坑墓的期段分布来看，商末周初的墓葬均未见腰坑，腰坑墓始见于西周早期晚段，而且在数量上占据了多数，达到了三分之二，这一优势地位一直持续至西周中期早段，在西周中期晚段时开始减少，但仍占到了近一半的比重，在西周晚期晚段时锐减至不足 20％。自早而晚，腰坑墓经过了一个从无到有，再由多渐少的发展历程。

无腰坑的墓葬虽自始至终都有，但却经历了与腰坑墓不同的变化趋势，分布规律也与腰坑墓截然相反。齐家作坊商末周初的墓葬全部无腰坑，西周早期晚段后无腰坑墓葬所占比重骤减至 40％以下，设置腰坑的墓葬呈现出增多趋势。至西周中期晚段开始，无腰坑的墓葬数量又开始逐渐增多，所占比重超过一半，至西周晚期晚段时达到了 80％，居于绝对多数地位。无腰坑墓从早到晚经历了一个由多到少，再由少渐多的发展变化过程。上述墓葬习俗的重要变化，暗示着齐家制玦作坊商末周初墓葬与西周墓葬的主人在族属上可能存在着区别。

埋葬习俗是一个族群区别于另一个族群的重要标志之一。多数研究者认为，腰坑作风系殷遗民墓葬特点，而典型周人墓葬中不见腰坑。如在齐家东墓地发现的西周早期墓葬中，近一半墓葬有腰坑、殉狗，且墓葬中常见商式簋等属商文化因素的陶器[1]。在西周时期的贺家墓地，无一墓有腰坑、殉狗，且不见商式簋等商文化因素[2]。根据对出土铜器铭文等方面的研究，研究者一般认为贺家墓地是周人墓地，而齐家东墓地的墓主人与殷遗民有关。据此标准推断，齐家制玦作坊揭露的商末周初墓葬和西周时期的墓葬在族属上存在显著区别：即商末周初时期属于典型的周人墓地，在西周早期晚段以后成为了以商人为主、商遗民与周人杂处的墓地。这一结论，不仅可以从齐家作坊墓葬中出土的带有周式风格或商式风格的随葬品，也能够从同时期灰坑等生活遗迹中出土

---

[1] 周原考古队：《1999 年度周原遗址ⅠA1 区及ⅣA1 区发掘简报》，《古代文明》（第 2 卷），文物出版社，2003 年，第 491—538 页。

[2] 贺家村东发现的 3 座墓葬均有腰坑，与贺家墓地当不属同一墓地［参见《陕西岐山贺家村西周墓发掘简报》，《文物资料丛刊》（8），文物出版社，1983 年］。

的文字材料和器物得到证实。

从随葬器物特征来看,齐家制玦作坊墓葬多数遭盗扰,各类随葬品的组合特征不甚显著。从保存状况较好的墓葬可知,完备陶器组合有鬲、罐,鬲、簋、罐,和鬲、簋、罐、豆等三类。从随葬陶器的文化因素构成看,商末周初的墓葬或无随葬品,或仅随葬横绳纹鬲与圆肩罐。横绳纹鬲与圆肩罐是典型的周文化器物,在先周文化中较为常见。齐家制玦作坊先周时期灰坑 H98 中的一件横绳纹鬲的口沿面上有陶文"周"字,强烈地暗示着商末周初之时,占据齐家作坊区域的人群族属是姬姓周人。而从西周早期晚段开始,墓葬随葬品及灰坑等生活设施中出现了大量包含有商式簋、折盘豆等具有商文化因素的器类,表明了生活在这一区域的人群发生了变化。

上述两大阶段的墓葬在墓主头向、腰坑、随葬器物等方面的显著差异,强烈地暗示着齐家作坊墓葬在商末周初之际与西周时期这两个大的时间区间内存在着较为明显的区别。据此,可将齐家制玦作坊墓葬区分为两个不同的墓地,商末周初的齐家制玦作坊的墓主人族属为姬姓周人;西周时期齐家制玦作坊的墓地则成为了以商遗民为主、与周人共同使用的墓地。两者在时间上一早一晚,丧葬传统有别,所属族群亦不相同,但各自内部在墓葬制度上却表现出很强的一致性。但无论是商遗民还是周人,齐家作坊西周时期的多数墓主可以明确判定,其生前从事了与石玦生产有关的活动。

二、工匠墓葬的辨识

这些埋葬于齐家制玦作坊的墓葬,其主人生前与石玦的生产活动有着密切联系,墓葬主人即是制玦工匠。理由如下:

第一,墓地空间布局的"相对独立性"。齐家作坊墓葬可以区分为两个大的阶段:商末周初的周人墓地,共发现了 M21、M32、M36 及 M29 等 4 座墓葬,规模较小,多数无随葬品,也未发现任何与石玦生产活动相关的遗物,此时石玦生产活动尚未开始,墓主人与手工业生产无关;西周早期晚段以后,这一区域转变为石玦生产场地后,墓地与作坊才产生了密切关系。

属于西周时期的墓葬共有 36 座,时代跨越了西周早(晚段)、中、晚三期,与石玦生产活动始终相伴。如果将石玦生产存续期间所有墓葬按照分期结果加以图示的话(图 6.2),不难发现,这一时期的墓葬虽然分散于整个发掘区域,但其布局展示出一定的规律,即绝大部分墓葬位于石玦生产遗迹/工作

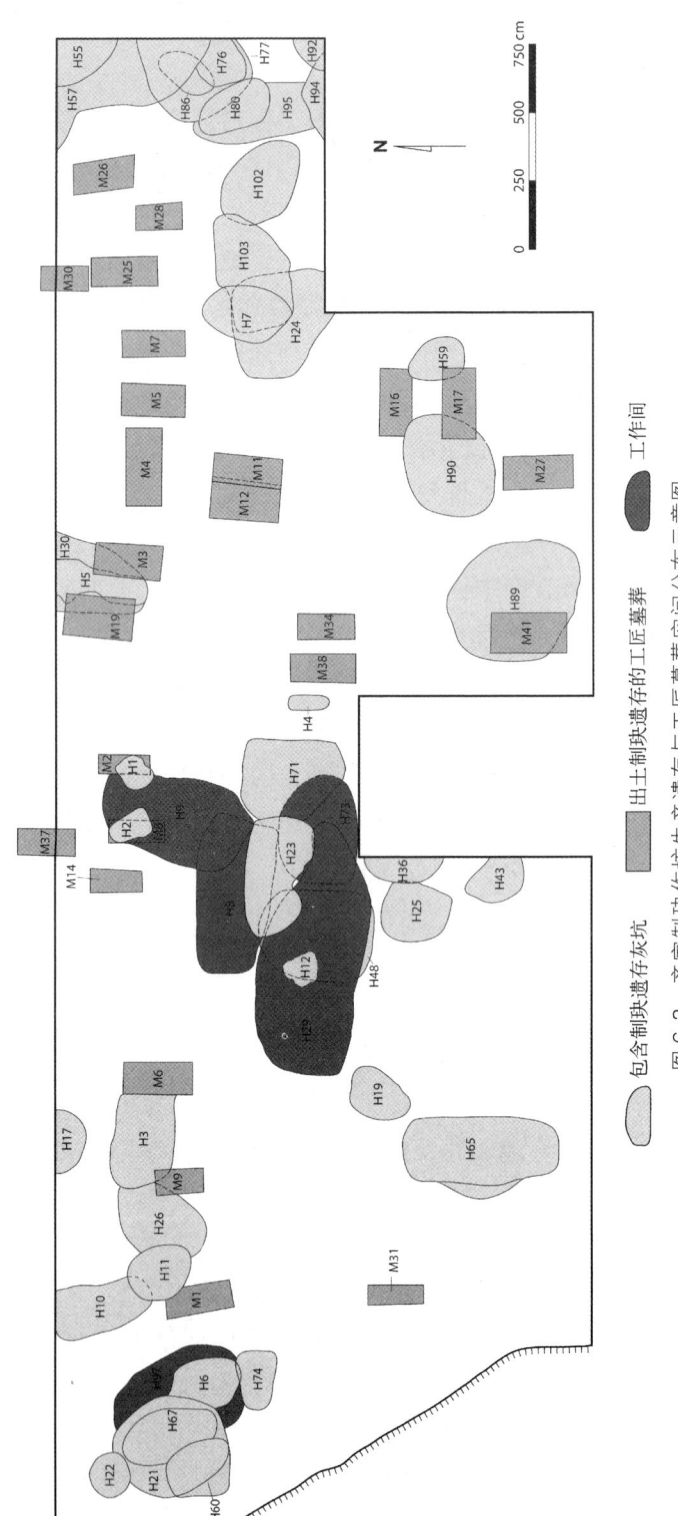

图 6.2 齐家制玦作坊生产遗存与工匠墓葬空间分布示意图

包含制玦遗存灰坑　　出土制玦遗存的工匠墓葬　　工作间

区域附近，而且相对集中地分布于发掘区东部，与所能判定的石玦生产单位之间在地层上少有甚至没有直接的打破或叠压关系。这种现象暗示着石玦的生产活动与安葬死者的礼仪活动不仅具有共时性，而且遵循着一定的空间规划和社会秩序。这一几乎没有平面冲突的生产生活场地与丧葬区域的空间安排，暗示着死者与石玦的生产活动有着极为密切的关系。

第二，随葬品（包括口琀物）的"指示性"与"独特性"（表6.1）。统计表明，齐家作坊墓葬中出土了三类与石玦生产活动有关的物品，包括制玦工具、完整石玦及石玦半成品（图6.3）。出土制玦工具或废料的墓葬有M4、M25、M17、M41、M3、M27等，尤以M4及M25最为典型。M4死者头部出土了砺石2件、分割器1件、石锯5件及用于制作石锯的废料若干；M25随葬分割器3件、石锉1件、砺石1件及石锯废料4件。此外，个别被盗墓葬的填土内也常常可见石钻、生产废料或石玦残次品等与生产活动有关的遗物，尚不能排除这些工具及半成品原本也属于死者的随葬品，因后期盗扰而散见于盗洞之中。

表 6.1 齐家制玦作坊工匠墓葬统计表

等级	墓号	容积 (m³)	面积 (m²)	腰坑	指示性随葬品或口琀	年代	备注
Ⅰ类	M17	18.1	3.8	椭圆形	玉石饰若干、石片5	晚期偏早	盗扰
	M19	17.7	4.3	椭圆形	石饰1、石环1	晚期偏晚	有殉牲
	M4	17.3	3.9	长方形	砺石2、石分割器1、石锯13及不明功能石器1件	早期偏晚	有殉牲，盗未扰
	M12	16.4	4.4	长方形	加工痕迹石饰若干	早期偏晚	
Ⅱ类	M5	14.3	2.9	椭圆形	玉石饰45	中期偏晚	填土石器2件
	M41	13.1	3.3		石玦残次品、石环、石饰、玉石块及石片若干	晚期偏晚	填土玉块6、石片10、石玦6。盗扰
	M3	13.1	2.9		石锯2、砺石3	晚期偏早	填土石玦残次品若干。盗扰
	M38	11.3	2.9		石玦2、玉块50	晚期偏早	填土石钻头1
	M7	10.9	2.5	椭圆形	玉块14	晚期偏早	
	M27	10.6	3.5	?	砺石1、石珠4	晚期偏晚	填土石环1。盗扰

续表

等级	墓号	容积（m³）	面积（m²）	腰坑	指示性随葬品或口琀	年代	备注
Ⅱ类	M6	9.2	2.8	圆形	石饰4	晚期偏早	有殉狗
	M25	8.5	2.5	长方形	石分割器3、石锉1、砺石1、石锯废料4	中期偏晚	有殉牲。盗扰
	M11	5.5	2.4		石珠、石饰若干	晚期偏晚	
	M2	5	2		玉块8	中期偏早	
Ⅲ类	M34	3.9	2		玉玦3、玉块8	中期偏晚	
	M37	3.6	2.2		蚌玦1	中期偏早	女，45—50岁
	M35	2.4	1.5		玉玦1、玉块27	不明	
	M24	3.7	1.6		石玦2、石珠3	不明	女，14—16岁
	M40	1.5	1.8	长方形	玉片17	不明	女，20—25岁
	M31	1.2	2		石块23	晚期偏晚	
	M18	1.2	1.3		玉块8	不明	18岁左右
	M10	1.1	1.2		石块、玉块若干	不明	>50岁
	M22	1	1.1		玉块9	不明	20—25岁

* 面积统计取口部及底部长、宽之平均值计算；容积统计取深度最大值及最小值之平均值计算。

齐家制玦作坊生产的石玦，作为随葬物品使用的现象基本不见于齐家制玦作坊以外的其他西周墓葬中，但却出现在了齐家作坊M24、M34、M35、M37和M38等墓葬中，并作为墓主人的随葬品。齐家制玦作坊中常见的石玦生产工具及原材料，更是从不见于周原遗址及其以外的其他西周墓葬中，但在作坊M4、M17和M25等墓葬中，却随葬了细砂岩石锯、分割器及制作工具的石料片等生产遗存。显然，上述现象绝非偶然，它表明了墓葬的主人就是石玦生产活动的直接参与者。换言之，埋葬在生产区域的西周墓葬的主人生前就是制玦作坊的生产者。

值得注意的是，有些墓葬虽然没有出土与石玦生产相关的遗存，但死者嘴里却口含大量玉、石碎块。这类口琀物多为1厘米左右的小块，形制多样，许多可观察到锯割、钻孔等加工痕迹。口琀玉石块数量少的在8件左右，数量多者达50余件。口琀是周原地区西周墓葬常见现象之一，除齐家作坊外，周原遗址其他西周墓葬多以海贝或石贝作为口琀，少见或不见以石块或玉块作为口

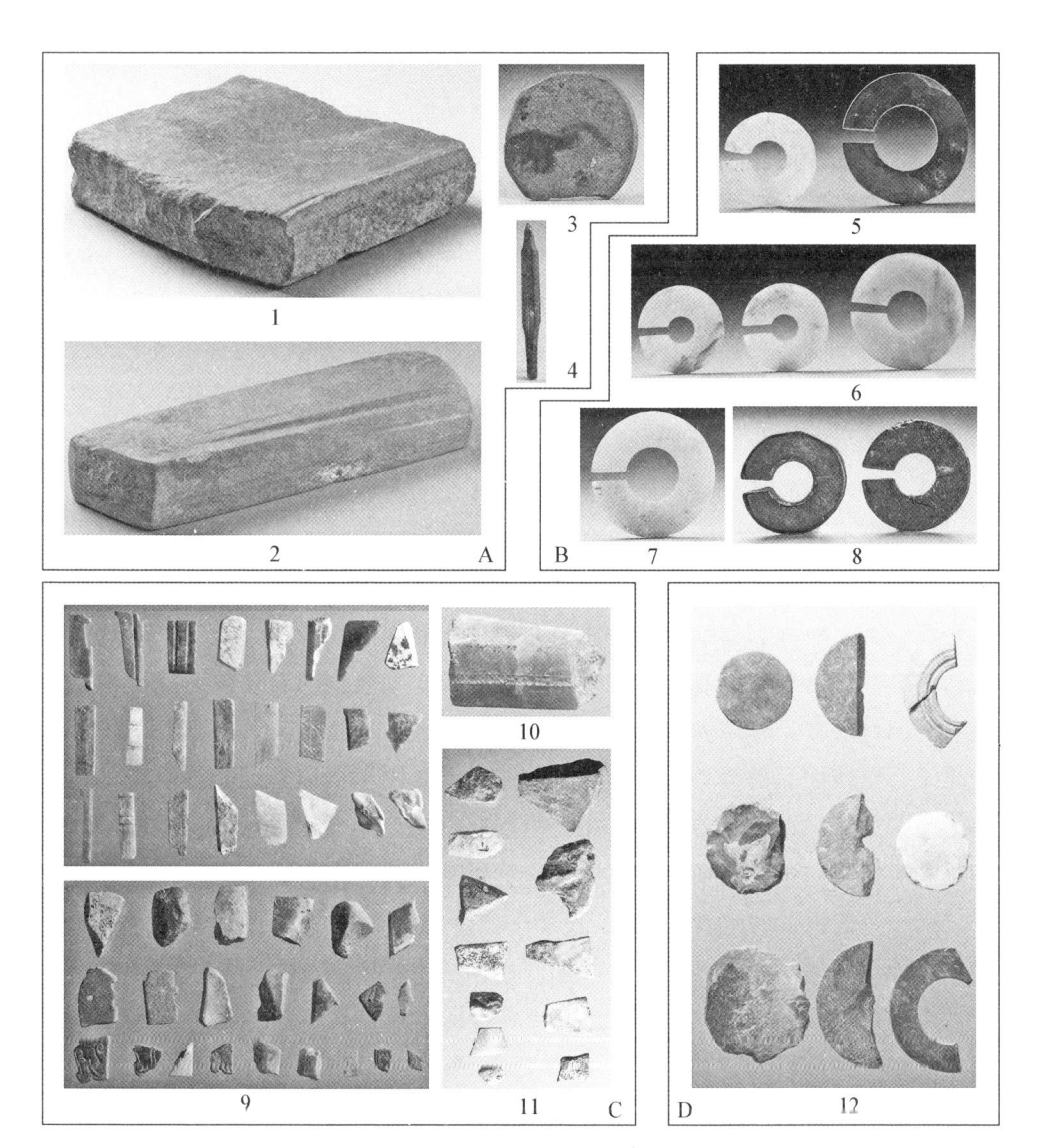

图 6.3 齐家制玦作坊手工业者墓葬指示性随葬品及口琀物

A. 石玦生产工具 1. 砺石（M27:6） 2. 砺石（M5:01） 3. 分割器（M4:26-2） 4. 石钻（M38:01）
B. 玉石玦 5. 方解石玦（左，M24:1-2）及泥灰岩石玦（右，M24:1-1） 6. 玉玦（左，M34:1-1、1-2）及玉玦（右，M34:2） 7. 玉玦（M35:4） 8. 页岩石玦（M38:10-1、10-2）
C. 口琀玉石碎块 9.（M38:9） 10. 锯割痕迹石块特写（M31:3-11） 11. 石块（M10:1）
D. 石玦半成品 12. M3 填土出土石玦毛坯及圆环等半成品

琀的做法①。这一不具有普遍意义的现象，亦可视为齐家制玦作坊工匠墓葬的一个重要特征。

具有特质文化因素的辨识，是探讨聚落功能区特征和判断考古学遗存性质的基础，也是探讨相关社会问题及迫近当时社会生活真相的重要抓手。具有特定功能的器物的特殊意义，当之无愧地成为判断墓葬或居址主人的身份及族属问题行之有效的依据。周原遗址其他作坊墓葬中特定功能器物的出土，再次证明了其对于墓主身份的指示意义。例如，在李家铸铜作坊墓葬 2003M2 中，就随葬了伞状小陶管及铸铜料块②，暗示着墓主人生前从事了铸铜工作③；云塘制骨作坊墓葬也常见随葬砺石及大量骨器、骨料的现象，表明了墓主人生前参与了骨器的生产工作④。由此看来，墓主人随葬特定功能的器物，以展示生前职业特点，在周原地区已经成为一个广为接受的丧葬习俗。

上述出土于墓葬棺椁之内和填土中的石玦生产工具、半成品及用于制作生产工具的废料等，无论在形制还是质地特征上，与齐家作坊生产区域的制玦遗存别无二致。对周原遗址 300 余座公布了详细资料的墓葬统计表明，只有齐家作坊的墓葬中出现了以制玦石料、制玦工具及齐家风格的石玦作为随葬用品的现象。因此，齐家作坊内这类随葬制玦工具、齐家风格石玦、口琀碎石料及填土出土石玦残次品的墓葬，在随葬品的选择上区别于周原遗址其他墓葬，其随葬品的"独特性"暗示着埋葬于生产区域的死者与作坊有着极为重要的关联，而最大可能指向了其生前职业，即身份就是从事石玦生产的工匠。

第三，逻辑上的"合理性"。齐家作坊石玦的生产活动开始于西周早期偏晚，经历了西周早、中、晚三个时期。而作坊生产区域揭露的绝大部分墓葬属于西周早期偏晚以后，其中 25 座可以判断具体期别，包括西周早期 4 座、西周中期 10 座及西周晚期 11 座。其余 12 座墓葬由于缺乏具有断代特征的随葬品，虽不能准确断定期别，但根据地层关系仍然可以确认为西周墓葬。

---

① 如贺家墓地、黄堆墓地、李家墓地、王家嘴墓地、衙里墓地及礼村墓地等。但也有例外。周原考古队 1999 年在齐家村东发掘的两座西周晚期墓葬 M9 及 M25 也发现在棺盖板上放置石片，头部随葬石块现象或口琀玉块现象。

② 周原考古队：《2003 年秋周原遗址（ⅣB2 区与ⅣB3 区）的发掘》，《古代文明》（第 3 卷），文物出版社，2004 年。

③ 雷兴山：《论周原遗址西周时期手工业者的居与葬——兼谈特殊器物在聚落结构研究中的作用》，《华夏考古》2009 年第 4 期。

④ 陕西周原考古队：《扶风云塘西周墓》，《文物》1980 年第 4 期。

由此产生了这样一个有趣现象：从西周早期偏晚开始至西周晚期，齐家作坊既是石玦的生产场所，又是埋葬死者的墓茔。那么，什么人可以在石玦生产活动进行的过程中选择生产场地作为葬地呢？答案只能有一个，那就是与生产石玦相关的人群。若非，很难想象在一个相对独立的手工业生产作坊内，其他与生产无关的人群可以在生产活动存续期间以此作为墓茔使用。

在墓地墓主族属发生变化的同时，齐家作坊石玦生产遗迹内出土的包含物种类和性质也经历着类似的变化过程。商末周初墓葬同时期的居址遗存主要为一般生活垃圾，这时石玦生产尚未开始，系周人的普通居址；在西周时期的居址遗存中，发现了大量与制石作坊相关的各类遗物，如制石工具、石玦成品与残次品等，发掘区域成了石玦的生产作坊。换句话说，齐家制玦作坊居址遗存的性质在西周早期早、晚段之间发生过由普通居址向石玦作坊的转变。这一转变，与作坊墓地由商末周初的周人墓地向西周时期以商遗民为主的工匠墓地的更替几乎同时发生。

据上所述，我们可以确认埋葬于齐家石玦生产区域的死者生前就是石玦生产活动的直接参与者。在齐家作坊揭露的 40 座墓葬中（不包括大型方坑 M33），除去 4 座商末周初墓葬外，其余 36 座皆可能与手工业生产者相关。齐家作坊内制玦生产者墓葬的辨认，对于探讨周代手工业者的社会地位、生活形态及其生产关系等问题具有重要意义。

然而，在下文通过手工业生产者墓葬来分析工匠的社会身份与等级差异时，为了便于从随葬物品种类、质地、数量等方面确认比较参数，笔者并没有将这 36 座墓葬数据聚合起来通盘考虑，而只选择了出土与石玦生产相关物品（包括工具、石料、残次品、齐家风格石玦以及口琀具有加工痕迹玉石块）的墓葬（这些墓葬往往没有被盗或即使被盗仍然保留了较为丰富的遗物）加以比较分析。

之所以做出如此选择，是因为鉴于考古材料的特殊性，在依据"指示性"随葬品来判断墓主身份时，还存在以下不确定因素和局限性。一方面，由于个别墓葬已遭盗掘，难以准确判断他们原本有无随葬与石玦生产相关的遗存（这类墓葬有 2 座，分别为 M16 和 M39）；二是有些墓葬规模较小，本身就无随葬品，因此缺乏判断身份的直接依据（这类墓葬共 2 座，分别为 M13 与 M20）；三是，还有 9 座墓葬虽无相关指示性随葬品出土，但是不随葬与石玦生产相关的遗存并不能否定他们曾是参与石玦生产活动的工匠，特别是当这些墓葬分布于石玦生产设施周边的时候。因此，本案依据"指示性"随葬品判断的工匠墓葬的数量只是整个葬于生产区域的工匠数量的最小数。

按照出土与石玦生产相关物品这个单一标准，在不考虑墓葬与作坊之间"空间关联性"和"共时性"的前提下，23座墓葬可被确认为直接与石玦生产者有关：包括西周早期2座，西周中期10座，西周晚期11座。其中，可以鉴定性别及年龄的6座墓主人中，3人为女性，4人年龄从14至25岁之间，2人年龄在50岁左右。这一现象表明女性及各个年龄段的家庭成员都卷入了石玦的生产活动。

第三节 工匠等级与身份

从西周早期晚段开始，齐家制玦作坊既是石玦生产的场所，又是埋葬生产者的墓地。以下从上文辨识出来的齐家工匠墓葬的面积、墓室容积、棺椁数量、陶器数量、青铜礼器及玉器数量等五个方面加以分类考察，尝试从考古学角度来判断西周时期依附式手工业者"百工"的社会身份与等级差异。需要说明的是，鉴于墓葬保存状况不同，上述五个指标并非都可以获取准确的量化信息。在那些被盗较为严重的墓葬里，随葬品的数量与质量、葬具的多寡难以确知。然而，这并不表明他们之间的横向比较难以展开，因为一些基本信息如墓葬规模、容积、陶器数量等往往是较为完整的[①]。

一、工匠墓葬的等级

考虑上述代表等级分化的几个因素，根据墓葬修建过程投入的劳动量、葬具及随葬品数量差异，可将前述23座工匠墓葬区分为三个等级（表6.2）。

表6.2 齐家制玦作坊工匠墓葬等级

等级	容积（m³）	面积（m²）	墓葬数量	棺椁数量	腰坑墓	铜器	玉器	陶器
III	<5	<2.0	9	单棺	1	0	0	≤2
II	5—15	2.0—3.5	10	单棺/一棺一椁	4	0	0—2	2—15
I	>15	>3.5	4	一棺一椁	4	0—8	2—8	8—18

---

① 由于盗墓者主要针对铜器、玉器等珍贵随葬品，陶器多数保留于墓葬中或被砸碎于墓室。后期修复工作可使研究者获得较为准确的随葬陶器种类与数量的信息。

第一类墓葬共4座,包括M17、M19、M4及M12,墓室面积大于3.5平方米、容积大于15立方米以上。依其容积推算,这类墓葬修建时投入的劳动量最大,相应墓室平面面积最大,随葬品往往有青铜容器及玉器等奢侈品。

可以M4作为代表,该墓属于西周早期晚段,墓口面积约4平方米,墓室容积达17立方米。盗洞位于墓室中部偏南,但破坏不甚严重,因而大部分随葬品得以幸存(图6.4)。墓内填土为五花土,以红土和黄土为主,经过密实

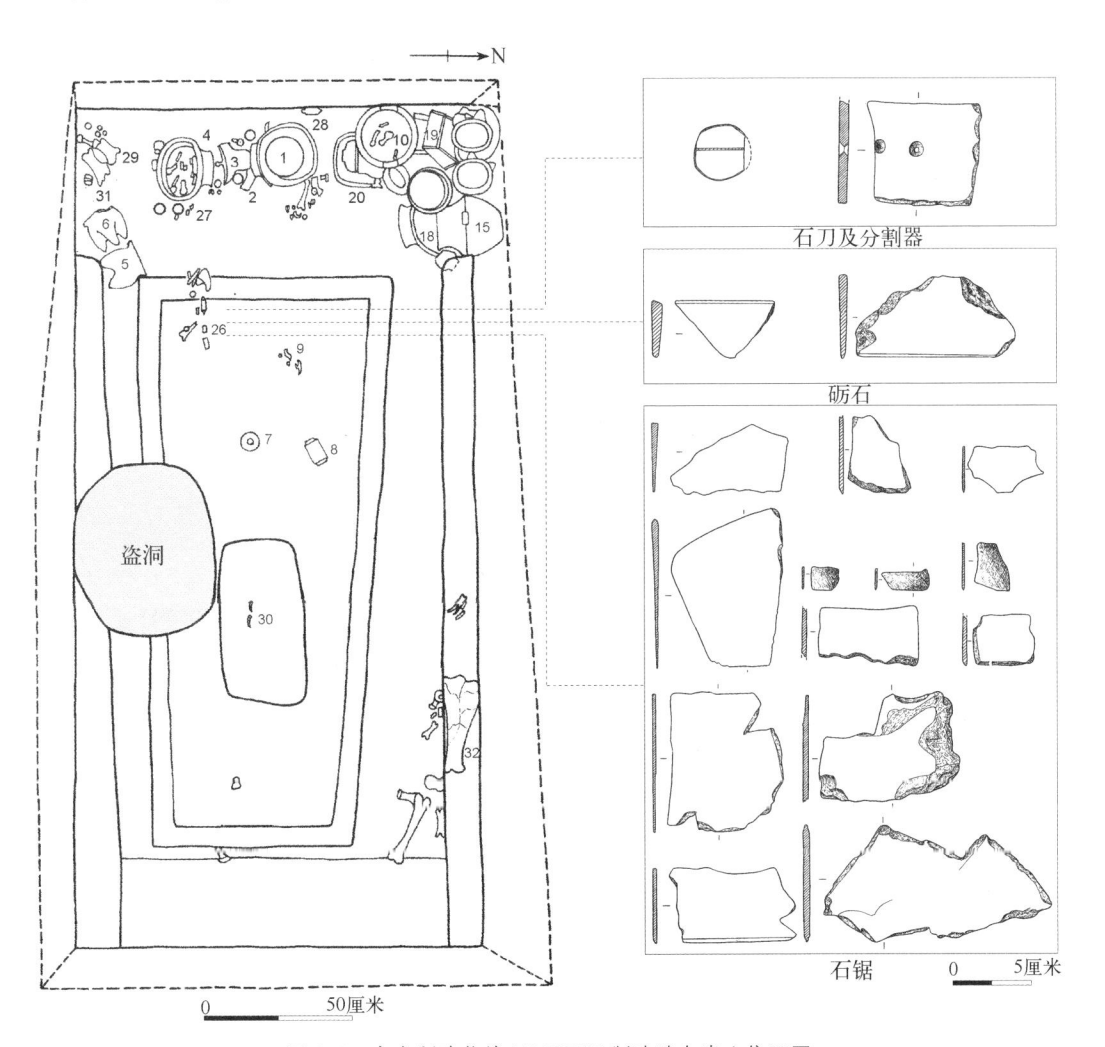

图6.4 齐家制玦作坊M4平面及制玦遗存出土位置图

1、4、18、25. 陶簋 2、20. 铜爵 3. 铜觯 5、6、11、12、13. 陶鬲 7. 玉璧 8. 玉琮 9. 玉饰 10. 铜鼎 14、15. 陶甗 16、17、22、23. 陶罐 19. 铜簋 24. 铜卣 26. 制玦遗存(石分割器、砺石、石锯及石锯石料) 27. 蚌泡 28. 石圭 29. 卜骨 30. 玉蚕

夯打，质地较硬且层状结构清晰，内包含少量陶片和兽骨。从墓室内壁黑灰色木灰及个别器物脱离原来位置的状况来看，该墓在早期即遭盗掘，盗掘时棺椁尚未完全朽毁，并可能伴随着焚烧。墓主骨架无存，葬式不明。

M4随葬了牛、羊、猪等三种动物共7个个体，其中牛、羊的左前肢来自2个不同个体，猪来自3个个体，除一头牛为成年个体外，其余动物均为未成年个体[①]。牛肩胛骨和牛腿置于北侧熟土"二层台"东部台面上，西部椁与墓壁之间的随葬品旁也有散落的猪、羊骨骸。这些动物原本当为丧葬过程中供奉给墓主的牺牲，附着动物肌体腐烂后仅余骨骼。如此数量众多的牺牲，体现了墓主生前较高的地位。

M4的随葬品集中于墓室西端椁与墓壁之间，共有铜器8件、陶器14件、石圭1件、卜骨2件及蚌泡、蚌饰若干。除此之外，在墓室内还发现玉璧1件、玉琮1件、玉饰4件、玉蚕2件、石玦生产工具及石料若干。其中，制玦遗存散置于墓主头部右上侧，包括石分割器1件、砺石2件、石锯13件及不明功能石器1件。作为齐家作坊发掘区域面积最大的墓葬之一，M4葬具为一棺一椁，中部有腰坑。虽然死者尸骨不存，但根据墓葬方向可以推知其应该是东西向入葬的，不同于第二、三等级墓葬常见的南北向模式。

第二等级墓葬共10座，包括M2、M3、M5、M6、M7、M11、M25、M27、M38和M41。这些墓葬平面面积在2—3.5平方米之间，容积在5—15立方米左右。比较而言，他们在结构上较第一等级墓葬略微简单，一般具备单棺，个别棺、椁俱全。填土中度夯打，随葬品以日用陶器为主，其数量在2至15件之间，包括鬲、罐、豆、盆等。随葬的小件器物包括石圭、贝币、贝饰、小件骨器，以及与制玦有关的工具等物品；墓主人口腔内往往含有碎石、玉料等口琀物。

以M3为例，该墓亦遭盗掘，墓内随葬品及人骨严重脱离原始位置，葬式不明，可辨单棺一具，平面面积2.9平方米，容积13.1立方米。填土呈红褐色花土及灰褐色土，质松软，内含石环残片、石玦毛胚、磨光圆饼等共9件，质地分页岩、青石、方解石等3种。随葬陶器15件，包括陶鬲3件、陶簋4件、陶豆2件及陶罐6件；玉圭1件、石圭3件、石镞1件、蚌泡21件及蚌饰若干。该墓随葬的与石玦生产有关的工具包括砺石3件及石锯2件（图6.5）。

[①] 马萧林、侯彦峰：《周原遗址齐家制玦作坊出土动物骨骼研究报告》，《周原：2002年度齐家制玦作坊和礼村遗址考古发掘报告》，科学出版社，2010年，第725—751页。

第六章　见玦识人：生产者　185

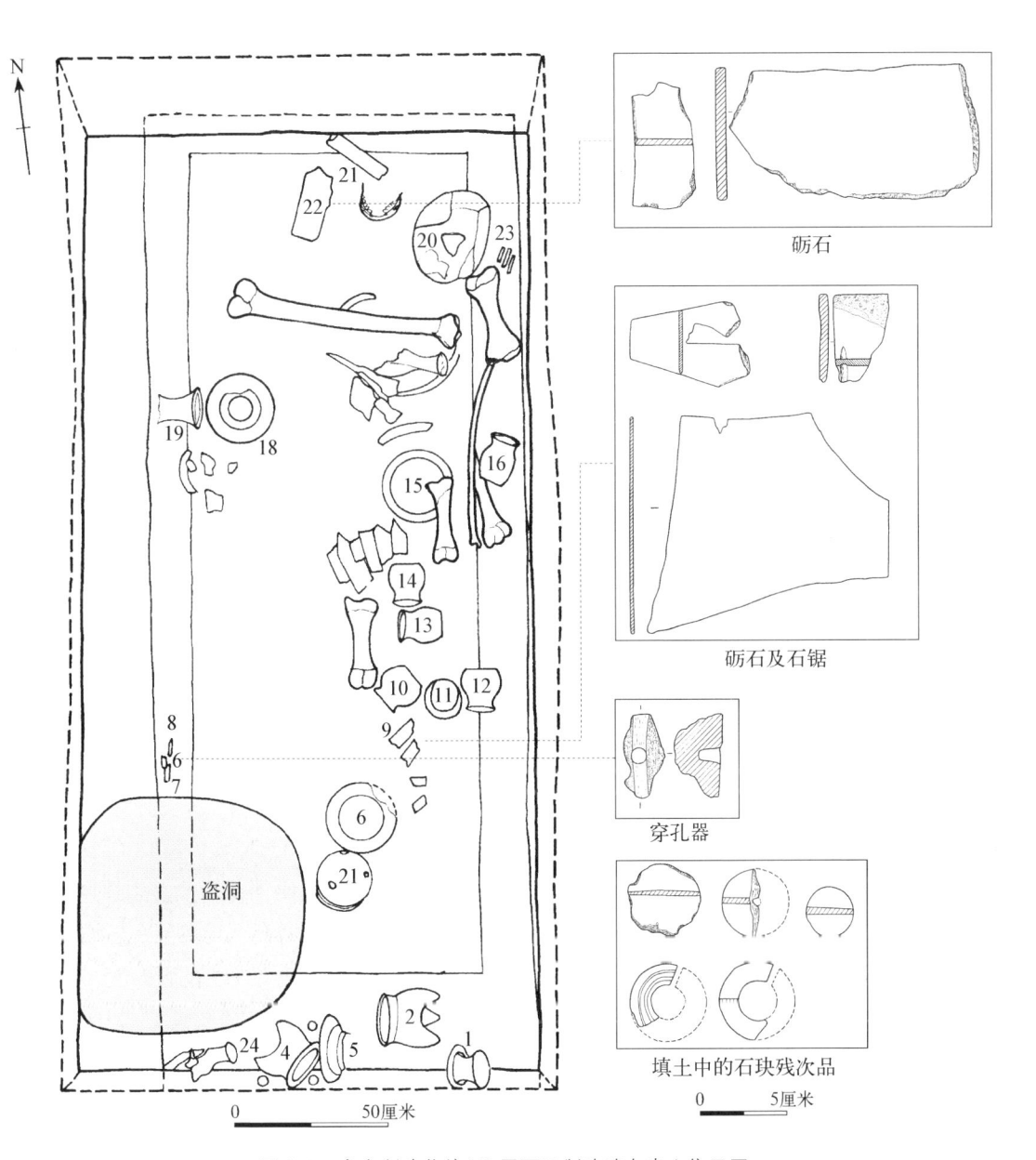

图 6.5　齐家制玦作坊 M3 平面及制玦遗存出土位置图
1、24. 陶豆　2、4、20. 陶鬲　3、6、15、18、19. 陶簋　10、11、12、13、14、16. 陶罐　5. 蚌泡　7. 石锯及石分割器　8. 石镞　9、17. 石圭　22. 砺石　23. 蚌饰

第三等级共有 9 座墓葬，包括 M10、M18、M22、M24、M31、M34、M35、M37 及 M40。这一级别的墓葬墓室平面面积多小于 2 平方米，容积在 5 立方米左右或更小。通常为单棺，随葬品不甚丰富，随葬日用陶器尤少，仅见少量海贝和各类石质装饰品（形制及质地与作坊出土石玦半成品相同）等小件器物。填土多数不经人工处理，质地松散。

可以 M24 为例。该墓为南北向，平面面积约 1.6 平方米，容积 2.3 立方米。填土未经夯打，包含有少量木炭灰和细小红烧土块，较多的陶器残片及少量的动物残骨、小石头等。墓主人仰身直肢，两臂合拢，曲于腹上，面向西。经鉴定，墓主人为 14—16 岁左右的女性。2 件齐家风格石玦均放置于墓主胸部右侧；1 枚海贝被放置于墓主右臂外侧；在墓主右腿内侧发现石珠 3 枚。墓主人口腔内填塞了口琀石块 7 枚（图 6.6）。

以上三类墓葬均为竖穴土坑墓，墓室最长 2.8 米，最短者 1.1 米；最宽者 1.6 米，最窄者 0.4 米；深度变化尤为显著，最深者达 5.3 米，最浅者 0.6 米。这些墓葬平面面积在 1.1 至 4.4 平方米之间，规模差异超过四倍；容积在 1—18 立方米之间，最大差异接近 18 倍。其中，第三等级的 9 座墓葬平均容积均小于 5 立方米，第二等级墓葬的 10 座墓葬容积在 5—15 立方米之间，而第一等级墓葬容积多在 15 立方米以上。比较而言，第一等级容积是第三级墓葬容积的 4 至 10 余倍。墓葬规模的巨大差异显示出死者（或其亲属）占有和支配社会资源的能力不同，更为直接地体现了死者生前社会经济地位的巨大差异。

上述手工业者墓葬之间的等级差异还表现在墓内填土的处理方式上：规格较高的墓葬其填土往往经过细密地夯打，层状结构明显，而等级较低者则对填土的处理较为草率，多数不经夯打，系自然填充。就死者身份及生前社会地位而言，葬具的多寡、随葬品多少及牺牲有无及数量无疑更为具有指示作用。除去由于盗掘严重不能确知者外，所有工匠墓葬都有木棺，个别形制较大者还有木椁。其中，单棺者最为普遍，占总数的 62% 以上。棺椁具备者仅见于第一、二等级。随葬铜器和玉器的情况只见于第一、二等级墓葬。以动物牲体作为牺牲，及卜骨作为随葬品的现象仅见于第一等级墓葬，可能表明伴随着葬仪而进行的礼仪活动的存在。

三代以前，工匠拥有高于一般人群的社会地位，获得从事宗教礼仪活动的特权是一个较为普遍的现象。从卜骨通常也发现于商代较高等级的工匠墓葬这

第六章 见玦识人：生产者　187

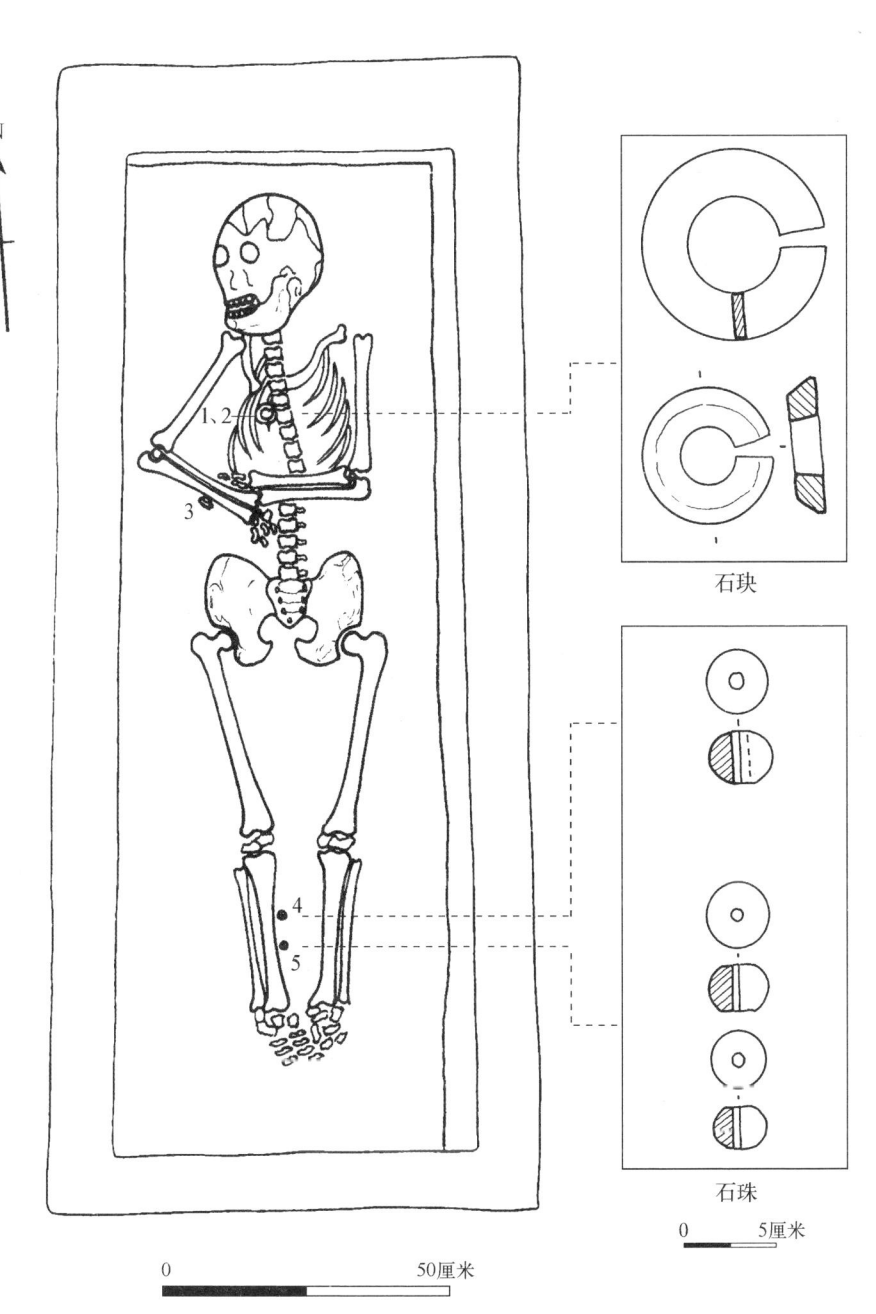

石玦

石珠

0　　　　　5厘米

0　　　　　　　　　　　50厘米

图 6.6　齐家制玦作坊 M24 平面及制玦遗存出土位置图
1、2. 石玦　3. 海贝　4、5. 石珠

一现象来说，更可能更暗示着齐家作坊随葬卜骨M4的墓主人生前有着参加占卜活动的权力。陶器作为普通的随葬品，在以上三个等级墓葬中虽都有发现，但显然墓葬规模越大，墓主身份越高，随葬陶器种类则越丰富，数量越多。

总之，墓葬建造规模越大，投入的物质和精力则越多，随葬器物的数量和种类则越为丰富，进而表明墓主人支配社会资源的能力越为强大，身份等级越高。这一在葬仪活动中享有物质不平等的现象，在齐家制玦工匠的墓葬中尤为明显，其丰厚程度与工匠等级或者承担的职能有直接关联。齐家石玦的生产者生前拥有不同数量的财富，享有不同的社会经济地位。我们推测，第一等级工匠可能属于作坊管理者、小贵族或者技艺熟练的高等级工匠，而第二、三等级工匠为承担生产任务的普通生产者。

二、管理者（高等级工匠）及其族属

可以判定为管理者或高等级工匠的墓葬均系上文划定的第一类墓葬，包括M4、M12、M17及M19等四座。其中，M17盗扰严重，不予援引；M19属于晚期偏晚，处于作坊衰落废弃的阶段，暂不为例证。以下以作坊兴盛时期的M4及M12为例，做进一步说明。

第一类墓葬多出土青铜器和玉器，其中M4、M12出土铜器的数量与组合关系可与社会等级制度直接关联起来。俞伟超、高明先生结合考古发现对文献记载的周代用鼎制度作了深入细致地研究，表明从周初开始用鼎制度已具完整形态；并可与文献中的五等爵制联系[1]。简单地说，即周王室天子用九鼎，卿七鼎，大夫五鼎，士三鼎或一鼎的制度[2]。就用鼎制度而言，M4及M12（被盗，仅余1铜鼎）中随葬了一鼎（一簋），其身份可对应于五等爵位中的"士"或略低一等官员。从随葬青铜礼器的规格来讲，M4及M12的主人区别于一般劳动者阶层，属于管理阶层或掌握核心技能的高级工匠。根据墓葬形制（有腰坑）、墓向为东西向及随葬商式风格的生活器皿来推断，他们属于商遗民。

如果与其所处的生产环境联系起来，M4的主人则很可能就是金文中提及的作坊管理者，大致相当于"公臣"在虢仲家和�在伯龢父家中的地位。公臣

---

[1] 俞伟超、高明：《周代用鼎制度研究》，《先秦两汉考古学论文集》，文物出版社，1985年，第63—114页。

[2] 鼎簋组合数量与周代五等爵制之间的关系有不同的学术意见，如李学勤：《东周与秦代文明》，文物出版社，1991年。

作为虢仲家族一个属下（家臣），被赋予管理家族工匠的责任和权力，属于虢仲委任的作坊管理者，享有主人丰厚的赏赐，而且拥有较高的地位，其身份不同于一般技术性生产者。兽簋铭文记载了这样一个事实：伯龢父命令师兽管理其百工及臣妾，并将这些工匠安置于其宫室建筑的东偏西偏①。在商代甲骨文中也见到有关"作坊管理者"的记载。如，《甲骨文合集》32967 有"己酉贞：王其令山司我工"，辞意为商王命令"山"来管理王室的工，"山"的身份就相当于作坊的管理者。殷商王室将工匠分为左、右（或左、中、右）的编制方式并派人专门管辖的传统②，极可能影响了以商系工匠为主要生产人群的西周时期依附式手工业生产的管理模式。

据此来看，西周时期贵族家庭拥有专门性的手工业作坊，而且作坊的管理多由贵族家庭委任的家臣或小贵族来进行管理已经成为一个普遍的现象。据此，我们推测第一类墓主人与铜器铭文中提到的"公臣"和"兽"一样，其具有"管理者"身份，但属于拥有制玦作坊的贵族家庭中的家臣或小贵族。当然也不能排除第一类中的个别墓主，生前为掌握核心技术的高级熟练工匠的可能。

商周时期，考古发现的依附于王室或者大贵族的手工业作坊多见于殷墟、丰镐或洛邑等大型都邑遗址。在这些手工业作坊中，学者们辨识出了为数不少的"管理者"的墓葬。

其中，殷墟遗址发现的手工业作坊门类众多，有关生产遗迹及工匠墓葬的材料极为丰富。例如，殷墟铁三路制骨作坊遗址先后进行了三次发掘，发现的遗迹主要有房址、灰坑和墓葬，出土遗物以骨料为主③。制骨作坊的年代最迟开始于殷墟文化第二期，持续到第四期晚段，出土的大量骨料为研究晚商时期的手工业生产、畜牧业经济、动物资源利用与供应等提供了重要资料。铁三路制骨作坊中的绝大多数墓葬被判定为工匠墓葬，其规格的巨大差异被认为与墓主人生前掌握的权力和财富不同有关。其中，等级很高的墓主人如"中"字形大墓 2002M2118 墓主人随葬十余块砺石，暗示着其可能并不亲自参与生产，

---

① 郭沫若：《两周金文辞大系图录考释》，上海书店出版社，1999 年。
② 肖楠：《试论卜辞中的"工"与"百工"》，《考古》1981 年第 3 期。
③ 中国社会科学院考古研究所安阳工作队：《河南安阳市铁三路殷墟文化时期制骨作坊遗址》，《考古》2015 年第 8 期。

而是作为生产的组织者与管理者，向商王负责①。

西周时期洛阳北窑铸铜作坊工匠墓葬被认为与周武王迁殷顽民于洛邑有关，墓葬之间规模及等级差异显著。如 1971 年发掘的 M120 为长方形竖穴墓，长 3.18、宽 1.24 米，一棺一椁，随葬铜器爵、鼎、簋、卣、尊、斝、觚、斗、锛等 10 件，以及铜块若干②。墓主被认为是自殷墟徙至洛阳的"戈"族后裔，属于掌管铸铜作坊的高级工匠③。北窑遗址 1974 年发掘的拐道墓 M14，其主人被断定为葬于作坊区内的殷代旧贵族的后裔，生前为青铜器作坊的掌管者④。

实际上，周原遗址已经发掘的制骨作坊和铸铜作坊也发现了生产管理者的墓葬。据粗略统计，在周原地区发掘的西周墓葬中，共有 29 座墓葬的面积与齐家 M4 及 M12 规模约略相当，其中 12 座由于盗掘严重而无法确知其原来随葬青铜器和玉器数量。在其他 17 座未被扰动的墓葬中，11 座未发现铜器，随葬青铜器者仅有 6 座，数量在 2—4 件之间。这些墓葬包括 60 年齐家 M8⑤、76 年云塘 M10⑥、80 年王家嘴 M1⑦、99 年齐家 M19⑧、03 年李家 M17⑨ 和 03 年李家 M9⑩。

其中，随葬品最为丰富的是 76 年云塘制骨作坊发掘的 M10 及 2003 年李家铸铜作坊 M9。这两座发现于作坊生产区域的中型墓葬，均随葬了制骨或铸铜的遗存，表明墓主生前分别从事了制骨和铸铜生产活动，展示了与齐家作坊 M4 及 M12 相类似的特征。

1976 年发掘的云塘制骨作坊 M10，墓口面积约 7 平方米，随葬铜方鼎、铜爵、铜觯、铜尊等各 1 件，其器物的组合与形制特征与齐家作坊 M4 如出一辙（图 6.7）。特别值得注意的是，作为陪葬用品的大量骨锥尤其具有"身份

---

① 何毓灵：《殷墟手工业生产管理模式探析》，《三代考古》（4），科学出版社，2011 年。
② 洛阳博物馆：《洛阳北窑西周墓清理记》，《考古》1972 年第 2 期。
③ 陈新、献本：《洛阳北窑 M120 墓主人的身份及相关问题》，《中原文物》1995 年第 2 期。
④ 洛阳博物馆：《洛阳北窑村西周遗址 1974 年度发掘简报》，《文物》1981 年第 7 期。
⑤ 陕西省文物管理委员会：《陕西扶风、岐山周代遗址和墓葬调查发掘报告》，《考古》1963 年第 12 期。
⑥ 陕西周原考古队：《扶风云塘西周墓》，《文物》1980 年第 4 期。
⑦ 巨万仓：《陕西省岐山王家嘴、衙里西周墓发掘简报》，《文博》1985 年第 5 期。
⑧ 周原考古队：《1999 年度周原遗址ⅠA1 区及ⅣA1 区发掘简报》，《古代文明》（第 2 卷），文物出版社，2003 年，第 491—538 页。
⑨ 周原考古队：《2003 年度周原遗址（ⅣB2 与ⅣB3 区）的发掘》，《古代文明》（第 3 卷），文物出版社，2004 年。
⑩ 周原考古队：《陕西扶风县周原遗址庄李西周墓发掘简报》，《考古》2008 年第 12 期。

釋文＝
嬰父乍（作）
旅鼎。

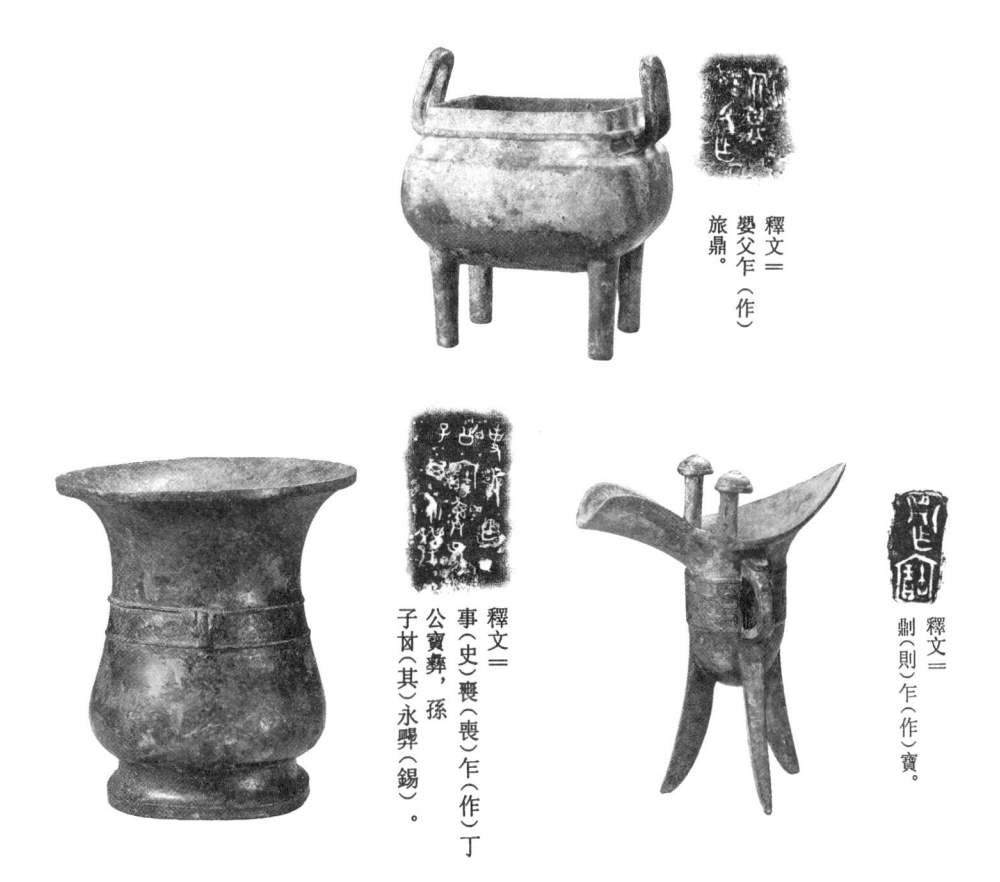

釋文＝
事（史）襃（喪）乍（作）丁
公寶彞，孫
子㠯（其）永䵼（錫）。

釋文＝
劕（則）乍（作）寶。

图 6.7　1976 年云塘制骨作坊管理者墓葬 M10 出土铭文铜器

指示性"，暗示着死者生前从事着与骨器生产相关的工作。这座墓葬与齐家制玦作坊 M4 有很多共同点。比如均随葬了商式簋等商系日用陶器及周式簋等周文化陶器，都出土了所在作坊生产的典型"产品"或生产工具。根据墓底有腰坑、墓向为东西向这一商人墓葬典型特征来看，云塘 M10 的族属当为商遗民。

这一现象暗示着商遗民在抵达周人故土之后，在生活习俗上与周人的深度融合，同时也保留了浓厚的商人生活传统。

2003 年李家铸铜作坊发掘中发现了一座编号为 M9 的墓葬，墓口面积约 8 平方米，随葬器物多达 100 余件，包括铜器、陶器、原始瓷器、漆器、骨器、皮革器、贝、蚌泡、毛蚶和绿松石、玛瑙串饰等众多类别，填土中出土了陶范等铸铜遗物（图 6.8）。该墓的年代与齐家 M4 和云塘 M10 一样同为西周早期偏晚，并与铸铜作坊开始的时间相同。发掘者推测，该墓主为管理铸铜作坊的官吏，随葬三鼎二簋的铜器组合及两马一车的车马坑反映出墓主的身份为"士"。李家 M9 是铸铜作坊所见规模最大、时代最早的一座墓葬，根据随葬的周式陶鬲及无腰坑等现象判断，墓主当属于周人。作坊内与之规模相当的 4 座墓葬（03M17、03M25、03M27 及 03M30）多数被毁严重，但均有腰坑，且随葬商式典型器类，其族属当为商遗民，其生前当亦为作坊的管理层或掌握核心技术的熟练工匠。

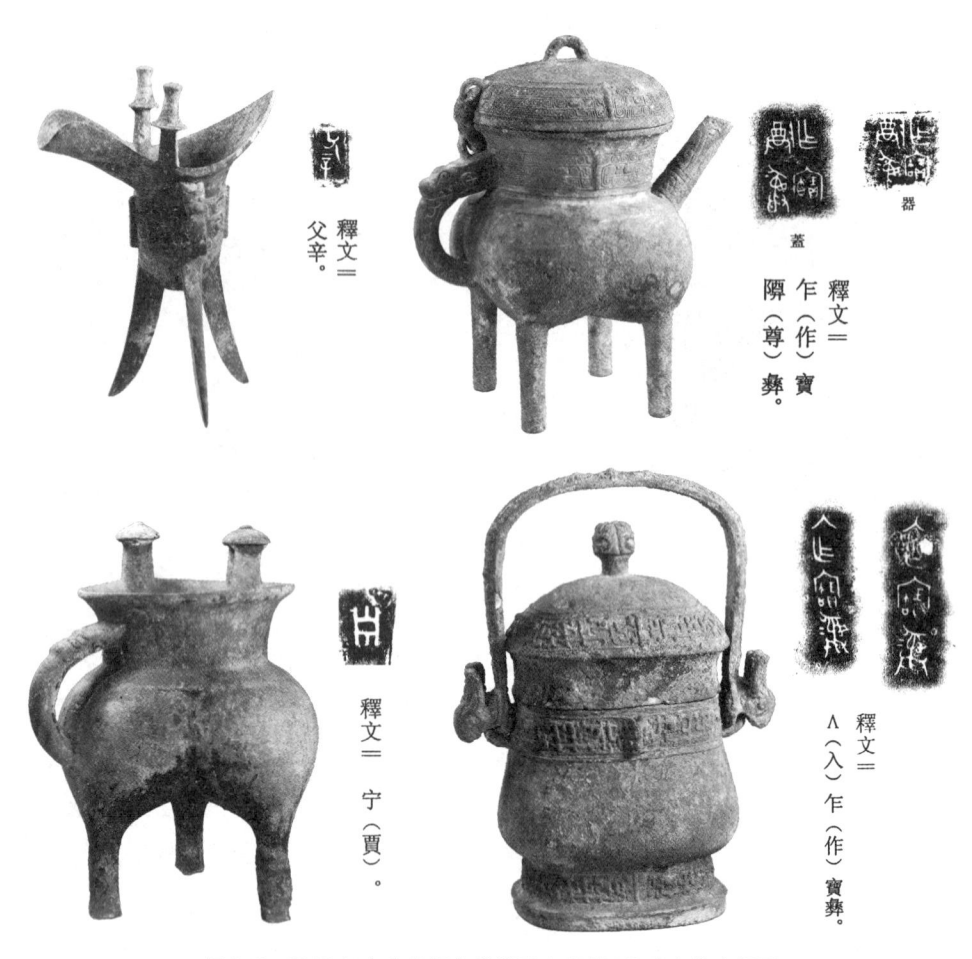

图 6.8 2003 年李家铸铜作坊管理者墓葬 M9 出土铭文铜器

若此，我们看到了在周原遗址中存在着日用品（齐家制玦及云塘制骨）及"奢侈品"（李家铸铜）两类为满足不同社会阶层生活需求的手工业作坊，其管理层的族属迥然有别。云塘制骨作坊及齐家制玦作坊的上层管理者或掌握核心技术的高级工匠均为商遗民；而李家铸铜作坊的上层管理者或高级工匠既包括周人，又包括了商遗民，但姬姓周人似乎并不占主体。这可能与铸铜作坊的产品功能及使用环境有关。

就作坊产品而言，两类作坊的产品分别满足了不同社会阶层人们的生活需求，骨笄、石玦等是实用品、日常用品和生计物品，流通范围广泛，而青铜器是作为象征财富、威望的礼仪用品或祭祀物品，更在于满足贵族或王室的礼仪诉求。就其生产技术难度及附加值来说，铸铜作坊生产铜礼器、车马器等威望用品，其技术复杂，附加值高，多使用于庙堂或礼仪场景下，其生产相比于生产技术要求简单、低附加值个人装饰品的制玦、制骨作坊而言，在周人上层人群的心目中显然更为重要。姬姓周人管理者的介入似乎更加符合统治者的世俗需求和心理期望。或许可以推测，李家铸铜作坊M9为姬姓周人而非商遗民，可能和其生产的青铜器是周人自用的庙堂之器、车舆用器或赏赐器物不无关系。

事实上，在周原遗址所见手工业作坊管理层墓葬中，随葬品种类和丰富程度的差异也反映出了周人作坊管理者的地位要高于商遗民管理层。

生产威望用品的李家铸铜管理者及生产日用品的齐家制玦管理墓葬，随葬品的种类和数量表现出了较大差异。作为唯一已辨识的周人手工业高级管理者的李家M9墓主，享有着高于作坊内其他商遗民管理者的地位和待遇，墓葬规模大，随葬品多达100余件，包括了14件铜容器及大量玉、玛瑙、漆器等珍贵文物。与之形成对比的是，制玦作坊的管理者M4墓主随葬品仅约30件，其中青铜容器8件，无玛瑙及漆器等质地的器物。从墓葬之间交错分布的状况和葬俗来看，尽管两类不同族属的作坊管理层仍旧保持着各自的传统葬俗（墓向、腰坑、特殊器物等），却都遵循了这一时期工匠"产葬合一"的生产生活方式，与从事生产活动的普通工匠在丧葬礼仪及社会准则上达到了深度融合。

那么，管理阶层在手工业作坊生产群体中能占有多大比例呢？在齐家制玦作坊确认的23座工匠墓葬中，仅有4座被判定为第一类，占生产工匠总数的17%。李家铸铜作坊确认的56座工匠墓葬中，第一类墓葬大约10座，占生产工匠总数的17.9%。据此推测，在周原手工业作坊中，大约有不超过20%的人员替代贵族家庭承担了作坊的管理运营职能，或作为掌握核心技术的熟练工匠承担了技术掌控及部分管理职能。

如果将腰坑的有无作为墓主是否为商遗民的依据，齐家作坊中属于管理阶层的第一类墓葬毫无例外的全有腰坑,均系商遗民;李家铸铜作坊揭露的 56 座墓葬中,第一类墓葬 10 座,有腰坑者 8 座,商遗民占比约 80%。据此,齐家作坊全部的管理者及李家作坊 80% 的管理者属于商人或商遗民。换言之,商人是西周时期周原手工业作坊的管理层或核心技术层的主要人群。

动物牺牲是商周丧葬礼仪的重要载体。文献记载了商人与周人用牲制度上存在的区别,为我们理解墓主身份和丧葬礼仪提供了重要信息,可作为另外一重讨论作坊管理者的族属和身份的证据。

齐家作坊管理者墓葬 M4 共随葬牛、羊、猪等 7 只动物的左前肢作为牺牲,入葬时多数牲体附带骨骼一起埋葬,分别放置于棺椁之上及头端的铜鼎等容器内①。一般认为,殉葬牲腿的做法流行于西周早中期的小贵族及上层平民丧葬活动中②。《仪礼·既夕礼》描述了周代士大夫阶层葬礼中的一些礼仪,包括了请期、启殡、赠物助葬、赠物助祭、宣读礼单和陪葬品等活动,其中对陪葬牺牲有详细的描述:

> 厥明,陈鼎五于门外,如初。其实,羊左胖,髀不升,肠五,胃五,离肺。豕亦如之,豚解,无肠胃。鱼、腊、鲜兽,皆如初。

关于这一记载,汉郑玄注曰:"周贵肩贱髀。"周人在给死者祭牲时,并不看重羊、猪的大腿部分,而多采用肩部的肉。唐代贾公彦疏云:"知五鼎是'羊豕鱼腊鲜兽各一鼎'者,以下经云羊左胖,豕亦如之,鱼、腊、鲜兽皆如初,与少牢礼同,故知也。"显然,葬仪中牲体的使用皆有礼规,周人以牲体左侧为贵。齐家 M4 随葬大量左侧动物牲体的做法,与《仪礼》描述的士大夫阶层在丧葬活动中助祭羊、猪的做法相类。

《礼记·祭统第二十五》云:"凡为俎者,以骨为主。骨有贵贱:殷人贵髀,周人贵肩,凡前贵于后。"③ 这段话记述了商周时期人们在举行祭祀活动时,凡用祭祀器具盛用的牺牲,以牲骨为主,牲骨有贵贱之分、尊卑之别。商人以动物大腿骨为贵,周人以肩骨为贵,前面的骨肉都比后面的骨肉珍贵。从

---

① 由于被盗严重,齐家工匠墓葬牺牲情况不完全清楚。据马萧林等统计,M7 及 M16(第二等级)等几座墓葬也发现了牛、羊的前后肢。
② 韩巍:《西周墓葬的殉人与殉牲》,北京大学硕士论文,2003 年。
③ 孙希旦:《礼记集解》,中华书局,1989 年,第 1247 页。

齐家作坊 M4 以动物前左腿骨作为牺牲来看，符合《仪礼》《礼记》相关篇章中周人士大夫丧葬礼仪的习俗规范，却与前文判定的该墓主为商系遗民的作坊管理者身份不符。这一现象最合理的解释，就是作为商遗民的齐家制玦作坊 M4 墓主，迁徙至周人旧都之后，虽保留了一些殷商丧葬旧俗，但在赠物助葬助祭的内容及方式上，更多地适应了岐邑周原一带的姬姓周人礼仪。

这一点也可以从齐家 M4 铜鼎和铜卣上的铭文得到进一步确认（图 6.9）。M4：10 铜鼎口沿内侧铸有铭文，"亚止亘瓒（言）乍（作）父乙隣彝"。亚字框内的字是"止亘"二字，是商代晚期到周初的复合族徽。复合族徽可能代表了族之间的政治性联盟或婚姻关系，被认为即"止"族和"亘"族通婚，或是后者由前者分化出来。亚框下像是"言京"二字，但连在一起应是一字，可能是"瓒"。

"亚"是一种准族徽文字，多与日铭同时刻铸，流行于商代及西周早期，后由于周人的抵制迫使惯用族徽文字的殷商后裔慑于周王室统治的威严而逐渐淡化，从而导致西周中期以后族徽文字锐减，至西周末年消失①。这件铜鼎所缀"亚"字族徽及日铭，体现了浓郁的殷商遗风，暗示着墓主极可能就是商朝灭亡后被迫迁至周人故土的殷民六族、七族之一，或是被周人联合、联盟、联姻等分而治之的殷遗民。这一现象，与㫃簋铭文"作朕文考乙仲将彝"中具有指示性的商系日名一样，体现了岐邑周原所见的贵族手工业作坊管理阶层与商人有着密切的关系。

M4：24 铜卣的器盖与器底同铭，铸有"伯作彝"三字，"作"字反写。"伯"的含义在上古金文及文献中较为复杂，有封君诸侯之"爵称"、卿大夫之尊称、侯伯、行第名及宗子称伯等用法②。"伯"在五等爵制中是位于公、侯之后的第三等爵位。不论我们是否承认西周时期有五等爵制，有一点可以肯定的是，这里"伯"的含义非"爵位"之意，因为该墓等级显然不够"伯"（封君诸侯）一级规格。"伯"用来指称行第中年长者，所谓"伯仲叔季"之伯。这种用法在文献中常见，但多数情况下行第之"伯"与作为尊称、爵称之"伯"难以区分。M4 主人虽不能肯定就是宗族家庭中行第老大的成年男子，但毫无疑问是地位较高的成年男子。

---

① 张懋镕：《周人不用族徽说》，《考古》1995 年第 9 期。
② 陈絜：《商周姓氏制度研究》，商务印书馆，2007 年，第 356 页。

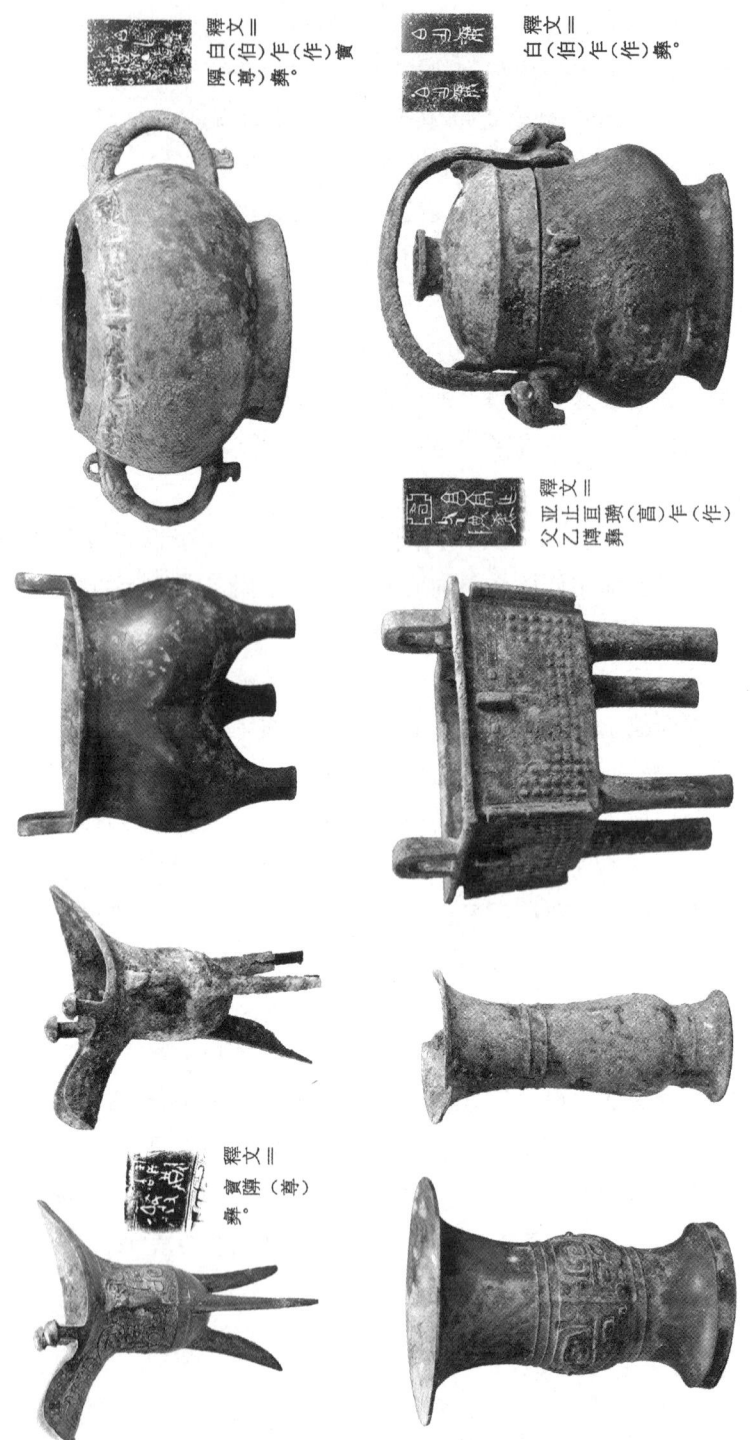

196　珑出周原——西周手工业生产形态管窥

釋文＝
障(尊)彝。
白(伯)乍(作)寶

釋文＝
白(伯)乍(作)彝。

釋文＝
父乙止亘爵(育)乍(作)
障彝。

釋文＝
寶障(尊)
彝。

图 6.9　齐家制玦作坊 M4 出土青铜器及铭文

商周时期"百工"受到贵族和王室重视、宠幸,手工业工匠具有一定的特权并享有成套礼器①。第一类墓葬的随葬品数量及丰富程度远远高于那些同等规模的非手工业者墓葬,说明作为管理者或作坊的掌握核心技术的熟练工匠,死后在丧葬礼仪上享有超出一般人群的特权,生前拥有数量较多的社会财富,享有高于一般人的社会地位,并可能被允许参加一定的政治活动或参与礼仪活动的权力。这种现象和商代工匠享受的待遇类似:即凡随葬手工业工具者,一般都有较多的随葬品,也有较多的铜礼器,经济上比较富有,政治地位也比较高②。

因此,笔者以为,第一等墓葬墓主当为作坊内的上层人员,属于作坊的管理者,或为掌握核心技术的成年男性工匠,承担了手工业生产活动的组织管理和运营职能。我们甚至可以推断,在周原地区西周时期手工业作坊的上层组织机构中,殷遗民或者至少是商系族群占据了管理阶层或者高级工匠的大多数。这类掌握手工业生产核心技能的人群,大概在武王克商之后,举族西迁至周原。

三、普通工匠及其族属

在齐家制玦作坊墓葬中,绝大多数第二、三等级墓葬仅仅出土少量陶器与一些个人装饰品,没有一座墓葬随葬青铜礼器或其他象征身份等级的高等级器物。这类墓葬的主人生前当是从事石玦生产的普通工匠。

这类墓葬极具特色的一点就是随葬了齐家风格石玦、制玦工具等器物及石废料等遗物,体现了其生前的职业特征。如属于第二类墓葬的齐家M38墓主头部随葬了2件页岩石玦,第三类墓葬的M24胸部出土了2件石玦,其中一件为常见的泥灰岩质地,另外一件为方解石质地。这几件随葬的石玦作为墓主人的耳饰或者坠饰使用,系典型的齐家作坊产品。随葬齐家作坊石玦的现象仅见于齐家作坊区域的墓葬中,是表明埋葬在生产区域的墓主从事石玦生产活动的重要指示性特征。

事实上,发现于手工业作坊生产区域的墓葬常常随葬作坊自身产品或者与生产活动相关的工具的现象并非偶然现象。除了前文所述在李家铸铜作坊管理

---

① 蔡锋:《夏商手工业者的身份与地位》,《中国经济史研究》2003年第4期。
② 陈旭:《商代手工业者》,《夏商文化论集》,科学出版社,2000年,第192—200页。

者 M9 填土中发现了陶范之外，铸铜作坊其他墓葬中也出土了与铸铜活动相关的遗物，或者包含着与铜器生产有关的"符号性"元素。如在李家 03M29 出土的陶豆上，就刻有铜器上常见的云纹刻画图案，在同一墓地的 03M2 中，发现了只见于铸铜遗址的伞状陶管及铜料。这些现象显然暗示着，墓主生前是从事铸铜活动的人员。

从墓葬规模及随葬品来看，第二、三类之间存在着较大的差异，可能也体现了墓主生前地位及身份的差异。第二类墓葬的墓室面积多在 2—3 平方米之间，往往随葬多达 10 余件的日用陶器，器类多样，个别还有小件玉器等威望用品；而第三类墓主的地下空间多数仅可容身，大部分仅随葬鬲、罐等一两件器物，更无玉器等威望用器。因此，我们推测第二等级墓主的社会地位相对较高，可能是石玦生产的主要技术骨干，生前是从事具有一定技术含量工作的主力，获得来自贵族家庭或管理层的生计回馈和资助较多；第三等级墓主或是从事一般体力劳动或技术含量较低工作的普通平民。

这两类不同级别的墓葬占已知工匠墓葬的比例，可以大致作为推断作坊内生产者劳动力分工和人群构成的依据。齐家制玦作坊第二类墓葬占比 43%、第三类墓葬占比 39%，二、三类墓葬占所有工匠墓葬总数的 82% 以上，构成了作坊的主要劳动力。这一比例与周原遗址李家铸铜作坊的工匠人员构成类似：李家作坊第二类墓葬占比 44.6%、第三类墓葬占比 37.5%，二、三类综合占比约 82%。因此，可以认为，齐家制玦作坊区域内 80% 以上的工匠属于从事石玦生产的技术人员，尽管个别工匠享有了超乎普通人群的优待。

关于第二、三类生产者的族属，是否能从考古资料中得以体现是非常值得关注的问题。这一问题的解决对于进一步探讨作坊的性质、岐邑周原手工业形态等问题极为关键。我们继续以腰坑的有无来判断第二、三类墓主的族属。齐家制玦作坊第二类墓葬有腰坑者占比 40%，第三类墓葬有腰坑者占比 10%，二、三类综合占比 25%。参照齐家作坊墓葬分类的面积及容积标准，笔者将李家铸铜作坊区域内发现的墓葬也进行了分类，包括第二类墓葬 25 座，有腰坑者 9 座，占比 36%，第三类墓葬 21 座，有腰坑者 2 座，占比 9.5%，二、三类综合占比 24%。这两处作坊中墓葬腰坑有无的比例几乎一致，令人惊讶却又毫不意外。换句话说，如果以腰坑作为商遗民的丧葬特征，周原遗址制玦作坊和李家铸铜作坊中从事生产活动的普通工匠中，大约有 25% 为商遗民。

从族属构成来说，在第二类生产者中，周人工匠（无腰坑者）略多，总数达到了60%，商遗民工匠（有腰坑者）约占40%。这一现象或是正好反映了文献所载西周初年周王朝大量迁徙，"分鲁公殷民六族、分康叔殷民七族"（《左传·定公四年》），主动接受商朝能工巧匠的事实。作为承担了原料制备及粗加工等初级工作的人群，第三类人员显然对技术要求不高，因而选择了以当地姬姓周人作为主要劳动人群，商遗民工匠的人数占比不足10%。

在齐家制玦作坊及李家铸铜作坊内，凡具有腰坑的墓葬一般规模较大，随葬品丰厚；而无腰坑者则多数规模较小，随葬品稀少。如果以此作为墓主人生前政治经济地位差异的判断指标，或许说明周原手工业作坊中周人生产者的地位相对较低，可能多数从事了日常性的工作，而商遗民由于具有技术优势，在作坊中地位较高，具备领导权。

周原齐家制玦作坊工匠墓葬的个案分析，揭示了西周时期周原遗址内的依附式手工业者的人员构成较为复杂：商遗民是手工业生产活动中的技术核心人群，拥有较高的社会地位和资源支配能力；而周人多数作为一般工匠，参与了大多数的具体劳作。从工匠的族属来说，周原作坊内的生产者既包括了周土旧民，也包括来自东边的商系遗民，生活在周原的周人及商人都参与了手工业生产活动。从人群的社会地位来说，既包括普通生产者，还包括小贵族等技术人群和管理者。

这种金字塔式的家族管理模式，是西周手工业作坊基本的生产管理方式。罗泰从人员职能及技术角度曾将这种手工业生产者的构成归纳为三个层次，即管理者、熟练工匠与一般工匠[①]，与笔者从墓葬特征分析获得的人员结构相类。这些手工业者从经济和政治上部分或完全地依赖于贵族家庭，从本质上来讲，并不属于、至少不全属于贵族和其他高等级人群拥有的财产"奴隶"。

第四节 石玦生产与工匠来源

齐家制玦作坊发掘区域内空间共存的两类时代不同、族属有别的墓地使我们认识到，周原遗址西周时期殷遗民的到来，部分占用了原居民的生活区域，导致了西周早期周原部分区域聚落布局的变化。从西周早期晚段至西周晚期晚

---

① 罗泰著，吴长青等译：《宗子维城：从考古材料的角度看公元前1000至前250年的中国社会》，上海古籍出版社，2017年。

段 200 余年的时间段内，齐家制玦作坊生产遗存与西周墓地两者共处一地，两期两类遗迹部分叠压打破，形成了时间重叠与功能交错。那么，墓地与居址之间到底有着什么样的关系？

1999 年，周原考古队在齐家村东侧发掘时就注意到了这种墓地与居址共处一地的现象。发掘者曾推测其形成原因可能与土地功能转化以及土地所有权变换有关。也就是说不同的时期，这里可能为不同的族人所占有，即作为墓地的所有者和居所的所有者当非同一氏族；墓葬与墓葬、墓葬与居址间反复的叠压和打破现象，揭示了土地曾经几易其主的历史真相[1]。2002 年在齐家制玦作坊地点发掘后，我们曾根据作坊遗址与墓葬布局交叉在同一区域、年代上相互交错及地层上相互打破的实际情况，再次指出了这种居址与墓地共处又相互交错叠压的情况，可能反映了西周时期周原地区土地所有权变化的过程，印证了裘卫四器中关于土地交换的史实[2]。

近期，雷兴山指出，周原地区聚族生活之地与聚族埋葬之地同处一个相对狭小的区域内，并非全部是土地主人更替的结果，而是这些作坊内的专职手工业生产者缺少自有土地的被动选择[3]。从齐家作坊生产区域土地的功能来说，这一区域自从西周早期偏晚以来，始终承担了石玦的生产场所及制玦工匠墓地的双重功能，土地所有权并未发生实质性的变更，生产遗存与墓地交错叠压的现象显然并非"换土易居"的结果。因此，过去将周原遗址常见的墓地与居址共处一地的现象解释为"土地功能转化"或"土地所有权的变更"的观点就有着进一步修正的必要。

发掘区文化堆积形成过程的解读，是揭示墓地与居址共存一地原因的唯一途径。在齐家作坊制玦活动开展期间，发掘区内墓葬与居址的功能替换既不频繁，亦不广泛。根据发掘区遗迹总平面图，参照陶器分期结果并辅以各遗迹单位的层位关系，在分析发掘区域堆积形成过程的基础上，我们发现发掘区域内居址单位与墓葬在时间与空间上存在以下显著的关系：

首先，在同一时段内，既有居址遗存也有墓葬存在，二者共存于同一个平

---

[1] 周原考古队：《1999 年度周原遗址ⅠA1 区及ⅣA1 区发掘简报》，《古代文明》（第 2 卷），文物出版社，2003 年，第 491—538 页。
[2] 周原考古队：《2002 年周原遗址（齐家村）发掘简报》，《考古与文物》2003 年第 4 期。
[3] 雷兴山：《论周原遗址西周时期手工业者的居与葬——兼谈特殊器物在聚落结构研究中的作用》，《华夏考古》2009 年第 4 期。

面，但它们之间却多存在一定距离，少见叠压打破现象。需要特别说明的是，发掘所见的居址遗存主要为生产、生活的垃圾堆积，表明发掘区的居址区是垃圾堆放区。虽有残留下来的少量工作间，但不见普通居址中常见的房子等遗迹。

第二，在整个作坊遗址存续期间，居址遗存与墓葬分别相对集中于不同的区域，少见叠压或打破关系。如在发掘区靠齐家沟的边缘部分，与制玦有关的遗迹和一般生活灰坑就连续分布，不见任何墓葬。在围绕制玦作坊管理者墓葬M4周围区域，则集中分布着一定数量的墓葬，少见同时期的石玦生产设施。在M4及其方围区域，不仅墓葬之间的打破关系甚少，而且不见墓葬与石玦生产设施之间的相互扰动。总体来说，在同一时段内，生产区域内没有发现生产设施与工匠墓葬之间的相互扰动或破坏，仅有个别区域存在不同时段的墓葬与生产遗迹之间的相互叠压打破的现象。

第三，在相对集中的同一区域内，不同时段墓葬与生产遗迹间的堆积模式，主要为"生产遗迹→墓葬"或"墓葬→生产遗迹"的一次性转换模式，而"墓葬→生产遗迹→墓葬"或"生产遗迹→墓葬→生产遗迹"的多次性转换模式极少。这一现象暗示着，齐家作坊内某个区域的使用功能一旦发生转变，便极少发生第二次使用功能的转换。因此，我们认为西周早期以后，发掘区域内的土地所有权实际上并未发生变更，制玦作坊的生产者就是作坊区域内的西周墓地的主人，他们是同一群从事制玦的工匠。作坊内墓葬与生产设施分布区域的更替转换，只是生产者缺少自有土地而采取的"产葬相迫"的生产、生活方式的体现而已。

以上认识表明，齐家制玦作坊生产活动持续期间，土地功能并未转换，土地主人亦未更替，相反却显示了手工业生产的工作场所，往往同时兼具了生产者即工匠的墓地职能。这一模式就是三代时期手工业生产组织形式中极具普遍性的"产葬相迫"布局模式：即手工业生产区域与工匠的墓地共时交错使用。

对于一般聚落来说，周原遗址也常常见到居址与墓地共存的现象，在排除了土地易主的情况下，可能更多体现了一种"产葬合一"或"居葬合一"的聚落形态。齐家作坊的工匠生前从事石玦的生产，服务于附近的贵族家庭，居住在距离贵族宫室不远的作坊东侧（见第五章第一节），死后聚族而葬于生产区域。《逸周书》之《程典解》载："士大夫不杂于工商，士之子不知义，不可以长幼。工不族居，不足以给官，族不乡别，不可以入惠"，强调了工匠要是不聚族而居，就不足以供给官府。

西周时期的周原遗址，尽管人群构成复杂，但作为殷遗民的手工业家族人群仍然保持着这样一种聚落形态，即同一族群或家族，不仅平时"聚族而居"、死后"聚族而葬"，而且生前与死后均处在一个相对独立的区域空间内。有学者指出，"居葬合一"的现象是商文化的特质因素之一[①]。这种不同于周人"居葬分离"的生活生产遗迹空间分布形态，在进入西周王朝后仍被迁居周土的殷遗民继承了下来，不仅体现在专事手工业生产的作坊遗址中，在一般的商遗民居址中也极为突出。

近年发掘的凤雏建筑三号基址南端的西周遗址中，就发现了殷遗民居葬相迫的现象。这次发现的中型墓葬 M11 保存完好，铜器铭文为判断墓主及族属、确定墓地与居址的性质提供了重要信息[②]。该墓与齐家作坊第一类管理者墓葬规模相当（约 7.4 平方米），也有腰坑和殉狗，随葬品相当丰富，包括了铜器 21 件、陶器 20 件及原始瓷器 6 件。根据铭文推测，墓主人昔鸡很可能是来自殷代的举族，在武王克商后不久其分族被迁至周原地区。从墓葬规模和随葬器物看，昔鸡担任小臣一类的职官，为士级贵族，但他却与周王朝的高级贵族交往频繁。发掘区域内墓葬和灰坑这两类性质不同的遗迹年代交错并存，其平面分布上也相互有打破关系，但在墓葬周边较小范围内几乎不见同时期灰坑，而超出该范围则常见同期的灰坑。凤雏三号基址南地点揭露的 20 座墓葬中 16 座带有腰坑和殉狗，反映了其族属以殷遗民为主。这处西周时期的以商遗民为主的普通聚落遗址，虽非作坊遗址，但亦遵循着殷商"居葬合一"的生活模式。

当然，从微观角度来说，生产活动与生居死葬虽然同在一个大的区域，但共时条件下生产区域和生活区域仍然存在一定程度的空白（或生产不活跃）地带。这种空白区域的形成多是由于生产活动的近距离迁移造成的，客观上促成了手工业作坊"居、产、葬"三位一体的聚落格局，以及生产、生活空间的合理适度利用。西周时期商遗民手工业者聚族居葬、居葬合一、产葬相迫的居住与丧葬方式，可能就是《周礼》中"同宗者，生相近，死相迫"的真实写照。这种手工业作坊内血缘组织与政治管理上的统一性，正是齐家制玦作坊能够前后延续近二百年，生产产品质地风格近似，居葬相近的重要原因。

[①] 李宏飞：《藁城台西商代遗址再分析——兼论商文化"居葬合一"的特质因素》，《中国国家博物馆馆刊》2019 年第 7 期。

[②] 周原考古队：《陕西宝鸡市周原遗址 2014—2015 年的勘探与发掘》，《考古》2016 年第 7 期。

周原出土的青铜器铭文揭示，周原先周时期的族群构成中基本不见商人，而到西周时期商遗民却占有相当大的比重，非姬姓贵族的比例高达90%以上①。从腰坑、头向及随葬品的商式风格（多见商式簋等商式器物）等方面来看，西周早期偏晚即石玦生产活动开始以后，墓地的人员构成及族属发生了显著变化，墓地由商末周初周人独有演变为以殷商遗民为主。这一变化过程或正体现了文献所载西周初年周王朝大量迁徙和接受商朝能工巧匠的事实。

《左传》提到了武王克商之后商代的工匠被强征为周王朝服务之事。《左传·定公四年》卫侯使者子鱼说：

> 以先王观之，则尚德也。昔武王克商，成王定之，选建明德，以蕃屏周。故周公相王室，以尹天下，于周为睦。分鲁公以大路、大旂，夏后氏之璜，封父之繁弱，殷民六族，条氏、徐氏、萧氏、索氏、长勺氏、尾勺氏，使帅其宗氏，辑其分族，将其类丑，以法则周公。……分康叔以大路、少帛、綪茷、旃旌、大吕，殷民七族，陶氏、施氏、繁氏、锜氏、樊氏、饥氏、终葵氏。

周王要求商人中熟练的工匠服务于新的王朝，并分别赏赐给鲁公和康叔一些具有特殊技能的工匠，包括制作绳索、陶器、酒器、篱笆、旗帜等专业技术人才。这种对商人生产技术的全面继承做法在短时间内迅速提高了周人的手工业生产技术水平，推动了生产力的快速发展，同时也极大满足了新政权建立带来的对物质特别是高等级祭祀礼仪用品的需求。

周武王即位后，原由武王分封的商纣王之子武庚与监督武庚的武王之弟管叔、蔡叔勾结叛乱，周公东征平叛，并将原"殷顽民"迁于洛邑，采取了"分而治之"的办法。《尚书·毕命》载："毖殷顽民，迁于洛邑。"这些被迁的"殷顽民"中，相当一部分应该是掌握专业技术的手工工匠，这一点从考古发现中得到了证实。洛阳北窑铸铜遗址被认为是属于西周王室控制之下的作坊，作坊之中的墓葬主人被认为是殷代旧贵族的后裔，葬于作坊区内的工匠很可能生前为青铜器作坊的掌管者和生产者②。何毓灵指出，这类被整族分封与迁徙

---

① 张懋镕：《周原出土西周有铭青铜器散论》，《古文字与青铜器论集》，科学出版社，2002年，第112—137页。

② 洛阳博物馆：《洛阳北窑村西周遗址1974年度发掘简报》，《文物》1981年第7期。

的氏族之所以被作为财富分封给贵族,且被史料记载,很大程度上归结于这些家族掌握了生产技术,而这种制造技术及其产品,不仅仅是当时的经济基础,更在一定程度上上升为国家实施有效统治的根基,特别是其中的铸铜与制玉、造车等技术,更可能关系国家的存亡①。

因此,周原遗址包括齐家作坊在内的手工业生产中出现大量的殷遗民,符合历史事实,反映了西周早期周公平乱之后,分封手工业家族给大贵族家庭,迁移殷民于洛邑及周原、丰镐等大型都邑,快速重建生产系统的历史史实。从考古发现来说,我们也可以从西周早期的手工业生产,特别是铜器与玉器生产,包括陶器制作中,看到产品特征上典型的商文化风格。这种商人遗风直至西周中期后才逐渐得以摆脱,形成了周代独有的艺术风格。

西周时期的手工业生产管理形成了较为系统的模式,继承了商代上层社会控制重要手工业生产门类及生产技术的传统,使得工匠不能随便迁移及改变职业,形成了"民不迁,农不移,工贾不变"(《左传·昭公二十六年》)的格局。具有手工业生产技术的人群,世代相袭,后辈既不可兼做他事,也不能改变行业。

综上,西周时期手工业生产技术仍然以世袭的方式传承,"工之子常为工",但其管理方式突破了殷墟时期以王室控制核心生产技术及产品流通为主的范式,实现了以贵族家族形态手工业生产为主的模式。这种经营管理方式的改变,既有利于生产技术在一定范围内的传播,又促使了生产规模、产品数量与种类的日益丰富,满足了社会日益增强的生产生活需求,也保障了核心的生产技术被严格控制在很小的范围之内。

第五节　西周工匠奴隶身份说质疑

作为西周时期主要劳动力的组成部分,庶人及百工的社会身份一直以来就是考古学及历史学界热烈讨论的问题。简单来说,庶人指那些从事农业劳动的人群,而"百工"或"工"指那些从事手工业生产的人群。数十年来,关于庶人和百工社会身份的争论被直接与商周时期社会性质的讨论联系起来。

商周时期手工业者身份的争论持久不息,或是因为这一论断直接关系商周

---

① 何毓灵:《殷墟手工业生产管理模式探析》,《三代考古》(4),科学出版社,2011年。

社会性质这一核心问题。有学者主张商周时期农业及手工业生产的主要劳动力是庶人及百工奴隶①；还有学者主张三代时期的手工业者"百工"与庶人当为拥有生产资料和家庭财产的自由民或农奴，二者具有相似身份，而商周时期奴隶在生产领域不是主要劳动力②。上述观点受到了日新月异的出土考古学资料的挑战和补充。许多学者在探讨商周手工业者社会地位身份时从考古发现的工匠墓葬入手，并辅以文献记载（包括历史文献和金文资料），取得了新的重要认识。

从考古发现的工匠墓葬来说，西周时期的手工业生产者当不属于，至少不全属于贵族和其他高等级人群拥有的财产——奴隶。一则他们拥有生计资料和私人财产，二则拥有自己的生产工具。更为重要的是，他们在死后受到的礼遇与绝大多数自由民一样，享有独立的墓穴和数量相配的丧葬品。当然，有无随葬品并不能成为判断墓主是否为奴隶的直接证据。

一、西周劳动力身份问题的争论

归纳起来，关于西周时期生产领域主要劳动力身份问题的争论可以大致分为两类：

第一组以郭沫若、李亚农、田昌五等为代表③。他们认为西周时期大量的奴隶被用于农业活动及手工业生产，庶人和百工都是奴隶。个别学者坚持认为手工业生产中的主要劳动力是奴隶，但是同时也承认自由民或者其他平民也参与生产④。因此，西周社会是奴隶社会。

第二组以吕振羽、范文澜、徐中舒、翦伯赞等为代表⑤。他们认为庶人是农奴或者自由民，有着自己的生产生活资料和家庭财产等；奴隶在西周经济中

---

① 郭沫若：《奴隶制时代》，人民出版社，1973年；李亚农：《李亚农史论集》，上海人民出版社，1978年；田昌五：《古代社会形态研究》，天津人民出版社，1980年。
② 范文澜：《中国通史简编》，人民出版社，1953年；吕振羽：《吕振羽史论选集》，上海人民出版社，1981年；斯维至：《论庶人》，《社会科学战线》1978年第2期。
③ 郭沫若：《奴隶制时代》，人民出版社，1973年；李亚农：《李亚农史论集》，上海人民出版社，1978年；田昌五：《古代社会形态研究》，天津人民出版社，1980年；顾孟武：《论西周生产领域的奴隶劳动》，《史学月刊》1984年第2期；杨宽：《西周史》，上海人民出版社，1999年。
④ 杨升南：《商代经济史》，贵州人民出版社，1992年，第575—579页。
⑤ 关于周代庶人社会身份的探讨是先秦史研究的一个重要课题，归纳起来有奴隶说、自由民说、农奴说及个体农民说等几种。

不占主要成分，主要劳动力是自由民①，而手工业者"百工"可能与庶人有着相似的社会地位②。因此，有学者同意用"封建社会"来定义西周的社会性质③。但是还有许多学者并不承认生产关系中劳动力的身份地位可以作为判断社会性质的依据，坚持认为西周属于奴隶社会或早期奴隶社会。

白寿彝主编的《中国通史》第三卷在谈到这一问题时总结道：

> 我国商周奴隶社会中，占统治的阶级关系，是氏族贵族奴隶主和受家长制形式剥削的奴隶。除此而外，大部分是习惯上所说的非基本的阶级或过渡的阶级，即公社农民和手工业小生产者阶级。这决定了奴隶在生产上并不占主导地位。所以当时的生产与其说是建立在奴隶劳动上面，不如说建立在公社农民的劳动上面。但并不能因此而否认商周社会的奴隶制性质，因为决定一个社会是否是奴隶社会，不仅看它的奴隶数量多少，而重要的要看那里奴隶制的发生、发展对阶级关系发展和变化所起的作用。

实际上，西周时期劳动力的社会身份是一个相当复杂的问题，远非上述两组主要观点可以概括，即使同一派别之内在认识上还存在着许多细微的差别。如果将劳动力的身份与社会性质的探讨联系起来，这一问题就更为复杂。有关西周社会组织的探讨是争论已久的以社会经济形态即生产方式的依次更替理论为基础的古史分期问题的一部分④。各派的主要分歧并不在于史料的掌握，而在于对史料的阐释与理论认识的差异。

无疑，将西周社会归类为奴隶社会或封建社会，并以此为出发点来探讨其相应的社会性质，这一做法并不能很好地反映当时社会人群的真实身份与地

---

① 范文澜：《中国通史简编》，人民出版社，1953年；斯维至：《论庶人》，《社会科学战线》1978年第2期；日知：《中国古史分期问题的关键何在?》，《历史研究》1957年第8期；吕振羽：《吕振羽史论选集》，上海人民出版社，1981年。

② 徐喜辰：《"众""庶人"并非奴隶论补证》，《东北师范大学学报》1984年第2期；童书业：《中国手工业商业发展史》，中华书局，2005年。

③ 吕振羽：《吕振羽史论选集》，上海人民出版社，1981年；范文澜：《中国通史简编》，人民出版社，1953年。

④ 林甘泉：《吕振羽和中国社会经济史形态研究》，《史学史研究》，2000年第4期；徐喜辰：《关于中国古代社会史分期问题》，《中国通史》，上海人民出版社，1999年，第1470—1522页。

位。有学者早就指出,三代时期大规模农业劳动并非就意味着奴隶是主要的劳动力资源①。同样,也没有令人信服的理由使人相信,西周社会中的有些人群如"庶人""百工"可以被笼统地考虑为农奴或奴隶,因为他们在地位上毕竟不同于欧洲封建社会的农奴。

二、商周工匠身份再探讨

商周时期的依附式工匠一直被认为属于奴隶②,或以奴隶为主并包括一小部分自由民③。用于支持这类观点的材料主要源于青铜器铭文和零星的文献资料。例如,杨宽根据官营工匠"百工"常常与奴隶"臣"在铜器铭文(见于伊簋铭文)中同时出现这一现象推测,"百工"和"臣"都是奴隶身份④。另外一条用于推论"百工"属于奴隶身份的资料是孟簋(穆王时期)的铭文⑤。孟簋铭文记载了毛公家族以"臣"赏赐给孟的父亲,而这些"臣"选自毛公属下的"工"中。朱凤瀚据此推测"工"与"臣"一样被作为财产对待,身份类似于奴隶⑥。

此外,一些零星的早期文献资料也经常被引用来支持依附性工匠属于奴隶的观点。如殷民七族中具有技能的手工业人群主要来自殷民,并且都是以家族为基础的专业化生产者。就其身份而言,这些人群与"丑"类似,所以他们也是奴隶⑦。然而,上述用于论述商周贵族手工业生产方式中以奴隶为主要生产者的观点是值得进一步推敲的。

首先,先前的很多论证是基于百工常与具有奴隶身份的人群同时出现于文献中这一标准来判断工匠的身份。这种观点的逻辑是,"百工"在西周的阶级地位与臣、妾、仆、驭、牧是同等的,因臣、妾、仆、驭、牧当时之为奴隶,则"百工"亦不可能不是奴隶。无论从方法论上还是逻辑角度,这一观点是经不住推敲的。

---

① Jun L, *Chinese Civilization in the Making*, 1766-221 B. C., Macmilian Press, 1996.
② 郭沫若:《奴隶制时代》,人民出版社,1973年;李亚农:《李亚农史论集》,上海人民出版社,1978年;田昌五:《古代社会形态研究》,天津人民出版社,1980年。
③ 杨升南:《商代经济史》,贵州人民出版社,1992年,第575—579页。
④ 杨宽:《西周史》,上海人民出版社,1999年,第290—295页;张亚初、刘雨:《西周金文官制研究》,中华书局,1986年,第49页。
⑤ 郭沫若:《长安县张家坡铜器群铭文汇释》,《考古学报》1962年第1期。
⑥ 朱凤瀚:《商周家族形态研究》(增订本),天津古籍出版社,2004年,第327—328页。
⑦ 顾孟武:《论西周生产领域的奴隶劳动》,《史学月刊》1984年第2期。

事实上，文献中也存在着百工与其他具有较高地位人群同时出现的史实。例如，西周昭王时器令彝铭文中提到明公给一些高级官吏如卿事寮、诸尹、诸侯、侯、田、男等颁布了一个法令①。百工也在受令之列，表明百工并非失去自由的他人财产，反而具有高于一般人的权力，并介入了贵族的家族事务。显然，百工与其他具有较高地位的人群同列不能作为百工是高级官吏的证据。那么，反之亦然。

第二，文字资料肯定了西周时期百工享有高于普通人群的优越权。从金文及文献资料来看，官营手工业中的生产者地位还是相对较高的，这可能与周人对手工业重视，有着迫切发展农工商业的客观需求有关。《周礼·考工记》曰："百工之事，皆圣人之作也"，体现了手工业者在殷周时期受到重视的程度。需要说明的是，西周手工业者社会地位较高的状况并没有延续至后代。秦汉时期随着经济领域内商品经济相对活跃及与之相适应的直接生产者人身依附关系的相对减轻，工匠身份发生了较大变化，工商业者受到严厉打击，其地位较一般的编户齐民还要低②。

第三，商周时期的社会组织一脉相承，商代都城的人群构成同样对西周同类研究具有借鉴意义。唐际根依据殷墟墓葬资料重建了晚商时期的社会结构③。研究表明，殷墟总人口的82%—87%属于平民，7%—10%左右的人群可能为贵族阶层。这一结果说明，殷墟一带90%以上的人群并非奴隶。其余3%—7%的人群墓葬中虽然没有随葬品，但多被埋葬于家族墓地，没有证据表明他们属于"主人"的财产，其身份当非奴隶。殷墟过去所谓埋葬"奴隶"的"大量的灰坑葬"数目不足20例（除小孩之外），仅见于铸铜作坊或制骨作坊。虽然还不能完全排除埋葬于手工业生产区域的这些人属于奴隶的可能，但也有可能属于死于事故或意外的家族成员或用于某种墓葬礼仪的俘虏。

这一结论从一个侧面说明，即使我们承认葬于殷墟遗址作坊区域的灰坑葬者属于手工业奴隶，其数目也是极为有限的，不能构成一个所谓的"社会阶层"，更不能成为商代王室或贵族手工业中大量使用奴隶的有效证据。因此，殷墟范围大量在王室手工业作坊从事生产的工匠，当不属于"奴隶"。就身份

---

① 唐兰：《西周青铜器铭文分代史征》，中华书局，1986年。
② 魏明孔主编，蔡锋著：《中国手工业经济通史——先秦秦汉卷》，福建人民出版社，2005年。
③ Jigen T. *The Social Organization of Late Shang, China: A Mortuary Perspective*, PhD thesis, University College London, 2004.

来说，商代的手工业生产者既有中小奴隶主，也有平民和奴隶，但绝大部分不属于奴隶；就其比例而言，平民和中小奴隶主占有从业者的绝大部分①。这一点正与美国汉学家叶慈从社会文化学角度阐述的"商代社会生产力构成不是基于奴隶"的观点不谋而合②。上述关于商代社会的人口构成及其身份的分析对理解西周时期社会形态和人群构成同样具有启示意义。

三、西周主要劳动力构成奴隶说质疑

20世纪80年代以来史学界对"马克思、恩格斯的论述和苏联理论家提出的人类社会直线递进的发展模式"这一所谓纲领性、真理性、指导性的社会发展模式提出了挑战。越来越多的学者倾向于奴隶社会并非人类社会必经阶段，而单线进化模式并不符合中国早期国家的实际情况③。

近年来，历史学界似乎也不再纠缠于夏商时期社会性质或奴隶社会或封建社会的简单界定，在各种分期的新说中多已不见"奴隶制"或"奴隶社会"的说法，说明奴隶制不等于奴隶社会，奴隶社会并非所有社会发展的必经阶段，而三代社会不是奴隶社会等观点已被很多人接受④。商周时期虽然存在奴隶制度和奴隶，但并不能因此认为其就是奴隶社会，至少奴隶并非农业生产与手工业领域的主要劳动力来源。

事实上，所谓奴隶是三代时期手工业生产领域最为主要的劳动力来源的观点从考古学角度找不到有力的证据。笔者对于西周时期手工业者身份的分析表明，分散于小型居址的个体私营手工业者，其社会身份等同于一般庶人；而从政治经济角度依附于贵族和王室的手工业生产者，其身份相对复杂，大部分不仅拥有独立的生产生活资料，而且社会分化现象明显。就其构成而言，既包括了一般工匠，又包括了技术熟练的高级工匠及作坊的管理者，个别小贵族可能也参与手工业生产活动。

手工业生产者墓葬的分析揭示，奴隶可能并非西周时期官营手工业生产领域的主要劳动力，绝大部分活跃于官营手工业生产领域的劳动者"百工"享有

---

① 陈旭：《商代手工业者》，《夏商文化论集》，科学出版社，2000年，第192—200页。
② Yates R. D. S, "Slavery in Early China: A Socio-cultural Approach", *Journal of East Asian Archaeology 31*, 2002, p. 301.
③ 陈淳：《夏商是奴隶社会吗》，《中国文物报》，2007年3月30日第7版。
④ 叶文宪：《古史分期新说述评》，《中国史研究动态》2000年第1期。

和普通平民或庶民相当的社会地位,只不过他们依然以某种政治或经济纽带密切地与贵族或王室关联起来。"百工"既多非奴隶,又不同于庶人。肖楠通过分析认为殷商时期的百工有一定的生活资料和社会地位,属于一定的族,其身份虽是被统治阶级,但比奴隶要高,可能是殷代社会的平民①。这一结论同样适用于描述西周时期的手工业者地位。

还要指出的是,西周时期的工商食官制度亦不能成为推断手工业属于依附于贵族或王室奴隶的依据。工商食官制度是与建立在自然经济基础上的封建领主经济体系相适应的一种官办手工业,是政府管理商品市场的特种经济模式②。《国语·周语上》载:"庶人工商,各守其业",在这里工商与庶人被视为同列。事实上,在"工商食官"之外,许多独立的工商业经营者是平民阶层。因此,西周的工商食官制度既不表明官府全面垄断工商业,亦不表明工商业中实行的是奴隶制度,更不表明"百工"的身份就是奴隶或工奴③。

从齐家制玦作坊的墓葬资料来看,奴隶当非齐家制玦作坊主要劳动力。平民或者说身份相当于平民的"庶人"是其主要劳动力构成。对周原齐家制玦作坊的手工业者墓葬的分析支持夏商周时期手工业者的身份以自由人为主这一观点,其地位高于一般的平民。所谓"百工"或"多工",可能是大中贵族作坊与民间专业作坊中的自由手工业生产者,有些生前拥有一定的生产生活资料,具有一定的政治地位并能参加一定的政治活动与宗教礼仪活动。

考古学资料表明,西周时期依附式(官营)手工业中的劳动者,有一部分可能是工奴,但并非都是工奴;食于官或贵族家庭的"百工"仍以平民为主,其社会地位与从事农业的庶人相同。奴隶可能并没有被大规模使用于王室和贵族手工业的生产活动。这一观点是符合商周时期的社会发展实际情况的,而这一认识无疑会丰富对于中国青铜时代手工业生产形态及生产者的理解。

---

① 肖楠:《试论卜辞中的"工"与"百工"》,《考古》1981年第3期。
② 朱红林:《周代"工商食官"制度再研究》,《人文杂志》2004年第1期。
③ 朱家桢:《西周的井田制与工商食官制》,《河南师范大学学报》(哲学社会科学版)1991年第2期。

第七章

玦佩从容：消费者

经济系统是由社会再生产过程中的生产、分配、交换、消费等若干经济元素相互作用形成的有机整体。对消费环节的研究，不仅是检验和理解手工业产品获得模式的重要窗口，更是了解社会组织内部不平等程度的重要手段。因此，对考古学研究来说，随葬品及其承载的社会经济价值，既是区别某些群体的主要方式，也是反映社会风尚及社会分化程度的重要指标。

在讨论了齐家制玦作坊生产体系的生产技术、标准化、专业化、生产组织和生产者等问题之后，本章将集中探讨齐家石玦的消费问题。玦的消费和使用与其基本功能和使用人群的审美偏好密不可分。因此，在讨论齐家作坊手工业产品的流向之前，我们首先探讨一下玦的使用及传播问题，随后再分析齐家作坊乃至西周时期石玦的消费与流通情况。

第一节 文献中的玦及其功能

《广韵》谓："玦，如环，缺而不连。"《说文解字》玉部解释说："玦，玉佩也。"清人吴大澂在《古玉图考》解释说："是玦，为佩玉之玦，与钩弦之玦不同。"[①] 吴大澂将玉之玦与钩弦之玦区分开来，第一次将文献描述与实物图像进行对应，确认了环而有缺的"玉玦"，后成为考古学界所采用的统一称谓。王国维曾著短文认为"环缺其一谓之玦"，认为环是由玉片串联而成，缺一为玦[②]。

诚然，关于这类器物的定名仍存在不同认识。邓淑苹在《古玉图考导读》一书中认为，吴氏将一种有窄长缺口的圆璧形玉器称为"玦"是错误的[③]。她

---

① （清）吴大澂著，杜斌编著：《古玉图考》，中华书局，2013年。
② 王国维：《说环玦》，《观堂林集》，中华书局，1959年，第160页。
③ 邓淑苹：《古玉图考导读》，（台北）艺术图书公司，1992年，第30—37页。

根据考古发现中玉石玦的出土位置判断其应为耳饰,并根据《诗经》《左传》等文献记载指出,这类器物在周代应该称为"瑱"而非玦,其佩戴方法是用一种丝绳(紞)自发髻上将其垂吊到耳旁①。华玉冰亦持此观点,认为现在所谓的"玦"并非真正的"玦",建议称之为"珥"②。《说文解字》曰:"珥,瑱也。从玉、耳,耳亦声",实际上珥即"瑱",二者异名同器。

　　那志良认为,玦与瑱或是两种不同的耳饰③。有学者进而指出,玦是我国迄今为止发现的最早的环饰实物,绝大多数为形似环而缺,瑱流行于汉晋时期,强调"瑱"不是佩戴在耳垂上的,而是系于簪首或作为冠冕附件使用的④。据图像资料及考古出土的实物,笔者以为此说甚是。考古所见环形玦与在耳垂穿孔佩戴的"珰""珥""瑱"不同,因无法确知古人观念中这种环形玦的确切名称,加之此种器物被称作"玦"已百年有余,深植人心,故仍用"(玉石)玦"或"耳饰玦"来专指这种或已被讹名的、带缺口的环形玉器⑤。

　　本书探讨的玦是指带有缺口的环类。就形制而言,最常见的是圆环形玦(根据环与孔的比例分别称为环形玦和璧形玦),此外还有管珠形玦、兽形玦及有角玦等⑥(图版三〇)。台湾卑南文化(距今约3000年前后)还发现了外缘带有突起的突纽玦、方形玦、人兽形玦等多种类型⑦。就质地而言,以石质和玉质为主,分布地域广且流行时间长,广见于大江南北新石器时代、商周及战国以前的遗址或墓葬中。

　　此外,还发现了少量的煤精、蚌、水晶、玛瑙、绿松石、陶、骨等质地的玦,其中水晶、玛瑙玦流行于岭南地区新石器时代晚期或商周时期的遗址或墓葬,煤精和蚌玦流行于中原地区商周遗址或墓葬,绿松石玦则多见于春秋越国

---

① 邓淑苹:《瑱与耳饰玦——由考古实例谈古玉鉴定》,《故宫文物月刊》1985年2月。
② 华玉冰:《说玦》,《中国考古学跨世纪的回顾与前瞻》,科学出版社,2000年,第327—336页。
③ 那志良:《玉耳饰》,《故宫文物月刊》1984年12月。
④ 李芽:《中国古代耳饰研究》,上海戏剧学院博士论文,2013年。
⑤ 孙庆伟:《周代用玉制度研究》,上海古籍出版社,2008年,第152页。
⑥ 关于玉石玦的综合性研究可参考黄士强:《玦的研究》,《考古人类学刊》1971年第37、38期合刊;杨美莉:《中国古代玦的演变与发展》,《故宫学术季刊》1993年1月;陈星灿:《中国史前的玉(石)玦初探》,《东亚玉器》第1卷,香港中文大学出版社,1998年,第61—71页;杨建芳:《耳饰玦的起源、演变与分布:文化传播及地区化的一个实例》,《中国古玉研究论文集》(下册),众志美术出版社,2001年,第139—167页。
⑦ 宋文薰:《论台湾及环中国南海史前时代的玦形耳饰》,《中央研究院第二届国际汉学会议论文集》,1989年,第117—140页。连照美:《台湾卑南玉器研究》,《台北故宫博物院院刊》2000年第1期。

地区。比较而言，陶及骨质的玦数量较少，仅见于中原地区秦人墓葬。

实际上，文献资料中享有"玦"之名称却具有不同功能、形制迥异的器物还有两种。一是射箭时佩戴在大拇指上的钩弦之器，如《诗经·小雅·车攻》："决拾既佽，弓矢既调。"毛传云："决，钩弦也。""决"（韘）通"玦"，但其形制和功能与环形耳玦迥然，属于同名异物①。二是指束带用的带扣。刘云辉依据何家村银盒盖内墨书"碾矱玉纯方胯一具一十六事并玦""白玉有孔一具各十五事并玦"的记录，与实物相核后确认墨书之"玦"实为带扣②。由此看来，唐代所称之玦与钩弦之器和耳玦在形制上相距甚远，显非同物。

在汉唐诗词中多见有关佩玦的描述。南朝著名军事家江淹《歌》："曲台歌未徙，黄壤哭已亲。玉玦归无色，罗衣会生尘。"唐代杜甫《哀王孙》描述了安禄山犯长安迫使唐宗室逃离，王室子弟不能相顾的惊恐哀伤场景，有诗云："腰下宝玦青珊瑚，可怜王孙泣路隅。"司马光《谢始平公以近诗一卷赐示》："裸圭夷玉清庙器，肯与环玦争玲珑。"结合汉唐墓葬中极少出现玉石玦的情况推断，此时的玦已经专指悬挂于腰下或胸部的佩饰，或实为"带扣"。如前所述，历史时期享"玦"之名的器物甚众，汉唐诗词中的"玦"并非先秦墓葬中常见的"环形玦"。无论钩弦之器还是带扣，虽享"玦"之名，但形制与功能与环而有缺的玦迥然。

从文献记载来看，古代文献所称的"玦"通常有以下的功能和涵义：

1. 装饰品。汉·史游《急就篇》："玉玦环佩靡从容。"③唐颜师古注："半环谓之玦。"《礼记·内则第十二》："左右佩用，左佩纷帨、刀、砺、小觿、金燧，右佩玦、捍、管、遰、大觿、木燧。"④记述了天子命令总理国政的冢宰，颁行德教于万民，其中描述了儿子侍奉父母前的装束，身上左右佩戴各种生活用品，就包括佩玦。玦与皮韘、笔管、刀削、骨锥、木燧等同列，当为佩饰。

2. 符节器。象征决断、果敢，或因与"决"同音之故。《左传·闵公二年》："狄人伐卫……将战……公与石祁子玦，与宁庄子矢，使守。"⑤狄人攻打

---

① 3N3N：《玉中三玦：扳指之玦》，《大众考古》2017年第11期。
② 刘云辉：《北周隋唐京畿玉器》，重庆出版社，2000年。杨伯达亦持此说，见《说玦》，《东南文化》2002年第2期。
③ （汉）史游：《急就篇》，《丛书集成初编》第1052卷，中华书局，1985年，第192页。
④ （汉）郑玄著，（唐）孔颖达正义，吕友仁整理：《礼记正义》，上海古籍出版社，2008年，第1114—1115页。
⑤ 杨伯峻：《春秋左传注》，中华书局，1981年，第265页。

卫国前，卫懿公给了石祁子玉玦，给了宁庄子弓箭，要求他们坚决果断坚守卫国。《庄子·田子方》："缓佩玦者，事至而断。"成玄英疏："缓者，五色条绳，穿玉玦以饰佩也。玦，决也。"① 意思是说，用五色丝绳系着玉玦，表明遇到事情能够决断，以表示自己足智多谋，处事果断。段玉裁注解《说文解字》时说："《白虎通》曰，君子能决断，则佩玦。"② 实际上，在1985年版《丛书集成初编》之《白虎通》及中华书局1994年版《白虎通疏证》均未见到此句③。笔者推测，此句或为段注将《白虎通》中"能决嫌疑则佩玦，是以见其所佩即知其所能"句意之转述。

3. 信器。表示诀别、永诀、决裂之意，因缺口有断裂之象故。《荀子·大略》："绝人以玦，反绝以环"。杨倞注："古者臣有罪，待放于境，三年不敢去，与之环则还，与之玦则绝，皆所以见意也。"④《广韵》曰："佩如环而有缺。逐臣赐玦，义取与之诀别也"。⑤ 古时君王用来弃绝臣子，盖取"玦"的谐音，与"环"取"还"的谐音正同。

义项1、2、3中的玦极当均指钩弦之玦。据先秦文献记载，春秋战国时期，玦被赋予了情感和价值观念的义项，具备了类似"信器"和"符节器"的功能，成为"决断果敢、诀别"的物质载体。社会生活中"君子能决断则佩玦"；军事话语体系中"赐环则返，赐玦则绝"，义取诀别。汉魏之前，玦可能被赋予过决断或决裂之意，但此"玦"非彼"玦"，当为钩弦之玦无疑。

在鸿门宴事件中，"范增数目项王，举所佩玉玦以示之者三，项王默然不应"⑥。项王"绝"沛公示以"所佩玉玦"，显然项羽以"玦"示"绝"，表明了佩玦在当时是一种普遍的社会习俗。这里范增所配之玦，亦当为武士标配的射箭辅助工具"钩弦"。三国时期，袁绍死后，袁谭、袁尚争权，谋士审配劝袁谭与兄袁尚修好，并建议"如又不悛，祸将及之。愿熟详吉凶，以赐环玦"。⑦ 遗憾的是"谭不纳"。袁谭赐予钩弦之玦，则表示决裂、弃别之意，很难相信他是被袁尚赐予了耳玦来表达敌意。在这种"以赐环玦"来表明个人态度的做

---

① （晋）郭象注，（唐）成玄英疏：《庄子注疏》，中华书局，2011年，第382页。
② （汉）许慎著，（清）段玉裁注：《说文解字注》，上海古籍出版社，1981年，第13页。
③ （清）陈立撰，吴则虞点校：《白虎通疏证》，中华书局，1994年，第436页。
④ （唐）杨倞注、东方朔导读、王鹏整理：《荀子》，上海古籍出版社，2010年，第310页。
⑤ 陈彭年等：《大宋重修广韵》第5卷，南宋宁宗年间杭州翻刻本，第213页。
⑥ （汉）司马迁：《史记·项羽本纪》，中华书局，1982年，第312页。
⑦ （南朝宋）范晔：《后汉书·袁绍刘表列传》，中华书局，2000年，第2415页。

法中，玦被赋予了决裂的意思。

综上所述，古代文献中"玦"的三种功能至少代表了两种不同的器物：带扣及钩弦之玦。考古发现的玉石质地的环形玦的使用场景基本不见于文献记载。作为随葬品入殓的玉石玦，一般放置在墓主头部（常见于头部耳部两侧）、腹部等部位。这种特定的放置方式，暗示了在现实生活或丧葬情境中，"玦"的主要功能是作为装饰品（耳饰或坠饰）使用。作为耳饰或坠饰的"环形玦"，可能并没有表达过与生者（亲人）诀别之意。表达诀别、决断之意的"玦"，或许与耳饰玦无涉，仅是"同名异物"所造成的理解混乱。

第二节　考古情境中的玦及其功能

考古发现的玦以"环而有缺"为基本特征，其使用背景及主要功能大致有三种：

玦的第一种用途是作为耳饰，常见于春秋以前的墓葬主人耳际或者靠近肩膀上方。东北地区的兴隆洼文化（距今约8 000—7 300年前后）一度被认为是玦的发源地[①]。该文化流行使用玉石器作为随葬品，包括玦、玉管、匕形器和弯条形器等，其中尤以玉玦最为引人注目[②]。玉玦从形状上可分为柱形和环状两类，多成对出现在墓主头部左、右两侧，是耳饰无疑。例如，兴隆洼遗址中一座编号为M117的墓主人的左右耳部就各发现了一块玉玦，两件玉玦的缺口均朝下，其中左侧玉玦压置于头骨之下[③]（图7.1，A）。

长江下游地区史前遗址发现的玉玦，其出土时缺口既有朝向耳朵的，也有朝向下方的。例如，属于河姆渡文化（距今约7 000—6 000年）的塔山遗址M26的玉玦，发现于墓主下颚骨左（耳）侧，缺口朝向墓主耳部[④]，而属于松泽文化（距今约6 000—5 300年）的海盐仙坛庙M83的一组两件玉玦，发现

[①] 杨伯达：《说玦》，《东南文化》2002年第2期。
[②] 杨虎、刘国祥：《兴隆洼文化玉器初论》，《东亚玉器》第1卷，香港中文大学出版社，1998年，第128—139页。
[③] 中国社会科学院考古研究所内蒙古工作队：《内蒙古敖汉旗兴隆洼聚落遗址1992年发掘简报》，《考古》1997年第1期。
[④] 浙江省文物考古研究所、象山县文物管理委员会：《象山县塔山遗址第一、二期发掘》，《浙江省文物考古研究所学刊》，长征出版社，1997年。

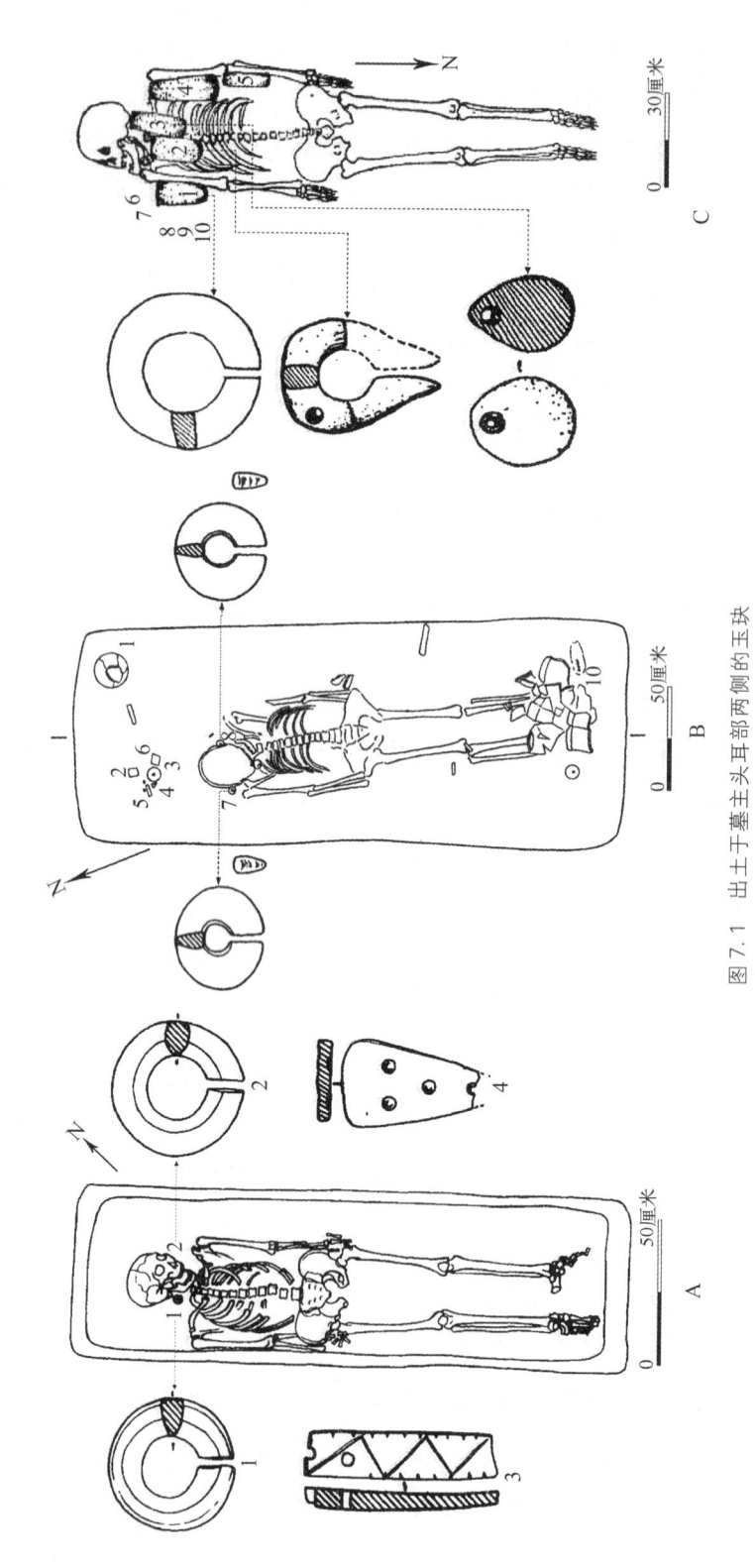

218　玦出周原——西周手工业生产形态管窥

图 7.1　出土于墓主头耳部两侧的玉玦

A. 兴隆洼遗址兴隆洼文化 M117　B. 仙坛庙崧泽文化 M83　C. 大溪遗址大溪文化 M172

于墓主头端两侧，玦口朝下，出土时距离墓主耳垂大约 10 厘米①（图 7.1，B）。

地处长江中游的大溪文化，早期盛行以玦为耳饰。大溪遗址第三次发掘中揭露了墓葬 133 座，出土玉石蚌类玦共 30 件，大部分是女性耳饰②。大溪遗址 M172 墓主为一位 50 岁左右的女性，仰身直肢，于头部右侧发现玉玦 2 件，其一位于墓主肩部上方，其二位于墓主右臂外侧，此外还有石质坠饰 3 件（图 7.1，C）。大溪 M161 是一座男性墓葬，墓主约 30—40 岁，两件玉玦没有放置于墓主左右两侧，而是位于墓主左肩上方的头部一侧。这种墓主头部同侧发现双玦的情况少见于其他玦饰流布区域，是否代表着大溪先民社会生活中独特的装饰习俗仍值得思考。

在陕西长武上孟村发掘的 28 座秦墓中，有 8 座在墓主头部耳侧发现了 1—2 件玉玦，共 11 件，其中男性墓 5 座、女性墓 3 座③，男性使用耳玦的比例更高。由此看来，先秦之前，以玦为耳饰是极为普遍的现象，且在使用对象上没有性别限制，单耳或双耳佩戴似乎取决于个人的喜好，而非约定俗成。汉以后的考古资料中基本没有发现作为耳饰使用的玉石玦。

玦的第二种用途是坠饰，常发现于墓主人的胸腹部位。这类玦的环面上多数有圆孔，便于穿绳系挂，其佩戴方式相对清晰，或寄托了辟邪、祓囊的祈福观④。

红山文化（距今约 6 000—5 000 年）的兽面玦是极具特色的一类玉器，形制繁复，制作精美，玉质上乘，根据多发现于墓主胸部来看，多被作为系挂的坠饰使用。例如，牛河梁第二地点一号积石冢 M4 的 2 件兽面玦，均发现于墓主胸部⑤；半拉子山 M12 墓主系一位 30 岁左右的成年男性，兽面玦与玉璧、石钺一起放置在墓主的腹部⑥（图 7.2）。兽面玦作为红山文化晚期的典型玉器，以猪龙形象为载体，体卷如环，头尾相离，根据 C 形玦口朝下的出土状况及钻有小孔的颈背部多朝向墓主脖颈的出土状况推测，这 2 件兽面玦是佩戴在

---

① 浙江省文物考古研究所、海盐县博物馆：《海盐仙坛庙遗址的早中期遗存》，《浙北崧泽文化考古报告集》，文物出版社，2014 年，第 160—186 页。
② 四川省博物馆：《巫山大溪遗址第三次发掘》，《考古学报》1981 年第 4 期。
③ 陕西考古研究所：《陕西长武上孟村秦国墓葬发掘简报》，《考古与文物》1984 年第 3 期。
④ 杨美莉：《中国古代玦的演变与发展》，《故宫学术季刊》1993 年第 1 期。
⑤ 辽宁省文物考古研究所：《辽宁牛河梁红山文化"女神庙"与积石冢群发掘简报》，《文物》1986 年第 8 期。
⑥ 辽宁省文物考古研究所、朝阳市龙城区博物馆：《辽宁朝阳市半拉山红山文化墓地的发掘》，《考古》2017 年第 7 期。

墓主人身上的胸前坠饰，其使用者被认为是从事原始宗教活动的男性贵族成员①。至时代稍晚的小河沿文化（距今约 4 800—4 000 年）时期，兽面玦才开始用作耳饰，如姜家梁 M75 出土的玉猪龙位于墓主右颈部②。由此看来，兽面玦的使用方式是多样的，即可作为耳饰，又被作为坠饰使用，展示了使用者特殊的身份和地位。

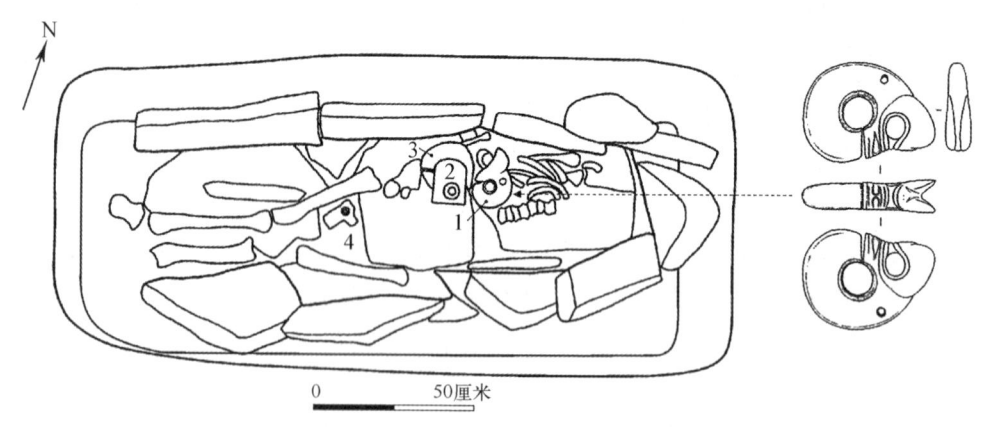

图 7.2　辽宁半拉子山遗址 M12 平面及兽面玦出土位置图

红山文化玉器虽以兽面玦极具特色，但也发现了少量的环形玦，其出土位置暗示其也曾作为坠饰佩戴。例如，牛河梁遗址第十六地点 M15 发现的一件环形玦，被平置于墓主右侧胸部肋骨上，缺口向外，玦口相对于环面一侧有穿钻的圆孔③，当为坠饰（图 7.3，1）。在与红山文化基本同期的崧泽文化中，除墓主耳侧发现了玉石玦外，颈胸部位亦有发现，表明其可能作为胸前坠饰使用。例如，浙江海盐小兜里遗址 M33 出土的玉玦，位于墓主下颌骨下方，豁口朝下，环面无圆孔④（图 7.3，2）。

商周时期，玉石玦偶见于墓主的胸腹部位，缺口朝下，被作为坠饰使用。如殷墟妇好墓出土的一批龙形玦，玦口端雕刻成龙头尾状，部分靠近玦口端的

---

① 朱乃诚：《红山文化兽面玦形玉饰研究》，《考古学报》2008 年第 1 期。
② 河北省文物研究所：《河北阳原县姜家梁新石器时代遗址的发掘》，《考古》2001 年第 2 期。
③ 辽宁省文物考古研究所：《牛河梁——红山文化遗址发掘报告（1983—2003 年度）》，文物出版社，2012 年，第 426 页。
④ 浙江省文物考古研究所、海宁市博物馆：《海宁小兜里遗址第一—三期发掘的崧泽文化遗存》，《浙北崧泽文化考古报告集（1996—2014）》，文物出版社，2014 年。

第七章 玦佩从容：消费者 221

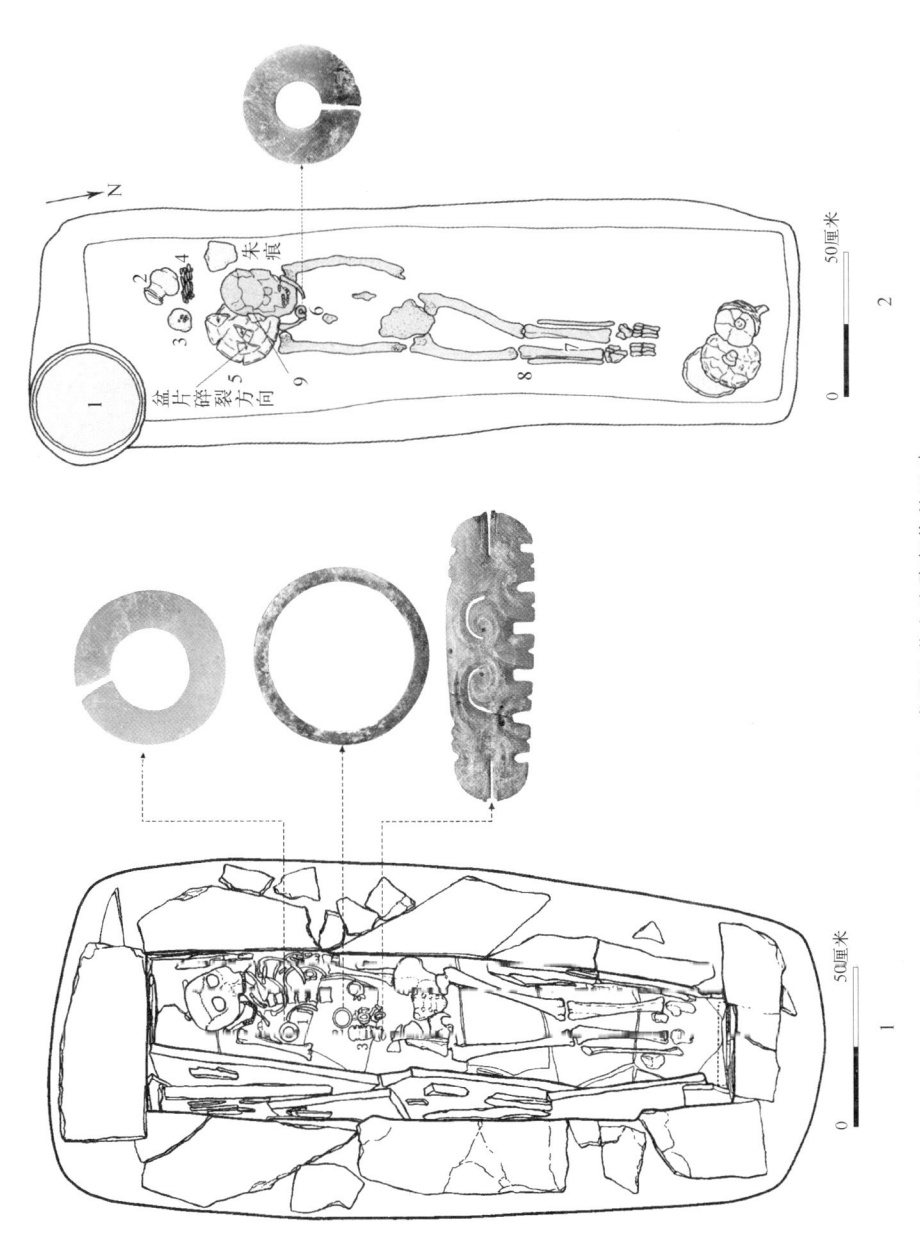

图 7.3 发现于墓主胸腹部位的玉玦
1. 辽宁牛河梁红山文化 N16M15　2. 浙江小兜里崧泽文化 M33

环边上有穿孔者,属于穿绳挂配的饰件,而非耳玦①。上村岭虢国墓地共清理了234座墓,发现了290件玉石玦,大部分发现于墓主头耳部两侧,可能为耳饰,少量发现于口中、头下或胸腹部位,发掘者推测后者应为坠饰②。

总而言之,距今6 000年左右,玦开始用作胸前坠饰,但耳饰仍然是其基本功能。用作坠饰的玉石玦,个别环边有圆形小孔,表明了其穿孔系绳的佩戴方式;而那些发现于墓主胸部但环边并无穿孔的玉石玦,其佩戴方式则很可能是通过环边束绳悬挂于墓主胸前的。

《楚辞·九歌》湘君篇记载了湘夫人远行追寻湘君的故事,涉及了玦的佩戴方式。湘君食言,湘夫人怒弃湘君所赠的信物"佩"与"玦"于江中,以示愤懑,"捐余玦兮江中,遗余佩兮醴浦"。这里的玦或当原本为湘君身上(胸前)的佩饰,其功能与丧葬情境下悬挂于墓主胸前的坠饰玦相类,弃之于江则表达了湘夫人与之弃决、断绝之决心。近有学者指出《湘君》中所言之玦是射箭所用的扳指,也是古时君子佩带以示坚决的饰物,而非寓义"绝决"的环形玦③。

玦的第三种用途是"口琀"。在死者口中含以物品的习俗,至迟已于仰韶文化中出现,至商周时期尤为盛行。丧葬活动给死者的口里填塞贝、粱、稻、玉、金、币之类,这一做法与事死如事生、不希望死者空口无食的观念有关④,其基本功能大概就是《公羊传》何休《注》中所说的"孝子所以实亲口也。缘生以事死,不忍虚其口"。玉石玦作为口琀物时,多被有意敲碎与其他碎玉石块或贝一起填塞于墓主口腔中"以实亲口",寄托了墓主亲人希冀死者在地下世界仍然饱食无忧的美好愿望。

两周时期的口琀物品类繁多,除玉玦外,还包括了玉珠、玉管、玉环、玉璜、碎玉、玉石块以及玉鱼、玉蚕、玉蝉等⑤。如晋侯墓地普遍存在口琀习俗,口琀物包括石子、玉玦、玉璜、玉珠等多种⑥。陕西户县宋村的一座春秋大型殉人墓中发现了5件玉石玦,其中一位陪葬男性的口内填塞了2件玉玦,另外

---

① 中国社会科学院考古研究所:《殷墟妇好墓》,文物出版社,1980年。
② 中国科学院考古研究所:《上村岭虢国墓地》,科学出版社,1959年。
③ 许又方:《空头约定—〈九歌二湘〉析论》,《东华人文学报》2002年第4期。
④ 李朝全:《口含物习俗研究》,《考古》1995年第8期。
⑤ 王煜、谢亦琛:《汉代蝉形口琀研究》,《考古学报》2017年第1期。
⑥ 北京大学考古系商周组、山西省文物考古研究所:《天马—曲村(1980—1989)》,科学出版社,2000年。

一位殉人口内含有1件石玦①。这几件玉石玦加工粗糙，似被有意打碎后填于口内，应是专门用于口琀而临时制作的"玦"。相比较而言，宋村秦墓中发现于墓主头部的2件玉玦，个体较大且玉质精美，可能是墓主生前用物。丰西东周墓葬也见有口含玉玦的现象②。梁带村春秋时期芮国墓葬M502，被认为是芮国国君或身份略低的贵族墓葬，墓主琀玉多达16件，多数为有加工痕迹的碎玉片，其中包括一件玉玦残片③。

由此可知，两周时期的玉石玦除用作耳饰、坠饰使用外，还被用作口琀，体现了古人相信含玉能保护死者尸体不朽的观念。秦汉以降，口琀用物多为铜钱，不再使用玉石玦。

此外，根据玦的出土环境及空间位置，我们还注意到其特殊用途，如以玉充目（义眼）、礼祭用玉、财富象征、身份标识等。事实上，玦的这些用途在青铜时代及之前并不常见。

玦被用作"义眼"是一个偶然现象。在兴隆沟遗址发现的一座居室葬中，埋葬了一位未成年的女童，她的右眼眶内深嵌了一件玉玦④，被认为起到了"以玉示目"的独特作用⑤。这位墓主或因生前地位或死因特殊而被埋入室内，生者以期据此获取超自然的力量保佑人丁兴旺，是受到优厚丧葬待遇的一位特殊人物⑥。实际上，玉玦作为"义眼"仅为孤例。

玉石玦作为财富和社会等级的象征意义也不容忽略。史前及商周时期的一些墓葬中，有时会集中出土大量的玉石玦。从出土位置、随葬数量及器物组合等方面来看，尚不能纳入以上任何一种用途。这类墓葬一般规模较大且随葬较多高等级器物，如凌家滩87M4共随葬玉器103件，其中玉玦14件，集中分布在墓主人的腰部以下⑦，显非耳饰或坠饰。根据出土的玉龟和刻有原始八卦图案的玉版等器物推测，墓主可能是从事与占卜有关的巫觋阶层。需要说明的

---

① 陕西省文管会秦墓发掘组：《陕西户县宋村春秋秦墓发掘简报》，《文物》1975年第10期。
② 中国科学院考古研究所：《丰西发掘报告》，文物出版社，1962年。
③ 陕西省考古研究院、渭南市文物考古研究所、韩城市景区管委会：《梁带村芮国墓地——2007年度发掘报告》，文物出版社，2010年，第39页。
④ 刘国祥：《兴隆沟聚落遗址：8000年前的精美玉器》，《文物天地》2002年第1期。
⑤ 刘国祥：《兴隆洼文化玉玦研究》，《玉器起源探索》，香港中文大学中国考古艺术中心，2007年，第247—256页。
⑥ 中国社会科学院考古研究所内蒙古工作队：《内蒙古敖汉旗兴隆洼聚落遗址1992年发掘简报》，《考古》1997年第1期，第25页。
⑦ 安徽省文物考古研究所：《凌家滩》，文物出版社，2006年，第47页。

是，虽不能排除这类集中随葬的玉玦，在现实社会生活中仍然是墓主生前的私人装饰品，但集中入葬于地下世界，更可能象征了墓主的身份地位和生前财富。

赤峰市洪格力图一座石棺墓中发现了7件玉玦，大小有别，直径从3.5厘米至2.45厘米不等，似有"列玦"之意①。在这种情况下，玉玦可能被墓主生前作为耳玦或坠饰使用，死后随葬，成为标志墓主生前等级和地位的标志物。湖南宁乡的一个商代提梁卣内放置了64件玉玦，大小排列有序，玉质上乘②，其原本可能属于器主的个人装饰品，但因突发事件而被集中埋藏。因此，我们认为，墓葬中大量发现的没有用作墓主耳饰、坠饰和口琀使用的玉石玦，与其他具有"不可让渡性"的威望用品一起入殓随葬，只是表明了墓主财富或特殊身份，就其功能而言，仍然不外乎作为耳饰或坠饰，并非如有学者认为的那样，作为祭祀用品或者货币使用③。

春秋时期，除作为耳饰盛行之外，玦还与璜、璧等一起组成了祭玉用器，也开始被赋予了祭祀天地、沟通人神的宗教功能。晋国侯马盟誓遗址第34号填土及第201号坑壁龛内各发现玉玦1件，与璧、璜、瑗、珑、璋、圭等器物一起作为盟誓时向神或祖先奉献的祭品④。秦雍城遗址姚家岗宫殿建筑倾圮的宫室堆积中出土了69件玉器，多数保存较好，其中玉玦多至38件，多数还有环孔⑤；在雍城马家庄朝寝建筑的前朝及东夹室的踩踏面及祭祀坑内，出土了100多件玉器，包括玉璧81件、玉璜和玉玦各21件及石圭34件⑥。这些出于雍城宫殿和宗庙祭祀遗址的玉石玦，已经脱离了作为耳饰或坠饰的实用功能，而与玉璧、玉璜、石圭等器物一起，被用作祭祀瑞玉，用以沟通神明，祭祀先祖⑦。

综上所述，玉石玦的主要用途是耳饰及佩饰。比较而言，前者更常见。作为耳饰来说，玉玦出现时就流行双耳佩戴，其使用没有性别和年龄的限制。作为胸

---

① 苏布德：《洪格力图红山文化墓葬》，《内蒙古文物考古》2000年第4期。
② 湖南省博物馆：《湖南省工农兵群众热爱祖国文化遗产》，《文物》1972年第1期。
③ 喻燕姣：《湖南宁乡出土商代玉玦用途试析——兼论"珠玉为币"》，《湖南省博物馆馆刊》（第3辑），岳麓书社，2006年。
④ 山西省文物工作委员会：《侯马盟书》，文物出版社，1976年。
⑤ 凤翔县文化馆等：《凤翔先秦宫殿试掘及其铜质建筑构件》，《考古》1976年第2期。
⑥ 陕西省雍城考古队：《凤翔马家庄一号建筑群遗址发掘简报》，《文物》1985年第2期。
⑦ 曲石：《秦玉研究》，《考古与文物》1992年第6期。

前挂饰时，质地精美的玉玦成为了社会身份和财富的象征。但史前时期佩戴玉玦下葬似乎并未成为一种普遍的葬仪，也缺乏与特定精神涵义和表意象征相联系的特质。

有学者认为史前玉玦的制作和使用与审美和装饰无关，而是受到了原始宗教信仰[①]和神话观的影响。如兴隆洼文化和红山文化的玉玦（兽面玦）是佩戴于萨满巫师身上，用以沟通天人[②]或沟通人神达于天地的法器[③]。因此，史前时期玦的用途并不在于美化和实用，而是用于标识佩戴者或使用者的特殊身份，少数佩戴玉玦（特别是兽面玦）的墓主生前可能是具有通天降神本领的巫觋。这一认识或许不无道理，但一定不是普遍现象，史前玉石玦作为实用装饰品仍然是其主要功能。

在整个龙山时代（距今5 000—4 000年之间），玉石玦在中华大地销声匿迹，华夏大地进入了一个"无玦"的时代。在整个大陆地区，迟至商代中晚期玦饰在黄河流域重新兴起，又约在西周中期以后呈现出了广为流行之势。商周时期的玉石玦既作为耳饰，也作为坠饰使用，偶尔也被用作死者口琀物，其质地、数量与持有者的社会身份、财富乃至职业有着密切关系。毋庸置疑的是，其作为耳饰佩戴仍然是主要的使用方式，单耳和双耳佩戴同时流行。

总体来说，西周中期至春秋时期玉石玦的使用达到了一个高峰，考古发现数量较多，至战国中期以后，玉石玦的数量急遽减少；与此同时，其佩戴方式也由耳部系挂转向以胸前悬坠逐步转变。汉唐以后，考古发现中基本不见玉石玦的踪影，未见其作为耳饰或坠饰使用的实例，显然已经退出了历史舞台。

第三节 玦的佩戴方式

如前所述，一些保存完好的墓葬中的确发现了玦口与耳垂的对应关系，作为耳饰使用的功能显然是没有疑问的。但关于这类耳玦的具体的系挂（佩戴）方式却仍然存在诸多不同意见和假设。那志良早年提出了耳玦佩戴（使用）的

[①] 肖一亭：《先秦时期的南海岛民：海湾沙丘遗址研究》，文物出版社，2004年，第146页。
[②] 叶舒宪：《红山文化玉蛇耳坠与〈山海经〉珥蛇神话——四重证据求证天人合一神话"大传统"》，《西南民族大学学报》，2012年第12期；叶舒宪：《中国玉器起源的神话学分析——以兴隆洼文化玉玦为例》，《民族艺术》2012年第3期。
[③] 孙永刚：《红山文化玉器与原初形态萨满教》，《赤峰学院学报》2014年第1期。

六种可能方式：以玦口夹在耳垂、由玦口穿过耳孔下旋套扣、穿绳系挂（对有环孔的玦而言）、耳孔穿结悬挂、"玛雅式"组合饰耳及丧葬专用[①]。多数学者主张，玦是直接通过缺口卡在耳轮上佩戴的。

考古资料所见玉玦的缺口往往宽窄不一，有的甚至不足1毫米，个别较宽者可至7、8毫米。因此，大部分玉石玦根本无法直接卡住耳垂，个别即使能够勉强卡住，也难免会在正常运动中意外脱落。需要注意的是，考古遗址和墓葬发现的玉石玦的缺口，多数断面粗糙，凹凸不平，且保留有线割痕迹，而不见夹在耳垂上长时间磨蚀形成的光滑面。这类玉石玦显然不是直接通过套夹耳垂来佩戴的，故此佩戴方式存在诸多疑点。

玉石玦出土时缺口朝上的空间状态，往往被用来支持耳垂卡带这一使用方式。孙国平根据河姆渡及马家浜文化中玉石玦的形态特征，并结合玉玦在出土时其缺口均朝下的状态指出，史前文化中的玉玦至少有一部分是通过缺口穿过耳垂上人为的小孔挂在耳朵上或挂在穿过耳垂的线绳上的[②]。考虑到墓主耳组织腐烂及木棺朽毁所引起的轻微移动，墓葬中耳玦的原本位置可能更贴近墓主耳朵，不排除原本就是将玉玦缺口旋扣耳垂后直接佩戴。他进一步推测，有些河姆渡文化部分玉玦的缺口一侧对钻一个细小圆孔，正是为了系挂线绳防止脱落，有些缺口处未完全锯断者，也并非切割技术的缺陷所致，而是出于既具备玦的外形、又便于穿挂使用的两全之策。

陈星灿则认为，玉石玦上2—3毫米的宽条形缺口很难直接套在耳垂上，大部分恐怕要以绳子之类的物品捆扎起来，然后再悬挂于人的耳朵或头饰上[③]。考古发现位于墓主头耳两侧的玉玦，即使玦口朝下也不排除是以绳子之类捆扎玦口正对的底端环边，然后系挂在耳朵或头饰上的。至于耳孔的形成，并不需要高超的穿孔技术，可能类似于华北农村戴耳环老者绿豆穿耳的做法：佩戴者用绿豆反复摩擦耳垂某个部位，经过一段时间之后被磨的地方变成了透明的凹坑，只需用簪或者针一类尖锐物刺穿，便可形成耳部孔洞来佩戴耳饰。

那么，古人的耳垂有没有可能经过有意地拉抻变形，在耳垂上穿洞后，

[①] 那志良：《耳饰用的玉玦》，《历史博物馆馆刊》1988年7月。
[②] 孙国平：《河姆渡·马家浜文化玉玦考察》，《浙江省文物考古研究所学刊——第二届中国古代玉器与传统文化学术讨论会专辑》，杭州出版社，2004年。
[③] 陈星灿：《考古随笔》，文物出版社，2002年，第72—74页。

将玦从缺口处穿过耳洞再将缺口旋转向下后悬挂呢？这种系挂耳饰的方法，与现代女性佩戴金属耳环类似。根据海南黎族金属耳环佩戴方式中使耳垂变形的方法，邓聪提出了早期玦的佩戴方式与黎族耳垂变形后相似的可能性。同时举例说明，这种佩戴方式也见于加里曼丹妇女和菲律宾的少数民族[①]（图7.4）。

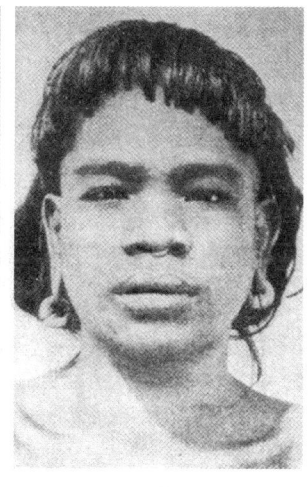

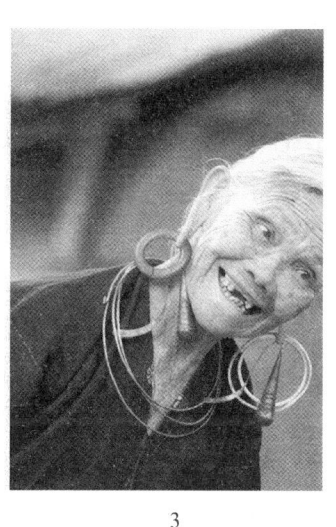

图7.4　民族学资料中的金属玦佩戴方式[②]
1. 加里曼丹妇女　2. 菲律宾少数民族　3. 海南黎族妇女

实际上，考古发现的玉石环形玦多数环轮宽度在0.5—1厘米之间，柱状玦的环轮宽度不仅更大，其厚度更是环形玦的数倍以上，多数宽度及厚度甚至超过了1厘米。因此，穿刺耳孔的佩戴方法仍然值得推敲。成年人耳垂及耳洞是否可以通过拉伸形成一两厘米以上的孔洞，容纳环玦穿过耳垂悬挂，实在令人怀疑。事实上，即使耳郭有意拉抻变形，像兴隆洼和马家浜文化中的柱状玉石玦恐怕也难以将厚度达一两厘米的环边通过耳洞佩戴。这一与现代耳环佩戴方式相同的假说，显然无法解决新石器及两周时期厚度达到1厘米以上的柱状玉石玦的佩戴方式问题。我们推测，有些缺口粗糙、无磨痕的玉石玦可能并非墓主生前使用的个人饰品，而系专门按照实际形制及尺寸为丧葬活动制作的

[①] 李世源、邓聪：《珠海文物集萃》，香港中文大学出版社，2000年。
[②] 图片采自《珠海文物集萃》及《玉器起源探索》。

"冥器"。所谓玉石玦"生前佩戴，死后殉葬"的说法仍然值得重视①。

还有一种看法认为，玦是冠饰或头饰的组成部分②。此说虽无如何系挂或组合使用的直接证据，但却可以较好地解释一些墓葬中玉玦出土于墓主头耳两侧之外、头顶及头部范围的分布状况。良渚文化玉玦发现数量极少，多位于墓主的头部上方，其出土位置指示了其作为冠饰或头饰组成部分的可能。方向明指出良渚文化时期的耳饰玦彻底消失，玦已经成为组佩的一部分，暗示着其功能或佩戴方式由耳饰向头饰（冠饰）转变，玦与其他玉器佩饰成为女性贵族原始组佩——成组圆牌的一部分③。属于良渚文化中期的余杭瑶山墓葬中共出土5件玉玦，均位于胸部附近，且与玦口相对处均钻有小孔，其中M4中的2件应与伴出的圆牌和玉璜共同组成串饰④。余杭后头山遗址M18出土的2件玉玦，平面为铲形和圆环形，分别位于墓主头部和胸部附近，伴出还有玉璜、龙首纹珠、玉圆牌、玉镯、指环、锥形器等⑤。这两例发现暗示着，良渚文化的玉玦已经被作为坠饰或组合佩饰使用。需要说明的是，持此主张者仍然承认大量新石器时代的玉石玦是作为耳玦佩戴的，良渚时期玉石玦的使用方式并不具有普遍性。

其实，先秦文献中有着关于如何装饰耳部的零星记载。《诗经·齐风·著》篇云：

> 俟我于著乎而。充耳以素乎而，尚之以琼华乎而；俟我于庭乎而。充耳以青乎而，尚之以琼莹乎而；俟我于堂乎而。充耳以黄乎而，尚之以琼英乎而。⑥

这首诗描述了一位女子在正门内、两侧屋之间（著）等待夫婿"迎亲"的场景。高亨注解说，"充耳"是冠饰两侧下垂的丝带上的美玉。《说文解字》段玉裁注解说：

---

① 杨伯达：《中国古代玉器探源》，《中原文物》，2004年第2期。
② 全博涵：《辽西地区新石器时代出土玉玦研究》，辽宁师范大学硕士论文，2019年。
③ 方向明先生见告，并惠示相关未刊研究资料，特此致谢。
④ 浙江省文物考古研究所：《瑶山》，文物出版社，2003年。
⑤ 浙江省文物考古研究所、余杭区文管会：《浙江余杭星桥后头山良渚文化墓地发掘简报》，《南方文物》2008年第3期。
⑥ 程俊英、蒋见远注译：《诗经》，岳麓书社，2002年，第88—89页。

> 紞所以县瑱当耳者。齐风。充耳以素乎而。充耳以青乎而。充耳以黄乎而。笺云。素、青、黄、谓所以县瑱者。或名为紞。织之。人君五色。臣则三色而已。琼华、琼莹、琼英、谓县紞之末，所谓瑱也。

紞是悬挂美玉的带子，素、青、黄是指紞的颜色，瑱就是耳部的装饰。琼华、琼莹、琼英，即悬挂于丝绳末端的玉瑱。"充耳"一说还见于《诗·卫风·淇奥》：

> 有匪君子，充耳琇莹。毛传：充耳谓之瑱；琇莹，美石也。天子玉瑱，诸侯以石。

《诗经·鱼藻之什·都人士》：

> 彼都人士，充耳琇实。

《诗经》中所谓的"充耳"，其装饰方式均是将冠冕两旁、下垂及耳的"琇"（似玉的实物美石）通过丝带悬挂起来。问题的关键是，如果充耳之"瑱"确为"环形玦"，则可以认为，其佩戴是通过丝带或绳子等作为辅助材料来系挂的；若非，则环形玉石玦的系悬仍然值得进一步探讨。

新石器时代晚期及夏商时期的玉石人像，生动描述了当时人们的耳饰、冠饰等梳妆样貌及使用方式。2012年，考古工作者在兴隆沟第二地点发现了一个泥质陶人像，盘坐状，双手交叉置于脚上，颧骨较高，深眼圆睁，头冠发髻系绳，被认为是红山文化晚期（距今5 300年左右）的巫者或王者形象[①]（图7.5，1）。这件人像五官协调，形神兼备，气韵灵动。特别有趣的是，除了表示耳洞的大圆孔外，人像的耳垂处也各有一耳洞，洞径约0.7厘米。若按照人像的比例推算，其耳垂的实际孔径要大于2厘米。这个耳垂之上的孔洞当是佩戴耳饰之孔。

凌家滩遗址所出土的6件玉人，也为研究玉玦的佩戴方式提供了重要参

---

① 吉日嘎拉：《内蒙古赤峰市敖汉旗兴隆沟遗址挖掘报告》《赤峰学院学报》2012年第11期。

考①。这6件玉人中蹲姿及立姿各3件，均戴冠束带，双臂弯曲至肩颈，方脸阔嘴，臂套玉环，两大耳下垂，耳垂处各有一圆孔（图7.5，2）。这个下垂的耳孔，极可能与佩戴玉玦有关，至于是否需要绳子之类系挂，暂不得而知。在后石家河文化时期（距今4 200—3 900年），石玦虽已基本退出了历史舞台，但肖家屋脊玉人的头像及耳部装束，仍然对理解玦的佩戴方式极具启示性（图7.5，3）。肖家屋脊遗址瓮棺葬W6发现的玉人，圆脸阔鼻，扇形大耳，耳廓清晰，耳垂下戴了圆形环饰，应该就是玦之类的耳饰（图7.5，3）。

20世纪80年代，周原遗址凤雏甲组基址出土了一件人面玉人头，其耳部装饰极为写实。这件玉人高浮雕，介字冠，梭形眼，露齿獠牙，双耳戴圆形环饰②（图7.5，4）。遗憾的是，或许是制玉技术无法展示悬吊的佩戴方式，人像圆环形的耳饰下垂部分外出，靠近耳根的能展示佩戴细节的位置仅雕琢了轮廓。若这件玉人确为西周时期遗物③，则可视为西周高级人群（贵族或巫觋）的典型装束，其耳部佩戴的玉玦，体现了西周时期崇尚饰耳的社会风俗，也与西周墓葬情境中墓主人耳际两侧常发现玉石玦的现象吻合，是对齐家作坊大规模石玦生产活动的社会需求合理性的最好解释。

发现于云南一带的滇文化青铜人像，刻画了汉代时期流行于云贵高原的偏心耳玦的佩戴方式。李家山是战国至汉代滇王及其家族的墓地，出土生活用具、生产用具、兵器、各式贮贝器、铜鼓、玉器等数千件④。其中，M51墓室内出土了一尊持伞铜俑，作跪坐姿势，双手曲肘于身前，方脸阔口，双耳各戴一大玦，耳玦另铸后穿入俑耳垂下的狭长孔内（图7.5，5、6）。从耳玦的边轮形状来看，靠近耳部轮宽逐渐变窄。据此推测，墓主佩戴的可能正是随葬的这类内孔偏向玦口的、具有浓厚"滇式特色"玉石玦。

考古发现的图像资料表明，玉石玦的佩戴方式不外乎两种：一种直接将玦口套入耳孔并将玦口朝下悬挂；另外一种可能通过绳子或丝带等辅助材料，将其悬系在耳部。换句话说，作为耳饰的玉石玦，就夹在耳垂（耳郭）、穿过耳

---

① 安徽省文物考古研究所：《凌家滩》，文物出版社，2006年。
② 刘云辉：《周原玉器》，中华文物学会，1996年，第189页。
③ 刘云辉：《神人兽面玉饰的时代特征与内涵》，《周原玉器》，中华文物学会，1996年，第319—326页。笔者以为，从器物造型及风格来看，凤雏玉人与后石家河文化的玉人整体造型如出一辙，特别是嘴部獠牙、眼形及耳饰，不得不让人怀疑这是一件来自江汉平原新石器时代晚期的传世品。
④ 云南省文物考古研究所、玉溪市文物管理所、江川县文化局：《江川李家山——第二次发掘报告》，文物出版社，2007年。

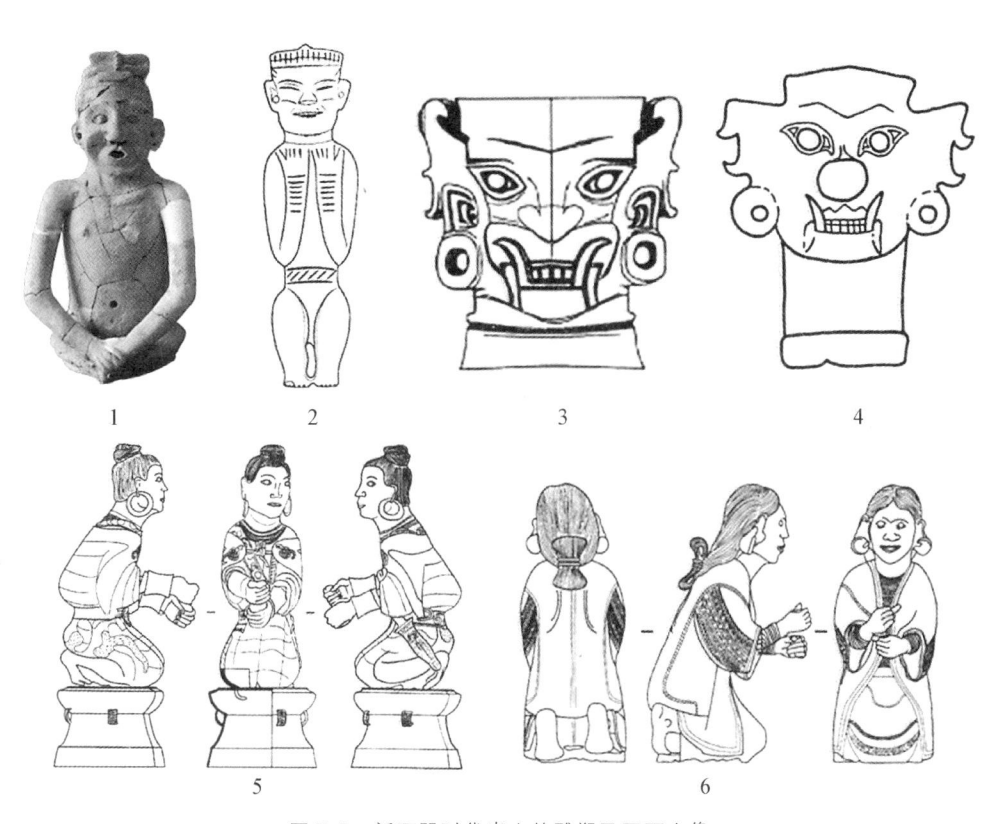

图 7.5　新石器时代出土的雕塑及玉石人像

1. 兴隆沟　2. 凌家滩 87M29：16　3. 肖家屋脊 W6：32　4. 周原凤雏建筑基址　5. 江川李家山 M51 持伞铜俑　6. 江川李家山 M69 铜俑

（垂）孔及系绳带穿这三种方式来说，后两种似乎最为可能。但因绳索或丝带等多已腐烂，因而我们并不能准确得知其具体的串系方式。这一推测结论提醒我们，在以后的考古发掘工作中，需特别关注耳饰玦的出土位置，特别是关注其周边附着物的情况，尝试采集耳部土样，并以科技手段辨识是否存在丝麻等纺织纤维作为系挂材料。对玉石玦出土环境的关注、脆弱质信息的收集以及其相关微痕的辨识，是解开其作为耳饰的系挂方式的唯一手段。

第四节　商周玦的使用：人群、身份及性别

耳饰蕴含着人的精神气质和审美情趣，既是个性化的表达，又是族群生活习俗的物质载体。玦作为耳饰使用，历史悠久，常见于我国及东亚地区的其他

国家，体现了人类对美的追求。玦的造型取材于生活实践，早期主要作为装饰品而非专门制作的明器或祭礼器使用，大部分也非"神器"或"神物"。玦的使用在表达人类爱美意识，传递祈福祛灾、保佑平安等原始观念的同时，也成了财富和社会地位的象征。

玦最早出现于东北地区小南山文化（距今约9 000—8 000年）[1]以及兴隆洼文化（距今约8 200—7 300年）[2]，分布在北纬40—50度之间的黑龙江东北部及以辽西为中心的地区，向南可抵太行山东麓[3]。源于东北地区的玦，盛行于距今8 000—7 000年前后，至红山文化、小河沿文化（距今约4 800—4 000年）时期基本消失。距今7 000年前后，长江下游的河姆渡文化及马家浜文化中出现了一个玦饰使用的高峰期，随后延续至崧泽文化。至良渚文化时期，作为耳饰的玦基本绝迹。距今6 000年前后，用玦中心转移到了长江中游地区的大溪文化，又消失于屈家岭文化时期。整个龙山时代（距今5 000—4 000年之间），玉石玦在中华大地销声匿迹（图7.6，图版二八）。

商代中晚期，玦饰在黄河流域再度兴起，又约在商末周初呈现出了广为流行之势，使用范围扩大到了大江南北。在北方地区的夏家店下层文化（距今约4 000—3 600年）[4]、中原腹地的殷墟、岭南的石峡遗址第三期文化[5]、江西新干商代大墓[6]等地点均有发现（图7.7）。例如，妇好墓就出土了18件玉玦，有龙形和虺形雕刻花纹及素面三类[7]（图7.8）。夏鼐认为妇好墓出土的带有雕刻花纹的玉玦，多数有孔者是佩饰，素面者为耳饰[8]。妇好墓的玉器来源庞杂，就龙形玉玦而言，显然继承了红山文化的兽形玦传统，且有些器物本身就是红

---

[1] 黑龙江省文物考古研究所、饶河县文物管理所：《黑龙江饶河县小南山遗址2015年Ⅲ区发掘简报》，《考古》2019年第8期。

[2] 陈星灿：《中国史前的玉（石）玦初探》，《东亚玉器》（第1卷），香港中文大学出版社，1998年，第61—71页；中国社会科学院考古研究所内蒙古工作队：《内蒙古敖汉旗兴隆洼聚落遗址1992年发掘简报》，《考古》1997年第1期。

[3] 河北省易县北福地遗址一座祭祀坑中也发现了玉玦、玉匕等兴隆洼文化系统玉器。见段宏振：《澳门黑沙史前轮轴机械国际会议论文集》，澳门民政总署文化康体部，2014年，第112—116页。

[4] 中国社会科学院考古研究所：《大甸子——夏家店下层文化遗址与墓地发掘报告》，科学出版社，1996年。

[5] 广东省文物考古研究所、广东省博物馆、广东省韶关市曲江区博物馆：《石峡遗址——1973—1978年考古发掘报告》，文物出版社，2014年。

[6] 江西省文物考古研究所、江西省博物馆、新干县博物馆：《新干商代大墓》，文物出版社，1997年。

[7] 中国社会科学院考古研究所：《殷墟妇好墓》，文物出版社，1980年，第128—130页。

[8] 夏鼐：《商代玉器的分类、定名和用途》，《考古》1983年第5期。

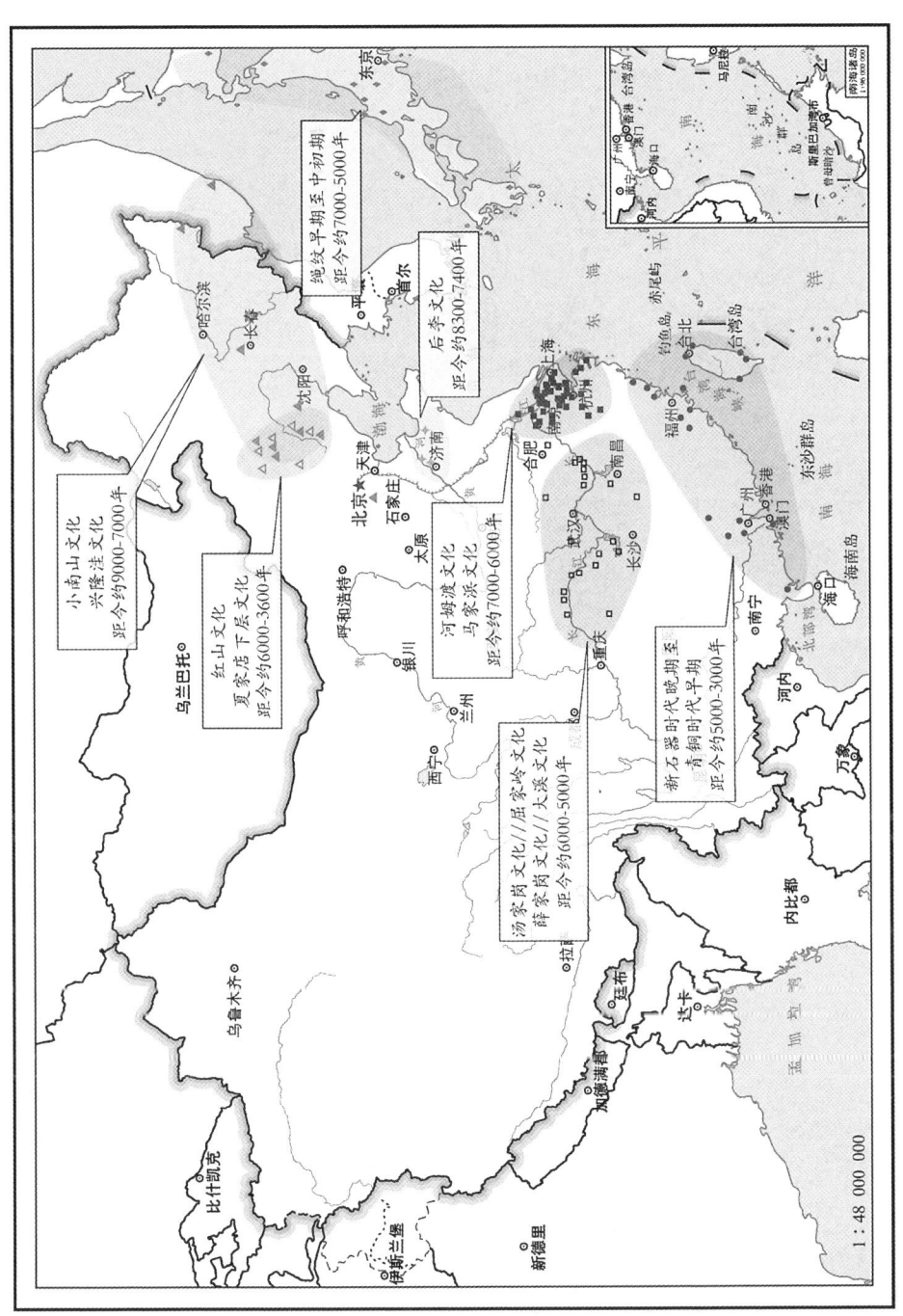

图 7.6 东亚地区史前玉石玦分布时空示意图

山文化的遗物。而常见的璧形玦和环形玦数量占比不大，但器型依然保留了长江中下游地区的风格。就其出土背景而言，多数仍然发现于墓主头骨两侧，组合形式多样、大小搭配多种，但均作为耳饰使用。

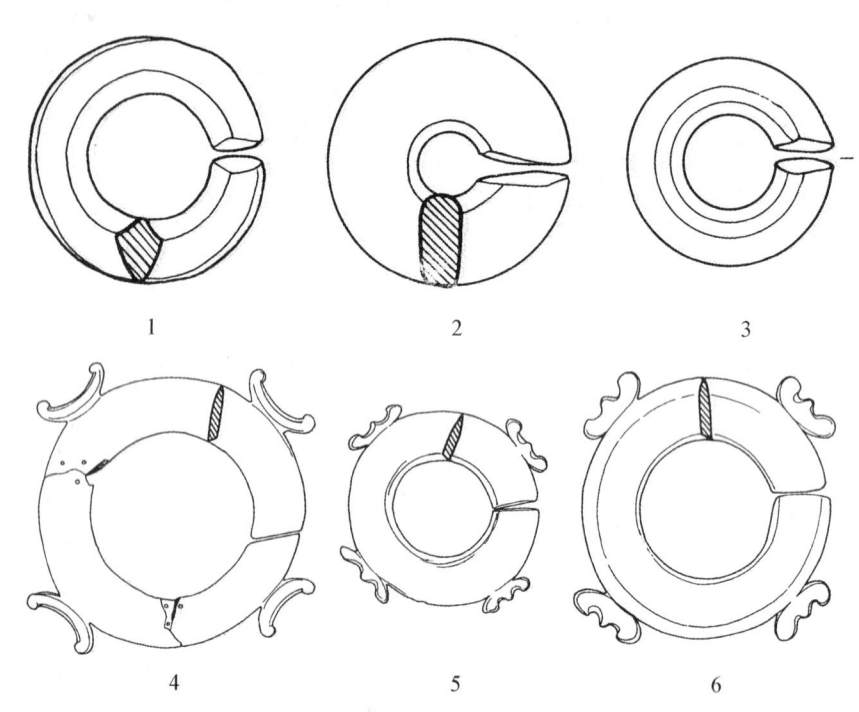

图 7.7　夏商时期北方及岭南地区出土的玉石玦
1—3. 夏家店下层文化大甸子墓地　4—5. 石峡遗址第三期文化

图 7.8　殷墟妇好墓出土的玉玦

西周时期玦的使用规模和分布范围有逐渐扩大之势，但从分布地域来说，仍然主要集中在黄河中下游地区。西周早期用玦饰耳的现象尚不普遍，仅在极少数墓葬中发现了少量玦的实物资料，均为玉玦。从西周中期偏晚开始，玦出现在墓葬中作为墓主人的耳饰使用的比例显著提升，玦的质地也出现了多样化现象，包括了石、煤精、蚌、陶等多种，耳部佩玦逐渐成为一种流行的社会习俗。大量出土于墓葬情境下的玉石玦说明，不论贵族还是普通人，玦已经成为身体装饰一个重要部分，只不过使用者的身份等级不同，随葬用玦的质地和数量有了显著的差异。

《平顶山应国墓地》考古发掘报告公布了西周早中期的应国墓葬资料，包括了西周早期6座及西周中期13座墓葬[①]。西周早期的5座大中型墓葬为应国国君或夫人墓，1座小型墓为应侯少夫人（或侍妾）墓葬，不见以玉玦随葬的情况。属于西周中期的13座墓葬，形制及规模存在着巨大差异，墓主人的身份除了应侯及夫人墓之外，还有下大夫、士等中小贵族墓葬，仅于M85应侯夫人头部发现饰有卷尾龙纹或云纹的玉玦4件。在应国墓地发现的西周时期19座墓葬中，早期墓葬不见以玦随葬，仅1座中期墓葬随葬了玉玦，占发掘墓葬总数的5%左右。这一比例大致反映出西周早中期之前，玦作为装饰品的流行趋势尚未形成，而在贵族阶层中，以玦饰耳的风俗仍未被广泛接纳。

山东滕州前掌大商周墓地前后8次考古发掘中共揭露墓葬111座，其中6座墓葬发现了以玦作为耳饰或口琀的现象，约占发掘墓葬总数的5.4%。在这6座墓葬中，包括了3座中型墓（M19、M21及M119）及3座小型墓（M13、M46及M124）[②]。从时代来说，这批包含玉玦的墓葬集中在商代晚期及西周早期，其中商代晚期1例，西周早期早段3例，早期晚段2例。从使用方式来说，多数发现于墓主头部耳侧，作为耳饰使用，仅见1例（M46）墓主将其与玉管、玉珠、海贝等一起填塞于口腔内作为口琀。从性别来说，在能够确认性别的4座墓葬中，3座为男性，1座为女性。这一现象虽不能说明商末周初的鲁南地区男性比女性更喜欢佩戴耳玦，但至少表明了这一时期玦的使用没有性别上的限制。前掌大商周墓地出土的这8件玉玦，时代集中在商末周初，个体差异较大，虽为玉质，但将近一半的玉玦在入葬时环轮就已残损严重，却仍被作为逝者的随葬物品入殓，似乎暗示着人们对玉玦的特殊偏好和珍爱。

宝鸡茹家庄M1强伯墓玉石玦的出土情况表明其使用确实没有严格的等级和身份限制。强伯墓M1椁内分隔为深浅不同的甲、乙两室，强伯葬于面积较

[①] 河南省文物考古研究所、平顶山市文物管理局：《平顶山应国墓地》，大象出版社，2012年。
[②] 中国社会科学院考古研究所：《滕州前掌大墓地》，文物出版社，2005年。

大的乙室；甲室被认为系弸伯之妾墓室。发现乙室墓主弸伯头耳佩饰不见玦饰，仅有玉鸟、玉鱼各 3 件及玉兔 1 件，而位于甲室内的殉妾却随葬了玉玦 26 件、煤玉玦 4 件及其他小型玉饰数十件，墓道的殉人也有玉玦随葬①。

这一时期各地发掘的西周中晚期墓葬中发现了大量的玉石玦，且多数出土于墓主的头部耳侧，推测此时佩戴玦饰已成为当时普遍流行的社会风尚。除属于国君一级的墓主及高等级贵族佩戴耳玦外，也有约百分之十的一般人群以玦饰耳。由此可见，西周社会各阶层的人都可以使用玦，墓主佩戴耳玦的数量与其身份没有明显的对应关系。虽然墓葬等级越高，随葬之玦的玉质及精美程度（纹饰、造型）越高，但在随葬数量上却没有规律性差异。

通过对墓葬出土玉石玦的出土背景、随葬数量、性别对比、佩戴方式及时代特征的分析，西周时期玦饰使用的总体变化趋势大致可以概括如下：西周早期时，玦的出土数量极少，仅见于女性墓葬，有口琀和耳玦两类，表明其使用范围不甚广泛。西周中期时，玦的数量明显增加，且功能趋于多元，除用作耳玦外，少数男性亦将玉石玦用作口琀。与此同时，贵族使用玉质耳玦或琀玦的风气逐渐形成。西周晚期以后，玉石玦的使用进入了兴盛期，玉玦不仅成为女性墓主重要的耳饰或玉佩上的组合配件，男性墓主随葬玦饰的风气也逐渐兴起，只是在数量上仍不及女性。总体来说，西周中期以前含玦墓葬的比例仍然维持在 5%—10% 之间，至西周晚期及春秋早中期之间，丧葬仪式中墓主用玦的现象开始普遍起来，含玦墓葬的比例在中原地区高达 40% 左右。

因此，我们认为西周时期玉石玦的主要功能仍是个人装饰，虽不排除一定程度上体现了财富和身份的差异，但绝非等级标志物。从性别角度考虑，墓葬级别越低，女性使用玦作为耳饰的比例越高，且多双耳佩戴；男性墓主普遍为单耳佩玦。整体而言，两周时期特别是西周中期以后至春秋时期，玉石玦的使用才开始呈现出蔚然成风之势，甚至蔓延到了东南沿海地区的江浙一带（图 7.9）②。

春秋时期玉石玦的使用范围及发现数量均达到了最为繁盛的阶段。但就分布地域而言，仍以中原地区发现数量最多。2007 年梁带村春秋芮国墓地发掘的 36 座墓葬中，16 座墓葬出土了玉石玦，占比高达 40% 左右③。多数墓主

---

① 卢连成、胡智生、宝鸡市博物馆：《宝鸡弸国墓地》，文物出版社，1988 年。
② 金华地区文物管理委员会：《浙江衢州西山西周土墩墓》，《考古》1984 年第 7 期。
③ 陕西省考古研究院、渭南市文物考古研究所、韩城市景区管委会：《梁带村芮国墓地——2007 度年发掘报告》，文物出版社，2010 年。

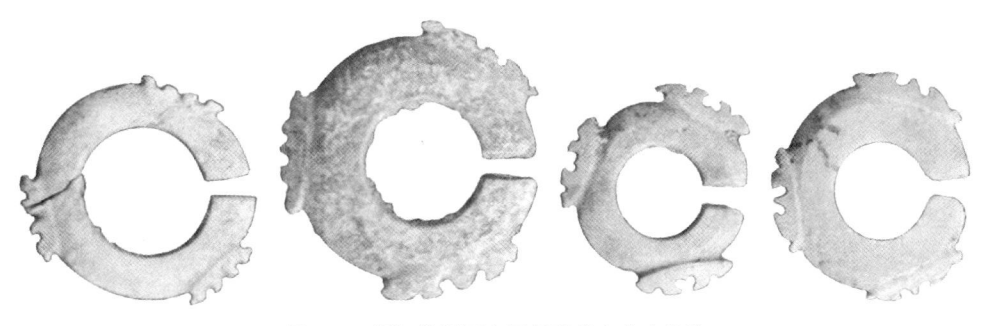

图 7.9　浙江衢州西山西周墓出土的有角玦

随葬两件，分别置于墓主耳两侧，多者达六件以上。梁带村芮国墓地 M19、M26 等芮公或高级贵族墓葬均随葬了数量丰富的玉玦，但在被认为是一代芮侯的 M28 中并无玦饰发现。而贵族墓 M586、M31、M31、M35 等中型墓葬，大部分墓主人都佩戴了玉玦，多数左右耳各有一个，玉质较好。如 M586 的墓主肩部上方、耳垂之下两侧，各发现了一大两小共 6 件玉玦：其中大玦 2 件，素面，直径 4.4 厘米；小玦素面及刻阴刻卷饰者各 2 件，直径 2.8 厘米。这 6 件大小玦的直径、颜色及图案两两成组，对称分布在墓主头侧，似作为组合耳饰使用。M526、M527 等小型墓葬，墓室空间极为狭小，仅可容身，多数没有陶器等随葬品，墓主耳部佩戴了 1 件或 2 件玉石玦，质地明显要劣于高等级墓葬。

　　在近年来发掘的芮国后期都邑刘家洼遗址春秋早中期大中小型墓葬 68 座中，含玉石玦墓葬占比约 52.9%，包括了国君墓及中小型墓葬。其中出土 2 件者达到了 23 座，均发现于墓主耳部两侧，用作耳饰。除国君墓之外（被盗，盗洞出土 5 件，原随葬数量应该更多），墓葬规模与随葬玦的数量之间看不出来有何联系。出土 3 件以上玉石玦的墓葬往往规模较小，除了耳侧 2 件之外，其余均被用作口琀[①]。鲁家河墓地是刘家洼都邑遗址内一处保存完好的春秋早中期墓地，发掘的 44 座小型墓葬中，18 座随葬了玉石玦，双耳佩戴者 10 座、单耳佩戴者 6 座，仅 1 个墓主除头部两侧耳玦外还口琀 1 件，另有 1 个墓主除耳玦外，腹部发现了 2 件，或被用作坠饰使用。鲁家河墓地含玦墓占比约 40%。总体来看，在春秋芮国墓葬中，以玦随葬现象的比例高达 40% 以上，或作为耳饰，或作为佩饰，还有些玉玦发现于足部，与玉蚕、兽面玉石组合成

---

① 陕西省考古研究院发掘资料，承蒙种建荣、孙战伟见告，特此致谢。

为墓主的足踝饰玉。从玦不仅见于贵族墓葬，也出土于极为普通的小型墓葬来说，其使用范围涵盖芮国社会各阶层，没有成为个人身份的标志。

2019 年，考古工作者在黄龙界子河发掘了一座春秋时期的中型墓，出土铜器、玉器、金器、骨器、车马器、石器等 45 件，其中铜器包括了三鼎一甗及兵器等若干（图 7.10）[①]。墓主双耳佩戴石（玉）玦各 1 件，口琀残玉玦 2 件。玉玦质料粗疏，缺口朝向耳部内侧，环轮套以金耳环，与石玦形成组合耳饰，金石相映，极为奢华。金器至春秋时期在中原文化区尚不流行，少量金器也是以包裹或贴嵌在铜器或木器上的辅助装饰。金耳环则是北方地区流行的人体装饰品，见于新疆、甘肃、陕北、晋中南、河北北部等地区，关中及以南地区不见，目前已知分布南界为刘家洼墓地，有近 10 座墓葬随葬金丝耳环。这座墓葬中金耳环和石玦组合使用的方式极为罕见。根据墓主不同于中原地区的直肢葬的微曲葬方式，发掘者推测该遗址可能是春秋时期归附于芮国的一处戎

图 7.10 陕西黄龙春秋戎人墓耳玦出土情况

[①] 陕西省考古研究院：《陕西黄龙界子河墓葬发掘简报》，《考古与文物》待刊。

狄据点，墓主属于北方戎狄族群。由此看来，通过战争、盟会、通婚、交流、融合等多种途径，中原地区盛行的以玦饰耳和口琀习俗已经深入戎狄上层人群。

黄翠梅对西周晚期至春秋时期曲村墓地和上马墓地的研究也表明，这两处墓地中女性墓主不仅口内琀玦或随葬耳玦的出现时间要早于男性，使用人数也远高于男性，其中在耳玦使用上的差异尤其明显（如男性多单耳），具有一定性别指示作用，反映了偏好装饰的女性特质[1]。在山西上马墓地西周晚期至春秋时期的1 373座墓葬中，随葬玉石玦者558座，占比高达40.6%，且以女性墓葬居多；作为口琀使用的比例随着时代推后而逐渐提高，但作为耳玦仍然是其主要用途，只是男女佩戴数量和方式上存在差异，以男性单耳佩戴者居多。统计结果还显示，玉石玦的使用数量与墓葬规模没有直接关系。也就是说，上马墓地资料提醒我们，春秋时期，玉石玦并非墓主身份等级的指示，多数情况下，社会底层更为喜好以玦饰耳或以玦实口。

孙庆伟就两周时期玉石玦的使用及用玉制度作了深入探讨，大致勾画了这类极具时代特征的装饰物的使用背景、发展演化及其在社会生活和礼仪秩序方面的信息[2]。在其统计的近4 000座两周墓葬中，仅有4座战国早期墓葬中墓主人头部出现了耳玦，其他玉石玦均集中发现于西周至春秋墓葬中。

在根据墓葬面积、结构和随葬品区分的周代四个等级墓葬中，第一等级墓葬（相当于列国诸侯、王朝大夫及其配偶）中，有约40%随葬了玦，第二等级（相当于列国大夫、王朝大夫家族的亲近成员及其配偶）约19%，第三等级（相当于士及其配偶）约10.9%，第四等级（庶人及其以下各阶层）约11.7%（图7.11）。这一数字大体显示了两周时期使用耳饰玦的人群比例。如果将被盗的墓葬排除在总数之外的话，这一比例还可能会略高。

总之，西周中晚期至春秋中期玉石玦的使用以中原地区为核心，再次达到了一个高峰。这一时期功能多样化且质地精美的玉石玦，在坯面上雕刻了简化龙纹或谷纹等流行纹样，且直径呈现出变大的趋势。大约春秋晚期时，以中原地区为核心的区域，墓葬出土玉石玦的数量明显减少，至战国中晚期时墓地中出现含玦墓的比例一般不超过2%，甚至更少。由此可见，战国时期耳饰玦的佩戴已经严重衰退。但玉石玦在丧葬活动中作为口琀物的使用仍得以传承，

---

[1] 黄翠梅:《晋国墓葬用玉制度所显示的性别差异——以曲村和上马墓地为例》,《性别研究与中国考古学》, 文物出版社, 2006年, 第123—142页。

[2] 孙庆伟:《周代用玉制度研究》, 上海古籍出版社, 2008年。

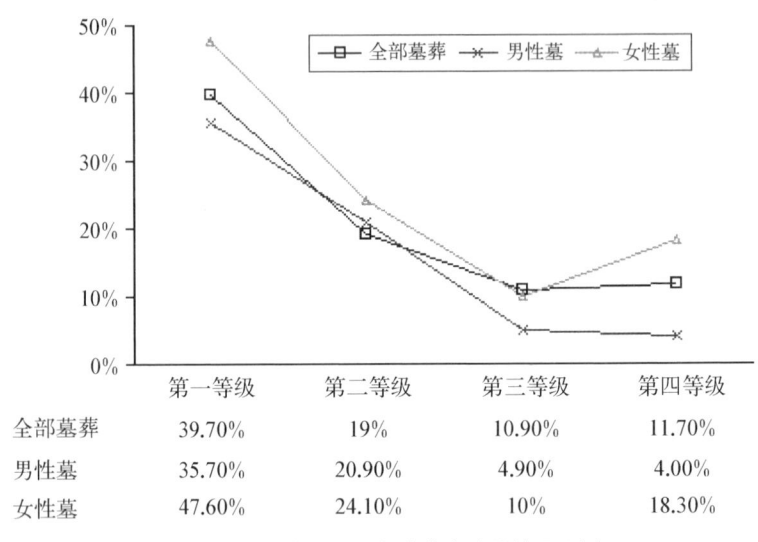

	第一等级	第二等级	第三等级	第四等级
全部墓葬	39.70%	19%	10.90%	11.70%
男性墓	35.70%	20.90%	4.90%	4.00%
女性墓	47.60%	24.10%	10%	18.30%

图 7.11 周代不同等级墓葬中玦的使用比例
（统计数据来源于孙庆伟《周代用玉制度研究》）

比较而言其出现频次要高于作为耳饰的比例。

秦汉时期，在中国东北部、黄河流域和长江流域的广大地区，佩戴耳玦的习俗几乎绝迹。在中原腹地用玦传统逐渐消弭之际，在中国南部区域，玦饰的盛行时间一直延续到了西汉时期，但已属于强弩之末，时不在远。南方地区先秦墓葬中出现的有角玦饰令人印象深刻。

考古工作者在广西银山岭①、安等秧②、富足村③等地的战国晚期墓葬中发现了大量有角耳玦（图7.12，1-3）。这类有角玦被认为是先秦时期"自交趾至会稽"的百越族群颇具特征的佩饰之一，其出现和传播既折射出中原夏商礼玉文化对岭南的浸润与影响，也反映了商周时期到西汉中期岭南百越文化与云贵高原百濮文化的交融④。事实上，除中国大陆外，台湾岛和越南也发现了不少类型丰富的有角玦。

战国时期，随着用玦习俗在中原地区的衰落，在远离中央政权核心的西南

---

① 广西壮族自治区文物工作队：《平乐银山岭战国墓》，《考古学报》1978年第2期。
② 广西壮族自治区文物工作队、南宁市文物管理委员会、武鸣县文物管理所：《广西武鸣马头安等秧山战国墓群发掘简报》，《文物》1988年第12期。
③ 广西文物考古研究所、南宁市博物馆：《广西先秦岩洞葬》，科学出版社，2007年。
④ 张强禄：《论有角玉玦的起源和传播》，《文博学刊》2019年第2期。

区域的巴人依然保持了顽强的用玦习俗①。这一时期的用玦传统，不仅可溯源至长江下游及环珠江口地区，亦可证实史前南岛语族通过海路交往的真实存在。这类带有浓厚民族特色的有角玦与个人喜好和社会习俗有着密切的联系。

在广州南越王墓②及云南晋宁石寨山③、江川李家山④、赫章可乐⑤等墓地中发现了大量的异形玦和环形玦（中孔偏移），形式繁多，边轮多角或有齿，玦口附近有圆孔（图7.12，4-8）。江川李家山墓地发掘的60座大中小型墓葬中，含玦墓葬9座，占比约15%，出土玉玦总数量达331件之多。其中大型墓

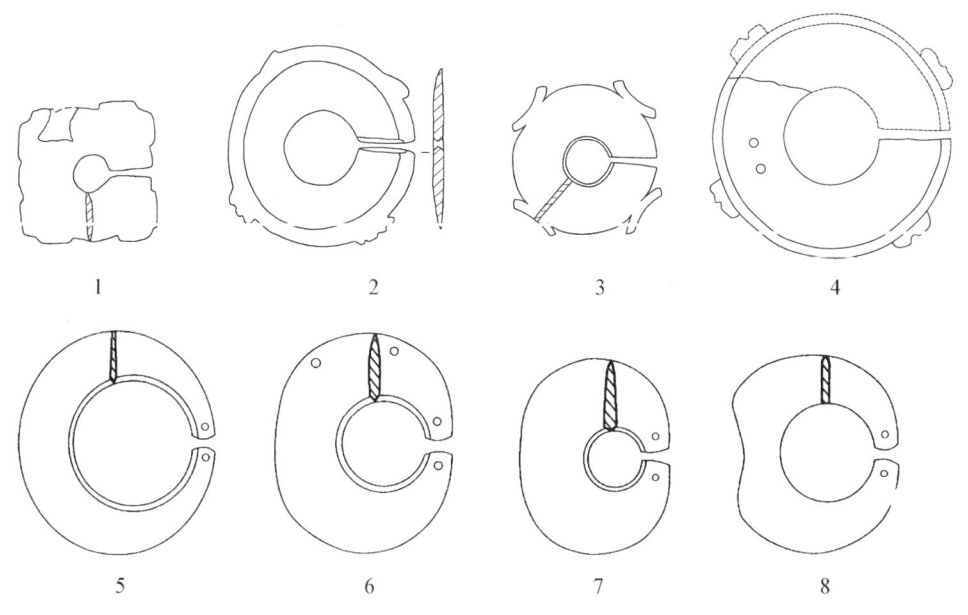

图 7.12 先秦时期岭南地区出土的玉石玦

1. 安等秧战国墓（M41：2） 2. 富足村战国崖洞墓 3. 银山岭战国墓（M64：2） 4. 赫章可乐战国墓（M341：6） 6—8. 江川李家山西汉中晚期墓葬（M69：122、M169：123、M51：99-2）

---

① 四川省文物管理委员会、涪陵地区文化局：《四川涪陵小田溪四座战国墓》，《考古》1985年第1期；山东大学历史文化学院：《四川开县余家坝战国墓葬发掘简报》，《考古》1999年第1期；山东大学东方考古研究中心、重庆市文化局开县文物管理所：《重庆市开县余家坝墓地2002年发掘简报》，《江汉考古》2004年第3期。
② 广州市文物管理委员会：《西汉南越王墓》，文物出版社，1991年。
③ 云南省博物馆：《云南晋宁石寨山古墓群发掘报告》，文物出版社，1959年；云南省文物考古研究所等：《晋宁石寨山——第五次考古发掘报告》，文物出版社，2009年。
④ 云南省文物考古研究所、玉溪市文物管理所、江川县文化局：《江川李家山——第二次发掘报告》，文物出版社，2007年。
⑤ 贵州省文物考古研究所：《赫章可乐二〇〇〇年发掘报告》，文物出版社，2008年。

葬 M69 随葬了 127 件玉石玦，出土玦数量在 10 件以上者有 6 座，玉玦以近椭圆偏孔玦为大宗。这些含玦墓葬的时代从西汉早期至中晚期，是流行于战国晚期至西汉时期滇文化一类极具标志性的器物，体现了浓郁的地区和民族特征，被认为是滇人或濮人的特有风格①。

汉代以后，无论是中原地区还是岭南、巴蜀一带，均基本不见以玦作为耳饰或用作口琀物的实例，而代之以珥珰填塞耳洞装饰，或以玉蝉作为"口塞"②。

第五节　齐家风格石玦的发现与使用

墓葬资料揭示，玉石玦是西周时期各个阶层人群日常使用的耳饰，在丧葬情境下还被作为"实亲口"的口含之物。齐家作坊石玦的消费者是谁？它们在什么样的场合被使用？除作为死者的装饰品或口琀专用于丧葬活动之外，是否还作为日常生活中佩戴的耳饰？齐家石玦是仅供岐邑周原及其范围的人群使用，还是作为了交换物或商品流通到了其他封邑或普通聚落？在这一系列的疑问中，齐家石玦消费群体及流通的范围是首要考虑的问题。

为评估产品流通以及特定背景下的交换渠道和机制，考古学家设计并采用了一系列分析手段。加利·费曼认识到，特定人工制品在形态和风格方面的特点被视为研究交互作用模式的直观线索，然而人工制品的形态可以被模仿，甚至可能只是偶然地相似，因此在特定的考古情境中，仅根据外观的相似性将一件外来物品与本地产品区分开来是有风险的③。因此，他提出更为保险的推断方式：如果可以证明一件人工制品并非在它的出土地点制造的，要依赖于多种技术手段实现的产地分析，即通过物品主要包含物的关键特性确定其来源。

作为目前已知唯一一处生产石玦的专业化遗址，齐家制玦作坊及其产品具有唯一性和特殊性，其生产原料具有较高的辨识度。因此笔者选取石料种类、制作技术、尺寸风格等关键特性作为判断是否为齐家作坊产品的主要依据。为

---

① 杨建芳：《耳饰玦的起源、演变与分布：文化传播及地区化的一个实例》，《中国古玉研究论文集》（下册），众志美术出版社，2001 年，第 139—167 页。
② 夏鼐：《汉代的玉器—汉代玉器中传统的延续和变化》，《考古学报》1983 年第 2 期。
③ 加利·费曼著，王庆铸译：《经济考古学》，《东方考古》（第 11 集），科学出版社，2014 年，第 302—310 页。

回答齐家石玦的消费与流通问题，在梳理其他地区西周墓葬而并未发现齐家风格石玦之后，笔者将关注的重点放在了周原及周边地区所有已发表的和未发表的考古材料（包括墓葬和居址）上，试图寻找齐家风格石玦的线索，进而探讨其在规模化生产形态下的消费与流通情况。

一、周原墓葬中的齐家石玦

首先，我们来考察一下周原遗址内西周时期墓葬中玉石玦的发现情况，并进一步辨识哪些属于齐家作坊的产品（图 7.13）。周原遗址的田野考古工作自 20 世纪 40 年代至今，已有七十余年的历史，发现较大规模的墓地近十处，加上零星发掘的墓葬地点，总共有数十处之多，发掘墓葬总数达五百余座。

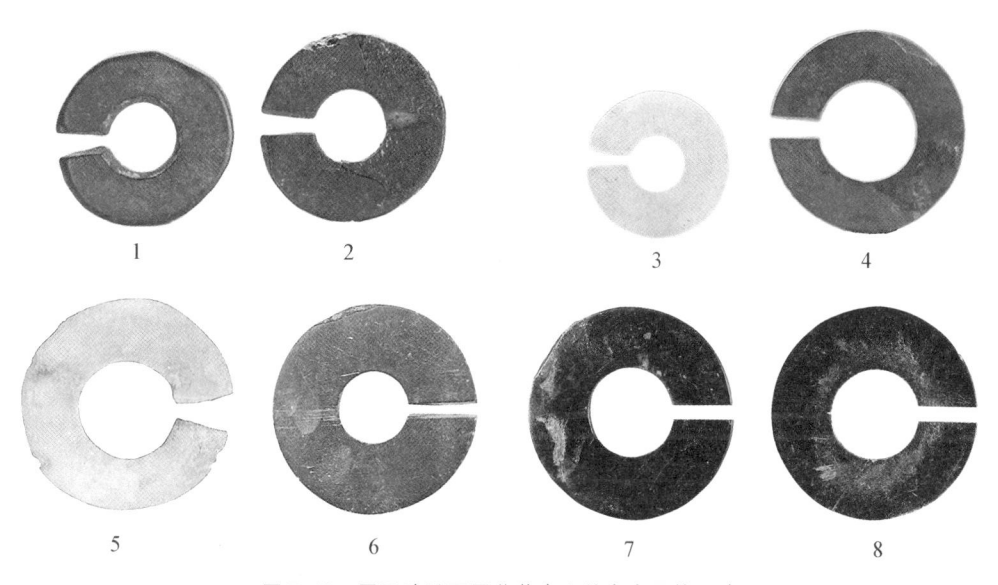

图 7.13　周原遗址西周墓葬出土的齐家风格石玦

1、2. 02 齐家制玦作坊 M38　3、4. 02 齐家制玦作坊 M24　5. 80 王家嘴 2 号墓　6. 79 齐家村墓葬　7、8. 92 黄堆村 M31

我们统计了周原公布详细考古资料及出土物信息的 268 座墓葬，共发现 21 座（约占统计墓葬总数的 8%）出土了各种质地（玉、石、蚌及煤精）的璧形玦，其中 2 座出土了蚌玦（齐家 99IM8 及齐家 02M37），3 座出土了煤精玦（庄白 03M9、庄李 03M7 及强家 81M1）[①]，其余 16 座墓葬出土了玉石玦。由

---

① 根据马赛提供的周原墓葬统计数据，特此致谢。

于历史上曾不断遭受盗掘，周原墓葬有着"十墓九空"的说法，保存完好者极少，这对准确统计墓葬中用玦数量及出土位置造成了很大的障碍。因此，这一数字虽不能准确反映周原地区丧葬用玦的真实情况，但应该大体反映了其使用范围、数量、用途，以及在丧葬背景下作为口琀与耳玦的占比情况。

在这 21 座随葬玉石玦的墓葬中，5 座墓葬（79 齐家墓、92 黄堆 M31、02 齐家作坊 M24 及 M38）出土了石玦。这几件石玦无论在材质上，还是其他特征上（如颜色、尺寸和工艺），与齐家石玦毫无二致，因此将它们认定为齐家作坊的产品。

以上 5 座包含齐家风格石玦的墓葬中，有两座本身就位于齐家作坊区域，被断定为工匠墓葬，另外一座系早年发掘，据传位于齐家村北，大致也属于制玦作坊的范围。

02 齐家 M38 为西周晚期早段的工匠墓葬。据随葬品位置推测墓主头向南，口内含碎玉石块 50 余件，两件石玦均放置于墓主头部左侧（图 7.13，1，2）。这两件石玦为典型齐家风格产品，青灰色页岩，其中一件（M38∶10-1）外径 1.7、环宽 1.1、缺口宽 0.1 厘米，另外一件（M38∶10-2）外径 1.7、缺口宽 0.1 厘米。M38 墓主随葬的这两件石玦虽然质地及加工技术完全是齐家传统，与作坊产品无异，但形制较小，直径不足 2 厘米，与我们统计过的作坊内发现的 620 件页岩环玦平均直径 3.4 厘米相差甚远，缺口宽度不足作坊产品正常宽度 0.2 厘米的一半。这两件出土于墓主头部两侧的石玦，没有明显的长期使用光泽和佩戴痕迹，加工粗糙，圆环有棱角，玦孔有分割线及切割痕迹，似乎是为了满足随葬需要或标识死者身份而有意制作的"明器"。

02 齐家 M24 为一座西周中晚期墓葬①，墓主人为一位 14—16 岁的女性，仰身直肢，两臂合拢，曲于腹上，头向北，面向西，墓主口内含了石珠 7 枚，头部耳侧随葬了 2 件石玦，分别为泥灰岩和方解石质地（图 7.13，3，4）。这 2 件石玦均为圆环状，泥灰岩石玦的外径 3.1、内径 1.6、厚 0.2、缺口宽 0.4 厘米；方解石石玦的体较厚，磨缘较弧，外径 2.2、内径 1、厚 0.4、缺口宽 0.4 厘米，是齐家作坊区域常见的产品。

1979 年齐家村北（制玦作坊内）发掘的一座墓葬中也出土了 3 件玉石玦，

---

① 该墓因无陶器等可资断代器物出土，据打破西周中晚期操作间 H8、H9 推测其不早于西周中期。

其中 1 件为页岩石玦，1 件为方解石玦，另外 1 件为浅绿色玉玦①（图 7.13，6）。其中，页岩石玦及方解石石玦直径分别为 3.6 和 3.9 厘米，通体磨光，形制规整，当系齐家作坊产品。

上述三座墓葬位于制玦作坊生产区域，属于"产葬合一"形态下的工匠墓葬，其随葬齐家风格石玦具有职业标识意义。从墓葬规格来说，在属于管理阶层或熟练工匠的高等级墓葬中，第一等级工匠齐家 M4 制玦管理者却不见以玉石玦作为耳饰或口琀的现象。出土石玦墓葬的主人均为第二、三层级的工匠或者与手工业生产活动相关的人员，其身份均是庶民或一般劳动者，其中埋葬年轻女性的齐家 M24 不排除为工匠家庭成员的可能。

其余出土齐家风格石玦的墓葬，一座位于周原遗址核心区西部的王家嘴地点，一座位于周原遗址核心区北部的黄堆墓地。

1980 年在王家嘴发掘的一座西周早期中型墓葬中，发现了 1 件灰绿色的石玦，直径 2.9 厘米②，与齐家风格石玦的尺寸及质地相类（图 7.13，5）。1992 年周原博物馆在黄堆发掘的编号为 M31 的一座西周中期中型墓葬中，墓主人随葬了 2 件大小相同的青灰色页岩石玦③（图 7.13，7、8）。原简报将这 2 件玦定位为"玉玦"。据笔者目验，显非玉质，而系页岩质地。这 2 件石玦大小形制相同，直径 4.3、孔径 1.7、玦口宽 0.25 厘米④。由于该墓早年被盗，其出土位置已不可知，但从石玦的颜色、质地、尺寸及制作技术等方面观察，与齐家石玦无异，当属于齐家作坊产品。此外，2003 年庄白 M7 中出土 3 件玦，简报描述 3 件均为煤精玦。据笔者观察，编号 M7∶3 者为页岩石玦，或当亦为齐家作坊产品。

在周原遗址 21 座含玦墓葬中，16 座（占含玦墓葬总数的 76%）随葬了玉玦（包括 2 例同时出土了齐家风格石玦），均非齐家作坊典型材质的产品（图 7.14）。例如，1981 年发掘的强家一号墓是一座中型墓葬，时代约在西周中期的孝夷之世，出土玉器 550 余件、铜礼器 18 件，头部周围有玛瑙珠和玉件发饰串 7 组，包括了 6 件玦，其中 2 件黄绿色玉玦和 2 件煤精玦发现于头端，2

---

① 刘云辉：《周原玉器》，中华文物学会出版，1996 年，第 236 页。
② 巨万仓：《陕西省岐山王家嘴、衙里西周墓发掘简报》，《文博》1985 年第 5 期。
③ 罗红侠：《扶风黄堆老堡三座西周残墓清理简报》，《文博》1994 年第 5 期。
④ 周原博物馆：《周原玉器萃编》，世界图书出版社，2008 年。发掘简报公布石玦直径为 4.8 厘米，有误，依图录数据，其直径为 4.3 厘米。

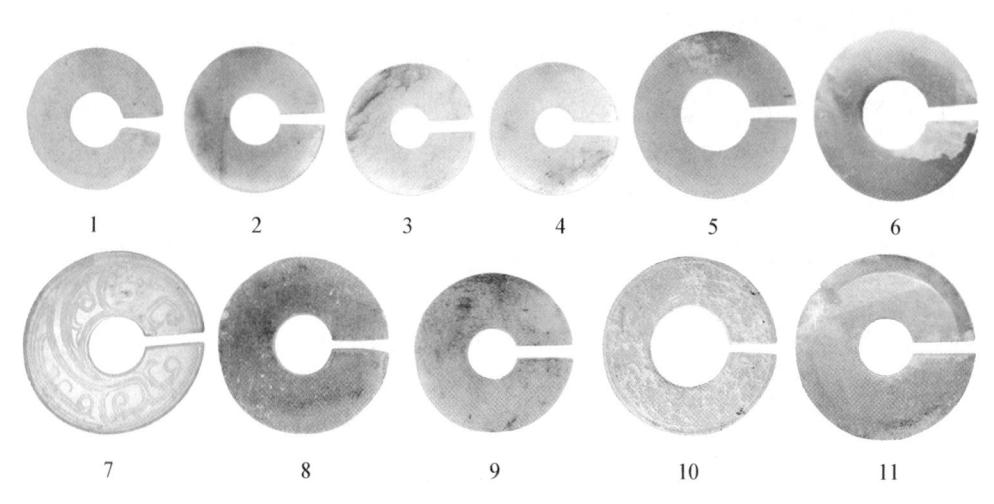

图 7.14　周原遗址西周墓葬出土的玉玦

1、2. 02齐家制玦作坊M24　3、4. 02齐家制玦作坊M34　5. 02齐家制玦作坊M35　6. 99齐家东IM8　7. 76云塘制骨作坊墓葬　8、9. 79齐家村墓葬　10、11. 81强家1号墓

件浅黄色玉玦发现于墓主脖颈处①。1992年发掘的黄堆老堡子墓葬M25，是目前周原地区所见最大者之一，虽被盗严重，但在盗洞内出土了9件玉玦，部分环面饰有龙纹，大部分为素面玦②。这些玉玦当原本位于墓室内，是墓主陪葬所用的耳部饰品。

值得注意的是，在齐家作坊生产区域发现的工匠墓葬中，除了部分随葬了作坊本身生产的石玦之外，还有一些墓主随葬了玉玦。如齐家作坊M35，属于西周中期前后的小型墓，墓室面积不足1.5平方米，空间狭小，无陶器随葬。虽然保存状况不佳，但在头部集中发现了海贝、石圭、石玦等小件，大部分可能为口唅；玉玦位于墓主右侧，当为耳饰，外径2.7厘米，莹白色，为透闪石类软玉质地，与作坊典型产品的质地迥异。

齐家作坊M34是一座西周中期偏晚的第二等级工匠墓葬，墓主仰身直肢，头向北，随葬玉玦3件，其中2件放置于墓主头部，1件放置于墓主胸前；另有石圭4件及口琀玉玦8件放置于棺盖板上。这3件玉玦均为青白色或近绿色，其中头部的2件大小一致，外径均为2.3、缺口宽0.2厘米，系墓主佩戴于左右两耳的耳饰；放置于胸部的玉玦尺寸明显大于耳部的2件，外径3厘

---

① 周原扶风文管所：《陕西扶风强家一号西周墓》，《文博》1987年第4期。
② 罗红侠：《扶风黄堆老堡子三座西周残墓清理简报》，《考古与文物》1994年第3期。

米，可能系悬挂身前的佩饰（图7.15）。该墓出土的玉玦也非齐家风格产品。实际上，周原地区所见含玦墓葬的规模差异较大，也恰好说明了随葬玦的质地、数量与墓主的身份虽有着一定的关联，但并不成绝对的正比关系。

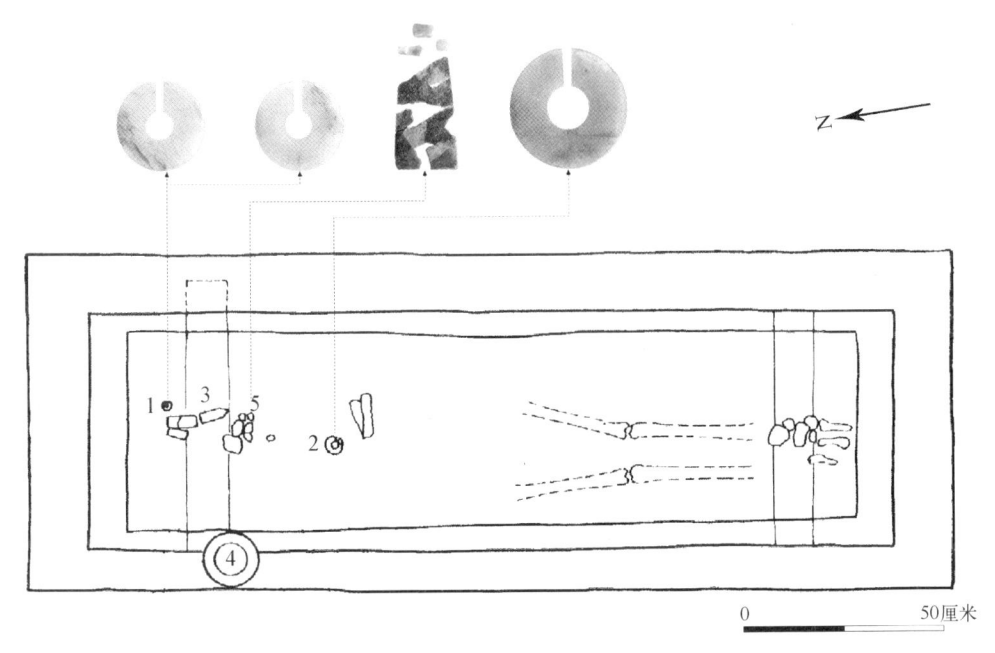

图7.15　齐家制玦作坊 M34 平面图及玉玦出土位置
1、2. 玉玦　3. 石圭　4. 陶罐　5. 玉石块

除此之外，周原地区少量墓葬中还存在以蚌玦和煤精玦随葬的现象（图7.16）。1999年发掘的齐家东西周墓地中的 I 区 M8 出土了蚌玦、玉玦各1件。02 齐家 M37 虽未出土典型的齐家风格玉石玦，但发现了作坊生产区域偶见的蚌玦。M37 为西周中期偏早时期一位45—50岁的成年女性墓葬，仰身直肢，

图7.16　周原遗址西周墓葬出土的煤精玦和蚌玦
煤精玦：1. 79齐家村墓葬　2、3. 81强家1号墓　蚌玦：4. 99齐家东 IM8　5. 02齐家 M37

两臂曲于头部右侧，头朝北，面向西。墓主头部右下肢内侧有蚌玦1件。这件蚌玦为白色圆环形，外径2.2厘米，与齐家作坊制作的数量不多的蚌玦大小及风格相类，亦可作为齐家风格的产品。此外，周原一些西周墓葬中还随葬了煤精质地的玦。2003年发掘的庄李M9属于一座西周晚期的小型墓葬，墓室仅可容身，墓主头部右耳一侧发现煤精玦1件[1]。

在周原遗址已发掘的西周墓葬，以及其他地区已知的西周墓葬资料中，除上述齐家和李家作坊工匠墓葬之外，只有琉璃河燕国墓地发现过1件极可能是齐家作坊生产的石玦，其他地点均未出土过齐家石玦或齐家风格的石玦产品。

图 7.17 北京琉璃河西周墓葬 M341 出土的"齐家风格"石玦

琉璃河遗址是西周时期北方重要的邦国——燕国的都城所在，是西周考古中发现的一处城址、宫殿区和诸侯墓地同时并存的遗址。1973—1977年，北京市文物管理处、中国科学院考古研究所和房山区文教局共同组成琉璃河考古队，对琉璃河遗址进行大规模考古发掘，共发掘61座墓葬及5座车马坑，还对城墙进行了解剖[2]。其中，在一座编号为M341的小型墓葬中，发现随葬的陶鬲、陶罐各1件，头部顶端处发现1件煤精玦，左耳处发现石玦1件，墓主下腹部覆盖石片若干（图7.17）。

琉璃河M341墓主随葬的石玦显然为耳饰，发现于头顶的煤精玦，尚不能排除为头部组合装饰附件的可能，但亦可能为右耳耳饰。出土于墓主左耳的石玦呈灰色，页岩质地，直径2.6厘米，玦口大概3—4毫米，玦轮打磨为斜面[3]。从其质地、尺寸及加工工艺来看，这件石玦是目前笔者所见唯一发现于周原遗址之外的、与齐家石玦最为相似的耳饰。饶有兴味的是，这位墓主的墓室也有意放置了一些石片，很可能这些石片就是制石的原料，暗示了墓主人可能为制玦工匠。

---

[1] 宝鸡市周原博物馆、宝鸡市考古研究所：《周原遗址庄白取土场2003年发掘报告》，《周原》（第1辑），三秦出版社，2013年，第220—263页。

[2] 北京市文物研究所：《琉璃河西周燕国墓地（1973—1977）》，文物出版社，1995年。

[3] 北京市文物研究所：《北京出土文物》（上册），北京燕山出版社，2005年，第57页。

从周原含玦墓葬的时代来看，西周早期以前没有以石玦作为耳饰或口琀的做法，早期偏晚开始出现，至中期以玉石玦随葬的现象逐渐增多，并出现了将玦作为胸前挂件佩戴的方式，而至晚期有流行的趋势。西周晚期，玉石玦的随葬成为一个较为普遍的现象，且作为口琀使用占有了一定的比例。这一消费使用状况与齐家制玦作坊的发展壮大的过程亦步亦趋。

从社会属性来说，西周时期玉石玦与使用者的性别、身份和等级没有直接关联，没有承担"明贵贱、序等列"的指示作用，消费人群囊括了贵族和普通庶人。在身份较低的人群中，玉石玦出现的频率反而要高许多，或作为耳饰，或作为口琀。从性别来看，男女均使用耳玦。比较而言，女性对于耳饰有着特殊的偏好，同等级别的女性墓葬中，玦的数量明显多于男性墓葬。因此，我们推断齐家石玦的消费对象并非为贵族和高等级人群，其生产目的或许只是满足普通消费者的审美需求。

在我们统计的周原遗址 268 座墓葬中，含玦墓葬占比不足 8%，仅 3 座墓葬随葬了齐家作坊生产的石玦，比例约占 1%。如果考虑到墓葬被盗等原因，这一比例可能会有所提高，但含玦墓的比例也应不会超过 10%。若此推断无误，则意味着齐家石玦并非专门用于丧葬活动的随葬品。

齐家石玦虽非专用墓葬"明器"，但并不表明其不用于丧葬情境。由于发掘者对于墓葬资料的记录往往比较详细，因此能够提供较为准确的信息。尽管如此，在周原及其周边地区的发掘的其他墓葬中，几乎没有发现以石玦作为随葬品使用的现象，由此看来，齐家石玦作为专用随葬品的可能性很小。更为可能的情况是，作为随葬品的齐家石玦，仅用于制玦工匠的墓葬，成为墓主人的身份标识和职业指向。齐家作坊生产的大部分石玦，可能被用作普通大众的日常装饰品——耳饰。

二、周原居址中的齐家石玦

齐家石玦既然不是专门用于丧葬活动的"明器"，那其必然就是具有实用价值的日常生活用品。如前所述，齐家石玦的生产规模宏大，其产量显然已大大超出了生产者自用或者周原都邑内人群的使用需求。那么，齐家石玦的消费主体是哪一类人群，是否存在流通，流通的范围又如何？

用于石玦生产的原料包括页岩、泥灰岩、大理岩、方解石和石英石五种。其质脆易碎且美观程度不高，资源容易就近获取使运输成本处于可控范畴，加之采集行为本身也没有受到限制，因此没有一类石料可以被视为珍贵原料。从生产链的角度来看，石玦生产属于全面式的生产方式，即一个（群）生产者承担了从工具制备、制坯到抛光打磨成形、废弃物处理的所有生产步骤，不需要复杂、多方合作的技术手段，生产者也没有通过技术过程增加其额外的社会价值，只是通过生产过程使得非珍稀石料资源产生了使用价值和实用功能。这种不需要复杂设备且工序简单的石玦生产活动，虽然受到了贵族的控制或监管，但石玦本身显然不是高附加值的威望用品，而仍然属于一种低附加值的日用品。

齐家石玦作坊发现以后，笔者特别关注周原遗址内普通居址发掘中有关石玦遗物的收集，期望能够寻找到齐家石玦的使用证据。值得庆幸的是，我们在李家铸铜作坊的 4 座灰坑（H44、H46、H119 及 H97）内辨认出 7 件石玦，均为页岩质地，厚度在 2—3 毫米之间（图 7.18）。其中 H119 发现玦 3 件，直径 4.2—4.9、内径 2—2.7 厘米；H44 出土了一件完整的石玦，直径 3.2 厘米，内径较小，仅 1 厘米；H46 内出土的 2 件石玦，直径分别为 5.5 和 4.2、内径 2.4 厘米。李家铸铜作坊的这几件石玦，从岩性、尺寸和制作技术（手持式钻孔）来看，可以断定为齐家作坊产品。

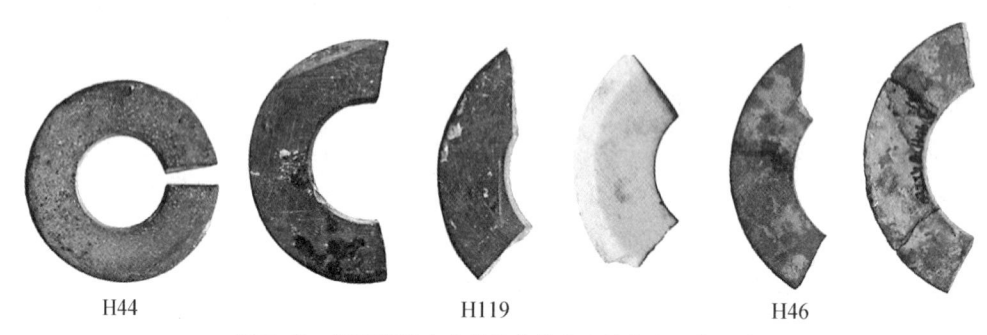

图 7.18　周原遗址李家铸铜作坊出土的齐家风格石玦

李家作坊这两个灰坑的年代属于西周晚期，出土物以铸造铜钟和其他铜容器的陶范为主，除了数件石玦残次品外，没有发现其他制玦遗存。有意思的是，在齐家制玦作坊的生产遗迹中，也曾发现了少量铸铜的陶范。齐家石玦在铸铜作坊内及铸铜遗存在制玦作坊内的交错出现，意味着西周时期周原遗址这两个不同类型的作坊在生产活动开展期间发生过密切联系。当然，这一现象也可能暗示着齐家作坊的石玦产品曾被李家铸铜作坊的工匠用作耳饰使用。

相对于齐家作坊废弃堆积中发现的数万件石玦残次品及数千千克的废料来说，李家铸铜作坊的发现显得过于零星。从发现数量和分布范围来说，并不能成为推定齐家石玦的生产是为了满足李家作坊这样的手工业人群日常佩戴需求的依据。笔者曾检视包括周原遗址在内的众多西周遗址，遗憾的是，除了在2003年李家铸铜作坊揭露的生活遗迹中发现了零星的石玦残次品之外，其他一无所获。

第六节　齐家风格石玦的消费与流通

齐家石玦属于个人日用装饰品，其消费对象主要为西周时期的普通人群。若如此，从逻辑上来说，我们推测其流通或许不超过以周原为中心的数十公里半径的范围，应该能够在西周时期的遗址中发现大量耳玦类的废弃物。但事实并非如此。出现这种情况的原因大致有二：

首先，由于考古工作者往往更关注陶器等时代特征明显的遗存以及骨笄、骨镞、石刀等功能特征明确的小件器物，对于出土于灰坑或地层中的石玦一类的小型器物容易忽视或遗漏，资料整理时未作为小件器物登记造册，或者资料刊布时不恰当取舍，导致大量石玦残件未被记录和公布。

其次，废弃的石玦往往残损严重且不易保留形制，辨识存在难度。齐家制玦作坊长达二三百年的生产时间，正反映了西周社会生活中人们对于耳部装饰的不懈追求。而在消费和使用过程中所产生的观念和审美的新需要，也正是齐家作坊产品风格及质地不断调整和变化的动力。但由于齐家石玦质地本身比较脆弱，佩戴过程中容易破碎，废弃的时候很可能已经破碎成片，收集或辨识难度较大。因此，齐家石玦在墓葬和一般居址中发现的数量都极少。未来周原及其周边地区居址的精细发掘和资料的全面收集，或许会带来更多有关齐家石玦去向的线索。

我们认识到，前述墓葬资料展现的西周至春秋时期用玦的变化趋势，与齐家作坊从西周早期晚段生产萌芽、至中期开始产量逐步攀升、至西周晚期达到峰值的变化幅度呈现出高度的一致性，暗示着齐家石玦生产规模的急遽扩张可能正是为了满足社会风尚和个人装束礼仪的现实需求。墓葬资料所体现的用玦情况，恰恰反映了现实生活中人们对于佩戴耳饰的追求。

那么，我们应该如何评价齐家石玦年产量的社会意义？石玦生产所满足的究竟是贵族的生活需求、经济需求还是政治需求？齐家作坊是否属于一个为满足更大消费群体而形成的商业化生产中心？为了回答这些问题，我们不仅需要从经济学角度考虑齐家石玦的消费者，而且需要从统计学角度来考虑石玦的生产规模。

以较为珍贵的石料如透闪石、蛇纹石、阳起石等制作而成的耳玦常常见于高等级的墓葬中。一些规模较小的墓葬也随葬了玉质精美的玉玦，但石玦仅见于一些身份等级较低的小型墓葬，基本不会出现在高等级墓葬中。即使个别中小贵族墓葬有零星使用，也是多作为口琀砸碎使用。这一点暗示着齐家石玦的消费对象可能只是普通平民。

考虑到周原在西周时期是一处众多贵族家庭及其家族成员聚居的地区，所以齐家质地粗劣的石玦很可能不是为贵族消费而生产的。年均产量超过了70 000件的石玦应是一种商品化的生产行为。若如此，齐家作坊的石玦生产极可能是基于利润目的的运营模式，暗示着西周时期商品经济的存在。

关于西周时期商品经济的问题很少有详细探讨，但是关于商代的商品经济已有学者做了有益的分析[1]。一般认为，商品化生产（商人）萌芽出现于春秋战国时期[2]。商业化活动，包括交换、贸易及馈赠等，都被认为是商代常见的现象，这一点也可以从考古资料和甲骨文中得到证实[3]，陶器、青铜饰品、盐、骨笄和其他物品在商代多已成为商品[4]。

西周时期，商品经济发展到了新的高度，社会分工更加细致，拥有不同社会背景的利益集团分别拥有了充足的生产资料与超出自身消费需求的产品，促使商品生产日益规模化，导致以追求价值为目的或通过市场交换来实现手工业产品价值的生产活动日益频繁。周原遗址出土的裘卫盉（西周中期）铭文记载了一个名叫矩伯的奴隶主，向裘卫分两次索取了觐见天子的东西，即价值八十朋的玉质礼器和价值二十朋的皮裘礼服，作为索取礼品的代价，矩伯分两次付给了裘卫1 300亩土地[5]（图7.19）。裘卫把这件事情报告给了执政大臣，得到

---

[1] 卫斯：《试论贝币的职能与殷商时期的商品经济》，《中国社会经济史研究》1985年第1期；杨升南：《商代经济史》，贵州人民出版社，1992年；杨升南：《邢台地区商文化中的商品经济》，《史学月刊》1999年第1期。

[2] 如白寿彝：《中国通史》，上海人民出版社，1999年；朱绍侯：《中国古代史》，福建人民出版社，1980年。

[3] 杨升南：《贝是商代的货币》，《中国史研究》2003年第1期。

[4] 杨升南：《邢台地区商文化中的商品经济》，《史学月刊》1999年第1期。

[5] 庞怀靖、吴镇锋、雒忠如、尚志儒：《陕西省岐山县董家村西周铜器窖穴发掘简报》，《文物》1976年第6期。

图 7.19　裘卫盉及铭文

了大臣们的认可，还进行了授田仪式，从而确认了转移土地归属的合法手续。裘卫盉铭文对当时具有货币职能的贝作为衡量和计算商品价值尺度的记载，在西周铜器铭文中虽不多见，却反映了西周中期业已存在的日益广泛的商品交换活动。

当然，关于贝何时开始行使货币职能仍存在较多争议。有学者撰文指出，贝作为价值尺度是从西周中期开始的，而商周时期贝的主要功能可能仍然只是装饰品、丧葬或礼仪用品[①]。裘卫盉铭文表明"贝"并未用于衡量物品的价值，"贝"也未成为交换中介物或者广为认可的支付手段。因此，西周中期的贝或许只是一个概念意义上的标准，并非必须成为货币。不论是通过货币（贝币）还是实物交换的方式，西周时期商品经济的存在已经成为一个不争的事实。裘卫盉铭文常常作为支持西周时期货币交换存在的证据而被引用，但它同时也表明了这一时期存在着较为活跃的经济交换活动。铭文清晰地表明了贵族家庭并不生产他们生活所需的物品，手工业产品需要通过交换、贸易、赏赐及进贡等途径获得。

西周贸易、交换及商品经济已成为社会生活中不可或缺的一部分。因此，我们认为，规模化的齐家石玦，其生产活动是以追求价值为目的，并通过市场交换来实现，这一点也符合齐家贵族家庭作坊的生产动机。无论是否已成为牟取利润或依附于贵族家庭获取个人报酬的手段，数量庞大的齐家石玦或许已成为不同等级特别是普通人群的日用消费品。

---

① 杨升南：《贝是商代的货币》，《中国史研究》2003 年第 1 期。

西周早期时，商人"贾"已经开始专门从事货物的长途运输贩卖。至西周中期时，王室派出的高级官吏开始干涉商业交换和贸易。西周晚期时，大量铭文证实周王室有行政官员来管理商业活动[①]。若如此，拥有齐家石玦作坊的贵族家庭很可能通过石玦与其周边的普通人群进行贸易，以获取利润和其他形式的经济补偿。在这种情况下，齐家石玦的流通和管理由作坊拥有者紧密控制，而贵族家庭也通过工匠本身在经济和政治上的依附来控制石玦的生产规模和产品流通。在以追求价值为目的并通过市场交换来实现利益最大化的手工业生产中，齐家制玦工匠们几乎没有可能控制石玦的最后去向。

[①] 彭裕商：《西周金文中的"贾"》，《考古》2003年第2期。

第八章

反思与展望

齐家制玦作坊是第一个按照考古学方法大规模发掘的历史时期制玦遗址，其个案研究揭示了西周时期周原的手工业生产模式，为讨论长期聚讼不休的周原遗址性质问题打开了一扇新的窗口。

第一节　聚落布局与作坊性质

考古学家在周原遗址发现了四类空间密切相关的遗迹：建筑基址、手工业作坊、墓地及铜器窖藏。西周时期岐邑周原的这种"四位一体"的空间布局形态，为从另外一个视角探讨西周王朝下的周原性质与地位等问题提供了重要参考。

分布在大型建筑基址附近的作坊遗址，如云塘制骨作坊、齐家制玦作坊等与墓地、青铜器窖藏之间存在的共时关系，虽并不一定说明每一户贵族家庭都拥有自己专门的手工业种类，但至少表明手工业生产已经成为周原贵族经济的重要组成部分之一。我们可以推测周原手工业生产系统是处于贵族家庭掌控之下的、依附性的，既生产奢侈品又生产日用品。在某种意义上，这种手工业生产活动也是西周王朝实现政治统治的经济基础。

雷兴山认为齐家制玦作坊陶器与石器（均与石玦生产活动有关）上的刻辞为族徽，推测作坊内的手工业者为周王直接管辖的殷遗民，包括了所谓的"橐""夨"和"璋夨"等族，进而根据敲击石 H65∶61-1 上的"王"字判断作坊归周王所有，而周原遗址所见规模较大的作坊属于周王室所有[①]。

考古工作表明，周原遗址的空间形态是具有一定规划的，每组贵族家庭占

---

① 雷兴山：《论周原齐家制玦作坊的族徽与社会结构》，《古代文明》（第10卷），上海古籍出版社，2016年，第215—228页。

据了一定面积的土地,拥有自己相对独立的墓地、封闭式的居住空间,个别还有附属的专门化手工业生产作坊及用于祭祀和礼仪活动的青铜礼器。换句话说,这些墓葬、手工业作坊及建筑基址,以及意外保留下来的青铜器窖藏,在某种程度上已经成为指示贵族家庭分布区域的标志。根据大型建筑、手工业作坊及青铜器窖藏和墓地之间的空间布局来看,更多的证据似乎有利于证明包括齐家作坊在内的大型作坊并非直接属于周王室所有,而是与周边占据了一定规模生存空间的贵族家庭密切相关,属于贵族家庭控制下的手工业生产。至于在何种程度上、通过何种方式依附于贵族,或与王室存在何种程度的间接关系,可能需要更多的证据来支持。

居住在周原的高级贵族家庭,显然已经充分认识到"膴膴周原"得天独厚的水利资源优势,开始因地制宜系统利用低洼地人工开挖、砌石铺底、筑堰拦水,修建了云塘池塘及附属沟渠[①],开发了岐山南麓山前地带的湿地湖泊及承担蓄水排洪或灌溉功能的沟渠[②]。这一庞大完善的水利系统,为附近的云塘宫室建筑、召陈建筑群、凤雏建筑群等王室宫殿宗庙或官署区域,以及云塘制骨作坊、齐家制玦作坊等手工业生产区域提供了充足的水资源保障,有效地满足了齐家沟两侧的高等级贵族或统治阶层居住区,以及遗址核心区中南部众多的贵族家族手工业生产基地的水资源需求,同时也为周人在西周初期跨过齐家沟,大规模向东部区域的拓展奠定了基础。

周原遗址所见的手工业生产活动,大部分肇始于西周早期偏晚阶段,延续至西周晚期,与西周王朝的发展壮大直至灭亡相始终。此时的周原汇聚了掌握各类技术的手工业生产者,从事着日用品及象征财富或威望的"奢侈品"的生产,形成了"生产与死葬"一体的特殊聚落布局,展现了西周基层手工业者的社会组织以家族血缘为纽带的事实。齐家制玦作坊、李家铸铜作坊及云塘制骨作坊就可能属于依附于某个贵族家庭的"贵族工厂"。

周原贵族家族的经济活动大体可以分为两种形态:农业生产和手工业生产。以齐家制玦作坊为代表的西周时期大型手工业生产,是附属于周原贵族家庭(族)的一种手工业生产经济形态,其生产活动由从政治经济角度依附于贵族家庭的百工承担。

[①] 宝鸡市周原博物馆、宝鸡市考古研究所:《周原遗址池渠遗存的钻探与发掘》,《周原》(第1辑),三秦出版社,2013年。

[②] 王占奎:《周原遗址扶风云塘陂塘与水渠三题》,《周原》(第1辑),三秦出版社,2013年。

周原核心区域多被建筑基址、墓地及作坊等遗迹占据，并没有足够的用于开展农业生产的土地。因此我们推测，以满足贵族或手工业者基本生活需求为目的的农业生产活动或许并不发生于岐邑周原核心区域。如果这种说法不错，则可以认为居住于周原的贵族所拥有的农业用地均位于周原遗址周边区域，而从事农业生产活动的人群则多为分散于周边中小型村落的一般庶民。与大多数西周社会一样，庶人们通过耕种公田为贵族家庭及其成员提供食物资源，同时经营私田获取基本的生产生活资料[①]。但不容否认的是，这些小型聚落中仍然存在众多的家庭式手工业生产活动，是农业生产必不可少的重要补充。

总而言之，西周时期的经济可以被认为属于一种农业经济（尽管贵族并非直接介入农业生产活动）和手工业经济的结合形态。控制日用品和高附加值手工业物品的生产和分配，已经成为维系周原贵族政治权力的重要手段之一。居住于周原范围内的大部分人群或许并不直接参与农业生产活动，同时也没有证据表明岐邑核心区存在着所谓的农业与手工业混合经济形态。从政治地位来讲，西周时期的岐邑周原成为贵族及其家族成员和附属的聚居区，而为周原提供生活资料的农业人口分散居住于以周原为核心的外围区域的小型聚落。

由周原遗址的聚落布局来看，西周时期贵族"家族式"的手工业生产是西周都邑遗址的重要特征。这一现象提醒我们，随着政治复杂化，手工业分工的种类和专业化程度不断增强，以家庭或血缘家族为单元的自给自足的生产模式不复成为大型都邑的主流经济形态，基于政治基础的贵族或王室直接控制的手工业生产和交换反而占据了主要地位。

第二节　周原遗址与商品化生产

随着考古学发现的日益积累和公布，早期中国的城市化已经成为许多学者关注的重要议题。多数学者强调——或许过分强调——早期城市的宗教礼仪或政治功能，而只有少数的学者考虑到他们作为经济中心的功能。例如，惠特利将郑州商城及殷墟描述为一个主要为王室宗族成员、神职人员及个别手工业者占据的礼仪中心，而农民及绝大部分的手工业者散居于周边村落[②]。与早期城

[①] 白寿彝：《中国通史》（第3卷），上海人民出版社，1999年，第805—810页。
[②] Wheatley, P., *The Pivot of the Four Quarters: a Preliminary Enquiry into the Origins and Character of the Ancient Chinese City*, Aldine Publishing Company, 1971.

市的礼仪宗教功能一样,郑州商场与殷都安阳的政治功能也被不断地重复强调。

张光直认为,宗庙、宫殿及礼仪用器是夏商周三代最为典型的区分城市与乡村的标志,早期中国的城市化并非经济发展的产物,而是政治权力的象征及工具①。因此,早期中国的城市化区域多不被视为手工业产品中心或者商业贸易中心,而多看作祭祀和政治活动的中心。历史学家也认为,城市扮演经济中心这一职能始于东周时期,大约在公元前6—前3世纪,这一时期城市迅速扩展,包括了专业化的手工业生产活动和指定的居住区域。在市场突然兴起和私有化生产迅速发展的影响下,王室行政管理及公共事务逐渐融合了起来(包括手工业生产和市场交换)②。上述观点代表了学界关于早期城市功能的一个传统认识。

然而,近来的考古学研究表明,早期中国城市的经济角色亦不容忽视。刘莉认为二里头遗址历时性的生产活动分布形态变化暗示着作为最早的城市中心,二里头遗址可能不仅包括了宗教礼仪中心,同时也是手工业生产中心,控制手工业产品及稀有奢侈品的生产和分布的能力成为了二里头统治阶层政治权力的源头③。因此,中国城市化进程从一开始就是伴随着经济活动,早期都邑的人口中不仅包括了贵族阶层,而且也包括了依附式和独立式的工匠及农业人口。

殷墟遗址的情况也不支持所谓"早期都市政治宗教中心模式"的观点,其数量众多的作坊遗址,规模宏大,产品种类丰富,暗示着这类作坊均在国家掌控之下④。有学者进一步指出,聚集在殷墟的大部分人群以从事手工业生产为主,而非从事农业生产,商品贸易交换可能在更广泛的层次和更大范围内进行,殷墟是以经济职能为主的手工业生产中心⑤。何毓灵从手工业作坊的空间、时间及相互关系三个方面分析后指出,殷墟不同类型的手工业作坊被安置在同一区域,这种集中布局的特征是由手工业产品的礼制性消费决定的,便于王室

---

① 张光直:《关于中国初期"城市"这个概念》,《文物》1985年第2期。
② 白寿彝:《中国通史》(第3卷),上海人民出版社,1999年。
③ Liu Li, "Urbanization in China: Erlitou and Its Hinterland", *Urbanism in the Preindustrial World: Cross-cultural Approaches*, University of Alabama Press, 2006.
④ 孟宪武等:《殷墟都城遗址中国家掌控下的手工业作坊》,《殷都学刊》2014年第4期。
⑤ 孔德铭:《殷墟王都社会基层组织及性质探讨——以殷墟手工业作坊遗址为例》,《殷都学刊》2018年第3期。

或贵族加强管理、有效控制①。

二里头及殷墟遗址的手工业生产形态同样适用于周原遗址。西周时期的岐邑周原是一个区域政治、经济中心，同时也是手工业生产中心（包括了一系列日用品及奢侈品的制造）。在周原核心区域的手工业作坊既生产高附加价值的产品和被赋予宗教、祭祀等职能的特殊物品，如铜器、玉器及卜骨，也生产骨笄、石玦及陶器等日用品。丰富的手工业生产种类及产量暗示着岐邑周原的大部分需求可由本地生产满足。政治的集中化和贵族赞助的依附式手工业生产之间的强烈关联表明，周原的西周贵族家庭已将手工业生产作为其家庭经济的一个重要部分。即使还不知道是通过何种方式、在什么程度上贵族介入了手工业产品的生产和分配过程，但我们仍然有理由推断周原可能已经成为一个基于商品化目的的手工业产品生产中心。

齐家作坊生产规模庞大并有固定的生产场地，其石玦产量远远超出了本地的消费需求。在云塘制骨作坊的灰坑H21不超过13平方米的范围内，出土了超过4000千克的生产骨笄的废料，据初步估算包括了1306头牛及21匹马，亦为生产规模超乎日常需求的例证②。石玦和骨笄的生产规模无疑指向了一个基于再分配、再流通为目的的日用手工业品商品化的生产形态。若此，周原在西周时期不仅为宗教祭祀和政治中心（以大量礼器和宗庙宫室集中发现为代表），并且可能成为手工业生产和商品交流的中心，中国早期城市的功能早在西周时期就有了由政治宗教中心逐步向经济中心过渡的萌芽。

事实上，西周时代的商业是当时经济运行中的重要环节，当时不仅有官府经营的商业，同时也有私人经营的商业，二者并存③。西周时期周原存在着商品交换和贸易行为。极为可能的一种情况是，周原生产的日用品被再分配至一个相当广大的地区里的不同阶层人群，这些产品的流通为贵族家庭经济带来收入。周原贵族经济中"手工业产品商品化生产模式"应该包括了交换、贸易及馈赠等行为，贵族家庭并不自己生产他们生活需要的所有物品，一些手工业产品需要通过交换、贸易、赏赐及进贡等途径获得。

西周时期周原商业化手工业生产表明，周原不仅仅是一个礼仪和政治中心，同时更是一个经济中心，贵族家庭掌握了手工业产品的生产管理权和产品

---

① 何毓灵：《论殷墟手工业布局及其源流》，《考古》2019年第6期。
② 陕西周原考古队：《扶风云塘西周骨器制造作坊遗址试掘简报》，《文物》1980年第4期。
③ 高明：《从金文资料谈西周商业》，《传统文化与现代化》1999年第1期。

支配权，手工业生产和商业活动成了特殊政治背景下岐邑周原的一个重要特征。换句话说，在一个区域经济系统的层面上，西周时期的岐邑周原扮演了各类手工业产品的生产者和分配者的角色。我们甚至可以推断，手工业生产是周原遗址的支柱性产业，某种程度上，西周时期岐邑周原的"政治色彩"日益淡薄，以手工业为核心动力的经济职能发挥了主导作用，从而促使周原成为聚集高水平工匠的商品化手工业产品基地。这一职能显然与秦汉以后都邑性遗址以政治职能为中心不同。

如何客观评估中国古代早期城市中手工业生产在社会发展和政体运行中的作用，这一问题涉及早期国家的政治与经济关系、政治制度及经济制度等重大问题，可能需要更多地依赖聚落中手工业作坊遗址的发掘与研究来解读，也需要考虑聚落规模及空间结构等其他因素。但可以肯定的是，早期大型都邑中的商品流通一直扮演着重要的角色，这是促使国家机器的经济系统日益复杂、政治体系日臻稳固的重要物质手段。

周原遗址的研究显示，过去强调中国早期城市的政治性而忽略其经济性，将其定位为统治阶级用以获取和维护政治权力的工具的观点是值得反思的，早期城市研究中过分强调其政治及祭祀礼仪功能是有失偏颇的。早期中国城市应被看作一个政治、经济、礼仪等多种职能并存的大型中心聚落。然而，这并不意味着所有功能在漫长的早期中国城市化过程中的分量是均等的。当然，青铜时代的中国大型聚落城市化过程并不完全否认传统的城市化模式，但却扩展了对早期城市功能的认识。笔者所强调的是，中国早期城市的功能不仅是礼仪和政治性的，也是经济性的。周原或许代表了在东周时期大规模商业化生产开始之前城市化发展进程的中间形态。

第三节 反思与展望

本书对齐家遗址发掘的石玦生产遗存的个案研究，重建了石玦的制作过程，并从生产遗存和生产设施出发探讨了石玦生产中的技术组织；通过模拟实验复原了生产技术，评估了生产规模；通过描述性分析及统计方法探讨了石玦生产的标准化及专业化过程，考察了以齐家作坊为代表的贵族家庭式作坊的生产组织、管理运行模式及消费流通情况。

齐家作坊是一处典型的利用本地石料资源进行生产的作坊，作坊内使用的所有石料均可以在周原遗址方围 3—5 公里的范围内获取。降低成本或许是影响齐家作坊拥有者在利用本地资源进行石块生产的最为重要的原因之一。齐家制玦作坊验证了因地制宜的原料使用原则，从原料采集到最后成品过程均遵循了效率生产的准则。用于石块生产过程的原料均可在距离齐家遗址不远的步行范围之内大量发现。生产原料的易获取程度是影响石块作坊位置的一个重要因素。广泛分布的石料资源暗示着其资源获取是没有受到控制的，是开放式的。石块的生产过程大致包括了原料准备、制坯、制孔及锯割成形等四个前后相继的步骤。尽管原料获取被确定在距离作坊遗址不远的岐山南麓，许多关于生产前期的活动如探矿、采矿、运输等细节问题还是不甚清楚，其他生产过程及技术均可以通过石块残次品及生产工具得以验证。

生产技术的重建表明，石块的生产并不需要太多的技术要求或者复杂的设施，它可以在极为简单的生产设施中（如齐家作坊所揭示）开展。从技术角度来说，可以认为是一个"全面式"的技术组织，即各组生产者负责了从石块制坯到成形的全部过程。

数量极为丰富的石块残次品和生产废弃物，提供了评估石块生产形态的时空变化和原料使用策略的基础信息。研究揭示了西周早期偏晚至西周晚期之间，齐家作坊在生产活动存续期间的一个连续的、规律性的石块形态和原料构成变化过程。从西周早期至晚期可以观察到如下趋势：1）用于石块生产的原料种类逐渐趋于集中；2）石块的形制变得更加一致；3）石块的尺寸逐渐变小。

通过对齐家作坊石块生产活动的背景、劳动强度、生产规模及集约化程度的考察，周原石块的生产属于所谓的"依附式"生产形态，工匠从经济和政治上依附于一定的贵族家庭，居住于距离作坊生产区域不远且靠近贵族宅院的附近。作为西周时期内唯一的专业化石块生产作坊，其生产规模从西周早期至西周晚期急遽扩张，而石块的生产强度似乎在同一时间区域内并没有发生明显地改变。石块生产规模的评估表明其年生产量远远超出了本地需求。从地区经济的角度来看，齐家石块作坊似乎已经成为一个基于商品化目的的生产中心，为周边一定区域内不同阶层（主要为普通者）提供耳饰，并为贵族家庭带来收入。石块的生产无疑已经成为拥有齐家作坊的贵族家庭重要收入来源。

对工匠墓葬的分析表明，齐家石块生产者自身存在着等级差异。考古和文献资料证明齐家工匠属于平民的一部分，并依附于贵族或王室，其内部可分为管理者、熟练工匠和普通工匠，掌握核心生产技术的商系工匠占据了一定比例。这些工匠具有一定的自由,但在社会经济上受控于贵族。部分工匠地位较高,相当于管理者,从随葬相对较多数量的礼器或占卜遗物来看,可能具有参与仪式性活动或宗教活动的特权。没有证据证明齐家作坊的生产者均为奴隶,传统上认为"百工"全部或大部分是奴隶的看法得不到考古证据的支持。

石玦是一类日常装饰用品,而非一种象征社会身份的奢侈品或等级标志物。墓葬中较多发现玉玦而较少发现石玦的现象说明,石玦很可能只是用于日常佩戴而非专门随葬的"明器"。尽管西周时期有所谓"百工",实际上并没有文献证据证实西周时期具体的手工业类别,齐家作坊的发现表明石玦的生产或许是文献失载的手工业门类之一。

"家臣制度"被认为是西周社会最重要的特征之一[①]。如果我们用现有的一些理论模式来揭示周原石玦专业化生产的性质,最好的概括或许为所谓的"家臣作坊"。在这种背景下,"家臣"是作坊的经营者和管理者,当为非贵族家族成员,他们的家庭及成员为特定的贵族家庭服务,地位多为低等的官员。"家臣"通常在一个隔离的、高度专业化的环境或设施下,全职式为贵族资助人或政府机构从事大规模生产活动。作为侍从或依附式管理者,其主要职责是组织或管理家族事务,以此从贵族那里获取生活资料、土地或许还有奴隶等。这种模式与齐家制玦作坊的实物资料非常吻合,也与文献资料记载的西周时期的社会结构相一致。

齐家制玦作坊的综合研究,改变了以往手工业生产研究集中关注制造技术、类型演化及空间分布等缺陷,而较多涉及生产组织、消费、生产者及玦饰使用的社会经济背景的状况。本书提出了一个西周时期手工业生产研究的模式,同时也留下了许多问题,需要在将来的研究中加以重视。

首先,生产区域之外的生产遗迹需要进一步考察。一种极为可能的情况是,在作坊生产活动开始之前,大量的劳动力和资源就投入到了获取原料、采矿及运输等环节。对原料产地的分析方法仍然以经验及自然科学分析为主要手段,未来或要加强微观研究,关注遗址内部生产原料的使用和分配,关注周原遗址周边区域,特别是岐山南麓一带的地质资料、采矿遗址等。这些生产前工序的活动一定留下了一定的物质遗迹,应该能从考古学角度进行辨识。

第二,由于考古学记录中直接可见证据的稀少,我们对于齐家石玦的消费

---

① 朱凤瀚:《商周家族形态研究》,天津古籍出版社,2004年,第314—321页。

模式及流通范围的探讨还嫌不足，对生产组织形式的研究也过于宏观。尽管有些涉及消费流通领域的物质特征可以单独从消费背景等方面进行推测，但更多的硬性证据还是要来自更加广阔的区域考古发现的实物资料。如在周原遗址及其周边中小型聚落的考古工作中，特别要注意资料的收集及记录，克服唯陶器化的倾向，关注垃圾坑中其他小型石片、石料等废弃物，重点辨识与石玦使用有关的证据。这一做法无疑会有助于界定包括石玦在内的日用手工业产品的流通范围，并对消费人群进行验证。

同样，对产品的分配和消费的研究也需要微观化。对于从考古学资料来研究古代社会经济的学者来说，关于古代手工业产品消费与流通认知现状的形成，很大程度上是由于缺乏系统的区域（乃至宏观区域）聚落调查和系统发掘，缺乏以遗址为基础的家户发掘材料、以严格收集材料为策略的单个遗址的集中研究。与此同时，许多综合分析很大程度上仍然停留在描述层次，未能进行有效的阐释。因此，我们仍然要清醒地认识到，古代手工业生产的研究，距离解决经济网络的中间环节（分配或流通）及相关经济行为还相去甚远。

第三，作为西周手工业形态研究的个案，虽然研究工作基于大量经过严格及系统发掘的考古资料及后期统计分析，然而，它毕竟只关注了"玦"这一单一的手工业生产活动。如果想要全面理解西周时期的手工业形态，还需要对其他手工业产品的生产活动进行分析。在绝大多数人类社会中，家庭或家庭团体内部自给自足的经济模式，多属于业余行为、相对规模较小，是农业社会中最为常见的形态。在大型复杂的都邑社会中，以家庭或家族为单位的生产方式促使了手工业作坊逐渐取代家庭手工模式，成为不同层次政治体制顺利运行的经济基础。因此，未来的研究还应该对周原遗址经过发掘的其他作坊进行分析，检验其是否也呈现出类似的生产形态及模式。此外，广大乡野区域的家户式手工业生产也应包括在将来的研究中。只有通过这类多元的个案研究，我们才可能准确理解西周手工业生产体系的复杂性和多样性，为勾画较为全面的西周手工业生产图景奠定基础。

第四，从理论及技术层面来说，国内学者虽然继承了以马克思主义理论为指导的优良传统，但缺乏结合中国考古学资料的理论创新。在如何确定手工业生产专业化的存在、程度和特征的具体方法上，不应只关注专业化程度和特征的分析，对于生产技术的研究也需要考虑如何与专业化生产的理论更好地结合。

建立在考古学分期断代基础之上齐家制玦作坊的个案研究，将实物资料及与生产活动相关的遗迹（居址及墓葬）放置于手工业研究已有的理论范式下检视分析，见微知著，从客观描述转向归纳阐释，从感性认知转向理性认识，总结了西周时期手工业生产系统及其运行方式。

利用考古学资料，注重个案研究，借鉴并丰富已有的手工业研究理论和方法，是探寻早期中国生产关系变革，认识中国文明起源的重要视角和手段。本书可视为研究古代早期城市中的手工业生产系统的有益尝试，弥补了中国考古学中早期手工业生产研究偏重实物分析与技术研究的缺憾，提供的经验或许能激发更多的考古学者关注手工业研究的兴趣。笔者期望，齐家制玦作坊的个案研究能够搭建考古学资料与手工业生产理论模式之间的解释性桥梁，推动商周时期手工业形态的综合研究。

后 记

周原,是我的故乡。生于斯,长于斯。我的童年生活留下了不少关于家乡的美好记忆。周原,更是中国考古的圣地和"黄埔军校",一大批著名考古学家曾先后工作于此,也培养了一批为陕西乃至中国考古作出重要贡献的技工师傅。

2001年春天,因周原考古队人员变动,我被指派去周原参加齐镇—云塘大型建筑基址的发掘工作。适逢周原考古迎来1976年以来第二次大规模的联合考古发掘,北京大学、中国社会科学院考古研究所和省所三家联合,组建一众中青年学者为骨干的发掘团队,还包括了一批像我一样参加工作不久的青年学人。周原考古,如火如荼。

回到周原,亲切的乡音乡情,熟悉的风物景致,恍若间又回到了儿时的故土。我只是偶尔担心,朋友故人会心生好奇,满眼狐疑却又小心翼翼地问我,你好不容易离家万里读了书,怎么又回来"挖土"了。然而,这种顾虑很快就被周原浓厚的学术氛围和快节奏的、劳心劳力的考古生活打破了。我则安心地过起了"掘地三尺"、日出而作日入而息的日子。

2002年,按照周原考古的合作模式,由省所主持发掘工作。这一年的发掘领队由时任副所长曹玮担任,我则在现场负责具体发掘工作。时年仲夏,在云塘—齐镇西周贵族宗庙遗址发掘告一段落后,我们决定另行开辟发掘地点。经过商议,周原考古队选择了对齐家村北部沟沿一带进行全面调查勘探,这里北接云塘制骨作坊、南邻齐家铸铜作坊,曾发现过大量石料、石块残次品及生产工具,初步判断可能是一处专门生产石制品的作坊遗址。齐家制石作坊的发掘持续了整个秋冬,揭露面积近千平方米,发现了极为罕见的生产遗迹、数量庞大的石块残次品和成组合的生产工具。望着堆满库房林林总总的数万件标本,我既感到欣喜,又一筹莫展。

2004 年年初，我接到澳大利亚 La Trobe（拉筹伯）大学刘莉教授的邮件，我的博士申请通过了澳大利亚政府和学校审查。春节刚过，我便收拾行囊赴澳求学。这一决定对于一个而立之年的青年来说，不得不说是一次艰难的抉择。

我的博士论文选题以周原齐家作坊的研究为个案来探讨西周时期的手工业生产形态，得到了周原考古队和导师刘莉教授的大力支持。从 2004 年 3 月至 2007 年 5 月，我用了三年多一点的时间完成了博士论文，据说一度创下学校博士毕业用时最短的记录。在这里，我要衷心感谢导师刘莉教授对我学术上的耐心指导、生活上的无私帮助以及精神上的鼓励支持，副导师 David Frank 教授、历史学院 Thomas Bartlett 教授字斟句酌的英文核校和润色，魏鸣先生在图版制作、统计软件使用等方面的帮助。

时任拉筹伯大学历史与欧洲研究学院院长 Tim Murray 教授高瞻远瞩，多方奔走争取了澳大利亚政府和学校的奖学金，接纳了包括王社江、李新伟、马萧林、戴向明等一批来自国内的青年学者。我和他们一起度过了很多愉快的时光，与他们就一些问题进行的讨论和交流使我受益匪浅。

2007 年 5 月，我的论文由学校送出外审，评议人加州大学洛杉矶分校罗泰教授、哥伦比亚大学李峰教授、新英格兰大学 Peter Grave 博士给予了高度评价，认为这是一部从考古学角度探讨古代社会经济的重要尝试并作出了原创性贡献，同时就篇章结构、作坊产量估算模式、文法拼写等方面提出了许多非常中肯的修改建议。2007 年 8 月，我顺利通过了博士论文评审，获得了博士学位。翌年，修订后的博士论文 *Craft Production in the Western Zhou Dynasty (1046-771BC): A Case Study of a Jue-earrings Workshop at the Pre-dynastic Capital Site, Zhouyuan, China* 由英国牛津考古出版公司出版发行。

2009 年初，我在加州大学洛杉矶分校做访问学者时重新梳理并选取了有关石玦生产技术、产品标准化与专业化、工匠身份等几个部分翻译为中文，经过修改后发表在《考古与文物》《华夏考古》《三代考古》等刊物上，引发了学界关注。在翻译过程中，我发现由于英文稿知识背景、语言习惯、表达方式在论述逻辑等方面与中文读者的阅读习惯相去甚远，中文稿若要达到出版要求则需进行大幅的调整增补，而这个工作量几乎等于重写一遍。随着翻译工作的收尾，原本计划翻译之后出版的打算被彻底击碎，我决定将译稿束之高阁，不再理会。

庚子年首，新冠肆虐。距离博士毕业整整第 13 个年头，因受疫情影响居家隔离，足不出户。多年以来第一次有这么长的时间可以安安静静地坐在书桌前。无意间翻阅旧稿，仍难割舍。我决心根据齐家作坊考古报告及近年来周原考古发掘及研究的成果，除保留核心内容之外，重新谋篇布局，增补因语言问题未能展开的相关讨论。但现在看来，我还是低估了书稿的增补修订难度。

为符合中文读者的知识背景和兴趣认知，我需要温习检视原始资料、梳理商周手工业考古研究进展，核对统计资料、地层关系、遗迹类别及图表等，修正英文稿中的错讹，增加史料和研究文献。由于繁重的行政工作，我几乎没有大块时间和足够的精力来完成这项工作，只能利用晚上和周末以及几次疫情造成的生活"熔断"罅隙。开展西周手工业生产的全方位多视角探讨的努力，是痛苦和煎熬的。

2021年3月，书稿修订工作完成，由原来的11万字增补到了24万字，后因行文逻辑突兀将中国玉石玦的起源、发展与衰落一节删除。如此代价，仍难脱英文叙述痕迹，中文阅读亦难免窒碍，实在令人遗憾。需要说明的是，现在呈现给学界的《玦出周原》这一以石玦生产来管窥西周手工业生产形态的个案研究，仍然存在诸多我不能解决的重要问题，包括了齐家作坊生产的这种数量庞大但质地差强人意的石玦消费对象、使用背景、作坊产量、采石场位置及原料运输途径与资源控制方式等不容回避的问题。但于我来说，毕竟了却了一个夙愿。

斯坦福大学刘莉教授、加州大学洛杉矶分校罗泰教授为本书撰写序言，西北大学罗丰教授题签了书名。长期从事周原考古发掘与研究的北京大学雷兴山教授、中央民族大学马赛博士帮助增补了许多重要资料并提供了建设性建议，中国社会科学院考古研究所宋江宁博士，加州大学洛杉矶分校叶娃博士、李旻博士，南京大学张良仁教授，陕西考古研究院诸多同仁在写作和资料收集过程中给予了诸多帮助。我所安身立命的陕西省考古研究院（所），其浓厚的学术氛围，宽松的工作环境，以及开放友好的交流合作平台，特别是历任领导和师友的支持鼓励尤其令人感念。上海古籍出版社吴长青、贾利民两位先生不辞劳苦，就章节布局、行文风格、核校编排等付出了大量心血。在此向上述诸位师友一并致谢。

感谢妻子郑红莉不知疲倦的操劳和默默无闻的支持，没有她在艰难时期的理解，这一切是不可能实现的。

图书在版编目(CIP)数据

玦出周原：西周手工业生产形态管窥 / 孙周勇著
． —上海：上海古籍出版社，2022.8
ISBN 978-7-5732-0357-1

Ⅰ.①玦… Ⅱ.①孙… Ⅲ.①手工业史-中国-西周时代 Ⅳ.①F426.899

中国版本图书馆 CIP 数据核字(2022)第 114742 号

玦出周原
―― 西周手工业生产形态管窥

孙周勇 著

上海古籍出版社出版发行

(上海市闵行区号景路 159 弄 1-5 号 A 座 5F 邮政编码 201101)

(1) 网址：www.guji.com.cn
(2) E-mail：guji1@guji.com.cn
(3) 易文网网址：www.ewen.co

上海盛通时代印刷有限公司印刷

开本 710×1000 1/16 印张 18 插页 11 字数 304,000
2022 年 8 月第 1 版 2022 年 8 月第 1 次印刷
ISBN 978-7-5732-0357-1
K·3205 定价：98.00 元
如有质量问题，请与承印公司联系